読解

7訂版

実務に役立つ
登記簿・公図から
権利証までの読み方

不動産登記Q&A

著

司法書士 飯川洋一
弁護士 官澤里美
土地家屋調査士 高橋一秀
司法書士 佐藤光洋

清文社

7訂版へのはしがき

　本書は、初版（2008年5月刊）の「はしがき」に記載があるとおり不動産登記を読むことに徹した本です。

　つまり本書は登記申請の手続や不動産登記法などの法律（用語）の内容を体系的に解説することを目的としたものでなく、現実に登記簿謄本や地図・公図等などの資料を手に取り、目にして仕事を行う人（実務家）が、より深くそれらの情報を読み解き、登記に関する視野を広げること（スキルアップ）をめざした本です。

　ここに本書の特徴を挙げてみたいと思います。

① 　類書には見ない303個におよぶ豊富な Q&A の設定と平易な書き振り。登記の専門家から見れば精緻さに欠けているのではないかとのご指摘を受けるような部分もあるかもしれませんが、読者の関心や興味を阻害せずに読んでいただけるよう工夫した結果ですのでご理解ください。

② 　純粋な登記簿の読み方だけではなく、登記の当事者、登記に現れる種々の権利などについて、実感をもって理解してもらえるよう具体的事例（ストーリー）を掲げて解説しています。登記から、具体的背景（人の意図や行動）を読み解くコツがわかると思います。

③ 　登記簿・公図等の調べ方に関する情報を網羅的に解説しています。

④ 　権利登記のみでなく、表示（表題）登記についても内容を充実させています。

⑤ 　あまり目にすることのない特殊な登記（建設機械・船舶、公害賠償登録、夫婦財産契約など）も取り上げています。

⑥ 　2021（令和3）年4月の民法・不動産登記法改正について、本書の読者に必要と思われる事項に関する情報を盛り込みました。「本書の使い方」に改正項目とそれに関連する Q&A を整理して記載しました。

　巻末の「あとがき」に今回の改訂に至る事情等を簡単に紹介していますの

で、あわせてご一読くださいますようお願いいたします。

2024年8月

著 者 一 同

はしがき（初版）

　この本は、不動産登記を「勉強」する人ではなく、実務の中で登記書類を「読む」人を対象として書かれています。

　不動産登記を学問的に勉強したい人のためには、不動産登記法に関する本、司法書士や土地家屋調査士の専門業務のためには、細かいことまで記載した専門書があります。

　一方、登記簿を読む人のためには、「はじめての登記簿」というような入門書が多く、仕事で登記簿を深く読む必要がある人を対象とした本は、あまり見当たりません。コンピュータにたとえれば、「Excel 入門」というような本が多く、Excel の詳しい使い方に関する本がない状態といえます。

　Excel を使いこなすにあたって、コンピュータのしくみを知る必要はありません。コンピュータのしくみがわからなくても使えればよいのと同じく、登記の申請ができなくても、登記簿をしっかり読むことができればよいのです。

　書名に「読解」という言葉をつけたのは、読むことに徹した本であることを示すためです。

　登記簿を商品と考えるならば、この本は、そのユーザーとメーカーが共同して書いた本です。司法書士の飯川は、所有権移転等の権利に関する登記の申請を、土地家屋調査士の小澤は、土地建物の表題登記の申請をして、いわば、登記簿をつくるメーカー側にいます。それに対し、不動産鑑定士である杉本は、鑑定作業の基本的資料として登記簿を使うユーザー側にいます。

　本書は、あくまでもユーザー側の視点に立っていることが特色です。この本は、登記の申請書式例は載せていませんが、実務でぶつかる登記例は、通常の本では解説されないものを含めて、かなり多く掲載しました。

　筆者たち 3 人が今までに見た登記簿は、合わせて10万通を超えるでしょう。さまざまな登記にぶつかってきた経験をもとに、法務局が扱う不動産に関する

すべての登記について、記載例と解説を加えました。日常では見ることのない建設機械抵当登記や船舶登記などをカバーしているのは、実務では何が出てくるかわからないし、ひとまず応急的にでも対応しなくてはならないからです。

メーカー側の人間として、登記簿では数行で終わる相続登記の陰に、兄弟間の壮絶な争いがあること、そしてたった1行で終わる地積更正登記の陰に、長年にわたる境界争いが潜んでいることを、私たちは知っています。

おおげさにいえば、登記の裏にはさまざまな人間の喜怒哀楽が秘められています。だからこそ私たちは、無機的な登記の記載に、いくらかでも人間の「におい」を付け加えたいと考え、たんなる登記の説明だけでなく、その背景となる事柄の説明をして、全体的な理解を助けることを願いました。

本書の特徴は、日常ぶつかる疑問に対してQ&A形式で書かれており、必要な項目だけを拾い読みできるようにしていることです。

実務に追われるあなたが、目前の問題に関係する項目だけを拾い読みすることを想定して、より理解を深めるために、関連する項目を参照できるようにしてあります。たとえば、「⇨Q1-2」は、「Q1-2を参照してください」という意味です。

どうぞこの本を存分につまみ食いしてください。あなたと同じく実務に携わる人間として、筆者たちは、そのように本書が使われることを望みます。

2008年4月

著 者 一 同

本書の使い方

　本書は、最初から最後まで読み通すよりも、必要な項目だけを拾い読みできるように、Q&A形式で書かれています。目次や索引を利用して、調べたい内容に該当するQを探してください。

　ただし、第1章から第3章は不動産登記に関する総論的部分で、個々の項目を理解する前提となるので、ひと通り目を通すことをお勧めします。

　文中の用語について詳しい説明が他のQにあるときは、「⇨Q1-2」のように、該当箇所を参照できるようにしています。

⑴　用語について

　用語の使い方は、法的正確さよりも、実務での慣用を重視しました。慣用的な「登記簿」、「権利証」、「公図」という用語は、正しくは「登記事項証明書」、「登記済証」または「登記識別情報」、「地図」または「地図に準ずる図面」というべきものです。しかし、実務での日常会話や文脈の中では、正式な法律用語は、いまだ慣用的言い方を凌駕するには至っていません。

　よって本書では、厳密に法律用語を使って説明すべき場合、慣用的言い方で流したほうがよい場合などの説明箇所の状況により、適宜、両者を使い分け、場合によっては、あえて混用を許しています。また、「所有権の保存の登記」などの用語は、法律的には厳密ですが、「所有権保存登記」が一般的であり、さらには「保存登記」でも通用するので、その用法に従います。

⑵　「記録」と「記載」

　本書は、「記録」と「記載」という言葉を使い分けます。コンピュータ化された登記簿では、登記内容は、電子的符号で磁気ディスクに「記録」されます。その一方、登記内容を私たちが知るには、文字に変換しプリントアウトされた文書（登記事項証明書または要約書など）の「記載」を読みます。

　このように「登記すること」と「登記を読むこと」のプロセスが違うので、それに応じて用語を使い分けます。すなわち、登記することに関係する文脈では「記録」を使い、登記を読むことの文脈では「記載」を使います。

また、コンピュータ化以前の紙の登記簿の説明をする場合は、「（紙に）記載する」を使います。

⑶　登記例について

登記例の記載は、イメージをつかみやすくするため、なるべく実物に近くなるように心がけました。

住所・氏名の表示は、「○○市○○町」などではなく、実際の文字を入れて真実味を持たせる一方で、例示であることがわかるような文字を使いました。ただし、抵当権の処分等の登記例では、「A、B……」のほうがわかりやすいので、例外的にアルファベットを使います。

日付も、「○年○月○日」でなく、ある程度、時間の経過がわかるようにしました。しかし具体的日付にすると、土日・祝日等のチェックが必要になるので、年の表示は「令和X1年、X2年」等としました。例外的に、一部では具体的な日付を入れてありますが、土日等のチェックはなく、あくまでも例示にとどまります。

登記例は、基本的に法務省民事局長通達（平成28年6月8日法務省民二第386号）にもとづいています（第11章、第13章、第14章を除く）。なお、そのQで説明する部分がわかるように、該当する記載を太字で強調して表示しました。

⑷　法律条文の引用について

法律の条文は、必ずしも読みやすくありません。読解力のテストをするわけではないので、適宜、下記のように表記法を改めました。引用条文の最初に法律名を加えましたが、法律名が長い場合は通称を用いました。なお、引用条文に法律名がないものは、不動産登記法です。

- 漢字をかな書きにした（例：及び→および、又は→または）。
- 漢数字を算用数字にした（例：第三百六十八条→第368条）。
- 読点を追加して読みやすいようにした。
- 条文中の「号」の表示は、①、②……とした。
- カタカナ書きの古い法律は、ひらがなに直した。
- カッコ内の文章末尾の句点は、省略した。

⑸ 法改正について

2021（令和3）年4月28日公布された「民法等の一部を改正する法律（令和3年法律第24号）」については、前回の改訂版から一部盛り込んで参りましたが、改正法のメインとなる相続登記の義務化が2024（令和6）年4月1日に施行されましたので、読者の便宜のため、登記に関係する改正項目（および施行日）全体とそれに関連するQ&Aの関係（かっこ書き）を下記に整理しておきます。

① 相続登記の申請義務化、相続人申告登記…2024（令和6）年4月1日（⇨Q8−28）

② 所有不動産記録証明制度…2026（令和8）年2月2日（⇨Q8−28）

③ 所有権の登記名義人の死亡情報についての符号の表示…2026（令和8）年4月1日（⇨Q1−24）

④ 住所変更登記等の申請義務化と職権登記制度…2026（令和8）年4月1日（⇨Q8−5）

⑤ 法人識別事項（会社法人等番号等）を登記事項化…2024（令和6）年4月1日（⇨Q8−4）

※ 所有権の登記名義人が法人である場合には、法人識別事項が登記事項として追加されましたが、本書ではその記載を省略しています。

⑥ その他不動産登記の公示機能を高めるための措置…2024（令和6）年4月1日

a. 外国に居住する所有者の登記名義人の国内連絡先の登記（⇨Q8−4）

b. 所有権の登記名義人の氏名への旧氏・ローマ字併記（⇨Q8−4）

⑦ DV被害者等の保護のための登記事項証明書に住所に代わる公示用住所を記載する措置を導入…2024（令和6）年4月1日（⇨Q3−21）

⑧ 形骸化した登記の抹消手続きの簡略化…2024（令和6）年4月1日

※ 買戻しの特約の登記について、売買契約の日から10年を経過したときは、登記権利者（売買契約の買主）単独での抹消を可能とする（⇨Q8−51）。

※ 存続期間が満了している地上権等の登記について、権利者（登記義務者）の所在が判明しないときは、登記権利者単独での抹消を可能とする。

CONTENTS

7訂版へのはしがき
はしがき（初版）
本書の使い方

第1章 不動産登記への入口

第1節 不動産登記制度 2

Q1-1　不動産登記制度とは 2
Q1-2　登記でいう「不動産」とは 3
Q1-3　不動産登記に関する法令は 5
Q1-4　条文の読み方と法律用語は 6
Q1-5　登記申請の「これまで」と「これから」は 9
Q1-6　登記の対抗力とは 10
Q1-7　登記の効力は 13

第2節 登記簿の概要 15

Q1-8　公開される登記資料は 15
Q1-9　登記簿と図面から得られる情報は 16
Q1-10　登記簿とは 17
Q1-11　登記簿の様式は 19
Q1-12　登記簿作成の単位は 21
Q1-13　表示に関する登記と権利に関する登記は 23
Q1-14　登記簿の構成は 25
Q1-15　表題部と権利部の情報の違いは 27
Q1-16　登記できる権利は 28
Q1-17　登記の種類別の件数は 29

第3節 不動産登記制度の弱点と解消策 33

Q1-18　登記は、つねに正しいか 33
Q1-19　すべての不動産は、登記されているか 33
Q1-20　登記と現実の不一致とは 36

Q1-21　所有者不明土地とは ──── 36

Q1-22　所有者不明土地の発生原因は ──── 37

Q1-23　所有者不明土地の解消策は ──── 37

Q1-24　所有者不明土地の利用円滑化の方策は ──── 38

第2章　登記手続と登記の分類

第1節　登記手続 ──── 42

Q2-1　登記の舞台と登場人物は ──── 42

Q2-2　登記の手続は ──── 43

Q2-3　単独申請と共同申請とは ──── 45

Q2-4　登記の種類による申請形態は ──── 47

Q2-5　判決による登記とは ──── 48

Q2-6　嘱託登記とは ──── 49

Q2-7　職権登記とは ──── 51

Q2-8　代位登記とは ──── 53

Q2-9　前提登記とは ──── 54

Q2-10　登記申請を代理する者は ──── 56

第2節　登記の分類 ──── 58

Q2-11　登記の分類は ──── 58

Q2-12　主登記と付記登記とは ──── 58

Q2-13　記入登記とは ──── 60

Q2-14　変更登記とは ──── 61

Q2-15　更正登記とは ──── 62

Q2-16　変更登記と更正登記の仕方は ──── 65

Q2-17　抹消登記とは ──── 68

Q2-18　回復登記とは ──── 70

Q2-19　仮登記と本登記とは ──── 72

Q2-20　予告登記とは ──── 72

第3章 登記簿・公図等の調べ方

第1節 登記事務のコンピュータ化 —— 76

Q3-1 登記事務のコンピュータ化は —— 76
Q3-2 登記簿の閲覧は —— 77
Q3-3 登記簿の写しは —— 79
Q3-4 証明書の認証文は —— 82
Q3-5 証明書下部の記載は —— 84
Q3-6 コンピュータ様式への移記は —— 85
Q3-7 コンピュータ様式と従前様式の違いは —— 87
Q3-8 公図・各種図面の閲覧・写しは —— 88

第2節 登記資料の調べ方 —— 92

Q3-9 管轄法務局とは —— 92
Q3-10 登記資料を入手する方法は —— 93
Q3-11 登記情報提供サービスとは —— 94
Q3-12 オンライン請求とは —— 95
Q3-13 閲覧・証明書請求の手数料は —— 96
Q3-14 法務局での閲覧・証明書の請求方法は —— 97
Q3-15 閉鎖登記簿とは —— 101
Q3-16 旧土地台帳とは —— 103
Q3-17 公図データの無償公開とは —— 105

第3節 登記簿を読むときの注意点 —— 106

Q3-18 登記簿は最新のものか —— 106
Q3-19 登記簿が改ざんされていないか —— 106
Q3-20 甲区・乙区で注意すべき登記は —— 108
Q3-21 DV被害者等保護のための代替措置は —— 109

第4章 土地に関する登記

第1節 表示に関する登記 ——— 112

- Q4-1 表示に関する登記の役割は ——— 112
- Q4-2 表題登記とは ——— 113
- Q4-3 表題部の共通記載事項は ——— 115
- Q4-4 表題部所有者とは ——— 116
- Q4-5 表題部所有者不明土地とは ——— 117
- Q4-6 滅失登記とは ——— 118

第2節 土地登記簿の表題部 ——— 120

- Q4-7 土地登記簿の表題部は ——— 120
- Q4-8 所在と地番とは ——— 122
- Q4-9 地番と住所の違いは ——— 123
- Q4-10 地番の調べ方は ——— 126
- Q4-11 地番のない土地とは ——— 127

第3節 地目と地積 ——— 129

- Q4-12 地目とは ——— 129
- Q4-13 河川区域内の土地とは ——— 134
- Q4-14 地積とは ——— 136
- Q4-15 農地の地目変更登記は ——— 137
- Q4-16 登記面積は実際の面積と一致するか ——— 139

第4節 分筆と合筆 ——— 142

- Q4-17 分筆とは ——— 142
- Q4-18 分筆による表題部の登記は ——— 143
- Q4-19 分筆残地を実測しないでよい場合は ——— 145
- Q4-20 分筆による権利部の登記は ——— 145
- Q4-21 合筆とは ——— 148
- Q4-22 合筆できないケースは ——— 149
- Q4-23 合筆による登記は ——— 150

Q4-24　職権による分筆・合筆登記とは ———— 152

第5節　土地区画整理と登記 ———— 155

Q4-25　土地区画整理とは ———— 155
Q4-26　区画整理による土地の変化は ———— 157
Q4-27　換地処分による登記は ———— 158
Q4-28　保留地その他の登記は ———— 161

第6節　筆界特定制度 ———— 163

Q4-29　筆界とは ———— 163
Q4-30　筆界特定制度とは ———— 164
Q4-31　筆界特定書の例は ———— 168

第5章　建物に関する登記

第1節　建物の表示に関する登記 ———— 172

Q5-1　建物の表題登記とは ———— 172
Q5-2　建物登記簿の表題部は ———— 173
Q5-3　附属建物とは ———— 177
Q5-4　建物の変更・更正登記とは ———— 178
Q5-5　建物の滅失登記とは ———— 180

第2節　建物登記の調べ方 ———— 182

Q5-6　建物の存在と登記の関係は ———— 182
Q5-7　建物登記の調べ方は ———— 184

第3節　建物合併・分割等の登記 ———— 187

Q5-8　建物合併の登記とは ———— 187
Q5-9　建物合体の登記とは ———— 190
Q5-10　建物を分ける登記は ———— 193
Q5-11　建物分割の登記とは ———— 195

Q5-12　建物分棟の登記とは ──── 197

Q5-13　建物分棟・分割の登記とは ──── 198

Q5-14　建物区分の登記とは ──── 200

第6章　区分建物と再開発の登記

第1節　区分建物の登記 ──── 204

Q6-1　区分建物を構成する部分は ──── 204

Q6-2　区分建物の権利構成は ──── 205

Q6-3　区分建物登記簿の表題部は ──── 207

Q6-4　表題部の登記事項は ──── 208

Q6-5　敷地に関する権利の表示は ──── 210

Q6-6　区分建物の敷地の登記簿は ──── 211

Q6-7　表題登記と所有権保存登記は ──── 212

Q6-8　規約共用部分とは ──── 212

Q6-9　区分建物の床面積は ──── 213

Q6-10　区分建物の建物図面は ──── 214

第2節　市街地再開発と登記 ──── 216

Q6-11　市街地再開発事業とは ──── 216

Q6-12　権利変換手続とは ──── 217

Q6-13　権利変換の方式は ──── 218

Q6-14　事業の各段階における登記は ──── 220

Q6-15　権利変換に関する登記は ──── 221

Q6-16　施設建築物に関する登記は ──── 225

Q6-17　マンション建替え円滑化法とは ──── 228

第7章　公図・各種図面の見方

第1節　公図の見方 ──── 232

Q7-1　公図とは ──── 232

Q7-2 「地図」と「地図に準ずる図面」とは ———— 233
Q7-3 公図の信頼性は ———— 234
Q7-4 コンピュータ出力画面の見方は ———— 237
Q7-5 接続不一致とは ———— 240
Q7-6 メガネ地とは ———— 242
Q7-7 筆界未定と現地確認不能とは ———— 243

第2節 各種図面の見方 ———— 245

Q7-8 建物所在図とは ———— 245
Q7-9 地積測量図・土地所在図とは ———— 245
Q7-10 実測図・境界確認測量図とは ———— 249
Q7-11 建物図面・各階平面図とは ———— 251
Q7-12 地役権図面とは ———— 253

第8章 所有権に関する登記

第1節 権利部登記の基本事項 ———— 256

Q8-1 登記の対象となる権利変動は ———— 256
Q8-2 権利部の様式は ———— 257
Q8-3 順位番号とは ———— 258
Q8-4 「登記の目的」以下の各欄は ———— 259
Q8-5 住所等変更登記の義務化とは ———— 262
Q8-6 権利変動の先後優劣は ———— 263

第2節 保存と移転の登記 ———— 267

Q8-7 所有権保存登記とは ———— 267
Q8-8 保存登記にあたり注意すべきことは ———— 269
Q8-9 所有権移転登記とは ———— 270
Q8-10 中間省略登記とは ———— 270

第3節 共有に関する登記 ———— 272

Q8-11 共有・単有、持分とは ———— 272

Q8-12 共有の法律関係は ——— 273
Q8-13 共有持分移転に関する登記は ——— 276
Q8-14 共有持分の放棄とは ——— 277
Q8-15 共有物分割とは ——— 278
Q8-16 共有物分割禁止の定めとは ——— 280

第4節 相続・贈与に関する登記 ——— 282

Q8-17 相続の概要は ——— 282
Q8-18 一般的な相続の登記は ——— 284
Q8-19 数次相続とは ——— 288
Q8-20 家督相続とは ——— 290
Q8-21 相続人が不明の場合は ——— 291
Q8-22 特別縁故者への財産分与とは ——— 294
Q8-23 特定登記未了土地の登記とは ——— 295
Q8-24 贈与とは ——— 297
Q8-25 遺贈とは ——— 298
Q8-26 死因贈与とは ——— 299
Q8-27 遺留分減殺とは ——— 300
Q8-28 相続登記申請の義務化とは ——— 302

第5節 所有権移転の登記原因 ——— 305

Q8-29 売買とは ——— 305
Q8-30 交換とは ——— 305
Q8-31 寄附とは ——— 306
Q8-32 財産分与とは ——— 307
Q8-33 民法第287条による放棄とは ——— 308
Q8-34 民法第646条第2項による移転とは ——— 309
Q8-35 委任の終了とは ——— 310
Q8-36 時効取得とは ——— 310

第6節 法人が関係する登記原因 ——— 312

Q8-37 会社の合併とは ——— 312
Q8-38 現物出資とは ——— 312
Q8-39 寄附行為とは ——— 313
Q8-40 事業譲渡とは ——— 314

Q8-41　会社分割とは ────── 315

第7節　官公署が関係する登記原因 ────── 316

Q8-42　物納とは ────── 316
Q8-43　収用とは ────── 316
Q8-44　譲与とは ────── 317
Q8-45　都市計画法第40条の規定による帰属とは ────── 318
Q8-46　農地法による所有権移転は ────── 321
Q8-47　自作農創設特別措置法による売渡とは ────── 322
Q8-48　相続土地国庫帰属制度とは ────── 324

第8節　特殊な所有権登記 ────── 326

Q8-49　真正な登記名義の回復とは ────── 326
Q8-50　所有権登記とは ────── 327

第9節　買戻特約の登記 ────── 329

Q8-51　買戻特約の登記は ────── 329

第10節　信託の登記 ────── 333

Q8-52　信託の登記は ────── 333

第11節　処分の制限に関する登記 ────── 337

Q8-53　処分の制限に関する登記は ────── 337
Q8-54　仮差押の登記は ────── 337
Q8-55　仮処分の登記は ────── 339
Q8-56　差押とは ────── 341
Q8-57　差押の登記は ────── 342
Q8-58　未登記建物の差押登記は ────── 344
Q8-59　競売の前後による登記の変化は ────── 345
Q8-60　競売手続の終了の仕方は ────── 347

第9章 不動産利用権の登記

第1節 賃借権・地上権の登記 ———— 350

- Q9-1　乙区に登記される権利は ———— 350
- Q9-2　物権と債権の違いは ———— 351
- Q9-3　賃借権とは ———— 352
- Q9-4　賃借権登記は、なぜ少ないのか ———— 353
- Q9-5　借地権・地上権・土地賃借権の違いは ———— 354
- Q9-6　地上権とは ———— 356

第2節 定期借地・定期借家の登記 ———— 359

- Q9-7　定期借地権とは ———— 359
- Q9-8　一般定期借地権とは ———— 360
- Q9-9　建物譲渡特約付借地権とは ———— 361
- Q9-10　事業用定期借地権とは ———— 362
- Q9-11　定期借家制度とは ———— 363

第3節 その他の利用権の登記 ———— 365

- Q9-12　地役権とは ———— 365
- Q9-13　永小作権とは ———— 368
- Q9-14　採石権とは ———— 369
- Q9-15　配偶者居住権とは ———— 370

第10章 担保権の登記

第1節 抵当権・根抵当権の概要 ———— 374

- Q10-1　担保とは ———— 374
- Q10-2　抵当権とは ———— 374
- Q10-3　抵当権の優先弁済とは ———— 376
- Q10-4　根抵当権とは ———— 378

Q10-5　抵当権は、なぜ複数設定できるのか —— 379
Q10-6　抵当権の登記事項は —— 380
Q10-7　抵当権設定の原因は —— 382
Q10-8　根抵当権の登記事項は —— 382
Q10-9　共同担保目録とは —— 384
Q10-10　同順位抵当権とは —— 386

第2節　抵当権に関する事項 —— 388

Q10-11　登記事項の変更は —— 388
Q10-12　抵当権の移転は —— 390
Q10-13　債務の引受は —— 393
Q10-14　抵当権の抹消登記は —— 394
Q10-15　古い抵当権が残っているときは —— 397

第3節　抵当権の処分 —— 399

Q10-16　抵当権の処分は —— 399
Q10-17　転抵当とは —— 400
Q10-18　抵当権の順位の変更とは —— 402
Q10-19　抵当権の譲渡・放棄とは —— 404
Q10-20　抵当権の順位の譲渡・放棄とは —— 407

第4節　根抵当権に関する事項 —— 410

Q10-21　極度額の変更は —— 410
Q10-22　債権の範囲の変更は —— 410
Q10-23　根抵当権の元本確定とは —— 411
Q10-24　根抵当権の処分は —— 413
Q10-25　根抵当権の譲渡とは —— 413

第5節　抵当証券 —— 418

Q10-26　抵当証券とは —— 418

第6節　非典型担保 —— 424

Q10-27　非典型担保とは —— 424

Q10-28 売買の形式による担保とは —— 425
Q10-29 譲渡担保とは —— 427
Q10-30 仮登記担保とは —— 428

第7節 先取特権・質権 —— 430

Q10-31 先取特権とは —— 430
Q10-32 不動産工事の先取特権とは —— 432
Q10-33 マンション管理費の先取特権とは —— 434
Q10-34 質権とは —— 435

第11章 特殊な抵当登記

第1節 財団の登記 —— 438

Q11-1 特殊な抵当登記にはどのようなものがあるか —— 438
Q11-2 特殊抵当の歴史は —— 439
Q11-3 特殊な抵当登記の登記件数は —— 440
Q11-4 財団とは —— 441
Q11-5 工場財団の登記は —— 442
Q11-6 工場抵当とは —— 448
Q11-7 鉱業財団とは —— 449
Q11-8 漁業財団とは —— 451
Q11-9 港湾運送事業財団とは —— 452
Q11-10 道路交通事業財団とは —— 454
Q11-11 観光施設財団とは —— 456

第2節 その他の抵当登記 —— 458

Q11-12 立木登記とは —— 458
Q11-13 立木図面とは —— 461
Q11-14 船舶登記とは —— 462
Q11-15 農業用動産抵当登記とは —— 464
Q11-16 建設機械抵当登記とは —— 467
Q11-17 企業担保権登記とは —— 470

第12章 仮登記

第1節 仮登記の概要 —————— 474

- Q12-1 仮登記とは —————— 474
- Q12-2 仮登記の種類は —————— 476
- Q12-3 仮登記の申請方法は —————— 478
- Q12-4 仮登記を本登記するには —————— 479
- Q12-5 仮登記の抹消は —————— 483
- Q12-6 古い仮登記が残っているときは —————— 483

第2節 仮登記の使われ方 —————— 485

- Q12-7 売買における仮登記の使われ方は —————— 485
- Q12-8 賃借権仮登記の使われ方は —————— 488
- Q12-9 抵当権・根抵当権の仮登記は —————— 489
- Q12-10 なぜ仮登記は簡単にできるのか —————— 490

第13章 倒産処理手続に関する登記

第1節 倒産処理手続の基本事項 —————— 492

- Q13-1 倒産処理手続の概要は —————— 492
- Q13-2 倒産処理手続の利用状況は —————— 494
- Q13-3 倒産処理手続に関する登記は —————— 494
- Q13-4 手続開始決定前の保全措置は —————— 497
- Q13-5 保全処分とは —————— 498
- Q13-6 否認権とは —————— 499
- Q13-7 担保権消滅請求制度とは —————— 501

第2節 破産手続に関する登記 —————— 503

- Q13-8 破産手続の概要は —————— 503
- Q13-9 破産手続の終了事由は —————— 504

Q13-10　破産手続における担保権消滅請求は —— 507

第3節　民事再生・会社更生・特別清算手続 —— 509

Q13-11　民事再生手続とは —— 509
Q13-12　会社更生手続とは —— 510
Q13-13　特別清算手続とは —— 512

第14章　鉱害賠償登録・夫婦財産契約の登記

第1節　鉱害賠償登録 —— 516

Q14-1　鉱害賠償登録とは —— 516

第2節　夫婦財産契約の登記 —— 519

Q14-2　夫婦財産契約登記とは —— 519

第15章　登記の申請

第1節　登記申請に関する書類 —— 522

Q15-1　登記の申請方法は —— 522
Q15-2　登記原因証明情報とは —— 522
Q15-3　代理権限証書とは —— 525
Q15-4　登記識別情報とは —— 526
Q15-5　事前通知制度とは —— 529
Q15-6　本人確認証明情報提供制度とは —— 532
Q15-7　印鑑証明書とは —— 532
Q15-8　登記完了証とは —— 534
Q15-9　権利証とは —— 534
Q15-10　登記済印の見方は —— 537
Q15-11　申請書・添付資料および登記資料の保存期間は —— 538

第2節　登録免許税 ⋯⋯⋯ 540

Q15-12　登録免許税とは ⋯⋯⋯ 540
Q15-13　登録免許税の税額は ⋯⋯⋯ 541

あとがき ⋯⋯⋯ 545
索引 ⋯⋯⋯ 547

COLUMN

東京ドームは建物か ⋯⋯⋯ 4
1㎡の残地 ⋯⋯⋯ 144
悪徳な隣地所有者の話 ⋯⋯⋯ 167
杭への執念 ⋯⋯⋯ 250
持分のネズミ算 ⋯⋯⋯ 273
紛らわしい襲名 ⋯⋯⋯ 287
耳登記 ⋯⋯⋯ 324
期間999年の地上権 ⋯⋯⋯ 358

※ 本書の内容は、2024（令和6）年7月1日現在の法令等によっています。

第 **1** 章

不動産登記への
入口

第1節 不動産登記制度

1-1
不動産登記制度とは

不動産登記制度 　不動産登記法第1条は、不動産登記制度の目的を次のように定めます。

> （目的）
> 第1条　この法律は、不動産の表示および不動産に関する権利を公示するための登記に関する制度について定めることにより、国民の権利の保全を図り、もって取引の安全と円滑に資することを目的とする。

　不動産について私たちが知りたいことは、物的状況と権利関係です。現地を見ても、面積がどれくらいかは、見ただけでは正確にわかりません。また、持主が誰か、担保に入っているかなどの権利関係を知ることはできません。このような物的状況や権利関係を示す資料を整備して、誰でも見られることが望まれます。

　また、不動産に関する権利を取得したときに、権利を保全して第三者に主張するためには、権利を公示し、権利取得の優劣を決める判定基準が明確になっていなければなりません。

　このふたつの要請に応えるための制度が不動産登記制度であり、不動産の物的状況や権利関係を国家機関に集約して記録し、その資料を一般に公開して適切な情報提供を行います。そうすることによって、不動産の売買や担保融資を、十分な情報を持って安心して行うことができます。

　その記録資料を登記簿（⇨Q1–10）といい、登記簿およびそれに関連する公図等の登記資料を整備保管する役所を、登記所といいます。

登記簿　「登記簿」という言葉は、なかなか複雑です。本来は、登記内容を記録した内部の帳簿をいいますが、その内容を外部に公開するための書類も、慣用的に登記簿といいます。登記事務のコンピュータ化（⇨Q3−1）により、公開書類としての登記簿は、登記事項証明書（⇨Q3−3）というのが正しい言い方です。しかし、従来からの慣用的言い方は根強く、登記事項証明書より登記簿といわれることが多いので、本書ではそれに従います。

登記簿は、不動産の物的状況および権利関係を知るための基本的な情報源です。いわば不動産の戸籍あるいは履歴書というべきもので、現在に至るまでの登記内容を見ることにより、その不動産の歴史を知ることができます。

登記簿以外にも、さまざまな登記資料が、登記所に保管・公開されています（⇨Q1−8）。これらの登記資料は、他人所有の不動産に関するものでも、誰でも自由に情報を入手できます（⇨Q3−9以下）。

Q 1-2
登記でいう「不動産」とは

A 法律の定義
登記でいう「不動産」とは、どのようなものでしょうか。不動産登記法は、不動産を、「土地または建物」と定義します（法2条1項1号）。一方、民法は、不動産を「土地およびその定着物」（民法86条1項）と定め、定着物一般を不動産とするのに対し、不動産登記法は、定着物のうち建物に限ります。

日本の法制では、土地と建物を独立した別個の不動産として扱うので、それぞれについて登記簿をつくります。

なお、特例的に不動産として扱うものに、立木（⇨Q11−12）および各種財団（⇨Q11−4）があります。

次に、不動産登記法でいう土地および建物をみていきましょう。

土地　公けに流れる川や海などの水面（公有水面）下の土地は、私権の対象とならないので、不動産登記法では不動産として扱いません。

第1節　不動産登記制度　3

不動産登記法による海辺の土地は、春分・秋分の満潮時の水際線より上に出る部分です。

　ただし、水で覆われている土地でも、池や沼は、基本的には私権の対象となる不動産として扱い、そのために、「池沼」と「ため池」という地目（⇨Q4－12）があります。

建物　　次に、建物について検討しましょう。不動産登記規則は、建物の要件を次のように定めます。

（建物）

不動産登記規則第111条　建物は、屋根および周壁またはこれらに類するものを有し、土地に定着した建造物であって、その目的とする用途に供し得る状態にあるものでなければならない。

　民法でいう定着物のすべてが、登記上の建物に該当するわけではなく、上記の建物の認定要件を満たす必要があります。すなわち建物とは、基礎工事によって土地に定着し（定着性）、屋根や外壁に囲まれた空間が形成され（外気分断性）、一定の用途（住宅、事務所など）に供されるもの（用途性）です。

　建物として認定されるための3つの要件を受けて、建物表題登記では、「木造亜鉛メッキ鋼板ぶき平家建　123.45m²」のように、構造体、屋根の状況、階数および形成される空間の水平面積を登記事項とします。

COLUMN　**東京ドームは建物か**

　東京ドームは、立派な建物です。不動産登記事務取扱手続準則第77条は、建物として取り扱うものの例示として、「野球場または競馬場の観覧席。ただし、屋根を有する部分に限る」とします。

　ですから、ドーム型屋根で全体が覆われている東京ドームは、建物としての要件を完璧に満たしています。ちなみに登記上の用途は「野球場」、屋根の表示は、「ガラス繊維空気膜屋根」です。よく大きさを

示すのに、東京ドーム何個分といいますが、1階の床面積は約27,900 m^{2}です。なお、床面積を表示する建物図面は、全部で42枚にのぼります。

Q 1-3
不動産登記に関する法令は

法令とは 一般に法律の体系は、いちばん上に法律があり、次に政令（施行令）、さらに省令（施行規則）、その下に通達という構成です。

法律は国会で制定され、基本的事項と全体的枠組みを決めます。政令は内閣が制定して法律を具体化する規定を定め、省令は各省の大臣が制定し、より詳細な内容を扱います。法律と政令・省令を総称して、法令といいます。

さらに省令の下に通達があり、法律の具体的な運用や取扱いを示します。通達に加えて、具体的な登記事務手続の照会に対する回答があり、この両者を合わせて先例と呼びます。

不動産登記制度に関する法体系をまとめると、次のとおりです。

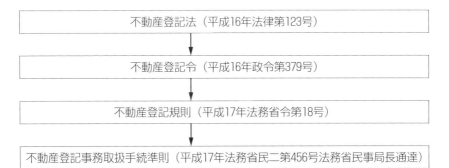

このような法体系が整備されて、現在の不動産登記法（本書では「改正不動産登記法」「改正法」と表記している箇所があります）は、2005（平成17）年3月7日に施行されました。これらの法令や通達は、その後、必要な改正が行われ

て現在に至ります。

　このほかに、工場抵当法など各種抵当登記に関する特別法があります。

 1-4 条文の読み方と法律用語は

 条文の掲載　本書は、できるかぎり条文を載せて、説明→条文→登記例と進むことで、トータルな理解をめざします。

　法律の条文は、決してわかりやすくありません。国語の読解力テストではないのですから、条文を読むために余分なエネルギーを使うのは本末転倒です。そのため、本書では読みやすいように工夫しました（詳しくは、「はしがき」に続く「本書の使い方」を参照）。なお、特に法律名の記載がないものは、不動産登記法です。

　法律の条文には、書き方や用語の使い方のルールがあるので、それを理解する必要があります。以下、最低限必要なことを説明しましょう。

条文の構成と表記法　法律の条文構成は、まず、「条」があり、条が「項」に分かれます。「項」の中で、列挙すべき事項があるときは、「号」を使います。

　条文は、縦書きで表記します。「項」を示す数字は、アラビア数字で「2、3……」としますが、第1項については、1の数字を省略します。「号」を示す数字は、漢数字で「一、二……」とします。

　本文中の数字は漢数字を用い、「第五十五条に定める」のように表記します。横書きの本書では、数字はすべてアラビア数字にして、「第4条第2項」のように表記します。ただし、「号」を示す数字は紛らわしいので、便宜的に①、②…を使います。

日常語と法律用語　日常語を法律用語として使うときは、独特に使い分けたり、微妙に意味が異なります。それを知らずに普通の感覚で理解すると、思わぬ間違いを起こしかねません。

及び・並びに　「及び」と「並びに」は、いずれも英語の"and"にあたりますが、法律用語では、厳密に使い分けます。本書では、ひらがな書きで、「および」、「ならびに」と表記します。

　単純に言葉をつなぐときは「及び」を使い、「A及びB」とします。3つ以上の言葉をつなぐときは、「A、B及びC」のように、最後の言葉の前に「及び」を入れます。

　つなぐ言葉の意味レベルが違う文章の中では、「及び」と「並びに」を使い分けます。「及び」は、同じレベルのものをつなぐときに、「並びに」は、レベルが違う大きなグループをつなぐときに使います。

　簡単な例をつくれば、「そば及びうどん並びにビール及び酒」となります。

そば　｜及び｜　うどん

｜並びに｜

ビール　｜及び｜　酒

又は・若しくは　「又は」と「若しくは」は、いずれも英語の"or"にあたります。本書では、ひらがな書きで、「または」、「もしくは」と表記します。

　選択すべき言葉を単純に並べるときは、「又は」を使い、「A又はB」とします。3つ以上の言葉をつなぐときは、「A、B又はC」とします。

　選択すべき言葉のレベルが違う文章の中では、「又は」と「若しくは」を使い分けます。「若しくは」は、同じレベルのものを並べるときに、「又は」は、レベルが違う大きなグループを並べるときに使います。

　簡単な例をつくれば、「ビール若しくは酒又はコーヒー若しくは紅茶」となります。

ビール　｜若しくは｜　酒

｜又は｜

コーヒー　｜若しくは｜　紅茶

第1節　不動産登記制度　　7

「A又はB」には、「どちらか一方」という用法のほかに、「AまたはBの
どちらか一方（A or B）とその両方（A and B）」を、同時に意味する用法が
あります。いわゆる「及び／又は」というものです。

その他・その他の　まず、例をあげましょう。「その他の」の用例は、「ビー
ル、日本酒その他の酒類」です。酒類には、ビール、日
本酒のほかにワイン、ウイスキー等もあり、ビールや日本酒は、一部の例示に
すぎません。つまり、「その他の」の前にある言葉は、後に続く言葉のグルー
プのうちのひとつであり、それに含まれる関係にあります。

一方、「その他」の用例は、「ビール、日本酒その他ワイン」です。「その他」
の前後にある言葉は並列・対等なもので、意味のレベルは同じです。

一般承継・特定承継　承継とは、「先の人の地位・事業・精神などを受け継
ぐこと。継承。」（大辞林）で、承継人とは、先の人の法
律上の地位を受け継いだ人です。

承継人には、一般承継人と特定承継人があります。一般承継とは、ある者が
持つ権利・義務を、包括的に（すべてひっくるめて）受け継ぐことで、包括承
継ともいいます。一般承継の例として、個人であれば相続人、会社であれば、
合併前の会社の権利・義務を承継した会社が、これにあたります。

不動産登記法には、よく「相続人その他の一般承継人」という言葉が出てき
ます。上記の「その他の」の説明によれば、相続人は、一般承継人の一例であ
り、その他に合併・分割後の会社があります。

それに対して特定承継とは、ある者が持つ特定の権利・義務、すなわち全体
の一部（特定部分）だけを承継することです。

特定承継人の代表例は、不動産の買主です。売主は、さまざまな権利を持っ
ていて、売却した不動産の所有権という権利は、その一部の特定のものにすぎ
ません。

Q 1-5 登記申請の「これまで」と「これから」は

A 不動産登記制度は、不動産の物的状況や権利関係を国家機関に集約して記録し、その資料を一般に公開して適切な情報提供を行う（⇨Q1－1）ことを目的としていますので、不動産が新たに存在することになった場合（埋め立てにより新しい土地が生じた、建物が建築されたなど）や、不動産の物的状況の変更（土地の地目が田から宅地に変更した、建物の増減築で床面積が変わったなど）や、権利関係の変動（相続で所有者が変わった、登記名義人の住所が変わったなど）があったときには、タイムリーに登記として記録（アップデート）されることが理想です。

しかし、そのアップデートに関する作業（登記）は、ほとんどその不動産の所有者や抵当権などの権利に関する当事者の申請に任されているため（一部登記官の職権による登記（⇨Q2－7）というものがあります）、なにかのメリットや義務感がないと行われてこなかったのが現実です。

これまで 「表示に関する登記」の一部（たとえば建物の表題登記の申請や建物の表題部の変更の登記など）では、いちおう登記申請が義務づけられています（罰則の規定もあります）が、その義務が守られていないケースをよく見かけます。

たとえば自己資金で建物を建築した場合、建物の表題登記が行われていないとか、登記がある建物を増築した場合、その表題部（床面積）の変更登記が行われていないなどのケースです。これは、罰則の適用がほとんどなされていないことが影響しているのではないかと考えます。

他方「権利に関する登記」（たとえば所有権保存登記、所有権移転登記や抵当権設定登記など）では、登記申請に関しまったく義務規定はありませんでしたので、もっぱら次のQ1-6に説明する「登記の対抗力」という効果を得るために登記がなされてきたのが実情です。そしていったん権利変動の登記（売買による所有権移転登記など）がされてしまうと、登記名義人の住所変更等があって

第1節 不動産登記制度 9

も、その変更登記はあまり重要視されず放置されるという状況が生じていました。

これから　(2021（令和3）年4月28日公布「民法等の一部を改正する法律」施行後)「表示に関する登記」に関する登記申請については、罰則の適用に関する取扱いが変わらなければ従前どおりの状況が続くと考えられます。

他方「権利に関する登記」については、所有権を取得した相続人は3年以内に所有権移転の登記申請をすること（相続登記の申請義務化⇨Q8-28）、また、所有権の登記名義人の住所等の変更が生じた時は2年以内にその変更の登記申請をすること（住所変更登記等の申請義務化⇨Q8-5）が義務化されることになりました。これは所有者不明土地問題を解消することに寄与する改正です。この義務違反については建物の表題登記の義務違反と同様、罰則規定があります。

1-6 登記の対抗力とは

対抗とは　登記の対抗力の説明をする前に、まず、「対抗力」という言葉の説明が必要でしょう。

「対抗」という言葉は、日常語では、紅白対抗歌合戦のように、対立するふたつの主体が「互いに負けまいと競争すること」（新明解国語辞典）です。

しかし法律の世界では、「対立する相手に対して自分の権利を主張する」意味で使われます。通常は、「対抗できる」という言い方をして、権利を主張して相手に勝った状態を意味します。

つまり、法律用語で「AはBに対抗できる」というときは、「Aの持っている権利は、Bの持っている権利に勝てる」ことを意味します。ですから、法律用語の「対抗力」とは、「競い合う力」ではなく、「競い合って勝てる力」という意味です。

対抗すべき相手　話をもう一歩進めましょう。次に検討すべきことは、対抗する相手、つまり競い合って勝つべき相手は誰なのか、ということです。結論を先にいえば、対抗すべき相手は「第三者」であり、何について対抗するかというと、当事者間では効力が生じている権利変動です。

　まず、関係する民法の条文をあげましょう（傍点筆者）。

（物権の設定および移転）
民法第176条　物権の設定および移転は、当事者(傍点筆者)の意思表示のみによって、その効力を生ずる。

（不動産に関する物権変動の対抗要件）
民法第177条　不動産に関する物権の得喪および変更は、不動産登記法その他の登記に関する法律の定めるところに従い、その登記をしなければ、第三者（傍点筆者）に対抗することができない。

当事者　ふたつの条文のキーワードは、「当事者」と「第三者」という言葉です。

　まず、当事者と第三者という概念をはっきりさせましょう。AがBに土地を売る場合、AとBは売買の当事者です。当事者とは、その事柄に当たる（関係する）者ですから、土地売買という事柄に関係するAとBは、A・B間の売買の当事者です。

　買主Bは、売主Aに対しては、つまり当事者間では、意思表示だけで効力が生じるので、特別なことをしなくても、売買契約にもとづき自分が買ったことを主張できます。ですから買主Bにとって、売主Aは対抗すべき相手とはなりません。

第三者　ここで、A・B間の売買に関係しない、第三の人物Cを登場させましょう。Cは、A・B間の売買については第三者です。ここでAが、Bに売った同じ土地をCにも売ったとしましょう。おかしな話と思うかもしれませんが、二重譲渡といって、民法では有効とされます。ここではじめて、

第1節　不動産登記制度　11

Bにとって対抗しなければならない相手Cが登場し、ふたつ目の条文（民法177条）が意味を持ちます。

登記をしなければ第三者に対抗できないとは、次のようなことです。BとCのどちらが不動産の所有権を取得できるかは、売主Aから自分への所有権移転登記の先後により決まります。Bが先に売主Aと契約して代金を払ったあとで、Cもその不動産を買い受け、先に所有権移転登記をしてしまえば、Bは、自分が先に契約し代金も払ってあっても、買い受けたはずの不動産を手に入れることができません。

権利変動と登記　このことを法律用語を使って言い換えれば、不動産に関する権利変動は、登記しなければ第三者に対抗できないということになります。

A・B間の所有権移転という権利変動について、Bはその登記をしなくても、当事者Aに対しては自分の権利を主張できます。しかし、第三者Cに対しては、登記することにより、はじめて権利を主張できる、つまり対抗できます。

すなわち、実際の権利変動の先後よりも、その権利変動に関する登記の先後が決定権を持ち、先に登記したほうが、権利を第三者に主張（対抗）できます。

対抗の現実　所有権同士がぶつかり合う二重譲渡という教科書的な対抗問題は、実際にはあまり起きず、現実には、異なる権利間での対抗が問題となります。

まず、利用権の対抗について説明しましょう。所有者Aから不動産を借りたBが、賃借権の登記をすると、そのあとAがCに不動産を売っても、登記ある賃借権者BはCに対抗でき、賃借し続けることができます。しかし実際には、賃借権については登記以外に対抗力が得られる特例があります（⇨Q9-4）。

担保権の対抗は、もう少し複雑です。抵当権は、登記をすることにより、それが設定された時点での不動産の状況を第三者に主張できます。地上に建物がないときに土地に設定した抵当権を登記すれば、その後、借地契約が結ばれて借地人が建物を建てても、その借地権は抵当権に対抗できず、抵当権にもとづ

く競売の売却により覆滅します。

対抗要件　対抗力を生み出す法律要件を、対抗要件といい、不動産の権利変動の対抗要件は、登記です。不動産に関する権利変動は、登記によってはじめて対抗力を持つので、権利関係を知るために、登記簿が重要な役割を果たすことになります。

ただし、登記がなくても対抗できる特例があり、借地についての建物登記（⇨Q9-4）、借家・農地についての引き渡しがあります。

Q 1-7 登記の効力は

登記をすることによる効力の代表的なものは、対抗力ですが、その他に次のものがあります。

権利推定力　登記されている権利は、実際にもその権利があるものと推定されます。そのため、実際には登記上の権利がないと主張する場合は、主張する側でそれを立証しなければなりません（挙証責任があるという）。

形式的確定力　現に存在する登記は、たとえ無効なものであっても、それを無視して手続を進めることはできません。たとえば、Bが勝手にAからBへの虚偽の所有権移転登記をした場合、AがCに売る際には、Bへの所有権移転登記が虚偽であろうとも、それがある限り（つまり抹消しない限り）、Cへの所有権移転登記はできません。

公信力　Bが登記簿の記載を信用して、登記上の所有者Aから土地を買って、所有権移転登記を受けたものの、実際は、Aは真の所有者でなかったとします。たとえばAが、本来は他人所有の土地であるにもかかわらず、書類を偽造して所有権移転登記を受けたように見せかけた場合です。

このような虚偽登記の場合、Bはその土地の所有権を取得できません。なぜなら、もともとAには所有権がなく、実体のないAの所有権登記をもとにした、Bへの所有権移転登記は無効だからです。このように、登記簿に公示され

第1節　不動産登記制度　13

た内容を信じて取引しても、その登記が無効なときは権利を取得できません。このことを、登記には公信力がないといいます。

　公信力の問題が起きるケースは実際にめったにないので、つねに疑心暗鬼になる必要はありませんが、登記には公信力がないことを頭に入れておく必要があります。

順位保全力　　仮登記には、順位保全の効力があります。これについては、Q12－1で説明します。

14　第1章　不動産登記への入口

第2節 登記簿の概要

1-8
公開される登記資料は

 登記簿の種類　不動産登記に関する資料は、大きく登記簿と図面に分かれます。

登記簿というと不動産登記簿を思い浮かべますが、ほかにもさまざまな登記簿があります。法務局に保管されている登記簿は、次のとおりです。かっこ内は、その根拠法を示します。

1	不動産登記簿（不動産登記法）
2	工場財団登記簿（工場抵当法）
3	鉱業財団登記簿（鉱業抵当法）
4	漁業財団登記簿（漁業財団抵当法）
5	港湾運送事業財団登記簿（港湾運送事業法）
6	道路交通事業財団登記簿（道路交通事業抵当法）
7	観光施設財団登記簿（観光施設財団抵当法）
8	立木登記簿（立木に関する法律）
9	船舶登記簿（商法847条）
10	農業用動産登記簿（農業動産信用法）
11	建設機械登記簿（建設機械抵当法）
12	鉱害賠償登録簿（鉱業法）
13	夫婦財産契約登記簿（民法756条以下）

また、登記簿について、公開の対象から外された閉鎖登記簿というものがあります（⇨Q3-15）。例としては、合筆された土地や滅失登記された建物の登記簿です。

不動産登記簿には、次のような書類が附属することがあり、これらも登記簿

の一部を構成します。

1	共同担保目録（⇨Q10−9）
2	信託目録（⇨Q8−52）
3	工場抵当法第3条による機械器具目録（⇨Q11−6）

図面の種類　法務局には、登記簿とともに図面が備え付けられています。図面の代表格は公図（地図と地図に準ずる図面）（⇨Q7−2）ですが、その他にも各種の図面があります。これらの図面は、登記簿とともに、不動産の物的状況を明らかにする重要な資料です。

1	地図（14条地図）（⇨Q7−2）
2	地図に準ずる図面（⇨Q7−2）
3	建物所在図（⇨Q7−8）
4	土地所在図・地積測量図（⇨Q7−9）
5	建物図面・各階平面図（⇨Q7−11）
6	地役権図面（⇨Q7−12）
7	立木図面（⇨Q11−13）

Q 1-9 登記簿と図面から得られる情報は

登記簿の情報　不動産登記資料から、多くの情報を得ることができます。主要な情報源は、なんといっても登記簿で、さまざまな情報が得られます。登記簿の表題部からは、不動産の物的状況がわかります。権利部（甲区・乙区）からは、誰が持っているのか、どのような担保に入っているのかなどの権利に関する情報が得られます。

図面の情報　登記簿表題部の記録内容をビジュアル化するものが、公図、地積測量図、建物図面などの各種図面です。

「百聞は一見にしかず」の言葉通り、図面を見ることで、言葉では説明できない物的状況を明確にできます。

例をあげて説明しましょう。登記簿上では、地目が宅地、地積が200.00m²という、まったく同じ3つの土地があるとします。登記簿に記録されている文字情報からは、3つの土地の違いはわかりません。しかし、これらの土地の公図を見ると、下図のようで大きな違いがあります。

Aの土地は、道路に接していて、長方形で使いやすい土地です。
Bの土地は、道路に接しているものの、形が悪く、使いづらい土地です。
Cの土地は、道路に接していないため、このままでの有効利用は困難です。

土地を利用するには、道路との接面関係や形状が重要であり、公図を見ることで、その不動産の使い勝手の良し悪しがわかります。また、公図や地積測量図によって、境界に関する情報を得ることができます。

公図ほど重要視されませんが、地積測量図（⇨Q7-9）と建物図面（⇨Q7-11）は、不動産の物的状況の把握に役立ちます。

情報の総合　登記簿の文字情報と、公図などの図面情報の両者を総合して、はじめて不動産の物的状況を正確に知ることができます。

 1-10 登記簿とは

 用語の定義　不動産登記法第2条は、登記に関する用語を定義しますが、そのうち、登記簿とそれに関連する用語の定義をあげます。

（定義）
第2条　この法律において、次の各号に掲げる用語の意義は、それぞれ当該各号

に定めるところによる。

（第1号から第24号までのうち、第5、6、9号のみ記載）

⑤　登記記録

　表示に関する登記または権利に関する登記について、1筆の土地または1個の建物ごとに、第12条の規定により作成される電磁的記録（電子的方式、磁気的方式その他、人の知覚によっては認識することができない方式で作られる記録であって、電子計算機による情報処理の用に供されるものをいう）をいう。

⑥　登記事項

　この法律の規定により、登記記録として登記すべき事項をいう。

⑨　登記簿

　登記記録が記録される帳簿であって、磁気ディスク（これに準ずる方法により、一定の事項を確実に記録することができる物を含む）をもって調製するものをいう。

登記簿　登記事項とは、登記記録の内容となる事項で、それぞれの登記について法律で定めます。登記事項を記録して保存するための媒体が、登記簿です。コンピュータ化以前は、登記簿は紙の用紙で調製され、登記事項を文字に書いて記録しましたが、現在ではデジタル・データとして記録する磁気ディスクです。

　上の定義で、登記簿を「帳簿」とする一方で、「磁気ディスクにより調製する」とする点は、しっくりしない印象があります。というのは、帳簿という言葉は、紙でできているイメージが強いからです。しかし、広い意味で、帳簿を「ものごとを書き込む（記録する）もの」と考えれば、磁気ディスクでもかまいません。

　現在はすべての法務局で登記記録のコンピュータ化が終わり、従前の紙の登記簿は閉鎖され、閉鎖登記簿（⇨Q3−15）として保管されています。すなわち、現時点で法務局に存在する登記簿は、次の2種類があります。

①　コンピュータ化後の登記簿……登記事項を磁気ディスクに記録したもの

②　従前の紙の登記簿……登記事項を紙に書き込んだもの

18　第1章　不動産登記への入口

登記簿は、土地と建物に分けてつくります。従前の紙の登記簿は、バインダー式になっており、1冊のバインダー（土地は緑色、建物は赤茶色の表紙）に、多数の物件の登記用紙が地番の順に綴られています。

ふたつの意味　まぎらわしいのは、登記簿という言葉は、本来は記録する記録媒体そのものをいいますが、コンピュータの登記記録をプリントアウトした登記事項証明書も、慣用的に登記簿といいます。この言い方は根強いので、本書でも「登記簿」とします。

  1-11
登記簿の様式は

 様式例　現在の登記簿（正確には、登記事項証明書）は、コンピュータから出力されます（その成立については、Q3-3を参照）。登記簿の説明をはじめるにあたり、登記記録をプリントアウトした登記事項証明書（略して、証明書）の様式例を掲げます。

登記事項証明書（全部事項証明書）の例

表　題　部　（主である建物の表示）	調製	平成X3年1月15日	不動産番号	1234567890123
所在図番号	余白			
所　　在	甲市青葉二丁目　1番地137			余白	
家屋番号	1番137			余白	
①　種　類	②　構　造	③　床　面　積　m²		原因及びその日付〔登記の日付〕
居宅	木造亜鉛メッキ鋼板葺2階建	1階　105｜18 2階　　37｜26		昭和50年10月27日新築
余白	余白	余白		昭和63年法務省令第37号附則第2条第2項の規定により移記 平成X3年1月15日

第2節　登記簿の概要　　19

権　利　部　（甲区）　（所　有　権　に　関　す　る　事　項）			
順位番号	登記の目的	受付年月日・受付番号	権　利　者　そ　の　他　の　事　項
1	所有権移転	昭和56年9月30日 第8732号	原因　昭和56年9月30日売買 所有者　甲市青葉二丁目12番3号 　山　川　太　郎 順位4番の登記を移記
	余白	余白	昭和63年法務省令第37号附則第2条第2項 の規定により移記 平成X3年1月15日
2	所有権一部移転	平成X4年5月12日 第35017号	原因　平成X4年5月12日贈与 共有者　甲市青葉二丁目12番3号 　持分4分の3 　山　川　花　子

権　利　部　（乙区）　（所　有　権　以　外　の　権　利　に　関　す　る　事　項）			
順位番号	登記の目的	受付年月日・受付番号	権　利　者　そ　の　他　の　事　項
1	抵当権設定	平成X2年1月25日 第6096号	原因　平成X2年1月25日金銭消費貸借同日 　設定 債権額　金9,000万円 利息　年8・3% 損害金　年14・0% 債務者　甲市青葉二丁目12番3号 　山　川　太　郎 抵当権者　甲市北区南一丁目2番4号 　中　央　銀　行　株　式　会　社 共同担保　目録(も)第5187号
	余白	余白	昭和63年法務省令第37号附則第2条第2項 の規定により移記 平成X3年1月15日
2	抵当権設定	平成X5年4月7日 第19522号	原因　平成X5年4月7日金銭消費貸借同 　日設定 債権額　金7,300万円 利息　年5・10% 損害金　年14・0% 債務者　甲市青葉二丁目12番3号 　山　川　太　郎 抵当権者　甲市北区南一丁目2番4号 　中　央　銀　行　株　式　会　社 共同担保　目録(よ)第2661号
3	1番抵当権抹消	平成X8年11月17日 第58501号	原因　平成X8年11月5日弁済

これは登記記録に記録されている事項の全部を証明した書面である。

　（甲法務局）
　令和X9年1月11日
　乙法務局　　　　　　　　　　　　　　登記官　　　　　法　務　太　郎　㊞

(QRコード)

＊　「登記の目的」欄に「相続人申告」と記載されている登記は、所有権の登記名義人（所有者）
　の相続人からの申出に基づき、登記官が職権で、申出があった相続人の住所・氏名等を付記した
　ものであり、権利関係を公示するものではない。
＊　下線のあるものは抹消事項であることを示す。　　　　　整理番号　D60932　（2／2）　2／2

登記事項証明書は、管轄法務局以外でも発行できます（⇨Q3-10）。この場合、証明書下部の認証文にふたつの法務局名が記載されます。上の例で、かっこ書きで記載された甲法務局は管轄法務局（⇨Q3-9）、2行下の乙法務局は、証明書を発行した法務局です。

Q 1-12 登記簿作成の単位は

建物の単位　　登記簿は、不動産1個ごとにつくります。では、土地・建物の個数は、どのように決めるのでしょうか。

建物は、屋根や外壁で空間を遮るので、基本的には、区切られた空間を1個の建物と数えます。マンションのような区分建物（⇨Q6-1）を除けば、外観から区分されるので、登記簿の作成単位についてあまり問題はありません。

マンションは、外観上は全体が1個の建物ですが、建物の中の各住戸を区分して登記上の1単位とし、所有権の対象とします。このような建物を、区分所有建物といいます。

居宅（住宅のこと）と車庫・物置のように、複数の建物が機能面から一体となっているときは、全体を1個の建物として扱い、居宅を「主である建物」、車庫や物置を「附属建物」とします（⇨Q5-3）。

土地の単位　　一方、土地について、登記簿作成の単位を決めることは、そう簡単ではありません。たとえば、日本の本州に属する土地は、青森県の北端から山口県の西端まで、ずっと連続しています。

土地は、ケーキを切り分けるように、実際に物理的に分割して区分することはできず、比喩的にいえば、人為的に線を引いて区分するにとどまります。

その人為的な手段が登記です。区分された土地は、「筆」という単位で数えます。登記では、1個の土地を1筆と数え、特定のために地番を付けて登記簿をつくります。

埋立てにより土地ができたとき、全体を1筆の土地として登記するか、数筆

に分けて登記するかという人為的操作によって、土地の個数が決まります。

だからこそ、1筆の土地を2筆以上に分ける分筆（⇨Q4−17）や、数筆の土地を1筆に合わせる合筆（⇨Q4−21）ができるわけです。

登記と現実　面倒なのは、「筆」はあくまでも登記上の単位であり、現実の利用区分とは必ずしも一致しないことです。数筆の土地がまとまって利用上の1単位を形成し、その上に1棟の建物が建っていることがあります。逆に、1筆の大きな土地の上に複数の建物が建っていて、1筆の土地が、利用上は数個に区分されていることもあります。

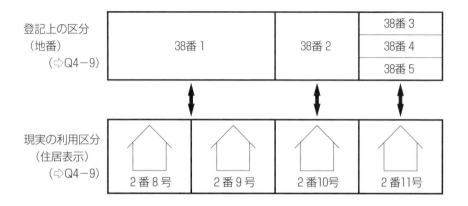

二重登記　1個の不動産に対して、1個の登記（登記簿）という原則が守られていない例に、二重登記があります。たとえば、すでに登記簿がつくられている建物について、新たに表題登記をして別の登記簿をつくってしまう例です。例は少ないのですが、明治・大正などの古い建物は、二重登記されていることがあります。

Q 1-13
表示に関する登記と権利に関する登記は

A 2種類の登記

不動産登記制度のふたつの役割（⇨Q1-1）に対応して、登記簿に記録する登記は、2種類に分かれます。すなわち、物的状況を明らかにする「表示に関する登記」、権利関係を明らかにする「権利に関する登記」です。

不動産登記は、モノとヒトの両面を扱います。表示に関する登記は、不動産というモノ自体を対象とし、権利に関する登記は、ヒトが関係して不動産に成立する権利を対象とします。

それぞれの登記内容が異なるため、表示に関する登記を記録する表題部と、権利に関する登記を記録する権利部は、様式が違います。

表示に関する登記

表示に関する登記は、権利の目的となる不動産を特定し、権利に関する登記の前提となります。表示に関する登記を行って、はじめて権利に関する登記ができます。

いわば、表示なくして、権利なしです。具体的には、表示に関する表題登記（⇨Q4-2）で不動産を特定して、はじめて権利に関する所有権保存登記（⇨Q8-7）ができるようになります。

表示に関する登記の目的は、不動産の物的状況を公示することです。ですから、建物の新築・増築・取壊しなどにより物的状況が変化した場合は、1か月以内に登記することが義務づけられています。しかし、この規定は必ずしも守られてはいません。

登記のメリット

権利に関する登記には、対抗力の付与というメリットがあるので、権利変動に関しては、現実と登記は比較的連動しています。それに対し表示に関する登記は、現実の変化との連動性に欠けることがよくあります。なぜなら、表示に関する登記をしても、直接的なメリットがあまりないからです。

権利に関する登記申請には登録免許税（⇨Q15-12）を納めますが、それは、

第2節 登記簿の概要　23

対抗力を得るメリットの対価と考えることができます。

それに対して、表示に関する登記は、分筆・合筆等の登記申請を除いて登録免許税は不要です。それは、メリットがないのに、義務として登記しなければならないからです。

目的の違い　表示に関する登記は、物的状況の公示という公益的性格のものである一方、権利に関する登記は、私人の権利の実現を図るものです。だからこそ、表示に関する登記は職権で行うことができるのに対し、権利に関する登記は、あくまでも当事者の申請により行います。以上をまとめると、次のようです。

	表示に関する登記	権利に関する登記
目　的	事実の正しい表示	対抗力を与える
申　請	義務	任意（注1）
登録免許税	不要（注2）	必要

（注1）　相続登記・住所変更登記等の義務化の改正あり（⇨Q8-5、Q8-28）。
（注2）　分筆・合筆等の登記は、登録免許税が必要（⇨Q15-13）。

間接的メリット　表示に関する登記には「直接的な」メリットがない、と書いたのには、わけがあります。

マイホームを新築する場合を考えてみましょう。通常は、建築代金を銀行から借り、銀行は融資にあたり、担保として新築建物に対して抵当権設定登記を求めます。抵当権は権利部の乙区に登記しますが、その前提として甲区に所有権保存登記が必要です。さらに、甲区の登記をするためには、表示に関する表題登記が必要です。

銀行から融資を受けるための抵当権設定登記（権利部乙区）、その前段階としての所有権保存登記（権利部甲区）、さらにその前段階としての表題登記（表題部）と、逆算的に表示に関する登記が必要になります。つまり、表題登記（表示に関する登記）をすることで、最終的に抵当権設定登記ができるようになり、銀行からお金を借りられる。これが表示に関する登記をする間接的なメリットといえます。

24　第1章　不動産登記への入口

Q 1-14 登記簿の構成は

A **2つの大区分** 登記簿は、大きく表題部と権利部に分かれます。最初に表題部があり、権利部がそれに続きます（19～20ページ参照）。権利部は、さらに甲区と乙区に分かれ、全体で3つの部分から構成されます。

3つの部分が一度にできるわけではなく、必ず順番に、まず表題部が、次いで甲区、最後に乙区ができます。

> （登記記録の作成）
> 第12条　登記記録は、表題部および権利部に区分して作成する。

表題部 表題部は、表示に関する登記を記録し、不動産の物的状況を示します。土地については、所在・地番・地目・地積等を、建物については、所在・家屋番号・種類・構造・床面積等を記録します。

権利部 権利部は、権利に関する登記を記録し、甲区には所有権に関する事項、すなわち所有権保存、所有権移転登記等を記録します。乙区には、所有権以外の権利、すなわち抵当権・根抵当権、地上権、地役権および賃借権等の設定・移転および抹消等の登記を記録します。

両者の関係 表題部および権利部（甲区・乙区）という登記簿の構成と、表示および権利に関する登記との関係を図示すると、次のとおりです。

登記の分類	対　象	記録する場所		記録する項目
表示に関する登記	物的状況	表題部		土地・建物で違う（上記）
権利に関する登記	権利の状況	権利部	甲区	所有権
			乙区	抵当権、地上権など

新しく不動産ができたときに、まず表示に関する登記である表題登記をして、

第2節　登記簿の概要　25

新たに登記簿をつくります。表題はラベルといえますから、新しい土地や建物ができたときに、まず表題登記をすることは、いわば、権利に関する登記を入れる登記簿という箱をつくり、それにラベルを貼ることです。次に、所有権の保存登記をして、甲区をつくります。

このふたつは、不動産の生成当初に行うべき一連の手続で、これを終えることで、いわば一人前の不動産として扱われます。表題登記をしない限り、所有権保存登記をはじめとする権利に関する登記はできません。

不動産を担保にしたり、他人が利用する必要が生じたとき、その権利（抵当権、地上権など）を設定するために、乙区を開設します。その必要がなければ、乙区はつくられません。

登記簿は、表題部および権利部の甲区・乙区から構成されるというと、どの登記簿にも、必ず3つの部分があると思いがちです。しかし、現実には、乙区のない登記簿が結構あります。さらに、表題部だけがあり、所有権保存登記がないため甲区のない登記簿もあり、建物について多く見られます。その理由は、次のとおりです。

保存登記の要否　所有権保存登記をしないと、その建物を所有していることを第三者に対抗できませんが、実際は、自分が建てた建物を、第三者が所有権保存登記することはあまり考えられません。

所有権保存登記をする実際的理由は、銀行から融資を受ける際の抵当権設定登記の前提として必要なことです。乙区に記録される抵当権設定登記をするためには、まず甲区に所有権保存登記をしなければなりません。ですから、自己資金だけで建物を建て、融資を受けるために抵当権を設定しないで済むならば、あえて所有権保存登記をする必要はないともいえます。また、信用力がある上場企業などは、担保なしで銀行から融資を受けることがあります。

表題登記は法律に定められた義務なので、せざるを得ませんが、所有権保存登記は任意であり、登録免許税も必要です。抵当権を設定する必要がないならば、その前提としての所有権保存登記を、あえて費用をかけてする必要もないでしょう。このような理由で、表題登記はあるものの、所有権保存登記がない

建物があります。

1-15 表題部と権利部の情報の違いは

 情報の違い 　筆者たちは、登記簿から得られる情報は、権利部より表題部のほうが幅が広いと考えます。

　たとえば、土地の表題部からは、所在・地目・地積などの物的状況がわかるだけでなく、従前の地目や分筆・合筆の経過を調べることで、現在に至るまでの経緯を知ることができます。

　たしかに権利部においても、従前の所有権や抵当権の状況から、現在までの経緯をたどることができます。しかし、従前の権利状況、たとえば過去に競売にかかったことがあるからといって、それが現在のあり方に大きな影響を与えるわけではありません。

　それに対し、かつて墓地であれば、土地の価値に影響します。また、土壌汚染の調査にあたって、過去の物的情報は大きな手がかりとなります。

　権利部では、抹消された過去の登記はあまり重要ではなく、現在の権利状況が問題なのに対して、表題部が示す過去から現在までの経緯は、現状に大きな影響を与えます。

知識と知恵　筆者たちは登記簿を見るとき、権利部は、ひと通り目を通して現状把握ができればよしとしますが、表題部は、まさしく眼光紙背に徹するように、詳しく読み取ります。

　表題部の読み取り作業は、各種図面類の助けを借りながら、「知識」よりも「知恵」を働かせることが重要です。文字情報を読む登記簿と違い、図面の読み取り作業は、医者が人体に関する画像情報を読み取るのに似て、経験と勘が必要です。

　人間の知的能力を、勉強することで得られる「知識」と、経験の積み重ねで得られる「知恵」に分けて考えれば、登記情報の読み取り作業で、知識と知恵

第2節　登記簿の概要　27

の果たす役割は、おおむね次のようです。

登記簿権利部	登記簿表題部	公図等の各種図面
知　識		
		知　恵

1-16
登記できる権利は

 登記できる権利　どのような権利でも登記できるわけではなく、登記できる権利は、不動産登記法第3条で定められています。これ以外に、いったん売った不動産を買い戻す権利（買戻し権）を登記できます。

（登記することができる権利等）

第3条　登記は、不動産の表示または不動産についての次に掲げる権利の保存等（保存、設定、移転、変更、処分の制限または消滅をいう。一部省略）についてする。

① 所有権
② 地上権
③ 永小作権
④ 地役権
⑤ 先取特権
⑥ 質権
⑦ 抵当権（注：根抵当権を含む）
⑧ 賃借権
⑨ 配偶者居住権
⑩ 採石権（採石法に規定する採石権をいう。一部省略）

> （買戻しの特約の登記の登記事項）
> 第96条　買戻しの特約の登記の登記事項は、第59条各号に掲げるもののほか、買主が支払った代金（民法第579条の別段の合意をした場合にあっては、その合意により定めた金額）および契約の費用ならびに買戻しの期間の定めがあるときはその定めとする。

1-17 登記の種類別の件数は

登記統計　不動産登記の教科書では、その性格上、すべての種類の登記を同じようなウエイトで説明します。しかし現実は、登記の種類によって利用頻度は大きく違い、現場での重要性も異なります。

登記の現場で、実際にどのような登記が、どのくらいなされているかを見てみましょう。法務省のホームページ（登記統計 統計表 2022年）に、全国の法務局でなされた登記件数が種類別に掲載されています。

まず、表示に関する登記と権利に関する登記の比率を見ると、表示に関する登記よりも、権利に関する登記が多いことがわかります。

区　　分	件数	比率 (%)
表示に関する登記	2,718,968	25.8
権利に関する登記	7,825,528	74.2
合　　計	10,544,496	100

表示に関する登記　表示に関する登記の内訳では、表題登記における土地・建物の件数の差が目立ちます。表題登記のほとんどは建物に関するもので、土地の表題登記は、埋立てや旧水路・道路の払下げ（⇨Q4–2）のときなどで、それほど多くありません。

	区　　分	件数	比率（%）
土地	表 題 登 記	25,241	1.5
	分　　筆	315,084	19.3
	合　　筆	138,223	8.5
	地目の変更・更正	399,289	24.5
	地積の変更・更正	484,175	29.7
	滅　　失	2,982	0.2
	土地改良・区画整理	1,209	0.1
	地 図 訂 正	38,602	2.4
	筆界特定がされた旨の記録	1,338	0.1
	そ　の　他	225,882	13.8
	合　　計	1,632,025	100
建物	表 題 登 記	498,042	45.8
	区分建物の表題登記	103,990	9.6
	敷地権の表示等	100,297	9.2
	附属建物の新築、床面積の変更・更正	55,515	5.1
	分割・区分	1,182	0.1
	合　　併	512	0.05
	滅　　失	277,655	25.5
	建物所在図訂正	631	0.1
	そ　の　他	49,119	4.5
	合　　計	1,086,943	100

（注）　土地改良・区画整理……土地改良および土地区画整理の換地処分による登記をいう

地図訂正……地図、地図に準ずる図面、土地所在図および地積測量図の訂正をいう

建物所在図訂正……建物所在図、建物図面および各階平面図の訂正をいう

権利に関する登記　　権利に関する登記では、所有権移転・保存と抵当権・根抵当権に関する登記件数が大部分です。

抵当権・根抵当権以外の設定・保存登記は、いずれも1％に満たず、特に先取特権保存および質権・配偶者居住権・永小作権・採石権の設定登記は、極端

に少ないことがわかります。

区　　　分	件数	比率（%）
所有権の保存	607,490	7.8
所有権の移転	3,307,459	42.3
抵当権の設定	1,035,842	13.2
根抵当権の設定	168,176	2.1
先取特権の保存	42	0.0005
質権の設定または転質	321	0.004
地上権の設定	6,178	0.1
賃借権の設定または賃借物の転貸	4,211	0.1
地役権の設定	16,840	0.2
配偶者居住権の設定	892	0.01
永小作権の設定	2	0.00003
採石権の設定	3	0.00004
買戻しの特約	1,993	0.03
信託に関する登記	21,358	0.3
処分の制限	56,015	0.7
敷地権である旨の登記	2,036	0.03
権利（所有権を除く）の移転	107,457	1.4
権利の変更・更正	327,817	4.2
仮　　登　　記	79,988	1.0
登記名義人の氏名等の変更・更正	868,424	11.1
登記の抹消	1,192,941	15.2
その他	20,043	0.3
合　　　計	7,825,528	100

不動産利用権　　不動産利用権では、地役権が多く、地上権と賃借権がそれに続きます。賃借権が登記されることは少ない、とよくいわれますが（⇨Q9-4）、実際はけっこう登記されていることに注意してください。

区　　　分	件数	比率（%）
地上権の設定	6,178	22.0
賃借権の設定または賃借物の転貸	4,211	15.0
地役権の設定	16,840	59.9
配偶者居住権の設定	892	3.2
永小作権の設定	2	0.01
採石権の設定	3	0.01
合　　　計	28,126	100

担保物権　担保物権では、抵当権が圧倒的多数を占め、根抵当権がそれに続きます。

区　　　分	件数	比率（%）
抵当権の設定	1,035,842	86.0
根抵当権の設定	168,176	14.0
先取特権の保存	42	0.003
質権の設定または転質	321	0.03
合　　　計	1,204,381	100

仮登記　仮登記は、所有権に関するものよりも、その他（抵当権、根抵当権、賃借権）が多いことに注意してください。

区　　　分	件数	比率（%）
所　有　権	11,216	14.0
そ　の　他	68,772	86.0
合　　　計	79,988	100

第3節 不動産登記制度の弱点と解消策

Q 1-18 登記は、つねに正しいか

A 登記の正確さ 公信力（⇨Q1-7）が問題となる虚偽登記はめったにありませんが、登記された内容が正しくないことは、日常的によくあります。法務局という公的機関が関与する登記が間違っているはずはないと思わずに、登記の現実を受け入れる必要があります。

ここでいう「正しい」とは、登記の内容が、現実の物的状況や権利関係を正しく反映している（一致している）ことです。

2つの不一致 登記の内容が現実と一致しないことには、ふたつのパターンがあります。
① 存在に関する不一致……登記上の存在の有無と、現実の存在の有無が一致しない
② 内容の不一致……登記の内容が現実の状況と一致しない

この登記の実状を理解しないで、無条件に登記を信じると、思わぬ間違いを起こします。登記資料を扱う際の心構えとして、この現実を十分に理解しておかなくてはなりません。

Q 1-19 すべての不動産は、登記されているか

A 登記と現実 まず、存在に関する不一致について説明しましょう。
登記上の存在の有無と現実の存在の有無は、必ずしも一致しません。登記と現実については、3つのパターンがあります。

① 現実にあり、登記上もある…通常のケース
② 現実には消滅しているが、登記上に残っている
③ 現実には存在するが、登記されていない

		現　実	
		ある	ない
登記上	ある	①	② ← 消失したのに、減失登記をしていない
	ない	③	——

新しくできたのに、登記していない
昔からあるのに、登記されていない

建物　建物について考えてみましょう。建物を新築したときに表題登記（⇨Q5-1）をしなければ、その建物は、登記上では存在しません。登記されていないことを未登記といい、このような建物を未登記建物といいます。

逆に、建物を取り壊したときに減失登記（⇨Q5-5）をしなければ、その建物は、いつまでも登記上は残っています。

建物を新築したり取り壊したときは、表題登記や減失登記を申請することが義務づけられていますが、つねに守られているわけではありません。たしかに、職権による登記（⇨Q2-7）や代位登記（⇨Q2-8）により、当事者の申請がなくても登記できますが、その例は少ないでしょう。

このように、新しく存在することになった建物、あるいは取り壊されて存在しなくなった建物について、その事実と登記が連動しないことにより、登記と現実の不一致が生じます。

そのため、ある土地に建っている建物の登記簿を請求すると、未登記のため登記簿がなかったり、存在しない建物の登記簿が出てくることがあります。

土地　土地についても、埋立てにより新たに土地ができることや、水没して土地が消失しまうことがあります。

土地の出現および消失に関しては、建物と同様の手続をすべきですが、消失

34　第1章　不動産登記への入口

については、そのまま放置されることが多いようです。

しかし土地の場合、事情はもう少し複雑です。出現・消失に関する登記未了に加えて、より本質的な問題があります。それは、不動産登記制度の歴史に由来する問題です。

土地に関する登記は、地租改正を足がかりとして進められました。そのため課税対象となる民有地について、整理確定のために、1筆ごとの土地に番号（地番）を付けて登記しました。

その一方で、課税対象とならない公有地は、地番が付けられず、登記されないままとなりました。その時点で公共用に使われていた道路や水路等は、現実には存在しながら登記上には現れません。この道路・水路等が、登記と現実の不一致の大きな要因となっています。

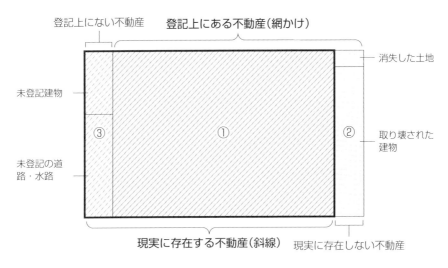

（注）①②③は、前ページの3つのパターンを示す。

1-20 登記と現実の不一致とは

後天的不一致　不一致の第二は、登記された内容と現実の状況の不一致です。これは、登記内容が実際には変わっているのに、変更登記をしないために、現実を正しく反映していないことに由来します。いわば、登記上のアップデイトがなされていない、後天的な理由によります。例として、次のようなものがあります。

- 増築により床面積が増えたのに、登記上の床面積が元のままになっている
- 山林を宅地造成したのに、地目が山林のままになっている
- 住所や氏名・商号が変わったのに、表示が元のままになっている
- 分筆・合筆により地番が変わったのに、地上建物の所在・家屋番号が元のままになっている（⇨Q5-6）

先天的不一致　土地の面積については、もともとの登記内容が現実と一致しない、いわば先天的な不一致があります。これは、土地の登記の根幹にかかわる重要な問題なので、あとで詳しく説明します（⇨Q4-16）。

1-21 所有者不明土地とは

不動産登記制度は、不動産の所有者が誰かを、登記を見れば知ることができるようにして、不動産の売買、賃貸借などの取引を円滑に安心して行えるようにすることなどを目的にしています（⇨Q1-1）。

ところが、登記上のアップデイトが行われていないなどにより、登記上の所有者が現実の所有者と一致していないと、誰と取引してよいか直ちには判明せず、所有者を探すのに多大な時間と費用を要するなどにより、不動産の取引に支障が生じることになってしまいます。

このような問題がクローズアップされることになったのは、東日本大震災後

の復旧・復興事業などの際に、現在の所有者や共有者が不明で、事業が円滑に進まないことが生じたためでした。

そこで政府は、不動産登記簿により所有者が直ちに判明しない土地と、所有者が判明しても、その所在が不明で連絡がつかない土地を、「所有者不明土地」と呼び、2017（平成29）年頃から所有者不明土地の問題の解消に向けての検討・法改正等が行われはじめました。

1-22
所有者不明土地の発生原因は

所有者不明土地が発生する主な原因は、大きく分けるとふたつあります。

ひとつは、相続登記の申請は義務ではないので、相続登記が行われず死亡した人の名義のままに放置されることや、遺産分割を行わないまま相続が繰返されて、土地共有者がねずみ算式に増加してしまうことです。このような放置は、死亡した人の名義の土地の見落しや、相続人が取得したいと思わない土地で起こりがちです。

もうひとつは、住所変更登記は義務ではないので、自然人・法人を問わず、転居・本店移転等のたびに登記するのに負担を感じ、放置されがちになることです。

1-23
所有者不明土地の解消策は

相続登記の促進 相続登記の放置等を解消するため、2018（平成30）年6月13日公布の「所有者不明土地の利用の円滑化等に関する特別措置法」で、長期間相続登記等がされていない土地（特定登記未了土地）に、その旨を登記に付記することになりました（⇨Q8-23）。

2019（令和元）年5月24日公布の「表題部所有者不明土地の登記及び管理の適正化に関する法律」で、所有権の登記がない土地のうち、表題部に所有者の氏名・名称および住所の全部または一部が登記されていないもの（表題部所有者不明土地）について、登記官が職権で、表題部に登記すべき者の氏名住所等を登記することになりました（⇨Q4-5）。

　そして、2021（令和3）年4月28日公布の「民法・不動産登記法等の改正」（以下「令和3年民法・不動産登記法等の改正」という）で、相続登記の申請の義務化などが規定されました（⇨Q8-28）。

相続土地の国庫帰属制度　令和3年民法・不動産登記法等の改正の際、相続で取得した土地を相続人が手放したいと考える場合には、国庫に帰属させること、わかりやすくいえば国に譲ることを可能とする相続土地国庫帰属制度を創設しました（⇨Q8-48）。国庫に帰属させてしまうことにより、その土地が所有者不明土地になることを予防するためです。

住所変更登記の促進　令和3年民法・不動産登記法等の改正では、住所変更登記の放置等を解消するため、住所の変更登記の義務化、登記官による職権での住所の変更登記などを規定しました（⇨Q8-5）。

1-24
所有者不明土地の利用円滑化の方策は

A　所有者不明土地には、その土地の取引に支障が生ずることや、その土地を利用する事業が円滑に進まないという問題もあります。そこで、令和3年民法・不動産登記法等の改正では、次のような改正や制度の創設が行われました。

①　登記官の職権による死亡の公示

　　登記名義人が死亡しているかどうかわかるだけでも、事業用地を円滑に選定できるため、創設されたものです。登記官は、住基ネット等で死亡の情報を取得し、職権で登記に符号で表示することになりました（2026（令

和8）年4月1日施行予定）。

② 所有者不明土地・建物の管理制度の創設

裁判所が選任する所有者不明土地管理人・所有者不明建物管理人が土地・建物の管理や処分することを可能としたものです（⇨Q8-21）。

③ 管理不全土地・建物の管理制度の創設

管理不全で他人の権利侵害のおそれがある不動産について、裁判所が選任する管理不全土地管理人・管理不全建物管理人が、その土地や建物を管理や処分することを可能としたものです。

④ 共有物の管理や変更の円滑化を図る仕組みの整備

不明共有者等を除外して共有物の管理や変更を可能とすることや、共有者の代表者として共有物管理者の選任を可能とすること、および不明共有者の持分を金銭の供託により取得する等の仕組みを整備し、不明共有者がいても、共有物の利用・処分を円滑に進めることを可能としたものです（⇨Q8-12）。

第3節　不動産登記制度の弱点と解消策　39

第2章

登記手続と
登記の分類

第1節 登記手続

Q 2-1 登記の舞台と登場人物は

A 登記所・法務局　登記の舞台となるのは、登記所という役所です。登記所は、登記事務を取り扱う役所ですが、実際にその名称の役所があるわけではなく、具体的には、法務局、地方法務局、その支局および出張所が該当します。

北海道・東北・関東などの各地方の中心となる都道府県に法務局を、それ以外の県庁所在地（北海道を除く）に地方法務局をおき、適宜、支局、さらに出張所を置きます。

法務局は人権問題等も取り扱い、登記事務だけの役所ではないし、組織体系からいえば、法務局は、地方法務局・支局・出張所の上部機関を指す言葉です。しかし一般的には、地方法務局などのすべてを法務局と言い慣らわします。

このような事情をふまえて、本書では、登記所に該当する役所をすべて、法務局ということにします。

法務局は、平日の午前8時30分から午後5時15分まで業務を行います（注）。

（注）法務局は2022（令和4）年1月4日から窓口における対応時間を午前9時から午後5時までとする旨公表しましたが、窓口対応時間外は、<u>窓口での申請等を一切受け付けないものではない</u>とのコメントも付言しています。

（登記所）

第6条　登記の事務は、不動産の所在地を管轄する法務局もしくは地方法務局もしくはこれらの支局またはこれらの出張所（以下、たんに「登記所」という）がつかさどる。

（第2項、第3項省略）

登場人物　登記手続の話の前に、法務局という登記の舞台に登場する人物を見ておきましょう。

　法務局には、登記の申請または登記簿・公図などの登記資料を請求する人たちが出入りします。登記資料を請求する人の多くは、仕事の関係で来る人たちですが、自分に関係する事柄でおそるおそる来る人（いわゆる素人さん）もいます。登記に関する専門資格者である司法書士・土地家屋調査士も頻雑に出入りし、また、職務で来る官公署の職員も見かけます。

　登記の舞台の登場人物で忘れてならないのは、内部にいる登記官です。登記官こそ、実際に登記を行う重要人物です。

　日常私たちは、「所有権移転の登記をする」とか「先に登記した者が勝ち」と言いますが、法律的には正確ではありません。日常的には、それでもかまいませんが、登記の手続を説明するためには、「登記を申請する」ことと「登記する」ことの違いを、はっきりさせる必要があります。

　「登記する」とは、登記簿に記録することで、登記官の仕事であり、私たちは、登記してもらうように頼む、つまり登記の申請を行います。申請にもとづいて、登記官という役職につく法務局職員が実際の登記を行います。

> （登記）
> 第11条　登記は、登記官が登記簿に登記事項を記録することによって行う。

申請と嘱託　登記の手続の全体像を最初に見ておきましょう。登記官が登記をするきっかけには、一般人による「申請」のほかに、官公署からの「嘱託」があります。

第1節　登記手続　43

> （当事者の申請または嘱託による登記）
> 第16条　登記は、法令に別段の定めがある場合を除き、当事者の申請、または官庁もしくは公署の嘱託がなければ、することができない。
> （第2項省略）

例外的に、登記官は誰から頼まれなくても、必要と認めた場合は、自らの職権で登記できます（⇨Q2-7）。

単独と共同　登記の申請は、単独で行う場合（単独申請）と当事者双方が共同で行う場合（共同申請）に分かれます（⇨Q2-3）。また、ある種の登記は、その登記について利害関係を持つ者の承諾が必要であり、利害関係者も影の登場人物といえます。

共同申請に関しては、各種の例外的取扱いが認められ（⇨Q2-4）、また、共同申請の変種として、合同申請と呼び慣らわされる形態があります（⇨Q2-3）。

登記申請は当事者が行うべきものですが、特例的に、当事者に代わって第三者が行うことがあります（代位申請⇨Q2-8）。

代理申請　一般人が登記を申請する際、多くの場合は専門資格者に依頼します（代理申請）。もちろん本人が申請することもできます（本人申請）。登記の種類により、代理する専門資格者が異なります（⇨Q2-10）。

```
―本人が申請――本人申請
―資格者が代理して申請――代理申請―┬―司法書士（弁護士）……権利部の登記
                                  └―土地家屋調査士……表題部の登記
```

第2章　登記手続と登記の分類

Q 2-3 単独申請と共同申請とは

A 単独申請

建物を新築した際の表題登記（⇨Q5-1）は、所有者が単独で申請します。建物建築という行為は、自分ひとりでする（実際に建てるのは建築業者ですが）ことであり、他人に影響を与えません。行為が自分ひとりの枠内で完結している場合、すなわち権利上の対立者がいないときは、登記申請は単独で行うかたちになります。

不動産の表示に関する登記一般、所有権保存登記や登記名義人の氏名や住所変更などの表示変更登記などは、単独申請で行います。

単独申請の「単独」は「ひとり」を意味しません。夫婦ふたりが共有名義で所有権保存登記を申請しても、それは単独申請です。

共同申請

権利に関する登記は、権利変動の当事者双方に影響するので、両当事者が共同で申請するのが原則です。

不動産の売買を考えてみましょう。不動産売買には、売る人間と買う人間がいて、自分ひとりでは、「売り買い」という双方向の行為が成立しません。売る側は高く売りたいし、買う側は安く買いたいというように、売主と買主の利害は対立します。売買による所有権移転登記では、登記することによって売主は所有権を失い、買主は所有権を手に入れることになります。

所有権移転登記は、利害が対立する両当事者が共同で申請します。売主が知らない間に不正な手段での登記を防止するためや、権利を失うことになる売主が納得して、間違いなく本人が申請していることを示すために、売主に登記識別情報（⇨Q15-4）や権利証（⇨Q15-9）を提供させます。

（共同申請）
第60条　権利に関する登記の申請は、法令に別段の定めがある場合を除き、登記権利者および登記義務者が共同してしなければならない。

権利者・義務者 共同申請の場合、登記することにより権利を取得して利益を受ける者を、登記権利者（たんに、権利者ともいう）といいます。反対に、登記をすることにより権利を失うなどの不利益を受ける者を、登記義務者（たんに、義務者ともいう）といいます。売買による所有権移転登記で、買主は登記権利者、売主は登記義務者です。

官公署が登記権利者または登記義務者となるときは、共同申請によらずに、官公署が単独で登記を嘱託できます。

合同申請 共同申請の変種として、合同申請と呼び慣らわされるものがあります。共同申請は、基本的に利害が対立する両者（だから登記権利者・義務者という）が共同して行いますが、合同申請は、対立する利害を持たない関係者が、一緒に（いわば、仲良く）申請するものです。例としては、抵当権の順位変更の登記（⇨Q10-18）や共有物分割禁止の登記（⇨Q8-16）があります。

以上を模式的に示すと、次のようになります。

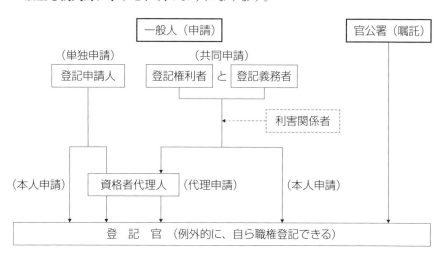

Q 2-4
登記の種類による申請形態は

A **表示に関する登記** 登記の申請は誰でもできるわけではなく、その登記に対して一定の関係を持つ者に限られます。登記の申請は、表示に関する登記と権利に関する登記で、内容や手続がかなり違います。

表示に関する登記のうち表題登記（⇨Q4-2）は、物件の所有者が申請します。それ以外の表示に関する登記、たとえば表示の変更登記などは、保存登記がない場合は表題部所有者、保存登記やその後の所有権移転登記が行われている場合は、所有権の登記名義人が申請します。

権利に関する登記 権利に関する登記は、登記権利者と登記義務者の両者が共同して申請するのが原則です。

判決による登記（⇨Q2-5）や一定の条件下における仮登記（⇨Q12-3）などは、単独で申請します。

相続を登記原因とする所有権移転登記は、所有権を渡す側の被相続人は死亡しており、受ける側の相続人しか申請できる者がいません。ですから、共同申請の例外というよりは、本来的に単独申請しかできない登記です。会社の合併を登記原因とする場合も同じような理由で、単独申請となります。

登記名義人の住所・氏名（個人）や所在地・名称（法人）の変更や訂正をする場合は、関係者に利害得失を及ぼさないので、単独で申請します。

判決による登記（⇨Q2-5）は、もともと相手方が登記に協力しないために、判決をもらって強制的に登記するものですから、判決をもらった人間が単独で申請できます。

ただし、これは単独申請というものではなく、判決によって登記義務者の登記申請意思が擬制されているため、共同申請にもかかわらず、登記権利者の申請行為のみで行えるという仕組みです。

第1節　登記手続　47

Q 2-5 判決による登記とは

概要 　共同申請の登記は、登記権利者と登記義務者が共同で行います。しかし、登記義務者が登記申請に協力しなければ登記できず、登記権利者は自己の権利を保全できません。

　この場合、共同申請の特例として、裁判所の力を借りて判決をもらうことにより、登記権利者が単独で申請できます。この登記を、判決による登記といいます。

> （判決による登記等）
> 第63条　第60条、第65条または第89条第1項（かっこ内省略）の規定にかかわらず、これらの規定により申請を共同してしなければならない者の一方に、登記手続をすべきことを命ずる確定判決による登記は、当該申請を共同してしなければならない者の他方が、単独で申請することができる。
> （第2項省略）

具体例　たとえば、買主が売買代金を支払ったのに、売主が所有権移転登記に協力しない場合、買主（原告）は売主（被告）に対して、所有権移転登記手続請求事件の裁判を起こします。

　買主が勝訴すると、判決の主文には、たとえば、「被告は原告に対し、別紙物件目録記載の不動産につき、令和○年○月○日売買を原因とする所有権移転登記手続きをせよ。」と記載されます。この判決の主文は、所有権移転登記申請の登記義務者である被告の登記申請意思を擬制するものであり、買主は登記申請を単独で行うことができます。

申請方法　登記申請書の記載は、通常の売買による所有権移転登記と同じように、権利者および義務者による共同申請の形式を取ります。しかし、判決によって登記義務者の申請意思が擬制されているので、登記義務者の申請意思を証明するための登記識別情報（または権利証）や印鑑証明書を法

務局に提供する必要はありません。それに代わり判決正本を添付します。

また、登記を申請するには、判決が確定していなければならず、判決に不服があって被告が控訴すると、裁判が継続するので登記できません。そのため、登記申請にあたっては、判決が確定していることを示す確定証明書も必要です。確定した判決正本に準ずる書面として、和解調書・調停調書・家庭裁判所の調停調書および確定した審判書などがあります。

登記例 所有権移転登記の原因の書き方は二通りあります。判決主文・和解条項・調停条項に、具体的に所有権移転の原因となる事柄が記載されている場合は（例：被告は原告に対し○月○日売買を原因とする所有権移転登記をせよ）、それを原因（この例では売買）とします。そうでない場合は、下記の登記例のように、たんに判決・和解・調停とします。

判決による登記

順位番号	登記の目的	受付年月日・受付番号	権利者その他の事項
2	所有権移転	平成X1年1月10日 第256号	原因　平成X1年1月10日売買 所有者　甲市青葉一丁目2番3号 　　　　　山　川　太　郎
付記1号	2番登記名義人住所変更	令和X2年6月15日 第6543号	原因　令和X1年7月10日住所移転 住所　乙市山中二丁目5番6号 代位者　甲市青葉一丁目2番3号 　　　　　山　川　花　子 代位原因　令和X2年6月3日判決による所有権移転登記請求権
3	所有権移転	令和X2年6月15日 第6544号	原因　令和X2年6月3日判決 所有者　甲市青葉一丁目2番3号 　　　　　山　川　花　子

2-6 嘱託登記とは

概要　登記は、一般人の申請によるほか、官庁（国の機関）および公署（地方公共団体など）の依頼（嘱託）により行います。

第1節　登記手続　49

（当事者の申請または嘱託による登記）

第16条　登記は、法令に別段の定めがある場合を除き、当事者の申請または官庁
　もしくは公署の嘱託がなければ、することができない。

　（第2項省略）

　嘱託による登記は、一般人が行う登記の申請と性格は同じで、その主体が官
公署に代わるだけです。よって、手続に関する規定は、一般人の申請に関する
ものを準用します。上記条文で記載を省略した第2項は、そのための規定で、
準用する条文がずらりと並んでいます。

　嘱託という言葉は、「仕事を頼んでまかせること」（角川最新国語辞典）で、
法律の世界では、官公署の間で事務を委託するときに使われ、例としては、嘱
託登記や嘱託尋問などがあります。なお、雇用形態に「嘱託」がありますが、
まったく別のものです。

具体例　　官公署が行う登記の嘱託には、ふたつのケースがあります。ひとつ
は、官公署が司る法的手続の一環として行うケースで、下記の①や
②などがあります。もうひとつは、官公署が権利変動の当事者となるケースで、
③から⑤などがあります。

①　競売の申立てを受けた裁判所が、差押や売却による所有権移転などの登
　記を嘱託する

②　裁判所が、仮差押・仮処分・破産・会社更生等に関する登記を嘱託する

③　国が、払い下げた土地の所有権移転登記を嘱託する

④　県が、買収した土地の所有権移転登記を嘱託する

⑤　官公署が、収用により取得した不動産の所有権移転登記を嘱託する

（官庁または公署の嘱託による登記）

第116条　国または地方公共団体が登記権利者となって、権利に関する登記をす
　るときは、官庁または公署は、遅滞なく、登記義務者の承諾を得て、当該登記

を登記所に嘱託しなければならない。
　２　国または地方公共団体が登記義務者となる権利に関する登記について、登記権利者の請求があったときは、官庁または公署は、遅滞なく、当該登記を登記所に嘱託しなければならない。

（収用による登記）
第118条　不動産の収用による所有権の移転の登記は、第60条の規定にかかわらず、起業者が単独で申請することができる。
　２　国または地方公共団体が起業者であるときは、官庁または公署は、遅滞なく、前項の登記を登記所に嘱託しなければならない。
　　（第３項ないし第６項省略）

　官公署が登記権利者となる場合は、登記義務者から、登記識別情報（⇨Q15－4）や権利証（⇨Q15－9）の提供を受ける必要はありません。その代わり、登記義務者は、登記原因証明情報と承諾書（印鑑証明書付き、有効期間の制限はない）を官公署に提出し、官公署はこれを登記嘱託書の添付書類として提供します。

Q 2-7 職権登記とは

職権とは　職権とは、「自分の職務を行なうために用いることが許される権利」（新明解国語辞典）です。職権登記は、一般人の申請や官公署の嘱託によらずに、つまり誰からも頼まれなくても、登記官が、職務権限（職権）を発動してみずから行う登記です。

具体例　職権登記を行うケースは数多くありますが、代表的なものは次のようなものです。具体的内容はそれぞれのQで説明しますが、ここでは、いわば隠れたる存在である職権登記の重要性を頭に入れてください。

① 表示に関する登記

（職権による表示に関する登記）

第28条 表示に関する登記は、登記官が、職権ですることができる。

表示に関する登記の代表例としては、分筆・合筆に関するもの（⇨Q4−18、Q4−23）があります。また、東日本大震災の津波により流失した建物は、土地家屋調査士会の協力を得て現地を確認し、その結果を受けて職権で滅失登記を行いました。

② 過誤の登記内容を訂正する更正登記（⇨Q2−15）

③ 未登記建物について差押登記の嘱託を受けた際に、その前提として行う表題登記および所有権保存登記（⇨Q8−58）

④ 承役地に地役権設定の登記をしたときに、要役地について行う関連登記（⇨Q9−12）

⑤ 区分建物の敷地権の登記をしたときに、敷地である土地に関して行う、敷地権である旨の登記（⇨Q6−6）

登記例　職権による登記は、申請による登記と次の点が異なります。

　　　　　登記申請があったわけではないので、「受付年月日・受付番号」欄には「余白」と表示し、「権利者その他の事項」欄の末尾に、受付年月日と受付番号を記録します。

職権による更正登記

順位番号	登 記 の 目 的	受付年月日・受付番号	権 利 者 そ の 他 の 事 項
2	所有権移転	令和X1年9月25日 第12345号	原因　令和X1年9月25日売買 所有者　甲市東町一丁目2番3号 　山 川 花 子
付記1号	2番登記名義人住所更正	余白	住所　甲市東町一丁目1番23号 令和X1年10月3日登記官の過誤につき 甲　法務局長の更正許可 令和X1年10月6日受付 第12699号により登記

性格の違い　職権登記は、表示に関する登記と権利に関する登記では性格が違います。表示に関する登記では、地目変更・分合筆の登記な

52　第2章　登記手続と登記の分類

どを、申請がなくても登記官が自発的に行うこともあります。それに対し、権利に関する登記では、当事者から申請された登記を行うにあたり、付随的に必要となる登記（例：地役権に関する要役地への登記など）を行います。

2-8
代位登記とは

代位とは　登記を申請すべき者に代わって、一定の関係を持つ者が代わりに行う登記を代位登記といいます。
「民法第423条その他の法令の規定により、他人に代わって登記を申請」（法59条7号）するもので、代位とは、他人が持つ地位に代わりにつくことで、代わりに申請する者を代位者といいます。

債権者代位権　代表的な例は、債権者が自己の債権を保全するために、債務者が持つ登記申請の権利を、債務者に代わって行使して登記申請を行うことです。債務者がみずからの権利を行使しないときに、債権者が代わりに行使できる権利を、債権者代位権といいます。

> （債権者代位権の要件）
> 民法第423条　債権者は、自己の債権を保全するため必要があるときは、債務者に属する権利（以下、「被代位権利」という）を行使することができる。ただし、債務者の一身に専属する権利および差押えを禁じられた権利は、この限りでない。
> （第2項、第3項省略）

具体例　たとえば、売買により所有権がA→B→Cと移転しているのに、登記上の所有者はAのままだとします。この場合、Cが所有権登記名義人となるためには、まずAからBへの所有権移転登記、ついでBからCへの所有権移転登記が必要です。しかしBが、Aからの所有権移転登記をしなければ、Cは、それを前提とする自分への所有権移転登記ができません。

第1節　登記手続　53

この場合、CはBを代位して、登記義務者Aおよび登記権利者（被代位者）BとしてAからBへの登記手続を行います。

その他の例　そのほかに、強制執行を行うために、所有権保存登記がない不動産の所有権保存登記をしたり、未登記である建物の表題登記および所有権保存登記をするケース（⇨Q8-58）があります。

　教科書では、私人間における代位登記を取り上げることが多いのですが、実際の件数では、公共事業や土地区画整理などに関するものが多数を占めます（⇨Q2-9）。すなわち、道路用地として土地の一部を買収する場合に、土地所有者に代わって土地の分筆登記を嘱託する場合などです。

登記例　代位登記では、登記が本人みずからの申請ではなく、代位によることを示すために、代位者の住所・氏名と代位原因を記録します。

代位による所有権保存登記

順位番号	登記の目的	受付年月日・受付番号	権利者その他の事項
1	所有権保存	令和X1年9月25日 第12345号	所有者　甲市青葉一丁目2番3号 　　　　山　川　太　郎 代位者　甲市中央二丁目3番4号 　　　　海　野　次　郎 代位原因　令和X1年9月23日金銭消費 　　　　　貸借の強制執行

2-9 前提登記とは

業界用語　前提登記という言葉は、あまりなじみがないでしょう。これは、不動産登記法上の用語ではなく、業界用語というべきものです。前提登記は代位登記の一種ですが、債権者代位権にもとづく代位登記とは性格が異なります。

　登記の現場での代位登記の件数は、実際は、前提登記に関するものが圧倒的に多いでしょう。しかし教科書では、代位登記は債権者代位権によるものと説明され、前提登記の話は出てきません。よって本書では、理解を助けるために、

前提登記という言葉をはっきりと表に出して、説明することにします。

具体例　　前提登記として件数が多いのは、道路買収などの公共事業や土地区画整理事業において、事業者が行う登記です。

　公共用地買収による事業者への所有権移転登記の前段階として、一筆の土地の一部を買収する場合は代位による分筆登記、土地所有者の住所などが現状と違う場合は代位による変更登記を行います。

　また、土地区画整理事業では、換地処分の登記を行うに先立ち、土地の表題部や権利部の登記内容を、現状に合わせるために代位登記を行います。具体的には、土地の分筆・合筆、登記名義人の表示変更、相続による所有権移転登記等です。

　これらの登記は、所有権移転登記の前提となるので、慣用的に前提登記といいます。

（代位登記）

土地区画整理登記令第2条　土地区画整理事業を施行する者（以下、「施行者」という）は、この政令の定めるところにより登記を申請する場合において、必要があるときは、次の各号に掲げる登記を、それぞれ当該各号に定める者に代わって申請することができる。

①　不動産の表題登記……所有者

②　不動産の表題部の登記事項に関する変更の登記または更正の登記……表題部所有者もしくは所有権の登記名義人またはこれらの相続人その他の一般承継人

③　登記名義人の氏名もしくは名称または住所についての変更の登記または更正の登記……登記名義人またはその相続人その他の一般承継人

④　所有権の保存の登記……表題部所有者の相続人その他の一般承継人

⑤　相続その他の一般承継による所有権の移転の登記……相続人その他の一般承継人

第1節　登記手続　　55

Q 2-10 登記申請を代理する者は

A 代理申請 裁判では、実際は本人でなく、代理人の弁護士が出廷することが多いように、登記の申請も、本人が行うのが原則ですが、多くの場合は、専門資格者である司法書士や土地家屋調査士等が代理して行います。専門資格者が本人の代わりに申請することを、代理申請といいます。それに対して、一般人がみずから登記申請することを、本人申請といいます。

登記申請を代理する専門資格者には、司法書士および土地家屋調査士がいますが、それぞれ取り扱う分野が異なります。また、弁護士も、権利に関する登記の代理申請を行うことができます。

さらに司法書士・土地家屋調査士が、官公署による登記嘱託手続等を受任する組織として、公共嘱託登記司法書士協会・公共嘱託登記土地家屋調査士協会があります。ふたつの組織とも、一般社団法人または公益社団法人の形で存在します。

登記申請を代理人に頼むときは、代理人が申請人を代理する権限を持っていることを証明する書類（代理権限証書）が必要です。司法書士・土地家屋調査士あてに出す委任状が、これにあたります。

司法書士 司法書士は、不動産登記および商業登記に関する専門資格者です。不動産登記では、所有権移転や抵当権設定など、権利に関する登記の申請手続を代理します。

司法書士は、そのほかに簡易裁判所での訴訟代理、裁判所や検察庁に提出する書類の作成、供託手続の代行、成年後見人などに就任して他人の財産管理に関する仕事も行います。

土地家屋調査士 土地家屋調査士は、不動産の表示に関する登記申請を代理し、同時にそのために必要な土地および建物の調査・測量を行います。

56　第2章　登記手続と登記の分類

土地の分筆・合筆、地目変更および地積更正、建物の新築による表題登記、増改築による表示変更、取壊しによる滅失登記などの申請手続を代理します。

両者の違い　司法書士と土地家屋調査士は、同じ登記に関する専門資格者ですが、実際の業務内容はかなり違います。

　権利に関する登記を扱う司法書士は、作業の対象とするものは権利に関係する書類で、基本的にデスクワークです。それに対し、土地家屋調査士が行う調査測量の作業は、現地を対象とするフィールドワークです。

　司法書士の仕事は、定式化された書類の作成であり、報酬もそれほど高いものではありません。実際は、司法書士に多額のお金を払うことが多いのですが、それは登録免許税の預り金を含むからであり、全額が司法書士の報酬ではありません。

　土地家屋調査士の報酬は、たんなるデスクワークでなく現地作業が必要なので、司法書士に比べて高額になります。

第1節　登記手続　57

第2節 登記の分類

2-11
登記の分類は

登記は、分類項目の立て方によってさまざまに分類できます。
- 内容による分類（⇨Q1-13）……表示に関する登記、権利に関する登記
- 手続による分類（⇨Q2-2）……申請による登記、嘱託登記、職権登記
- 形式による分類……主登記、付記登記
- 機能による分類……わかりやすい言葉でいえば、かっこの中のようです。
　記入登記（書き入れる）、変更登記（変える）、更正登記（直す）、抹消登記（消す）、回復登記（戻す）
- 効力による分類……本登記（終局登記）、仮登記（予備登記）

内容による分類と手続による分類については、すでに説明したので、ここでは残りの3つについて説明します。

2-12
主登記と付記登記とは

付記登記　形式による登記の分類は、主登記と付記登記に分かれます。付記登記は、順位番号が付けられた登記（付記登記に対して、主登記という）に付随する登記で、主登記の登記内容を変更（追加・訂正を含む）するときに行います。また、買戻特約（⇨Q8-51）の登記のように、付記登記の内容が、主登記と同じ順位であることを示すためにも用いられます。

付記登記は、主登記のすぐ下に追加して記録します。順位番号の欄は、主登記と付記登記の間を、線で区切りません。あくまでも主登記に付け加える登記であり、独立した順位番号を持たずに、「付記○号」として、主登記と一体となって１個の登記となります。

登記例　　具体例で見てみましょう。順位番号欄の１の下に「付記１号」とあり、付記登記であることを示します。登記内容を見ると、「１番登記名義人氏名変更」とあり、登記名義人の氏名が、山川花子から斉藤花子に変わっています。変更された旧氏名には、抹消を示す下線が引かれます。

付記登記

順位番号	登 記 の 目 的	受付年月日・受付番号	権 利 者 そ の 他 の 事 項
1	所有権移転	令和X1年８月10日 第13562号	原因　令和X1年８月10日売買 所有者　甲市東町一丁目２番３号 　山 川 花 子
付記１号	１番登記名義人氏名変更	令和X3年10月10日 第23568号	原因　令和X3年10月１日氏名変更 所有者 斉 藤 花 子

付記登記の順位　　付記登記の順位は、主登記の順位と同じで、その結果、付記登記の内容は、主登記の順位にもとづいて第三者に対抗できます。言い換えれば、あとからなされた登記なのに、主登記と同じ順位を（ちゃっかりと）獲得してしまい、後順位の登記から見ると、割り込まれた格好になります。

付記登記の可否　　上記の氏名変更のような登記は、第三者に影響を与えませんが、根抵当権の極度額を増額する変更登記は、後順位抵当権者の利益を害することになり、付記登記は簡単には認められません。

　よって、利害関係のある第三者がいない（割り込む形にならない）場合や、第三者がいても、その者の承諾がある場合だけ、付記登記を行うことができます。では、第三者の承諾が得られない場合は、どうするのでしょうか。これについては、Q2－16で説明します。

付記登記への付記　　付記登記の一種に、「付記登記の付記登記」があります。これは、付記登記でなされた登記事項に変更があったと

き、変更内容をさらに付記登記で登記するものです。

その例は次のとおりで、付記登記でなされた買戻権が売買されて、買戻権者が変わった例です。この場合の順位番号欄の表示は、「付記1号の付記1号」とします。

付記登記の付記登記

順位番号	登記の目的	受付年月日・受付番号	権利者その他の事項
1	所有権移転	令和X1年10月10日 第251号	原因　令和X1年10月10日売買 所有者　甲市東町一丁目2番3号 　　　　山　川　太　郎
2	所有権移転	令和X3年9月25日 第12345号	原因　令和X3年9月25日売買 所有者　乙市北町二丁目3番4号 　　　　海　野　次　郎
付記1号	買戻特約	令和X3年9月25日 第12345号	原因　令和X3年9月25日特約 売買代金　1,500万円 契約費用　20万円 期間　令和X3年9月25日から5年間 買戻権者　甲市東町一丁目2番3号 　　　　　山　川　太　郎
付記1号の 付記1号	2番付記1号買戻権移転	令和X4年10月10日 第23589号	原因　令和X4年10月10日売買 買戻権者　丙市西町三丁目4番5号 　　　　　甲　山　三　郎

2-13 記入登記とは

「記入」とは、書き入れることですから、記入登記は、登記簿に書き入れる登記ということになります。そうすると、すべての登記が記入登記になってしまいますが、権利に関する登記をはじめて書き入れる登記をいい、具体的には、所有権保存登記や抵当権設定登記などです。

はじめて書き入れる記入登記に対して、あとから登記内容を変更したり訂正したりする登記は、変更登記・更正登記になります。

2-14
変更登記とは

  概要 変更登記とは、登記事項に変更があった場合に、それを変更する登記です（法2条15号）。

登記は、不動産の現状を正確に反映していることが要請され、現状が変わったときは、現状と一致するように変更登記を行います。

たとえば、土地の地目を変更したときや、増改築により建物の種類・構造・床面積等を変更したとき、また、結婚や住所移転等により登記名義人の表示が変更になったときなどに、変更登記を行います。

登記例 変更登記は、表題部では現在の登記事項の下に欄を追加して行い、甲区・乙区では付記登記など（⇒Q2-16）で行います。いずれの場合も、従前の登記内容のうち変更した部分を抹消します。

抹消は、抹消する部分に下線を引いて行い、変更前の内容を記録上に残しておきます。コンピュータ処理では、変更部分に上書きして、以前の記録を消去することもできますが、変更の経緯がわかるように残しておきます。

次の例は、表題部での地目・地積の変更に関する登記例です。

表題部の変更登記（地目・地積の変更）

表　題　部　（土地の表示）			調製 平成X1年3月25日	不動産番号	1234567890123
地図番号	F 35-2	筆界特定	余白		
所　在	甲市乙山字山中		余白		
	甲市青葉二丁目		平成X5年7月3日変更 平成X5年7月10日登記		
① 地　番	② 地　目	③ 地　積　㎡	原因及びその日付〔登記の日付〕		
1番137	山林	397	1番95から分筆 〔昭和39年12月2日〕		
余白	余白	余白	昭和63年法務省令第37号附則第2条第2項の規定により移記 平成X1年3月25日		
余白	宅地	395 43	②年月日不詳地目変更 ③錯誤 国土調査による成果 〔平成X3年3月7日〕		

第2節　登記の分類　61

次の例は、甲区での登記名義人の氏名変更の登記例です。氏名変更の理由は、一般的には結婚や離婚等ですが、原因の記載は、たんに氏名変更とします。

権利部の変更登記（登記名義人の変更）

順位番号	登記の目的	受付年月日・受付番号	権利者その他の事項
1	所有権移転	令和X1年8月10日 第13562号	原因　令和X1年8月10日売買 所有者　甲市東町一丁目2番3号 　　　　山　川　花　子
付記1号	1番登記名義人氏名変更	令和X3年10月10日 第23568号	原因　令和X3年10月1日氏名変更 所有者　斉　藤　花　子

登記名義人についての変更登記で多いのは、住所変更です。住所変更の原因には、引越しによる住所移転のほかに、住んでいるところは変わらないのに、住居表示の実施や行政区画の変更などにより、住所が変更になる場合があります。

2-15
更正登記とは

更正の原因　更正登記とは、登記事項に錯誤または遺漏があった場合に、それを訂正する登記です（法2条16号）。

更正登記の原因は、通常は「錯誤」です。そのほかに、本来あるべき登記内容が抜けている場合に補って記入する「遺漏」があります。遺漏とは、「もれ落ちること、見落とし」（角川最新国語辞典）ですから、錯誤と遺漏を合わせて、簡単にいえば、間違いです。

（登記の更正）
第67条　登記官は、権利に関する登記に錯誤または遺漏があることを発見したときは、遅滞なく、その旨を登記権利者および登記義務者（登記権利者および登記義務者がない場合にあっては、登記名義人。以下省略）に通知しなければならない。ただし、登記権利者、登記義務者または登記名義人がそれぞれ2人以

上あるときは、その1人に対し通知すれば足りる。

2　登記官は、前項の場合において、登記の錯誤または遺漏が登記官の過誤によるものであるときは、遅滞なく、当該登記官を監督する法務局または地方法務局の長の許可を得て、登記の更正をしなければならない。ただし、登記上の利害関係を有する第三者（かっこ内省略）がある場合にあっては、当該第三者の承諾があるときに限る。

（第3項、第4項省略）

登記事項の間違いには、次の3つの原因があります。

①　登記を申請するときに間違った

②　申請は正しかったのに、登記官が登記するときに間違った

③　登記内容が、もともと間違っていた

登記の仕方　更正登記は、変更登記と同じく、表題部では現在の登記事項の下に欄を追加して行い、甲区・乙区では、付記登記（⇨Q2-16）で行います。

申請時の間違い　①の登記申請のときに間違った例としては、マイホームを建築したとき、本当は夫婦ふたりでお金を出したのに、夫だけの名義で保存登記をしてしまったケースがあり、ふたりの名義に直すために更正登記を行います。

また、登記申請書の記載ミスにより誤った登記がなされ（例：売買の当事者の住所）、その登記を更正する場合があります。実際の登記申請手続では、申請書のほかに登記事項の真正を保証するため、住民票などの資料を提出します。したがって登記官は、登記申請の審査の際に、申請人の住所などの記載ミスに気付かなければならないのですが、申請書のとおりに登記が完了してしまうことがあります。この場合、本人からの更正登記の申請によって更正します（登記官が積極的に更正することはない）。

第2節　登記の分類　63

所有権の更正登記

順位番号	登 記 の 目 的	受付年月日・受付番号	権 利 者 そ の 他 の 事 項
1	所有権保存	令和X1年9月25日 第12345号	所有者　甲市青葉一丁目2番3号 　山 川 太 郎
付記1号	1番所有権更正	令和X2年2月10日 第3456号	原因　錯誤 共有者 　甲市青葉一丁目2番3号 　持分3分の2 　山 川 太 郎 　甲市青葉一丁目2番3号 　3分の1 　山 川 花 子

登記官の間違い　②の登記申請は正しかったのに登記官が間違った場合は、当事者の申請を待つことなく、法務局長の更正許可により更正登記を行います。

　当事者からの申請ではないので、受付年月日・受付番号の欄は、「余白」の表示をします。

更正許可による更正登記

順位番号	登 記 の 目 的	受付年月日・受付番号	権 利 者 そ の 他 の 事 項
2	所有権移転	令和X1年9月25日 第12345号	原因　令和X1年9月25日売買 所有者　甲市東町一丁目2番3号 　山 川 花 子
付記1号	2番登記名義人住所更正	余白	住所　甲市東町一丁目1番23号 令和X1年10月6日登記官の過誤につき甲 　法務局長の更正許可 令和X1年10月6日受付 第12699号により登記

　コンピュータ様式への移記にあたり、登記を移し漏らしたときも、同様に更正許可による更正登記を行います。

もともとの間違い　③の「もともと間違っていた」は、①と②とは次元の違う話です。これは、地積（土地の面積）にあり得る間違いで、そもそも最初に面積の登記をしたときから間違っていたことです。

　最初の登記面積が明治時代の地租改正に遡る場合は、測量技術が未発達だったり、実際の面積より少な目に測る傾向があったため、実際の面積と違っていることが多くあります（詳しくは、Q4-16参照）。

この場合、新たに土地を実測して、実際の面積が登記上と違うことが明らかになったときは、地積の更正登記をします。

地積の更正登記

表　題　部　（土地の表示）	調製	余白	不動産番号	1234567890123
地図番号	余白		筆界特定	余白		
所　　在	甲市青葉二丁目				余白	
① 地　　番	② 地　　目	③ 地　　積　　m²	原因及びその日付〔登記の日付〕
25番	宅地	230|29	余白
余白	余白	285|52	③錯誤〔令和X1年5月25日〕

更正と変更　地積の更正登記は、建物の増改築により構造や床面積が変わったときに行う変更登記とは、性格が違います。実測したことで土地の面積が変わったわけではなく、今までの登記上の面積表示が間違っていたことがわかったに過ぎません。更正登記は、登記内容がもともと間違っていた場合に、その誤りを訂正する登記であり、不動産の現状が変わったから行うものではありません。

変更登記では、変更の原因となる事柄が起きた日を、原因の日付として記録しますが、更正登記は、もともとが間違っていたのであり、原因となる事柄が起きたわけではないので、原因の日付は記録しません。

2-16
変更登記と更正登記の仕方は

付記登記できる場合　不動産登記法は、権利に関する変更登記または更正登記を、付記登記（⇨Q2-12）で行うことができる場合を、ふたつ定めます。

① 登記上の利害関係を有する第三者がない場合
② 登記上の利害関係を有する第三者がいても、その承諾がある場合

第2節　登記の分類　65

（権利の変更の登記または更正の登記）

第66条　権利の変更の登記または更正の登記は、登記上の利害関係を有する第三者（かっこ内省略）の承諾がある場合、および当該第三者がない場合に限り、付記登記によってすることができる。

利害関係者　　利害関係を有する第三者とはどういう者なのか、次ページの登記例により説明しましょう。順位1番で抵当権者A・債務者Bの抵当権設定登記があり、その利息の定めを変更（増加）するケースで考えてみましょう。この場合、後順位の担保権者などが利害関係者になります。

後順位の担保権などがない、つまり利害関係者がいない場合は、利息の変更登記を付記登記で行うことができます（登記例①）。

しかし、順位2番で抵当権者Cの抵当権設定登記がある場合は、そう簡単にはいきません。なぜなら、利息変更の登記を付記登記で行うと、C抵当権に優先することとなり、抵当権者Cは、抵当権の実行による競売の場合、利息増加分だけ自分への配当が少なくなり、損害を受けるからです。

付記登記の可否　　この場合のCは、Aの抵当権変更の付記登記に関して利害関係を有する第三者であり、付記登記の可否は、Cの承諾の有無により決します。

すなわちCが、自己の不利益にもかかわらず承諾する場合は、付記登記で行うことができます（登記例②）。しかしCが承諾しないときは、A抵当権の利息変更はできても（もともと利息の変更はAB間で行うものであり、部外者Cが、とやかく言うべきものではない）、その変更がC抵当権に対抗できない形で、すなわち順位2番のC抵当権のあとに、順位3番の主登記で行います（登記例③）。

登記例　　利害関係者がいない場合、利害関係者であるCが承諾する場合、承諾しない場合の登記例を以下にあげます。

① 利害関係者がいない場合

順位番号	登記の目的	受付年月日・受付番号	権利者その他の事項
1	抵当権設定	令和X1年9月25日 第12345号	原因　令和X1年9月25日金銭消費貸借 　同日設定 債権額　金2,500万円 利息　年2・575% 損害金　年14% 債務者　甲市青葉一丁目2番3号 　　B 抵当権者　丙市西町三丁目4番5号 　　A
付記1号	1番抵当権変更	令和X3年7月10日 第8765号	原因　令和X3年7月10日変更 利息　年2・925%

② 利害関係者Cが承諾した場合

順位番号	登記の目的	受付年月日・受付番号	権利者その他の事項
1	抵当権設定	令和X1年9月25日 第12345号	原因　令和X1年9月25日金銭消費貸借 　同日設定 債権額　金2,500万円 利息　年2・575% 損害金　年14% 債務者　甲市青葉一丁目2番3号 　　B 抵当権者　丙市西町三丁目4番5号 　　A
付記1号	1番抵当権変更	令和X3年7月10日 第8765号	原因　令和X3年7月10日変更 利息　年2・925%
2	抵当権設定	令和X2年3月10日 第3456号	原因　令和X2年3月10日金銭消費貸借 　同日設定 債権額　金2,000万円 利息　年2・575% 損害金　年14% 債務者　甲市青葉一丁目2番3号 　　B 抵当権者　丙市北町四丁目6番7号 　　C

③ 利害関係者Cが不承諾の場合

順位番号	登記の目的	受付年月日・受付番号	権利者その他の事項
1	抵当権設定	令和X1年9月25日 第12345号	原因　令和X1年9月25日金銭消費貸借 　　　同日設定 債権額　金2,500万円 利息　年2・575% 損害金　年14% 債務者　甲市青葉一丁目2番3号 　　　　B 抵当権者　丙市日西町三丁目4番5号 　　　　　A
2	抵当権設定	令和X2年3月10日 第3456号	原因　令和X2年3月10日金銭消費貸借 　　　同日設定 債権額　金2,000万円 利息　年2・575% 損害金　年14% 債務者　甲市青葉一丁目2番3号 　　　　B 抵当権者　丙市北町四丁目6番7号 　　　　　C
3	1番抵当権変更	令和X3年7月10日 第8765号	原因　令和X3年7月10日変更 利息　年2・925%

Q 2-17
抹消登記とは

概要　抹消登記は、登記の実体がなくなったときに、登記事項をすべて抹消して、その登記全体の効力を失わせる登記です。たとえば、融資を受ける際にした抵当権設定登記を、返済が完了したときに抹消登記をします。

抹消登記は主登記（⇨Q2-12）で行い、順位番号（⇨Q8-3）をつけます。コンピュータ化された現在の登記簿では、欄全体の文字に下線を引くことで抹消したことを表します。

登記事項の一部の効力を失わせる（同時に、新たな登記事項を記録する）ものは、変更登記または更正登記です。

抵当権の抹消登記

順位番号	登記の目的	受付年月日・受付番号	権利者その他の事項
1	抵当権設定	平成 X1年 9 月25日 第12345号	原因　平成 X1年 9 月25日金銭消費貸借 　　　同日設定 債権額　金2,500万円 利息　年2・575% 損害金　年14% 債務者　甲市東町一丁目 2 番 3 号 　　山　川　太　郎 抵当権者　丙市西町三丁目 4 番 5 号 　　中　央　銀　行　株　式　会　社 共同担保　目録(る)第123号
2	1 番抵当権抹消	令和 X9年 8 月10日 第8679号	原因　令和 X9年 8 月 5 日弁済

　なお、権利に関する登記の抹消は、登記上の利害関係を有する第三者の承諾を得なければなりません。

> （登記の抹消）
> 第68条　権利に関する登記の抹消は、登記上の利害関係を有する第三者（かっこ内省略）がある場合には、当該第三者の承諾があるときに限り、申請することができる。

抹消登記の情報　抹消された登記事項は効力がないので、無視してかまいません。しかし、その不動産の来歴を知るための貴重な情報を提供してくれます。たとえば、以前に競売にかかったことや、高利金融業者から金を借りたことなどの事実を知ることができます。

　すなわち抹消登記は、「消したくても、消せない過去」を如実に示します。筆者たちが抹消された登記も記載されている全部事項証明書（⇨Q3−3）を請求するのは、過去から現在までの経緯をすべて知っておくことが、仕事上有益だからです。

注意点　登記簿を読むときに大事なことは、登記の抹消の有無は、必ず抹消登記の存在により確認することです。登記欄に抹消を示す線があっても、改ざんのために引いたものかもしれないからです。

　間違っていけないことは、抹消の下線そのものが抹消の効力を持つのではな

第 2 節　登記の分類　69

く、抹消登記が効力を持ち、その結果として下線が引かれることです。下線だけを見て抹消を判断すると、失敗につながりかねません（⇨Q3-18）。

2-18
回復登記とは

抹消回復登記　　回復登記は、抹消回復登記と滅失回復登記の2つがあります。抹消回復登記は、誤って抹消してしまった登記をもう一度もとに戻すための登記です。

（抹消された登記の回復）
第72条　抹消された登記（権利に関する登記に限る）の回復は、登記上の利害関係を有する第三者（かっこ内省略）がある場合には、当該第三者の承諾があるときに限り、申請することができる。

登記例　　この場合、回復登記を主登記で行うと同時に、職権により、抹消した登記をそっくりそのまま記録し直します。

　回復登記をするケースは、申請による場合と、登記官が誤って抹消したものについて職権による場合のふたつがあります。

回復登記（申請による場合）

順位番号	登記の目的	受付年月日・受付番号	権利者その他の事項
<u>1</u>	抵当権設定	令和X1年10月8日 第12345号	原因　令和X1年10月8日金銭消費貸借 　同日設定 債権額　金7,500万円 利息　年2・575% 損害金　年14% 債務者　甲市青葉一丁目2番3号 　山　川　太　郎 抵当権者　丙市南町二丁目3番4号 　東　西　商　事　株　式　会　社
1	抵当権設定	令和X1年10月8日 第12345号	原因　令和X1年10月8日金銭消費貸借 　同日設定 債権額　金7,500万円 利息　年2・575% 損害金　年14% 債務者　甲市青葉一丁目2番3号 　山　川　太　郎 抵当権者　丙市南町二丁目3番4号 　東　西　商　事　株　式　会　社 令和X2年3月20日登記
2	1番抵当権抹消	令和X2年2月15日 第2345号	原因　令和X2年2月12日弁済
3	1番抵当権回復	令和X2年3月20日 第2456号	原因　錯誤

回復登記（職権による場合）（順位1番・2番の記載は省略してある）。

順位番号	登記の目的	受付年月日・受付番号	権利者その他の事項
3	1番抵当権回復	余白	令和X2年3月20日登記官の過誤につき甲 　法務局長の更正許可 令和X2年3月20日受付 第2456号により登記

滅失回復登記　以前の紙の登記簿の時代に、火災などで消滅してしまった登記簿を新たにつくり直す場合も、回復登記にあたります。しかしコンピュータ化された登記簿は、つねにデータのバックアップ（副登記記録の作成）が行われているので、登記内容が絶対的に消滅してしまうことはあまり考えられません。

2-19 仮登記と本登記とは

登記の効力は対抗力を付与することですが、その観点から、対抗力の付与という最終結果を実現する終局登記（本登記）と、将来されるであろう本登記の準備として行われる予備登記（仮登記）のふたつに分かれます。この用語は学問的な言葉で、普通の言い方をすれば、本登記と仮登記です。これについては、Q12-1以下で説明します。

仮登記と本登記

順位番号	登記の目的	受付年月日・受付番号	権利者その他の事項
1	所有権移転	令和X1年8月10日 第251号	原因　令和X1年8月10日売買 所有者　甲市東町一丁目2番3号 　　　　山　川　太　郎
2	所有権移転請求権仮登記	令和X2年10月10日 第23568号	原因　令和X2年10月10日売買予約 権利者　乙市北町二丁目3番4号 　　　　海　野　次　郎
	所有権移転	令和X3年1月15日 第1234号	原因　令和X3年1月15日売買 所有者　乙市北町二丁目3番4号 　　　　海　野　次　郎

2-20 予告登記とは

予告登記は、登記の抹消または回復に関する訴訟が起こされたときに、訴訟の結果によっては、現在の登記上の権利関係に影響があることを、あらかじめ警告するための登記です。

予告登記は、対抗力の付与など登記本来の効力はなく、かつ、悪用される可能性があるため、2005（平成17）年3月の不動産登記法改正により廃止されました。

すでにある予告登記は、登記官の職権により抹消しますが、ひとつひとつ登記簿を確認して抹消することは事実上不可能なので、新たに登記申請が行われ

た不動産に予告登記があることがわかった段階で抹消するのが、実務上の取扱いです。

予告登記の職権抹消

順位番号	登 記 の 目 的	受付年月日・受付番号	権 利 者 そ の 他 の 事 項
2	所有権移転	平成 X1年 1 月10日 第235号	原因　平成 X1年 1 月10日売買 所有者　乙市北町二丁目 3 番 4 号 　海 野 次 郎
<u>3</u>	<u>2 番所有権抹消予告登記</u>	<u>平成 X1年 9 月25日 第12345号</u>	<u>原因　平成 X1年 9 月23日甲地方裁判所へ訴提起</u>
4	3 番予告登記抹消	余 白	不動産登記規則附則第18条の規定により抹消 平成 X 3 年 5 月29日受付 第5678号により登記

第 2 節　登記の分類　73

第**3**章

登記簿・公図等
の調べ方

第1節 登記事務のコンピュータ化

Q 3-1 登記事務のコンピュータ化は

A 現在、登記事務はコンピュータ化されていますが、それは、3つの段階に分けて考えることができます。

第1段階 第1段階は、登記内容の記録方法に関するもので、紙に記録されていた登記内容を、磁気ディスクに記録する方法に変え、紙の登記簿を閉鎖しました。この作業は、2008（平成20）年3月をもって終了しました。

ただし、すべての登記簿がコンピュータ化されたわけではありません。二重登記（⇨Q1-12）や、マンション敷地のように多数の共有者がいて共有持分の合計が1にならない場合など、問題がある登記簿（事故簿という）は、コンピュータ化されていません。また、各種財団や立木に関する登記簿も、従前の紙の登記簿のままです。

第2段階 第2段階は、2005（平成17）年3月の不動産登記法改正により、登記の申請手続にオンライン申請を導入したことで、それに伴い申請手続全般に大幅な変更が行われました。2008（平成20）年7月からすべての法務局でオンライン申請が可能となり、この段階も終了しました。

第3段階 第3段階は、図面（公図、各種図面）情報のコンピュータ化です。第1段階は文字情報に関するもので、対象は登記簿にとどまり、図面は対象外でした。この段階もすべての法務局で終了しています。

**3-2
登記簿の閲覧は**

 閲覧と謄本　登記事務のコンピュータ化で、登記簿および公図などの図面の記録方法が変わり、同時に調べ方も、以前とは大きく変わりました。

　登記簿および公図などの図面は、誰でも見たり、写しの交付を受けられます。慣用的に、見ることを閲覧、写しを謄本といいます。

（登記事項証明書の交付等）

第119条　何人も、登記官に対し、手数料を納付して、登記記録に記録されている事項の全部または一部を証明した書面（以下、「登記事項証明書」という）の交付を請求することができる。

2　何人も、登記官に対し、手数料を納付して、登記記録に記録されている事項の概要を記載した書面の交付を請求することができる。

（第3項ないし第5項省略）

（地図の写しの交付等）

第120条　何人も、登記官に対し、手数料を納付して、地図、建物所在図または地図に準ずる図面（以下、この条において「地図等」という）の全部または一部の写し（地図等が電磁的記録に記録されているときは、当該記録された情報の内容を証明した書面）の交付を請求することができる。

2　何人も、登記官に対し、手数料を納付して、地図等（地図等が電磁的記録に記録されているときは、当該記録された情報の内容を法務省令で定める方法により表示したもの）の閲覧を請求することができる。

（第3項省略）

　登記簿の「閲覧」、登記簿「謄本」という言い方は、コンピュータ化以前の紙の登記簿にあてはまるもので、コンピュータ化された現在の登記簿には適しません。しかし今でも慣用的に使われるので、本書もその言い方に従います。

第1節　登記事務のコンピュータ化

要約書　コンピュータ化された現在の登記簿を理解するために、従前の紙の登記簿と対比しながら説明しましょう。

　紙の登記簿は、直接見て（閲覧）、その内容をメモすることができました。しかしコンピュータ化された現在では、登記記録は磁気ディスクに記録されているため、それを直接見る、閲覧という行為はできなくなりました。

　磁気ディスクに記録された登記記録は、それを文字に変換しプリントアウトして、はじめて理解できるようになります。そのため、閲覧をしてメモをとる代わりのものとして、登記事項要約書（略して、要約書）の交付を受けます。

　要約書は、名称のとおり登記内容を要約したもので、その内容は、表題部、現在の所有者、乙区登記事項の概略を記載するにとどまります。また、メモ代わりなので、発行日付や登記官の印はありません。

登記事項要約書の例

登記事項要約書　建物

1	表題部	甲市青葉二丁目　1番地137						
		1番137						
		居宅	木造亜鉛メッキ鋼板ぶき2階建		1階　105　18 2階　37　26			令和X1年9月10日新築
	権利部 所有権	甲市青葉二丁目12番3号　持分4分の3　山　川　太　郎						令和X1年9月30日 第8732号
		甲市青葉二丁目12番3号　持分4分の1　山　川　花　子						令和X1年9月30日 第8732号
	権利部 乙区	2	抵当権設定	令和X3年4月7日 第19522号	債権額　金7,300万円 債務者　甲市青葉二丁目12番3号 　　山　川　太　郎 抵当権者　甲市北区南一丁目2番4号 　　中　央　銀　行　株　式　会　社 共同担保　目録(よ)第2661号			

　＊　下線のあるものは抹消事項であることを示す。　　　　　　　整理番号　P02533　　1／1

難点 　閲覧では、実際に登記簿を見て自分が必要とする内容を選んでメモできました。しかし要約書には、決められた内容しか記載されないため、必要とする情報が得られないことがあります。

　登記事項要約書の甲区の記載は、現所有者、登記受付年月日・受付番号だけで、それ以外は省略されます。乙区では抵当権の記載が簡略化され、抹消された抵当権は省略されます。特に次の2点は不便で、その情報を得るためには、別に登記事項証明書を請求しなければなりません。
　① 　現在の所有者への所有権移転の登記原因と日付がないこと
　② 　共有持分の表示は、途中で持分の増減があっても、最終的な持分の数字のみが記載され、かつ、最後の持分取得に関する登記の受付年月日と受付番号しか記載されないため、途中の経過がわからないこと

制約 　要約書は印字した書類なので、郵送で取り寄せることや、オンラインにより最寄の法務局で入手することは、技術的には可能です。しかしそうすることは、要約書のもととなる閲覧という行為を超えてしまうため、制度的にできません。

　すなわち、閲覧とは直接見ることですから、法務局に出向いてはじめて可能となるものです。閲覧の代替手段である要約書は、あくまでも閲覧という行為の枠内にあるため、直接管轄法務局（⇨Q3-9）に出向かなければ交付を受けられません。

手数料 　要約書の手数料は1通450円です。記載内容が多くて、1通が50枚を超えるときは、50枚までごとに50円加算します。

3-3 登記簿の写しは

写し　登記内容を記載した書類は、従前の紙の登記簿の場合は謄本といいましたが、コンピュータ化により、登記事項証明書に変わりました。

第1節　登記事務のコンピュータ化　79

謄本の「謄」は、原本をそのまま写すという意味ですから、登記簿謄本は、登記簿をコピーしたものです。コンピュータ化により、紙に書かれた登記簿原本が存在しないため、コピーである謄本をつくることができません。その代わりに、磁気ディスク内に記録された登記内容をプリントアウトした書類を作成します。

証明書 この書類を登記事項を証明するものという意味で、登記事項証明書（略して、証明書）といいます。証明書には、次の2種類があります。

● 全部事項証明書……抹消された登記を含むすべての内容を記載したもの

● 現在事項証明書……現時点で効力のある登記内容のみを記載したもの

現在事項証明書は、抹消された内容は必要なく、現在有効な内容だけを知りたいというニーズに対するものです。

体裁 証明書の末尾には、下記の認証文と登記官の印があります。また、偽造や改ざんを防ぐための工夫がなされています。

全部事項証明書	これは登記記録に記録されている事項の全部を証明した書面である
現在事項証明書	これは登記記録に記録されている現に効力を有する事項の全部を証明した書面である

乙区の記録がない場合、または甲区および乙区の記録がない場合は、上の文章に、次の文を追加します。

乙区がないとき	ただし、登記記録の乙区に記録されている事項はない
甲区および乙区の両方がないとき	ただし、登記記録の甲区および乙区に記録されている事項はない

証明書の用紙は紋様が入っており、コピーすると、それが浮き上がります。

手数料 法務局で交付を受ける場合の証明書の手数料は、1通600円です。記載内容が多くて1通が50枚を超えるときは、50枚までごとに100円加算します。なお、オンライン請求（⇨Q3-12）による郵送の場合は500円、法務局窓口で受け取る場合は480円です。

所有者事項証明書　特殊な証明書として、所有者事項証明書があります。これは、登記記録に記載されている所有者に関する事項を証明するものです。

　表題部および現在の所有者（共有者）の住所・氏名だけが記載され、乙区に関する事項は表示されないので、これだけでは情報が不足する場合があります。しかし、共有道路や共有林など多数の共有者がいて登記簿の記載が煩雑になっている場合には、共有者が整理されて一覧できるので便利です。手数料は1通600円で、登記事項証明書と同額です。

所有者事項証明書の例

表　題　部　（土地の表示）		調整	平成X3年4月5日	不動産番号	1234567890123
地 図 番 号	余白	筆界特定	余白		
所　　　在　甲市青葉二丁目				余白	
①　地　番	②　地　目	③　地　積　㎡		原因及びその日付［登記の日付］	
1番23	公衆用道路	303		余白	

共　有　者		
住　　　所	持　　分	氏　　　名
甲市青葉二丁目1番1号	10分の1	甲野一郎
甲市青葉二丁目1番2号	20分の1	乙山二郎
甲市青葉二丁目1番2号	20分の1	乙山花子
甲市青葉二丁目1番3号	10分の1	丙川三郎
甲市青葉二丁目1番4号	10分の1	丁野四子
乙市東町一丁目2番3号	20分の1	戊山五郎
乙市東町一丁目2番3号	20分の1	戊山二子
甲市青葉二丁目1番6号	10分の1	己川六子
甲市青葉二丁目1番7号	40分の1	庚野七郎
甲市青葉二丁目1番7号	40分の3	庚野三子
甲市青葉二丁目1番8号	10分の1	辛山八郎
丙市西町三丁目4番5号	10分の1	壬川商事株式会社
甲市青葉二丁目1番10号	10分の1	癸野十郎

　これは登記記録に記録されている所有者の氏名又は名称及び住所を証明した書面である。

　　令和X5年6月7日　　　　　　　　　　　　　　　　　　　（QRコード）

　　甲法務局　　　　　　　　　　　　登記官　　　　　　　法　務　太　郎　㊞

＊　下線のあるものは抹消事項であることを示す。　整理番号　D01234　（1／1）　　1／1

Q 3-4 証明書の認証文は

A **認証文** 法務局が発行する各種証明書には、証明内容に対応する認証文が付けられて、登記官の印があります。どのような認証文があるかを知っておくことは、証明書請求に際して有用です。少し煩瑣ですが、ここに一覧をあげます。

① 全部事項証明書（かっこ内は、閉鎖された登記記録に関する証明書の場合）

　「これは登記記録（閉鎖された登記記録）に記録されている事項の全部を証明した書面である。」

② 現在事項証明書

　「これは登記記録に記録されている現に効力を有する事項の全部を証明した書面である。」

③ ○区○番事項証明書（かっこ内は、閉鎖された登記記録に関する証明書の場合）

　「これは登記記録（閉鎖された登記記録）に記録されている事項の○区○番事項を証明した書面である。」

　この認証文については、実例にもとづく説明が必要でしょう。むかしからの集落の住民が共有する山林は、もともとの共有者の数が多いことと、相続によりネズミ算的に共有者が増えて、所有権移転登記の欄が多数になり、持分を表す分母も膨大になります。下に例として掲げた証明書の所有権移転登記の欄は全部で200近くあり、証明書は85ページに及びます。

　このような場合、証明書の全部を請求しても意味がなく、手数料もかかります。よって、必要な部分の登記だけを抜き出してもらうことができ、その登記を示すために、「○区○番事項」とします。

82 　第3章　登記簿・公図等の調べ方

○区○番事項証明書の例

権利部（甲　区）（　所　有　権　に　関　す　る　事　項　）			
順位番号	登　記　の　目　的	受付年月日・受付番号	権　利　者　そ　の　他　の　事　項
144	山川太郎持分全部移転	令和X1年11月27日 第60235号	原因　令和X1年6月4日相続 共有者　甲市東町一丁目2番3号 　　　持分15万5040分の570 　　　山　川　花　子

これは登記記録に記録されている事項の甲区144番事項を証明した書面である。
　　　令和X1年12月4日
　　　乙法務局　　　　　　登記官　　　　　　　　法　務　太　郎　㊞

④　所有者事項証明書

　　「これは登記記録に記録されている所有者の氏名又は名称及び住所を証明した書面である。」

⑤　一棟建物全部事項証明書（かっこ内は、閉鎖された登記記録に関する証明書の場合）

　　「これは一棟の建物に属する区分建物の登記記録（閉鎖された登記記録）に記録されている事項の全部を証明した書面である。」

⑥　一棟建物現在事項証明書（かっこ内は、閉鎖された登記記録に関する証明書の場合）

　　「これは一棟の建物に属する区分建物の登記記録（閉鎖された登記記録）に記録されている現に効力を有する事項の全部を証明した書面である。」

⑦　電磁的記録に記録されている以外の地図等の全部または一部の写し

　　・地図（⇨Q7-2）の場合……「これは地図の写しである。」

　　・地図に準ずる図面の場合……「これは地図に準ずる図面の写しである。」

⑧　電磁的記録に記録されている地図等の内容を証明した書面

　　「これは地図（地図に準ずる図面）に記録されている内容を証明した書面である。」

⑨　閉鎖された地図等（電磁的記録に記録されているものを除く）の全部または一部の写し

　　「これは閉鎖された地図（地図に準ずる図面）の写しである。」

⑩　電磁的記録に記録され、かつ、閉鎖された地図等の内容を証明した書面
　　「これは閉鎖された地図（地図に準ずる図面）に記録されている内容を証明した書面である。」
⑪　地積測量図等の各種図面（電磁的記録に記録されているものを除く）の全部または一部の写し
　　「これは図面の写しである。」
⑫　電磁的記録に記録されている地積測量図等の内容を証明した書面
　　「これは図面に記録されている内容を証明した書面である。」
⑬　閉鎖された地積測量図等（電磁的記録に記録されているものを除く）の全部または一部の写し
　　「これは閉鎖された図面の写しである。」
⑭　電磁的記録に記録され、かつ、閉鎖された地積測量図等の内容を証明した書面
　　「これは閉鎖された図面に記録されている内容を証明した書面である。」

3-5 証明書下部の記載は

証明書の下の部分に、次のような記載があります（要約書にも類似のものがある）。そのうちの数字の部分は、証明書の発行に関する情報を与えてくれます。

＊　下線のあるものは抹消事項であることを示す。　　整理番号　D02073　（4／5）　　1／3

整理番号　発行にあたり、法務局が付ける整理番号です。かっこ内の数字の分母は、同時に請求した証明書が全部で何通かを、分子は、その証明書が、そのうちの何通目かを示します。

　証明書の発行は、10通を1単位として取り扱うので、同時に10通以上を請求しても、分母の数字は最大でも10です。

証明書の枚数　整理番号の右にある分数は、証明書の枚数に関するものです。分母は、その証明書の用紙が全部で何枚あるかを、分子は、そのページが何枚目かを示します。この記載により、用紙が連続しているか、他の物件の用紙と差し替えられていないかをチェックできます。

QRコード　2020（令和2）年1月から、登記事項証明書にQRコード（二次元バーコード）が追加されました（⇨Q1-11）。当該QRコードには、物件を特定するための情報（登記所コード・不動産番号等）が格納されていますが、証明書の記載内容を調査する際には、あまり気にする必要はありません。

相続人申告登記　2024（令和6）年4月から、相続人申告登記に関する注意書きが追加されました（⇨Q1-11）。相続人申告登記については Q8-28で説明します。

Q 3-6 コンピュータ様式への移記は

A **移記の表示**　従前の紙の登記簿からコンピュータ様式への移記は、その多くが2005（平成17）年の不動産登記法の改正以前に行われました。移記の事実を示すために、表題部・甲区および乙区に、「昭和63年法務省令第37号附則第2条第2項の規定により移記」と記録します。

2005（平成17）年の不動産登記法改正以降に移記した場合は、「平成17年法務省令第18号附則第3条第2項の規定により移記」とします。2つの法務省令は、新旧の不動産登記規則で、条文の内容は同じです。

第1節　登記事務のコンピュータ化　85

（登記簿の改製）

不動産登記規則附則第3条

（第1項省略）

2　前項の規定による登記簿の改製は、登記用紙にされている登記を、登記記録に移記してするものとする。この場合には、土地登記簿の表題部の登記用紙にされている地番、地目および地積に係る登記を除き、現に効力を有しない登記を移記することを要しない。

3　登記官は、前項の規定により登記を移記するときは、登記記録の表題部または権利部の相当区に移記した登記の末尾に、同項の規定により移記した旨を記録しなければならない。

4　登記官は、第2項の規定により登記を移記したときは、登記用紙の表題部にその旨およびその年月日を記載し、当該登記用紙を閉鎖しなければならない。

（以下省略）

表題部では、「原因及びその日付」欄に移記の文言を記録します（19ページ参照）。甲区・乙区では、「権利者その他の事項」欄に記録し、それ以外の各欄（順位番号の欄を除く）には、「余白」の表示をします（20ページ参照）。

移記の仕方　従前の紙の登記簿からコンピュータ様式へ移記する際に、すべての記録を移記するわけではありません。

土地登記簿の表題部の地番、地目、地積に関する記録は、現在までの経緯を知るために重要なので、省略しないですべて移記します。それ以外の登記事項は、現に効力のあるものだけを移記します。

表題部所有者は所有権保存登記が行われると抹消されるので（⇨Q4-4）、その場合は移記されません。そのため移記した表題部では、ほとんどの場合この欄が欠けています。

権利部では、現に効力のない登記、つまり抹消された抵当権登記や過去の所有権登記は、移記しません。その結果、最新の所有者への所有権移転登記を移記するだけで、その前の所有者が誰かを知ることができません。この場合は、閉鎖登記簿をとって調べます。

86　第3章　登記簿・公図等の調べ方

移記と転写　「移記」と「転写」は、意味が違います。両者とも、登記簿に記録されている内容を、他の登記簿に記録し直す点では同じです。移記は、移記した元の登記簿を閉鎖する場合に、転写は、転写した元の登記簿も残る場合（例、分筆）に使います（⇨Q4−20）。

3-7 コンピュータ様式と従前様式の違いは

違いの概略　従前の紙の登記簿の様式と現在のコンピュータ化された登記簿の様式の違いは、次のとおりです。

	コンピュータ様式	従前様式
記録媒体	磁気ディスク	紙
構成	用紙を分けず、連続して記載	表題部、甲区、乙区ごとに別用紙
書き方	横書き	縦書き
数字	アラビア数字	漢数字
抹消の仕方	文字の下に線を引く	文字の中央に朱線あるいは欄全体に交差朱線
記載のない部分	「余白」と記載する	空白
登記事項	主登記と付記登記は、時間的順番にかかわらず、まとめて記載	時間的順番に従い、分かれて記載

書式と数字　従前様式（102ページ）の登記簿は右からの縦書きでしたが、コンピュータ様式（18〜19ページ）は、左からの横書きです。

　コンピュータ様式の登記簿では、アラビア数字（1、2、3…）を使います。従前様式の登記簿は、漢数字で、通常は、「一、二、三」を使いますが、金額・数量・年月日等は、改ざんできないように「壱、弐、参」を使います。また、「十」は、「壱〇、弐〇、参〇」と書きます（102ページ参照）。

フレキシビリティ　コンピュータでは、ディスク内でデータの入替えができるので、固定された紙を使う紙の登記簿より、フレキシビィリティが増しました。

　従前様式の登記簿は、用紙に順次書き込むため、登記内容は時間的順番に並ばざるを得ません。そのため、あとからなされた付記登記が主登記と離れて記載されます。

　コンピュータ様式では、データの入替えができるため、主登記と付記登記(➪Q2-12)は、1か所にまとめて記載され、わかりやすくなりました。

　従前様式の登記簿は、表題部・甲区・乙区それぞれに1枚ずつ別の用紙を使いますが、コンピュータ様式では、表題部から順に連続して印字できるので、登記事項が少ないときは、全体が1枚で済むこともあります。

Q 3-8 公図・各種図面の閲覧・写しは

A　コンピュータ化　法務局に保管されている図面には、公図(地図および地図に準ずる図面➪Q7-2)、地積測量図(➪Q7-9)、建物図面(➪Q7-11)、地役権図面(➪Q7-12)などがあります。

　コンピュータ化により、紙ベースで保管していた図面をコンピュータの記録媒体に記録し、従来の図面は閉鎖します。

　公図について、コンピュータ化後の分筆・合筆や地図訂正は、すべてコンピュータ上で処理され、閉鎖された紙の図面は訂正されません。その結果、紙の図面は、閉鎖された時点の状況を示すにとどまります。なお、過去の状況を知る必要があるときは、閉鎖された図面を閲覧します。

　コンピュータに記録された図面情報は、直接見ることができません。コンピュータ化によって、登記簿そのものの閲覧ができず、要約書になったのと同じく、図面の閲覧も、プリントアウトした図面(閲覧用図面)の交付を受けます。また、従前の図面の写しに代えて、記録された図面情報をプリントアウト

した証明書の交付を受けます。

地図および地図に準ずる図面の場合は地図証明書、それ以外の図面の場合は図面証明書といいます。

2種類の図面　実は、閲覧の代わりに交付される閲覧用図面と、写しに代わる証明書は同じ内容です。

登記簿の閲覧にあたる要約書では、文字データの登記記録を適宜選択・省略して、登記事項証明書と違うものをつくることができます。しかし、図面に関する情報は、2本ある線を1本省くというように簡略化できず、閲覧用図面も証明書も、情報自体は同じものにならざるを得ません。

図面の内容は同じですが、証明書には、プリントアウトした図面の余白に、認証文と登記官の印があります。また、閲覧用図面の用紙は真っ白な普通紙ですが、証明書は地紋入りの専用紙です。90ページ以下に、閲覧用図面と、認証文のある図面証明書の例を掲げます（図表3−1、図表3−2参照）。

また、閲覧用図面の場合には縮尺を変更して出力してもらうこともできます。たとえば本来の地図の縮尺が1/500である場合に、縮尺を1/1000に変更してプリントアウトしてもらうことで、用紙1枚でより広い範囲を表示することが可能となります。広大な土地で、全体が用紙1枚に収まらない場合などに便利です。

コンピュータ出力図面を見るためには、「地図」と「地図に準ずる図面」の由来、および図面の作成ルールを知る必要があります。これについては、Q7−4で説明します。

手数料　閲覧用図面の手数料は450円、地図・図面証明書の手数料も同じく450円です。

第1節　登記事務のコンピュータ化　89

図表3-1 閲覧用図面の例

イ 12—247
ロ 12—275

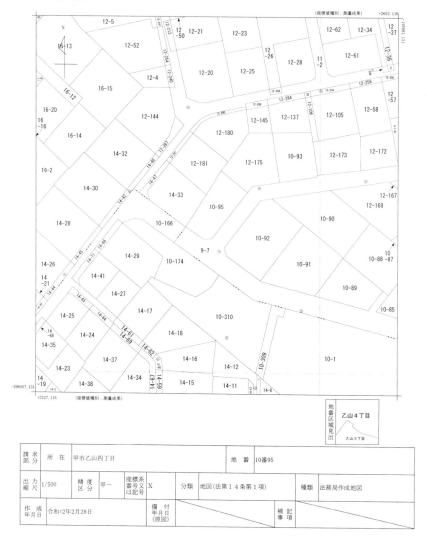

90　第3章　登記簿・公図等の調べ方

図表3-2 地図証明書の例（本来は用紙に地紋がある）

イ 12-247
ロ 12-275

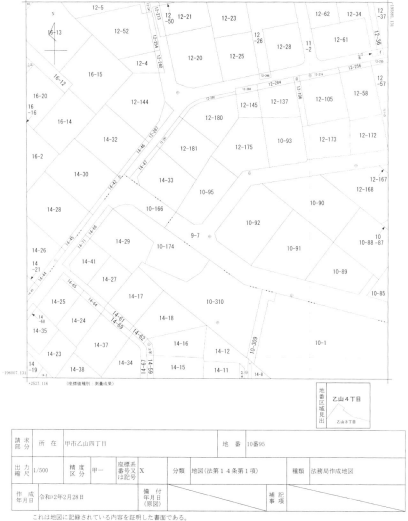

第1節 登記事務のコンピュータ化 91

第2節 登記資料の調べ方

3-9
管轄法務局とは

管轄法務局　登記事務は、不動産の所在地を管轄する法務局が行います。管轄範囲は、通常は市区町村を単位にします。

（登記所）
第6条　登記の事務は、不動産の所在地を管轄する法務局もしくは地方法務局もしくはこれらの支局またはこれらの出張所（以下、たんに「登記所」という）がつかさどる。
（第2項、第3項省略）

登記事務のコンピュータ化にともなって法務局の統合が行われ、統合された法務局が管轄していた登記資料は、統合後の法務局に移ります。これを管轄の転属といいます。管轄の転属があった不動産の登記簿には、下記の登記例のように表示します。これは、表題部・甲区・乙区のいずれにも行います。

管轄転属の登記

表　題　部　（土地の表示）		調製	平成X1年8月11日	不動産番号	1234567890123
地図番号	余　白	筆界特定	余　白			
所　在	甲市東町一丁目				余　白	
①　地　番	②　地　目	③　地　積　　m²			原因及びその日付〔登記の日付〕	
869番	畑	314			余　白	
余　白	余　白	余　白			管轄転属により登記 平成X1年8月11日	

次のQのとおり、登記資料を調べるにあたり管轄法務局の重要性は減っていますが、個々の不動産に関する問い合わせは、その不動産を管轄する法務局

に行う必要があります。管轄法務局は、法務局ホームページの「管轄のご案内」で調べます。

 3-10 登記資料を入手する方法は

 調査の多様化　登記簿および公図等の登記資料の調査は、コンピュータ化により大きく変化し、次の4つの方法が可能です。

① 管轄法務局に出向いて調べる
② 最寄りの法務局で調べる
③ 自分のパソコンを利用する
④ 郵送で登記資料を取り寄せる

管轄法務局に出向く　登記資料は、管轄する法務局に出向いて調べるのが基本であり、コンピュータ化以前は、この方法しかありませんでした（郵送取寄せを除く）。

コンピュータ化により、登記資料の現物を見る閲覧はできなくなりました。閲覧の代替手段、すなわち登記簿についての要約書、各種図面についての閲覧用図面の手数料（いずれも450円）よりも、登記情報提供サービス（⇒Q3-11）の手数料（登記情報331円、図面情報361円）のほうが安く、かつ簡便です。

したがって、専門的な調査を行うために古い公図等を見る必要がある場合などを除けば、あえて管轄法務局に出向く必要はなくなりました。

最寄り法務局で調べる　法務局間で登記資料のデータをやり取りして、最寄り法務局で、登記資料の写し（証明書）を入手できます。また、自分のパソコンから請求した証明書を、最寄り法務局で受け取ることができます。詳しくは、オンライン請求（⇒Q3-12）を見てください。

なお、「法務局証明サービスセンター」が、市役所などに全国で約70か所設置されており、こちらでも各種証明書を取得することができます。

自分のパソコンで調べる　法務局に行かなくても、自分のパソコンからインターネットを通じて登記資料のデータを確認し、プリントアウトできます。これを、登記情報提供サービス（⇨Q3-11）といいます。現在では、仕事で日常的に登記資料を調べる場合、このサービスを利用することが多いでしょう。

郵送での取り寄せ　管轄法務局に請求書を郵送して、登記資料を取り寄せます。この方法は従来からあり、所定の請求書に必要事項を記載し、切手を貼った返信用封筒を同封します。請求内容に疑問があるとき問合せが受けられるように、こちらの電話番号を書き添えることを勧めます。

以前は、請求書を郵送しましたが、現在は、パソコンから証明書の郵送を請求できます。これをオンライン請求といいます（⇨Q3-12）。

まとめ　以上の登記簿および地図・図面の調査方法をまとめると、下表のとおりです。

場　　所	調　査　方　法	内　　容
管轄法務局	閲覧（代替手段）	登記事項要約書、閲覧用図面
最寄り法務局	写しをもらう	登記事項証明書、地図・図面証明書
自分のパソコン	オンライン請求　最寄り法務局で写しを受け取る	
	郵送で写しの送付を受ける	
	登記情報提供サービス　データを確認・プリントアウトする	登記データ、地図・図面データ

3-11
登記情報提供サービスとは

概要　登記情報提供サービスは、インターネットを利用して、登記記録および地図・図面の情報を自分のパソコンで入手するも

のです。

このサービスでは、パソコン画面上に登記事項証明書および地図等のデータが表示されます。PDF化されたものをパソコンに取り込み、それをプリントアウトできます。

プリントアウトしたものには、認証文および登記官の印がないので、役所提出のような対外的に通用する証明書の機能は果たし得ません。あくまでも、内部資料として利用するためのものです。

料金など　利用料金は、1件あたり登記の全部事項の情報は331円、所有者事項の情報は141円、地図・図面の情報は361円です。サービス利用時間は、登記情報については、平日の午前8時30分から午後11時まで、土日祝日は午前8時30分から午後6時まで、地図及び図面情報については平日のみ午前8時30分から午後9時までです。

サービスを利用するためには、あらかじめ一般財団法人民事法務協会と情報提供契約を結び、利用者識別番号（ID）をもらうことが基本です。しかし利用登録をしなくても、クレジットカードの即時決済による一時利用もできます。

3-12 オンライン請求とは

概要　オンライン請求とは、自分のパソコンからインターネットを通じて、登記事項証明書、地図・図面証明書の交付請求を行うものです。

オンライン請求した証明書は、次のどちらかの方法で受け取ります。
- 請求者が指定した法務局の窓口に出向いて受け取る
- 請求者が指定した住所に送付してもらって受け取る

このサービスは、証明書の郵送または法務局窓口での受け取りを可能とするものであり、証明書そのものが、オンラインを通じて交付されるものではありません。

手数料　法務局に直接出向き、または請求書を郵送して行う交付請求では、手数料は1通600円かかるのに対し、オンライン請求では、登記事項証明書は郵送で500円、法務局窓口での受け取りで480円です。地図・図面証明書は郵送で450円、窓口での受け取りは430円です。

　たんに登記内容を確認するだけであれば、登記情報提供サービス（⇨Q3-11）のほうが手っ取り早く安上がりです。オンライン請求は、登記内容の確認では済まず、対外的に通用する証明書が必要な場合に有効です。

利用方法など　オンライン請求の利用時間は、法務局開庁日の午前8時30分から午後9時までです。

　具体的な方法は、法務省のホームページの「オンラインによる登記事項証明書等の交付請求（不動産登記関係）について」を参照してください。

　なお、全国の法務局証明サービスセンター（具体的には、市役所など）で受け取る取扱いもあります。詳しくは、上記ホームページを参照してください。

Q 3-13 閲覧・証明書請求の手数料は

登記資料入手の手数料は、次のとおりです。法務局で直接請求する場合および郵送で請求する場合の手数料は、収入印紙を請求書に貼って納めます。

	法務局で直接請求	郵送で請求	オンライン請求
登記事項証明書	600円	600円	郵送500円、窓口受取480円
地図・図面証明書	450円	450円	郵送450円、窓口受取430円
登記事項要約書	450円	対象外	対象外
閲覧用図面	450円	対象外	対象外

　マンション（区分建物）は、各専有部分を1個として計算します。記載内容が多くて1通の枚数が50枚を超えるときは、50枚までごとに、証明書は100円、要約書は50円が加算されます。

Q 3-14
法務局での閲覧・証明書の請求方法は

A **請求用紙** 　法務局に出向いて、閲覧や要約書・証明書の交付を請求するとき、または郵送により取り寄せるときは、法務局にある所定の請求書に記載します。請求書は次の3種類があります（次ページ以下）。

① 登記事項証明書、登記簿謄本・抄本の交付請求書（図表3-3）

② 登記事項要約書交付、閲覧の請求書（図表3-4）

③ 地図・地積測量図等の証明書交付・閲覧の請求書（図表3-5）

書き方 　いずれの請求書も、書き方はほぼ同じです。同じ物件について、登記事項証明書を請求し、同時に公図、地積測量図・建物図面の証明書を請求するときは、それぞれ別々に請求書を書きます。

① 請求人の住所・氏名を書きます。

② 請求物件の種別（土地・建物）に応じて、□に✓印をつけます。請求物件の所在・地番等を書きます。また、請求通数を書きます（閲覧・要約書以外の場合）。

③ 請求する該当事項の□に✓印をつけます。

　登記事項証明書には、通常は抹消された登記を含むすべての登記事項が記載されますが、現に効力を持つ登記事項だけでよい場合は、その下にある「ただし、現に効力を有する部分のみ」の□に✓印をつけます。

④ 手数料に相当する収入印紙を貼ります。収入印紙の消印は法務局が行うので、消印しません。

第2節　登記資料の調べ方　97

図表3-3　登記事項証明書、登記簿謄本・抄本の交付請求書

不動産用

登記事項証明書　交付請求書
登記簿謄本・抄本

※太枠の中に記載してください。

窓口に来られた人 （請求人）	住所　甲市青葉区東一丁目3番4号 フリガナ　ヤマ　カワ　タ　ロウ 氏名　山川太郎	収入印紙欄

※地番・家屋番号は、住居表示番号（○番○号）とはちがいますので、注意してください。

種別 （✓印をつける）	郡・市・区	町・村	丁目・大字 字	地番	家屋番号 又は所有者	請求 通数
1 ✓土地	青葉	西町	一丁目	2-3		1
2 □建物						
3 □土地	青葉	西町	一丁目	2-3	2番3	1
4 ✓建物						
5 □土地						
6 □建物						
7 □土地						
8 □建物						
9 □財団（□目録付） 　船舶 □その他						

※共同担保目録が必要なときは、以下にも記載してください。
　次の共同担保目録を「種別」欄の番号　　　番の物件に付ける。
　□ 現に効力を有するもの　□ 全部（抹消を含む）　□（　　）第　　　号

※該当事項の□に✓印をつけ、所要事項を記載してください。
　✓ **登記事項証明書・謄本**（土地・建物）
　　　専有部分の登記事項証明書・抄本（マンション名　　　　　　　　　　　）
　　✓ ただし、現に効力を有する部分のみ（抹消された抵当権などを省略）
　□ **一部事項証明書・抄本**（次の項目も記載してください。）
　　　共有者　　　　　　　　　　　　　　　に関する部分
　□ **所有者事項証明書**（所有者・共有者の住所・氏名・持分のみ）
　　□ 所有者　　　□ 共有者　　　　　　　　　
　□ コンピュータ化に伴う**閉鎖登記簿**
　□ 合筆，滅失などによる**閉鎖登記簿・記録**（昭和
平成　　年　　月　　日閉鎖）

収入印紙は割印をしないでここに貼ってください。

収入印紙（登記印紙も使用可能）

収入印紙

交付通数	交付枚数	手数料	受付・交付年月日

（乙号・1）

98　第3章　登記簿・公図等の調べ方

図表3-4　登記事項要約書交付、閲覧の請求書

登記事項要約書交付 閲　　　覧　請求書

| 不動産用 |

※ 太枠の中に記載してください。

窓口に来られた人 （請　求　人）	住　所	甲市青葉区東一丁目3番4号	収入印紙欄
	フリガナ	ヤマ　カワ　タ　ロウ	収　入 印　紙
	氏　名	山 川 太 郎	

※地番・家屋番号は、住居表示番号（〇番〇号）とはちがいますので、注意してください。

種　別 （レ印をつける）	郡・市・区 又は不動産	町・村	丁目・大字・ 字	地　　番	家屋番号 又は所有者	
1 ☑土地 2 □建物	青葉	西町	一丁目	2-3		収　入 印　紙
3 □土地 4 □建物						
5 □土地 6 □建物						収 入 印 紙 は 割 印 を し な い で こ こ に 貼 っ て く だ さ い 。
7 □土地 8 □建物						
9 □財団（□目録付） □船舶 □その他						

※該当事項の□にレ印をつけ、所要事項を記載してください。

☑ 登記事項要約書

　※特定の共有者に関する部分のみを請求するときは、次の項目も記載してください。

　□ 共有者＿＿＿＿＿＿＿＿＿＿＿＿＿＿＿＿＿＿に関する部分

　□ マンション名（＿＿＿＿＿＿＿＿＿＿＿＿＿＿＿）

□ 登記簿の閲覧

□ 閉鎖登記簿の閲覧

　□ コンピュータ化に伴う閉鎖登記簿

　□ 合筆、滅失などによる閉鎖登記簿・記録（昭和
平成
令和＿＿＿年＿＿月＿＿日閉鎖）

交 付 通 数	交 付 枚 数	手　数　料	受 付 ・ 交 付 年 月 日

（乙号・2）

図表3-5　地図等・地積測量図等の証明書交付・閲覧の請求書

| 地図・各種図面用 | 地　図　等　の　証明書交付
地積測量図等　の　閲　覧 請求書 |

※太枠の中に記載してください。

<table>
<tr><td rowspan="2">窓口に来られた人
（請　求　人）</td><td colspan="6">住　所　甲市青葉区東一丁目3番4号</td><td rowspan="4">収入印紙欄</td></tr>
<tr><td colspan="6">フリガナ　　ヤマ　カワ　タ　ロウ
氏　名　山　川　太　郎</td></tr>
<tr><td colspan="7">※地番・家屋番号は，住居表示番号（○番○号）とはちがいますので，注意してください。</td></tr>
<tr><td>種　別
（√印をつける）</td><td>郡・市・区</td><td>町・村</td><td>丁目・大字
字</td><td>地　番</td><td>家屋番号</td><td>請求
通数</td></tr>
</table>

種　別 （√印をつける）	郡・市・区	町・村	丁目・大字 字	地　番	家屋番号	請求 通数
1 ☑土地	青葉	西町	一丁目	2-3		1
2 □建物						
3 □土地						
4 □建物						
5 □土地						
6 □建物						
7 □土地						
8 □建物						
9 □土地						
10□建物						

（どちらかに√印をつけてください。）
　　　　☑ 証　明　書　　□ 閲　覧

※該当事項の□に√印をつけ，所要事項を記載してください。
　☑ 地図・地図に準ずる図面（公図）　（地図番号：＿＿＿＿＿＿＿＿）
　□ 地積測量図・土地所在図
　　　□ 最新のもの　□ 昭和
平成＿＿年＿＿月＿＿日登記したもの
　□ 建物図面・各階平面図
　　　□ 最新のもの　□ 昭和
平成＿＿年＿＿月＿＿日登記したもの
　□ その他の図面（＿＿＿＿＿＿＿＿＿＿＿＿＿＿）

　□ 閉鎖した地図・地図に準ずる図面　（公図）
　□ 閉鎖した地積測量図・土地所在図　（昭和
平成＿＿年＿＿月＿＿日閉鎖）
　□ 閉鎖した建物図面・各階平面図　（昭和
平成＿＿年＿＿月＿＿日閉鎖）

収入印紙は割印をしないでここに貼ってください。
（登記印紙も使用可能）

交　付　通　数	交　付　枚　数	手　数　料	受　付・交　付　年　月　日

（乙号・4）

100　第3章　登記簿・公図等の調べ方

3-15 閉鎖登記簿とは

閉鎖登記等 登記簿は公開されていますが、日常的には公開の対象からはずされた(閉鎖された)登記簿があり、これを閉鎖登記簿といいます。コンピュータ化後に閉鎖された登記簿は、正確には、閉鎖事項証明書といいます。

登記簿の閉鎖が行われるのは、以下のような場合です。

① 合筆や区画整理の換地処分により、消滅した地番の登記簿
② 滅失登記された登記簿
③ コンピュータ様式に移行して使用されなくなった従前の紙の登記簿
④ 登記簿の枚数が多くなったり、破損などにより取扱いが不便となって、新用紙に移記した場合の従前の登記簿

次ページに、従前の紙の登記簿の閉鎖登記簿(表題部)の例をあげます。

請求方法 閉鎖登記簿(閉鎖事項証明書)の請求には、98ページ図表3-3の「登記事項証明書、登記簿謄本・抄本の交付請求書」を使い、用紙下部にある閉鎖登記簿に関する項目を記入します。

コンピュータ化に伴い閉鎖された場合は、「コンピュータ化に伴う閉鎖登記簿」にチェックします。それ以外の場合は、その下の「合筆・滅失などによる閉鎖登記簿」にチェックします。

図表3-6　閉鎖登記簿の例（コンピュータ化による閉鎖）

耳登記　（324ページ参照）

登記嘱託書綴込帳第二冊第四丁

69

表 題 部 （土地の表示）							数枚
			① 地番	所在			①
	番	番	六九番		甲市新東三丁目	甲市新東字南町	②
			② 地目 宅地				③
			③ 地積 町反畝歩 ha a m²（坪） 弐壱〇〇 六九四弐				④
							⑤
							⑥
							7
							8
							9
							10
			平方メートルに書替	原因及びその日付			11
							12
							13
							14
							15
	平成壱弐年五月弐四日閉鎖	昭和六参年法務省令第参十七号附則第弐条第弐項の規定により移記	登記の日付	昭和五参年五月壱日変更 昭和五参年五月弐六日登記			地図番号

閉鎖されたことを示す記載

Q 3-16 旧土地台帳とは

概要 不動産の過去の状況を調べるためには、閉鎖登記簿が役立ちますが、それ以外に旧土地台帳を利用できます。

土地台帳は、もともとは明治時代の地租課税のための台帳で、その様式は何回か変更され、幾多の変遷を経て税務署の管理下に置かれました。

1950（昭和25）年の税制改革により地租が廃止され、代わりに市町村が固定資産税を課税することになりました。その結果、土地台帳は課税台帳としての役割を終え、不動産登記を所管する法務局の管理に変更されました。

その後も、地目・地積の変更や分筆・合筆等について、土地台帳と登記簿の両方の記載を改めていました。この二重性を解消するために、土地台帳と登記簿の一元化が、1960（昭和35）年より開始されました。一元化の終了とともに、土地台帳は使われなくなって閉鎖され、現在は旧土地台帳と呼ばれて、法務局に保管されています。次ページに、旧土地台帳の例をあげます。

請求方法 旧土地台帳の写しの請求書は、特に用意されていないので、各請求書のどれかを使用して、空いているところに、「旧土地台帳写し」と記載します。旧土地台帳の写しの交付は、無料です。

図表3−7　旧土地台帳の例

土地臺帳

字 甲山	地番 四十五番ノ二	等級 一七級

地目	反別反 地價圓	内歩／外歩 名稱 名稱	沿革	登記年月日	事故	所有主・質取主 住所	所有主・質取主 氏名
畑	二一　九八〇		昭和五年四月三十日　四五番ヨリ分割	昭和　年　月　日			山川太郎
宅地	六三〇　〇二一　八四　九四		昭和六年三月法律第二十八號ニ依リ地價ヲ賃貸價格ニ改メ次欄ニ改記ス	昭和六年五月二一日	所有權移轉		山川一男
			昭和八年一一月一〇日　地目變換地目及賃貸價格修正	昭和六年八月九日	所有權移轉		海野次郎
			昭和十一年六月法律第三十六號ニ依リ賃貸價格ヲ改訂シ次欄ニ改記ス	昭和　年　月　日			
				昭和　年　月　日			
				昭和　年　月　日			
				昭和　年　月　日			
				昭和　年　月　日			
				昭和　年　月　日			

Q 3-17
公図データの無償公開とは

A 2023（令和5）年1月から、G空間情報センターというウェブサイトを通じて、全国の公図の電子データが無償で一般公開されるようになりました。誰でも無償で利用することができます。加工や二次利用がしやすいデータ形式（地図XMLフォーマット）で提供されていますが、ダウンロードしたファイルの内容を確認するためには、専用のソフトウェアが必要なため、そのままでは一般の方には利用しづらいものになっています。

しかし、このオープンデータを利用して電子地図や航空写真に公図を重ねて見ることができる新たなサービスが増えてきました。無料で利用できるウェブサイトもあり、大変便利です。ここでは個別の紹介は控えますが、ぜひ検索して利用してみてください。

注意点としては、データの更新が年1回程度と頻繁ではないので、合筆や分筆といった変更事項が反映されていない場合があることです。最新の情報については、法務局での調査が必要となります。

第2節　登記資料の調べ方　105

第3節 登記簿を読むときの注意点

3-18
登記簿は最新のものか

発行日付 登記簿を読むとき注意すべき点のひとつは、登記簿が最新のものかということです。

　登記の内容は、権利変動を反映して変わり、極端な場合は、数日のうちに何回も所有者が変わることもあります。ですから、発行日付が古い登記簿は、現在の内容と違っている可能性があります。登記簿の最後にある発行日付が最新のものかをチェックします。

　手元に登記簿があっても、作成後に新しい登記がされている可能性があるので、最新の登記内容を確認することが必要です。

　現在では、自分のパソコンで簡単に確認できます（⇨Q3-11）。登記官の印はないため対外的には通用しませんが、内部作業で使うには十分です。

本件中　登記簿の閲覧や交付を請求すると、登記手続中のためできない、といわれることがあります（よく、本件中という）。この場合は、まさに新しい登記あるいは既存登記の変更が行われている最中です。登記手続が終わるのを待って、新しい内容を確認する必要があります。

3-19
登記簿が改ざんされていないか

登記事項の改ざん　登記簿を読む作業の前提として、手元にある登記事項証明書（登記簿謄本）が、改ざんされていないかをチェックします。

あるエピソードを紹介しましょう。講師をした金融機関の融資担当者の研修会で、登記簿にもとづき抵当権設定一覧表をつくってもらいました。そのとき、登記簿に記載されている複数の抵当権のうちのひとつに、筆者が抹消を示す線を引いて偽造し、そのコピーを渡しました。

ある受講者は偽の抹消線を信じ込み、表を作成しました。「この抵当権はほんとうに消えていますか？」と尋ねたところ、彼はハッと驚いて、急いで登記簿のコピーを見直しました。もちろん、あるべき抵当権抹消の主登記（⇨Q10－14）はありません。

抵当権が抹消されているか否かは、抹消登記により確認すべきであり、線で抹消されているからオーケーというものではありません。しかし、ついつい抵当権の登記欄に抹消を示す線があると、それだけを見て済ませがちです。

通常は、抹消された欄だけを見て済ませても問題は起きません。しかしそんな日常の慣れは、悪意を持った人間が登場すると、見事に崩されてしまいます。このミスはあまりにも基本的すぎて、申し開きができません。

登記簿が偽造されている可能性は、実際はゼロに等しいでしょう。しかしそれを見逃した場合の代償は、あまりにも大きすぎます。

登記の抹消は抹消の主登記で確認すること、登記簿は最新の原本によるなどの基本動作は、確実にする必要があります。

タイプライターで印字していた従前の紙の登記簿では、別時点に登記したそれぞれの登記事項の活字が微妙に違っていたり、行が真っ直ぐでなかったりしました。しかし、コンピュータからの出力印字になった現在、登記事項証明書の各登記欄は、個性がないために偽造しやすくなった面があります。

偽造防止のために紋様が入った用紙を使っており、コピーするとそれが反映されます。しかし、悪いことをしようとする人間は一生懸命に工作するので、現在の防止対策が万全とはいえません。あくまでも基本動作を確実にやることが重要です。

登記簿の偽造　登記事項証明書（登記簿謄本）は、ホチキスで留めてあるだけなので、綴じ換えることで偽造可能であり、その可能性が

まったくないとはいえません。

① 用紙の一部が、抜かれたり、つけ加えられたりしていないか

登記事項証明書では、用紙の右下の「1／3」というような記載により確認できます（⇨Q3-5）。

この場合、分母の3は全体の枚数を示し、分子の1は、そのうちの1枚目であることを示します。分母の数字どおりの枚数があるか、分子の数字の順番がそろっているかを確認します。

② 別の時点に発行された証明書の一部と差し替えられていないか

用紙右下の整理番号のうち、6桁の英数字とかっこ内の数字「(例) D02073（4／5）」が一致していることを確認することで、別用紙の混入を発見できます。

Q 3-20 甲区・乙区で注意すべき登記は

甲区の登記
甲区に次の登記があると危険なので、注意が必要です。それぞれの登記については、あとで説明します。

所有権移転仮登記（⇨Q12-1）、仮差押登記（⇨Q8-54）、仮処分登記（⇨Q8-55）、差押登記（⇨Q8-56）

抵当権と賃借権
乙区の代表的な登記は、抵当権・根抵当権と賃借権です。これらの権利が売買契約の代金決済・物件の引渡し後に残ったままでいると、物件を買い受けても完全かつ自由に使えません。

賃借権が付いている、つまり賃借人がいることにより自由に使えないことは理解しやすいのですが、抵当権・根抵当権については説明が必要でしょう。

Aが買い受けた物件に、売主B（もとの所有者）が設定した抵当権・根抵当権が残っているとします。抵当権者・根抵当権者が競売の申立てをして、物件をCが買い受けた場合、抵当権・根抵当権登記に劣後するAの所有権登記は対抗力がなく、買い受けた物件を失ってしまいます（⇨Q1-6）。

実際には、不動産を担保に融資を受けているケースが多く、抵当権や根抵当権がついていること自体は、問題ありません。要は、代金決済・引渡し時に、確実に抵当権や根抵当権が抹消されること（通常はQ12−7記載の手順を踏む）が確認できれば、さしあたりは問題なし、と考えます。

賃借権の対抗力　　抵当権・根抵当権は登記されますが、賃借権は実際にはほとんど登記されません。賃借権の登記がなくても、借地については借地人所有の地上建物の登記があれば、また、借家については引渡しがあれば、対抗できます。このように、賃借権の存在は登記簿ではわからず、現地を確認する必要があります。

Q 3-21
ＤＶ被害者等保護のための代替措置は

Ａ　登記事項証明書等は誰でも交付を受けることができるため、登記事項証明書等に記載されている登記名義人等の住所・氏名を誰でも知ることができます。2024（令和6）年4月1日からは相続登記の申請が義務化されたことから、ＤＶ被害者等の住所の記録について配慮する必要があったため、一定の要件に該当する人については登記事項証明書等に現住所に代わる連絡可能な公示用の住所を記録する措置を申し出することができるようになりました。

　この措置が講じられると、対象者が載っている登記事項証明書等を発行する際には、公示用の住所が記載されることになります。この措置の対象者は現在登記名義人である者だけでなく、過去に登記名義人であった者や、閉鎖された登記記録に記録されている者、抵当権の債務者として記録されている者等も該当します。

第**4**章

土地に関する登記

第1節 表示に関する登記

Q 4-1
表示に関する登記の役割は

A 概要 登記には、権利変動の公示のほかに、物的状況を公示する役割があります。不動産を特定し、その物的状況を明らかにする登記を、表示に関する登記といいます。

（表示に関する登記の登記事項）
第27条　土地および建物の表示に関する登記の登記事項は、次のとおりとする。
① 登記原因およびその日付
② 登記の年月日
③ 所有権の登記がない不動産（かっこ内省略）については、所有者の氏名または名称および住所、ならびに所有者が2人以上であるときは、その所有者ごとの持分
④ 前3号に掲げるもののほか、不動産を識別するために必要な事項として法務省令で定めるもの

ふたつの役割　表示に関する登記は、物的状況を表示しますが、それとともに、表示する単位となる1個の不動産を、確定したり変更する役割があります。

表示に関する登記の役割 ─┬─ 物的状況を表示する
　　　　　　　　　　　　└─ 表示する不動産の単位を確定・変更する

物的状況の表示　役割のひとつは、はじめて登記された不動産を特定するために、物的状況を記録し、その後の変化をアップデートす

ることです。現実の変化に即応して登記上の表示を一致させることは、物的事実に関する正しい情報を提供する公益的性格を持ちます。

物的状況の変化には、次のようなものがあります。

① 埋立て等により土地が生じ、建築により建物が生じること
② 建物の増改築、宅地造成等による物的状況の変化
③ 建物の取壊し、土地の水没等による消失

表示単位の変更 物的状況を表示すべき1個の不動産（登記単位）を変えることも、表示に関する登記の役割です。

具体的には、合筆（⇨Q4-21）により複数の筆の土地を1筆にしたり、逆に分筆（⇨Q4-17）により1筆の土地を複数の筆にします。建物についても、合併（⇨Q5-8）や分割（⇨Q5-11）により、同様のことを行います。

登録免許税 以上をまとめると、表示に関する登記には、はじめて登記された不動産の特定、およびその後の状況変化をアップデートし、現状と登記上を一致させる役割と、分筆・合筆のように、不動産の登記単位を変更する役割があります。

表示に関する登記のうち、物的状況を表示する登記は、申請義務が課せられているので、登録免許税を納める必要はありません。一方、登記単位を変更する、土地の分筆・合筆、建物の分割・合併の登記は、申請者の意志によるので登録免許税を納めます。

Q 4-2 表題登記とは

A **概要** 表題登記は、「表題部に最初にされる登記」（法2条20号）で、不動産の物的状況を公示する登記です。表題登記は申請義務が課され、登録免許税は不要です。現状把握を確実にするため、登記申請がないときでも、職権により登記できます（⇨Q2-7）。

表題登記をすることにより、はじめて登記簿（表題部）がつくられます。赤

ん坊が生まれ、名前を付けて出生届を出すのと同じで、表題登記を行うことにより、はじめて登記の世界に登場します。2005（平成17）年3月の不動産登記法改正前は、表示登記といったので、その言い方も併存します。

新たな不動産　表題登記をするのは、原則的には不動産が新たにできたときで、建物については新築したときです（登記例は、173ページ参照）。土地については、埋立てなどにより土地が生じたときです。

（土地の表題登記の申請）
第36条　新たに生じた土地または表題登記がない土地の所有権を取得した者は、その所有権の取得の日から1か月以内に、表題登記を申請しなければならない。

新たに土地が生じたときの表題登記

表 題 部 （土地の表示）		調製	余白	不動産番号	1234567890123
地図番号	A 12-3	筆界特定	余白		
所 在	甲市青葉二丁目			余白	
① 地 番	② 地 目	③ 地 積 　　 m²		原因及びその日付〔登記の日付〕	
25番	宅地		287 : 35	令和X2年3月4日公有水面埋立〔令和X2年5月25日〕	
所 有 者	乙 県				

既存不動産　現に存在しながら登記がない土地・建物について、表題登記を行うことがあります。

　実際のところ、土地が新たにできることは少なく、土地の表題登記の大部分は、すでに存在する土地に対するものです。このような土地には次の2種類がありますが、ほとんどは①に該当します（⇨Q4−11）。

①　道路や水路などの地番が付けられていない土地
②　道路や水路ではない土地ながら、登記されていない土地

払下げ　公図作成時に道路や水路だった土地は、地番がなく、登記されていません（⇨Q4−11）。その中には、時の経過とともに道路や水路でなくなったものがあります。このような土地は払下げの対象となり、払下げにあたり表題登記を行います。

114　第4章　土地に関する登記

払下げのための表題登記

表　題　部　（土地の表示）			調製	余白		不動産番号	1234567890123
地図番号	余白		筆界特定	余白			
所　　在	甲市青葉二丁目					余白	
① 地　　番	② 地　目		③ 地　　積　　m²			原因及びその日付〔登記の日付〕	
205番	宅地			356	32	不詳〔令和X1年6月25日〕	
所　有　者	財務省						

　この場合の表題登記は、国（財務省）や市町村が申請する場合と、払下げを受けた者が申請する場合があり、表題部所有者は、財務省・市町村または払下げを受けた者になります。

Q 4-3
表題部の共通記載事項は

A 不動産番号　　表題部の様式は土地と建物で違いますが、まず、両者に共通する記録事項を説明しましょう。

　不動産番号は、不動産を特定するための番号で、不動産1個ごとに付けられます。制度的には、登記申請にあたり不動産番号を記載すれば、不動産の表示を省略できます。とはいうものの、不動産番号は数字の羅列なので、記載を間違う可能性があり、実際には、不動産番号だけを記載し、物件の表示をすべて省略することはありません。かりに省略するにしても、最低限、所在・地番・家屋番号などを記載することが多いようです。

　　　　　その左隣の「調製」の欄は、従前様式の登記簿をコンピュータ様式へ
調製　　移記した年月日を記録します。最初からコンピュータ様式で登記されているときは、「余白」と表示します。

原因及びその日付　　登記をする原因およびそれが起きた年月日で、建物の表題登記では新築年月日、変更登記では増改築年月日を記録します。

土地に関しては、次のようなものがあります。
- 分筆・合筆の場合
「〇番から分筆」、「〇番を合筆」とし、年月日は記録しません。分筆・合筆は、土地の境界線を人為的に引き直すだけであり、埋立てのように物理的な原因行為があるわけではないからです。
- 以前から存在しているものの、地番がない土地
ほとんどは、かつて水路や道路であった土地です。いつ土地ができたかわからないので、「不詳」と記録し、原因の日付はありません。
- 埋立てによって新たにできた土地
「令和〇年〇月〇日　公有水面埋立」とします。

登記の日付　登記官が登記を完了した年月日です。権利部（甲区・乙区）では、登記の受付年月日が重要なのに対し、表題部では、登記完了日が重要です。なぜなら、分筆・合筆等の登記は、登記完了により効力が生じるからです。権利に関する登記の登記事項である、登記申請の受付年月日および受付番号は記録しません。

表題部所有者　表題部の末尾に所有者の住所と氏名・名称を記録します（表題部所有者という）。詳しくは、次のQ4-4で説明します。

4-4 表題部所有者とは

概要　表題登記をすると、表題部の最後に所有者の住所と氏名・名称を記録し、これを表題部所有者といいます（共有のときは、持分も）。

保存登記　表題登記は、不動産ができたときに、それを特定するために物的状況を記録するものであり、引き続いて、所有権を明確にする所有権保存登記を行うことが予定されます。

表題部所有者は、所有権保存登記が行われたあとは、その役割を終えて抹消

されます。逆にいえば、表題部所有者が抹消されていないことは、所有権保存登記がないことを意味します。

表題部所有者を記録するのは、所有権保存登記を申請できる者を明らかにするためで、表題部所有者以外の者は、所有権保存登記の申請ができません。ただし、表題部所有者の相続人が自分の名義で保存登記できることや、代位による保存登記（⇨Q2-8）などの例外があり、さらにマンションに関する特例があります（⇨Q6-7）。

登記簿の表題部を見ると、表題部所有者の欄がないものが多くあります。これは、従前の紙の登記簿からコンピュータ様式に移記する際に、抹消されている表題部所有者は省略するので、欄自体がないからです。

土地賃借権の対抗要件である地上建物の登記は、所有権保存登記のほかに、表題部所有者でもよいとされます。

Q 4-5
表題部所有者不明土地とは

概要 近年、「所有者不明土地問題」（⇨Q1-21）が社会的に注目を集めていますが、その一因となっているものに、表題部所有者欄の記載内容が不十分なために、所有者の特定が困難となっている土地があります。

これは、旧土地台帳（⇨Q3-16）制度下における所有者欄の氏名・住所の変則的な記載が、1960（昭和35）年以降に行われた土地台帳と不動産登記簿との一元化作業後も引き継がれたことによるもので、まれに表題部所有者欄の氏名・住所が正常に記録されないまま、解消されずに現在に至っていることがあります（変則型登記）。

具体的な記載例としては、①「A」（氏名のみで住所の記載が無い）、②「A外20名」（共有者の氏名・持分の記載が無い）、③「大字○○」または「字○○」（○○には地名が入り、字持地とよぶ。個人の所有ではなく、その地域の共同体であっ

た町内会・部落会・財産区等の所有である場合が多い）といったものがあり、墓地や山林・畑などに多いとされます。

このような変則的な登記がされている場合、登記簿の記載のみでは直ちに所有者が判明せず、公共事業に伴う用地取得や民間での土地取引の大きな阻害要因となっています。

所有者の探索　このような問題を解消するために、2019（令和元）年に、法務局の登記官が表題部所有者の探索を行う制度が設けられました。公的資料・文献の調査や、現地占有者・近隣住民等への聴き取り調査を行うことなどが想定されています。また、登記官は自ら調査するだけではなく、所有者等探索委員（土地家屋調査士等）を任命し必要な調査を行わせることもでき、その調査結果をもとに所有者を特定します。

特定した所有者については、登記官が職権で登記簿の記載を改めたうえで、本人に通知します。

表題部所有者探索の結果の記載例（住所が判明した事例）

所　有　者	山　川　太　郎 甲市青葉一丁目2番3号　山　川　太　郎［昭和X2年3月1日当時］ 手続番号　第XX01-20XX-0123号 令和元年法律第15号第15条の規定により令和X3年6月4日登記

Q 4-6
滅失登記とは

概要　表題登記と反対のものに滅失登記があります。滅失登記は、現在ある登記簿を除却するための登記です。表題登記を出生届にたとえれば、滅失登記は死亡届にあたります。

> （土地の滅失の登記の申請）
>
> 第42条　土地が滅失したときは、表題部所有者または所有権の登記名義人は、その滅失の日から1か月以内に、当該土地の滅失の登記を申請しなければならない。

　　滅失登記をすると、所在・地番・地目・地積の登記事項を抹消し、あらたに「原因及びその日付」の欄に、滅失の原因、登記した日および同じ日に登記簿を閉鎖した旨を記録します。

　　除却された登記簿は、閉鎖登記簿（⇨Q3-15）になります。

登記例　　　滅失登記のほとんどは、建物を取り壊した際に行われます。土地については、海面下に沈んでしまった場合などで、あまりありませんが、その登記例をあげます。

土地の滅失登記

表　題　部　（土地の表示）			調製	余白		不動産番号	1234567890234
地図番号	余白		筆界特定	余白			
所　　在	甲市青葉二丁目					余白	
①　地　番	②　地　目	③　地　積　㎡		原因及びその日付〔登記の日付〕			
12番1	宅地	219｜97		余白			
余白	余白	余白		令和X2年1月15日海没〔令和X2年2月12日同日閉鎖〕			

第2節 土地登記簿の表題部

Q 4-7
土地登記簿の表題部は

A 不動産番号 など

土地登記簿の表題部は、大きくふたつに分かれます。ひとつは、「所在」までの部分、もうひとつは、その下に続く、地番・地目・地積を表示する部分です。

土地登記簿の表題部

表　題　部　（土地の表示）		調製	平成X1年3月25日	不動産番号	1234567890123
地図番号	F 35-2	筆界特定	余白		
所　在	甲市乙山字山中		余白		
	甲市青葉二丁目		令和X3年7月3日変更 令和X3年7月10日登記		
①　地　番	②　地　目	③　地　積　　　　　m²	原因及びその日付〔登記の日付〕		
1番137	山林	397	1番95から分筆 〔昭和39年12月2日〕		
余白	余白	余白	昭和63年法務省令第37号附則第2条第2項の規定により移記 平成X1年3月25日		
余白	宅地	395 ¦ 43	②年月日不詳地目変更 ③錯誤 国土調査による成果 〔令和X2年3月7日〕		

　右上の不動産番号と左隣の「調製」は、115ページで説明したとおりです。

　2段目左の「地図番号」の欄は、その土地に関して「地図」（⇨Q7-2）が整備されているときに、地図の番号を記録します。地図の代表的なものは、国土調査（⇨Q4-24）による地籍図です。

　その右の「筆界特定」の欄は、その土地について筆界特定（⇨Q4-30）の申請がなされ、筆界が特定された場合に、その旨を記録します。

120　第4章　土地に関する登記

その下の「所在」の欄からが、土地に関する登記の重要項目であり、不動産登記法は次のように定めます。

（土地の表示に関する登記の登記事項）

第34条　土地の表示に関する登記の登記事項は、第27条各号に掲げるもののほか、次のとおりとする。

① 土地の所在する市、区、郡、町、村および字

② 地番

③ 地目

④ 地積

（第2項省略）

「所在」の欄の下には横一列に、地番・地目・地積を記録する欄が並び、変更登記や更正登記をした場合は、順次、下に欄を増やして記録します。地番には①、地目には②、地積には③の数字を付けます。これらの数字は、あとで変更・更正するときに、変更・更正項目を指示するために使います。

その右側には、「原因及びその日付」と「登記の日付」を一括して記録する欄があります。

設例　前ページの例では、国土調査の結果、地目が山林から宅地に変更され、「原因及びその日付」欄に、地目を示す数字の②に続いて、「年月日不詳地目変更」と記録されています。変更前の地目である「山林」に下線が引かれ、変更により抹消したことを示します。同じく、地積も397㎡から、395.43㎡に変更され、その原因として、地積を示す数字の③に続いて「錯誤　国土調査による成果」とあります。国土調査による変更のあと住居表示が実施されて、所在が、「甲市乙山字山中」から「甲市青葉二丁目」に変更されました。

変更登記　住居表示実施により所在や住所に変更があった場合、表題部の所在は、職権により変更されます。

しかし、甲区・乙区に記録されている所有者等の住所の変更登記は、登記名義人が自分で申請しなければなりません。

第2節　土地登記簿の表題部　121

Q 4-8 所在と地番とは

A 所在

所在は、不動産の位置を特定するもので、市区町村および町名（○丁目）・字までを記録します（都道府県名は書かない）。

「字」は、地名を表わすために古くから使われている言葉で、土地の所在を「字○○」と表示します。現在は住居表示が進んだので、「字」の代わりに、「××○丁目」が多くなっています。

「大字」は、字より広い範囲で、大字の中に多数の字があり、「大字○○字△△」のように表示します。大字は、明治以降の町村合併により、吸収合併された村の名前に由来するものが多いとされます。

地番

地番は、1筆ごとの土地に付けられる番号で、地番区域ごとに起番して、土地を特定するために使います。

上の例の「1番137」のうしろの数字（137）を枝番といいます。1番の土地から枝別れ（分筆）したことを示します。

地番区域

地番は、一定の範囲ごとに1番から付けます。地番区域は、1番から順に地番を付ける範囲のことで、だいたいは「○丁目」あるいは「字○○」と一致します。

（地番）
第35条　登記所は、法務省令で定めるところにより、地番を付すべき区域（第39条第2項および第41条第2号において、「地番区域」という）を定め、一筆の土地ごとに地番を付さなければならない。

ただし、「字○○」で表示される地域では、事情はやや複雑です。すなわち、字を単位に地番を付けることもあれば、大字を単位に付けることもあります。

字が地番区域になっている場合は、次のようになります。

> 最初の字の「大字○○字○○」の地番が、1番から80番まで
> 次の字の「大字○○字△△」の地番も、新たに1番から
> 次の字の「大字○○字××」の地番も、新たに1番から

　大字が地番区域になっている場合は、複数の字を通じて地番が連続し、大字の中で地番を通して付けます。

> 最初の字の「大字○○字○○」の地番が、1番から80番まで
> 次の字の「大字○○字△△」の地番は、81番から150番
> 次の字の「大字○○字××」の地番は、151番から200番

Q 4-9 地番と住所の違いは

地番と住所　登記簿を調べるときは、地番で検索します。問題なのは、住居表示が実施されているところでは、地番は、日常使う住所（住居表示番号）と違う場合が多く、住居表示番号では、登記簿を探し出せないことです。

　一般の人が登記に関して戸惑う原因の多くは、地番と住居表示番号を混同することによります。ですから地番と住居表示番号の違いを理解することは、とても重要です。この項目は詳しく説明しましょう。

地番の由来　結論からいえば、地番と住居表示番号は、まったく違う別の番号です。まず、地番の由来から説明しましょう。地番は、明治の地租改正の際に、土地を特定するために、1筆ごとの土地に、順番に1番、2番……と付けた番号です。ですから当初は、地番は番号順に並んでいました。

　かりにその後、1筆の大きな山（地番は1番とする）が宅地造成され、100区画に分割されたとしましょう。分筆の結果、1番1から1番100までの地番ができます（⇨Q4-18）。また逆に、合筆の結果、合筆された地番がなくなって、

第2節　土地登記簿の表題部　123

地番が飛び飛びになることもあります（⇨Q4−23）。

　このように長い間の分筆・合筆の結果、地番が順番に並ばなくなりました。極端な場合は、1番1の隣が50番ということもあるでしょう。

　住所を表すために、昔から地番が用いられてきました。しかし上に述べたような経緯で地番が順番に並ばなくなったため、地番を使って住所を表していては、家を探すことが難しくなりました。

住居表示　その解決策として導入されたのが、住居表示制度です。住居表示は、市街地で住所をわかりやすく表示するための制度です。従来の字や地番を無視して、現実の街区および建物の並び方に従い、新たに番号を付け直し、この番号（住居表示番号）により住所を表します。

　市街地を一定の範囲に区分して町名を付け、その中の街区（道路で区切られた部分）ごとに街区符号を、その街区内の区画ごとに住居番号を付けます。

　住居表示の実施により、「字」の代わりに「△△○丁目」（例：青葉二丁目）や「△△町」（例：若葉町）、地番の代わりに「○番○号」と表示します。

住居表示による変化　住居表示が実施された地域では、住所は住居表示番号を用い、地番ではありません。

　これを、土地登記簿表題部の例（120ページ）での所在の変化に従って説明しましょう。以前の所在は、「甲市乙山字山中」でしたが、住居表示の実施により、「甲市青葉二丁目」に変わりました。以前の住所は、「甲市乙山字山中1番地137」でしたが、住居表示の実施により、「甲市青葉二丁目17番6号」に変わりました。これを図示すると、次のようになります。

住居表示実施前（乙山字山中）

1−156	1−9
1−71	1−60
1−81	1−50
1−139	1−143
1−250	1−149

1−8	1−7
1−72	1−59
1−140	1−141
1−138	1−144
1−137	1−152

→

住居表示実施後（青葉二丁目）

16番街区

10	1
9	2
8	3
7	4
6	5

17番街区

10	1
9	2
8	3
7	4
6	5

住所の変化

	字　名	地　番
住居表示実施前	乙山字山中	1番地137
	町　名	街区符号　住居番号
住居表示実施後	青葉二丁目	17番　　6号

　住居表示は、市街地を形成している地域で行います。ですから、農村部のような市街地形成がなされていない地域では、実施されません。住居表示が実施されていない地域では、住所を示すために、従来通り地番を利用して、地番が「○○番」の土地の住所は、「○○番地」です。

登記上の表示　　住居表示は、住所の表し方を、地番によるわかりづらい方法から合理的な方法に変えるだけであって、登記に用いる地番には関係しません。

　間違えてならないことは、住居表示実施により、登記上の所在は新しい町名に変わりますが、地番はあくまでも元のままです。ただし、場合によっては、元の地番に100とか200の数字を加算して、1番137が201番137のようになることもあります。

登記上の所在の変化

	所　在	地　番
住居表示実施前	乙山字山中	1番137
住居表示実施後	青葉二丁目	1番137

　以上をまとめると、次の表のようになります。「○丁目」は、登記では漢数字、住居表示ではアラビア数字を用います。

	土地の所在・地番	所有者の住所
住居表示実施前	乙山字山中1番137	乙山字山中1番地137
住居表示実施後	青葉二丁目1番137	青葉2丁目17番6号

　ひとつの土地を特定するために、目的に応じてふたつの方法があり、地番は

第2節　土地登記簿の表題部　125

登記で使うもの、住居表示は郵便配達で使うものと考えればよいでしょう。ですから目的の違いに応じて、両者の数字が違うわけです。

　法務局で登記資料を請求する際によくやる間違いは、上の例に従えば、本来は、地番による「青葉二丁目1番137」と書くべきものを、住居表示による住所を使って、「青葉二丁目17番6」と書いてしまうことです。

4-10 地番の調べ方は

地番がわからないと登記資料の調査はできません。どのようにしたら地番を調べられるでしょうか。

　法務局では、管轄する不動産について、住居表示を言うと地番を教えてくれます（電話でも可）。また、住宅地図に住居表示と地番を重ねて表示するブルーマップという地図帳が備え付けられていて、地番を知ることができます。

　自分が所有している土地の場合は、登記識別情報（⇨Q15-4）や権利証（⇨Q15-9）、固定資産税課税証明書や納税通知書を見て調べることができます。課税証明書の様式は市町村によって異なりますが、その例を次にあげます。

図表4-1　固定資産税課税証明書の例

令和X3年度　　固定資産課税台帳登録事項証明書

使用目的　登記

納税義務者　住所　甲市乙山4丁目2番3号
　　　　　　氏名　山川太郎

種別	現所有	物件の所在地 （家屋番号）	登記地目又は 用途・構造	登記地積　(m²) 課税地積又は床面積 　　　　　(m²)	評価額 固定資産税課税標準額 都市計画税課税標準額	算出税額 固定資産税 都市計画税	備考
土地		乙山4丁目10-95	宅地	229.23 229.23	¥12,893,499 ¥1,516,221 ¥4,435,693	¥21,227 ¥13,307	
家屋		乙山4丁目10-95 家屋番号　10-95	専用住宅 木造	 63.63	¥755,533 ¥755,533 ¥755,533	¥10,577 ¥2,266	
		以下余白					

地番が記載してある

家屋番号が記載してある

上記のとおり課税台帳に登録されていることを証明します。
令和X3年5月6日　甲市長　　乙　山　太　郎　㊞

4-11
地番のない土地とは

歴史　通常の土地には地番が付いていますが、道路や水路などは、原則として地番がありません。

　明治時代に公図をつくったのは課税（地租）が目的だったため、課税対象である私有地に関心がありました。課税対象ではない公共用の道路や水路等は、地番を付けないで、公図上でたんに道路は赤く、水路は青く塗るだけで済ませました。道路や水路のことを、通称、赤線・青線と呼ぶのはこのためです。

　このような道路や水路の多くは、河川法や道路法の適用外のため、法定外公共物といいます。

里道（りどう）　里道とは、「里の道」という字のとおり、公図（⇨Q7-1）が作成された当時に道だった土地です。昔の公図で赤く塗られていたので、赤道（あかみち）、赤線とも呼ばれます。

　公図を複製したマイラー図面（⇨Q7-5）や国土調査による地籍図等では、着色がなく、代わりに「道」と表示します。

水路　公図が作成されたときに、河川、水路だった土地です。昔の公図で青く塗られていたので、青線とも呼ばれます。

　公図を複製したマイラー図面や国土調査による地籍図等では、着色がなく、代わりに「水」と表示します。

現状　公図がつくられたときには道路や水路でしたが、現在もそのままの状態とは限りません。現在はまったく使用されず、図表4-2のように宅

第2節　土地登記簿の表題部　127

地の中に介在して、形態が明らかでないものもあります。

これらの土地のうち道路・水路として利用されているものは、2005（平成17）年3月31日までに市町村に譲与（⇨Q8-44）されました。道路・水路として使われていないものは、国が管理して売り払いを行います。また、譲与を受けた市町村が道路・水路としての用途を廃止して、売り払うこともあります。

図表4-2　旧里道・旧水路の現在の状況

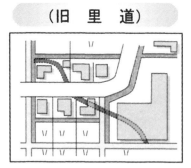
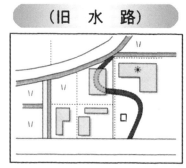

（出所）　財務省四国財務局作成の「旧里道・旧水路購入のしおり」より

地番脱落地　　地番のない土地には、里道・水路のほかに、地番脱落地（たんに、脱落地ともいう）があります。地番脱落地は、里道や水路のような細長い帯状の土地ではなく、一般的形状の土地でありながら、地番がない土地です。

第3節 地目と地積

Q 4-12
地目とは

A **種類** 　地目は、土地の用途を表すもので、宅地・田・畑・山林・原野など、全部で23種類あります。

地目の種類は不動産登記法（不動産登記規則99条、不動産登記事務取扱手続準則68条）で定められ、それ以外のものを勝手につくることはできません。それに対して建物の用途は、適宜に定めることができます。

地目を変更したときは、1か月以内に地目変更登記をすることが義務づけられています。しかし、この規定が守られないことがあり、登記上の地目は、現況と必ずしも一致しません。たとえば、山林が造成されて宅地となっているのに、登記上は、まだ山林となっている場合などです。

1筆の土地の現状が複数の地目になっているときは、職権で地目ごとに分筆すべきとされます（⇨Q4-24）。土地については、建物のように、複数の用途（たとえば、居宅兼店舗）を併記することはできません。

定義 　不動産登記法が定める地目は、以下のとおりです。まず、各地目について、法律による定義を記載します。定義だけではわかりづらい地目は、追加説明を加えます。

(1) 宅地

建物の敷地、およびその維持もしくは効用を果たすために必要な土地。

(2) 田

農耕地で、用水を利用して耕作する土地。

(3) 畑

農耕地で、用水を利用しないで耕作する土地。

果樹園は、地目上は、畑となります。

(4) 山林

耕作の方法によらないで、竹木の生育する土地。

(5) 保安林

森林法にもとづき、農林水産大臣が保安林として指定した土地。

保安林は、土砂の流出を防いだり、水源を守るなどの目的の森林として指定を受けた山林です（森林法25条）。

保安林は、立木の伐採や土地の区画形質の変更が制限されるため、開発にあたって、保安林の指定が障害となります。この規制を公示する手段として、登記上で明らかにするために、保安林という地目があります。

ですから、保安林という地目は、ほかの地目と違う特殊なものです。ほかの地目が、土地の利用状況に従って自ずと決まるのに対して、保安林は、法律の指定により人為的に決められます。外観上、保安林は一般の山林と変わらないのですが、森林法にもとづく指定により保安林となります。

保安林の指定は、都道府県知事から法務局に通知され、それにもとづき、地目を保安林に変更します。しかし、実際は保安林なのに、地目が山林のままになっている場合や、逆に保安林の指定解除を受けたのに、地目が保安林のままになっていることがあります。

次ページの登記例では、保安林の規制は1971（昭和46）年7月に解除され、それにともない地目の変更登記がなされるべきでしたが、実際に変更登記がなされたのは、1997（平成9）年1月でした。その間は、実際は保安林ではないのに、登記上は保安林と表示されていたことになります。

このように、登記上の地目と保安林指定が連動していないことがあるので、登記上の地目による判断は危険で、現実の指定状況を行政の担当課で確認する必要があります。

保安林の地目変更

表　題　部　（土地の表示）			調製	平成X2年10月21日	不動産番号	1234567890123
地図番号	(D1) 15-4	筆界特定	余白			
所　　　在	東西郡南北町乙山字山中				余白	
①　地　　番	②　地　　目	③　地　　積　　m²		原因及びその日付〔登記の日付〕		
78番3	保安林	264		余白		
余白	余白	350		③錯誤 国土調査による成果 〔昭和42年1月31日〕		
余白	余白	余白		昭和63年法務省令第37号附則第2条 第2項の規定により移記 平成X2年10月21日		
余白	宅地	350	00	②③昭和46年7月31日地目変更 〔平成9年1月14日〕		

(6) 原野

耕作の方法によらないで雑草、かん木類の生育する土地。

農耕に適さないため、雑草や灌木が生い茂る土地です。灌木とは、おおむね人間の背丈ほどのあまり高くない木です。

(7) 牧場

家畜を放牧する土地。

(8) 公衆用道路

一般交通の用に供する道路。

道路法による道路かどうかは関係なく、私有地である行き止まりの道なども含まれます。現状は公衆用道路に該当する土地なのに、宅地などの従前の地目のままのことがあります。

(9) 公園

公衆の遊楽のために供する土地。

(10) 境内地

境内に属する土地で、宗教法人法第3条第2号および第3号に掲げる土地(宗教法人の所有に属しないものを含む)。境内というと、なんとなく寺院や神社を連想しますが、キリスト教教会の敷地も境内地です。

（境内建物および境内地の定義）

宗教法人法第3条　この法律において「境内建物」とは、第1号に掲げるような宗教法人の前条に規定する目的のために必要な当該宗教法人に固有の建物および工作物をいい、「境内地」とは、第2号から第7号までに掲げるような宗教法人の同条に規定する目的のために必要な当該宗教法人に固有の土地をいう。

①　本殿、拝殿、本堂、会堂、僧堂、僧院、信者修行所、社務所、庫裏、教職舎、宗務庁、教務院、教団事務所その他宗教法人の前条に規定する目的のために供される建物および工作物（附属の建物および工作物を含む）

②　前号に掲げる建物または工作物が存する一画の土地（立木竹その他建物および工作物以外の定着物を含む）

③　参道として用いられる土地

（第4号ないし第7号省略）

(11) 学校用地

校舎、附属施設の敷地および運動場。

(12) 墓地

人の遺骸または遺骨を埋める土地。

墓地の形態は、寺院に付属するものや、整然と区画された霊園が頭に浮かびますが、村落にある古くからの集合墓地や、個人の屋敷の一画にある小さなものまで、さまざまです。

公図を見て、周囲とは不自然な小さな四角い土地が出てきたら、だいたいは墓地か鉄塔敷地と考えてよいでしょう。

(13) 鉄道用地

鉄道の駅舎、附属施設および線路の敷地。

駅に付随する駐車場や駅前広場を含みます。

(14) 運河用地

運河法第12条第1項第1号または第2号に掲げる土地。

河川は自然にできたものですが、それに対して、人工的につくったものが運河です。運河とは、「（通行・灌漑などのために）陸地を掘ってつくった水路」（新

明解国語辞典）です。

運河法第12条第1項

　左に掲げるものをもって運河用地とする

① 水路用地および運河に属する道路、橋梁、堤防、護岸、物揚場、繋船場の
　築設に要する土地

② 運河用通信、信号に要する土地

（第3号以下省略）

---

(15) 水道用地

　もっぱら給水の目的で敷設する水道の水源地、貯水池、濾水場、喞水場（注：
「喞」とは、水を注ぐこと）、水道線路に要する土地。

　浄水場から一般家庭に至るまでの送水管は、概して道路に埋設されているこ
とが多いので、水道用地という地目は、市街地内ではあまり見かけません。

(16) 鉱泉地

　鉱泉（温泉を含む）の湧出口およびその維持に必要な土地。

　鉱泉とは、鉱物に由来する物質を含む湧き水で、そのうち泉温が25度以上の
ものが、温泉です。

(17) ため池

　耕地灌漑用の用水貯溜池。

(18) 池沼

　灌漑用水でない水の貯溜池。

　農業用の水を貯めるのが「ため池」で、それ以外が「池沼」です。発電用ダ
ムの貯水池は、農業用ではないので、池沼として扱います。

(19) 用悪水路

　農業灌漑のための用水または悪水排泄用の水路。

　用水には、飲用・灌漑用・工業用・消防用などがありますが、不動産登記法
では、農業灌漑に使用する水に限ります。悪水は、酸性の強い水のように使用
に適さない水や、雨水、生活排水、汚水等です。

第3節　地目と地積　133

(20) 井溝（せいこう）

田畝（でんぽ）（注：田畑の意味）または村落の間にある通水路。

用悪水路が田に関係する水路なのに対し、井溝は、田と関係なく、自然に集まる水や湧き水などが流れるところです。「用水」でなく「通水」という言葉を使っているのは、そのためでしょう。

このような水路は、実際は地番が付けられずに、つまり登記されていないことが多く、井溝という地目が使われることはあまりありません。

(21) 堤

防水のために築造した堤防。

(22) 塩田

海水を引き入れて塩を採取する土地。

(23) 雑種地

以上のいずれにも該当しない土地。

たとえば、駐車場、資材置場、送電線鉄塔用地、ゴルフ場、飛行場、廃棄物処理場などです。このように特定の用途に利用され、用途が特殊なため上記の各地目に該当せず、雑種地という地目を適用する土地が、本来の雑種地です。

しかし実務上は、特殊な用途に利用されているというよりも、田・畑・原野等ではなく、さりとて宅地ともいえない、いわば中途半端な土地を、雑種地として扱うことがよくあります。

4-13 河川区域内の土地とは

 河川区域

不動産登記法で定める地目ではないものの、地目と同様の扱いをするものに、「河川区域内の土地」があります。その説明の前に、河川区域の説明をしましょう。

河川区域とは、堤防と堤防に挟まれた区域（堤防を含む）をいい、通常は流水面と河岸（1号地）、河川管理施設（護岸や堤防）の敷地（2号地）、堤防と流

水面の間の土地で、1号地と一体的に管理する必要がある土地（3号地）に分かれます。

堤防により洪水から守られている集落側の土地を、堤内地、水が流れている河川側の土地を、堤外地といいます。要は、川より人間を基準にして、内と外を決めます。

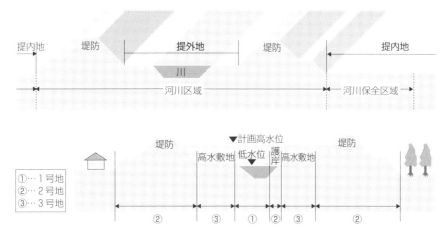

（出所）　国土交通省関東地方整備局江戸川河川事務所のホームページ（一部改変）

河川区域内の土地　河川区域内では、工作物の新築・改築・除却、土地の掘削・盛土・切土および竹木の栽植・伐採に際して、河川管理者の許可が必要です。河川区域内の土地は、保安林と同様に規制が加えられるため、登記上で公示する必要があり、「河川区域内の土地」として表示します。

正式な地目ではないので、地目の欄ではなく、「原因及びその日付」の欄に、「河川法による河川区域内の土地」と記録します。

河川区域内の土地

表　題　部　(土地の表示)		調製	余白	不動産番号	1234567890123
地図番号	余白		筆界特定	余白	
所　在	甲市青葉二丁目			余白	
① 地　番	② 地　目	③ 地　積　m²		原因及びその日付〔登記の日付〕	
25番	雑種地	230		余白	
余白	余白	余白		令和X1年7月3日河川法による河川区域内の土地〔令和X1年7月13日〕	

4-14 地積とは

定義　地積は、土地の面積のことで、平方メートル（m²）で表します。m²は、通常「ヘイベイ」といいます。

　土地の面積は水平投影面積、すなわち真上から光をあてて水平面に映った影の部分です。傾斜地で説明すれば、地表の面積Aではなく、Bになります。

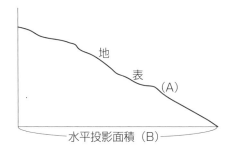

表示方法　地目が宅地・鉱泉地の土地、および面積が10m²以下の土地は、小数第2位までの数値を、それ以外は、小数点以下の数値を切り捨てて表示します。

　すなわち、宅地・鉱泉地の場合は、123.24m²のように表示し、整数で終わるときでも、小数第2位までを213.00m²と表示します。

　それ以外の地目の土地、たとえば畑の場合は、地積測量図（⇒Q7-9）に記

載された面積が123.24m²でも、小数点以下を切り捨てて、123m²と表示します。面積が10m²以下のときは、畑でも7.89m²と表示します。

尺貫法　　1坪は3.3m²とよくいわれますが、これは概略の数値で、正確には0.3025という換算値により計算します。つまり、1坪は1÷0.3025＝3.305785m²です。200m²は、200×0.3025＝60.5坪、200坪は、200÷0.3025＝661.15m²です。

昔は、尺貫法で地積を表示しました。以前は、尺貫法の地積表示をメートル法に書き換えた登記簿を見かけましたが、最近はあまり見なくなりました。

参考までに、尺貫法の地積表示がある登記例を載せます。地積の欄の最初に⑩とあり、尺貫法による表示であることを示します。宅地の単位は坪で、この例では430.29坪です。

尺貫法による地積表示がある表題部

表　題　部　（土地の表示）		調製	平成X1年3月25日	不動産番号	1234567890123
地図番号	余白	筆界特定	余白		
所　　在	甲市青葉二丁目			余白	
①　地　番	②　地　目	③　地　積　町反畝 歩(坪)m²		原因及びその日付〔登記の日付〕	
38番2	宅地	⑩	430 | 29	38番から分筆	
余白	余白		1144 | 59	③38番2、38番19に分筆〔昭和39年10月28日〕	
余白	余白	余白		昭和63年法務省令第37号附則第2条第2項の規定により移記　平成X1年3月25日	

4-15　農地の地目変更登記は

地積の表示　　農地を宅地に転用した場合の地積の表示方法は、2種類あります。その違いの前提となることは、農地と宅地では地積の表示方法が異なることです。農地は整数（例：123m²）なのに対し、宅地は少数点第2位まで（例：123.45m²）とします。そのため、宅地転用

前の農地について、実測による地積測量図があり、小数点第2位までの数字が出ているか否かによって、宅地になったときの地積表示が異なります。

地積測量図あり　下記の登記例は、分筆された土地で、分筆に際して地積測量図（⇨Q7−9）がつくられ、小数点第2位までの地積が明らかになっている場合です。

　畑の地積は、小数点以下を切り捨てて表示します。ですから、小数点第2位までの数字（例では、480.23m²）がわかっていても、整数（480m²）しか表示しません。この土地が宅地に地目変更されて、小数点第2位までの表示が必要となったとき、切捨て表示されていた小数点以下を元に戻して、地積を480.23m²とします。

地目の変更登記①

表　題　部　（土地の表示）			調製	余白		不動産番号	1234567890123
地図番号	余白		筆界特定	余白			
所　在	甲市青葉二丁目					余白	
①　地　番	②　地　目	③　地　積　　　　m²				原因及びその日付〔登記の日付〕	
38番2	畑		480			38番から分筆〔令和X1年5月13日〕	
余白	宅地		480	23		②③令和X1年7月3日地目変更〔令和X1年7月15日〕	

地積測量図なし　下記の登記例は、昔から分筆されることなく、現在に至っている土地の場合です。

　この場合は、宅地に地目変更されて小数点以下の表示が必要となっても、小数点以下の正確な数字がわからないので、「.00」とします。つまり、畑480m²から宅地 480.00m²となります。

138　第4章　土地に関する登記

地目の変更登記②

表　題　部　（土地の表示）	調製	余白		不動産番号	1234567890123
地図番号	余白	筆界特定	余白		
所　　在	甲市青葉二丁目			余白	
①　地　番	②　地　目	③　地　積　　㎡	原因及びその日付〔登記の日付〕
38番2	畑	480		余白
余白	宅地	480	00	②③令和X1年7月3日地目変更 〔令和X1年7月15日〕

Q 4-16 登記面積は実際の面積と一致するか

登記簿に表示されている土地の面積は、実際の面積と必ずしも一致しません。

両者が一致しない原因の多くは、明治時代の地租改正にさかのぼります。地租課税のために土地を測量しましたが、地租が少なくなるように実際より少なく測る傾向があったことや、測量技術が未発達で山林等は見取りで行いました。そのため、実際に測り直してみると、登記面積より多い場合がよくあり、これを縄延びといいます。逆に、登記面積より実際の面積が小さいことを、縄縮みといいます。

その後、国土調査などの公的測量や分筆などによる実測が行われると、登記上の面積は正しい数字に直されます。しかし、そのような機会がなければ、登記上の面積は、依然として昔の不正確なままです。登記とは、なんて信頼できないものと思うかもしれませんが、それが現実であることを理解する必要があります。

登記簿は、国が整備・保管しているという意味で、公簿ともいいます。登記上の面積であることを示すために、公簿という言葉を使って、公簿面積といいます。

この言い方は、登記上（公簿上）と実際の面積が違う可能性を頭において使

第3節　地目と地積　139

われることが多く、売買契約書で、「土地については、公簿面積による売買とする」というように使います。その意味するところは、「登記上は○○m²となっているが、実際の面積は違う可能性がある。しかし実測しないで、公簿面積でよいことに合意して売買する」ということです。

一致する場合 登記上の面積に関して、すべての土地を疑う必要はなく、以下の場合は、登記上の面積と実際の面積が一致します。

① 分筆により生じた土地……表題部の「原因及びその日付」欄に、「○○番から分筆」とあるもの

② 2005（平成17）年3月の法改正以降に分筆した元の土地（元の土地も実測するようになった）……「原因及びその日付」欄に「○○番○を分筆」とあるもの

③ 地積が更正されている土地……「原因及びその日付」欄に「③錯誤」とあるもの

④ 国土調査が終了している土地……「原因及びその日付」欄に「国土調査による成果」とあるもの

⑤ 土地区画整理事業が終了している土地……「原因及びその日付」欄に「○○年○月○日換地処分」とあるもの

⑥ 法務局による地図作成作業が終了している土地……「原因及びその日付」欄に「③錯誤　地図作成」とあるもの

更正登記 実測した結果、登記上の面積と異なる場合は、地積の更正登記をします。なぜ「更正」であって「変更」でないかは、Q2-15を参照してください。

140　第4章　土地に関する登記

地積の更正登記

表 題 部 （土地の表示）			調製	余 白	不動産番号	1234567890123
地図番号	余 白		筆界特定	余 白		
所　　在	甲市青葉二丁目				余 白	
① 地　番	② 地　目	③ 地　積　㎡			原因及びその日付〔登記の日付〕	
25番	宅地		230	29	余 白	
余 白	余 白		285	52	③錯誤 〔令和 X2年 3 月 25 日〕	

変更登記　　地積の変更登記が行われることは、めったにありません。考えられるケースは、川や海沿いの土地の一部が、水没あるいは流失して地積が減少した場合などがあります。

地積の変更登記

表 題 部 （土地の表示）			調製	余 白	不動産番号	1234567890123
地図番号	余 白		筆界特定	余 白		
所　　在	甲市青葉三丁目				余 白	
① 地　番	② 地　目	③ 地　積　㎡			原因及びその日付〔登記の日付〕	
25番	宅地		402	56	余 白	
余 白	余 白		289	36	③令和 X2年 3 月 4 日一部海没 〔令和 X2年 3 月 25 日〕	

第4節 分筆と合筆

4-17
分筆とは

定義　分筆とは、1筆の土地を分割して区画を変更し、2筆以上に分けることです。

法改正による変更　分筆登記の申請には、分筆する土地の範囲および面積を確定するために、地積測量図（⇨Q7-9）を添付します。

2005（平成17）年3月の不動産登記法改正により、一部の特例を除いて、分筆する際には、分筆する土地だけでなく、分筆して残る元の土地（分筆残地という）も実測することになりました。

この改正が実務に与える影響は大きく、分筆のために、結局は土地全体を実測することになり、隣地所有者との境界確認が必要となるので、手間と時間がかかります。

権利関係　分筆をしても権利関係は元のままなので、分筆した土地の登記簿に、元の土地の権利関係をそのまま転写します。

分筆したからといって、分筆後の土地について、新たに登記識別情報（⇨Q15-4）が通知されるわけではなく、分筆された土地の登記識別情報は、分筆前の土地のものを引き継ぎます。

4-18
分筆による表題部の登記は

登記例 分筆が行われたあとの元の土地と、分筆された土地の表題部を見ましょう。

元の土地の表題部

表 題 部 （土地の表示）		調製	余白		不動産番号	1234567890123
地図番号	余白	筆界特定	余白			
所　　在	甲市青葉二丁目				余白	
① 地　番	② 地　目	③ 地　積　㎡			原因及びその日付〔登記の日付〕	
38番	宅地		500	12	余白	
38番1	余白		402	57	③錯誤 ①③38番1、38番2に分筆 〔令和X2年2月18日〕	

分筆された土地の表題部

表 題 部 （土地の表示）		調製	余白		不動産番号	1234567890234
地図番号	余白	筆界特定	余白			
所　　在	甲市青葉二丁目				余白	
① 地　番	② 地　目	③ 地　積　㎡			原因及びその日付〔登記の日付〕	
38番2	宅地		139	89	38番から分筆 〔令和X2年2月18日〕	

地番　上記の例は、38番の土地から、38番2の土地を分筆した例ですが、分筆により、土地の地番は次のようになります。

> 38番を分筆　→　38番1と38番2

　分筆前の地番は38番ですが、分筆したことがわかるように、元の土地にも枝番を付けて38番1とします。

　以前は、枝番を付けないで、元のままの38番とする取扱いもありました。よって、元の土地については、枝番がないケースと枝番があるケースがあります。

　分筆された土地には、「38番から分筆」と記録します。すでに枝番の付いている土地を分筆するときは、分筆された土地には、現在ある最後の枝番の次の

第4節　分筆と合筆　143

数字を付けます。すでに38番7までの枝番があるときは、38番8とします。

面積　　元の土地は分筆により面積が減ったので、以前の面積を抹消し、分筆後の面積を記録します。

　2005（平成17）年3月の不動産登記法改正前は、分筆して残る元の土地（分筆残地）の分筆後の面積は、分筆前の面積から分筆する面積を差し引いた計算上の数字を使いました。しかし法改正後は、分筆残地も実測し、その実測値が、登記面積から分筆面積を差し引いた計算上の面積に対して誤差の限度をこえる場合は、地積更正登記が必要になりました。

　前ページの元の土地の登記例で見てみましょう。「原因及びその日付」欄は、まず、地積更正による「③錯誤」とし、次の行に分筆の内容「①③38番1、38番2に分筆」とします。更正された地積は、分筆後の実測地積です。分筆前の元の土地全体の実測地積は、登記上には現われません。

COLUMN　1m²の残地

　2005（平成17）年3月の不動産登記法改正以前は、分筆の元となった土地の面積は、分筆前の面積から分筆した土地の面積を、計算上で差し引けばよい、とされました。そのため、分筆残地の面積が1m²となることも起こり得ました。

　例をあげましょう。元の土地の地積を331m²（実際の面積は、それより大きい）、分筆した地積を330m²とすると、分筆残地の地積は、331m² − 330m² ＝ 1m²となります。差引計算による面積がマイナスにならない限りは、このような取扱いが許容されました。

　しかし実際の地積は1m²ではなく、登記上の面積が実際の面積より小さい事実（⇨Q4−16）が、分筆により顕在化したわけです。

　このような不都合を解消するために、法改正以降は、分筆残地についても、誤差の範囲内におさまる場合を除いて、地積更正をする取扱いに改めました。

**4-19
分筆残地を実測しないでよい場合は**

2005(平成17)年3月の不動産登記法改正により、分筆する元の土地も実測することとなりましたが、例外的に実測しないでよい場合があります。

山の中の道路拡幅を考えてみましょう。道路沿いの一部を買収するためには分筆しますが、広大な面積の山林で、わずかな面積（極端な場合は1m²）の分筆のために全体を実測するのは、必ずしも合理的ではありません。このような場合は、実測しなくてもよいとします。

> （分筆の登記の申請）
> 不動産登記事務取扱手続準則第72条　分筆の登記を申請する場合において、分筆前の地積と分筆後の地積の差が、分筆前の地積を基準にして、規則第77条第5項の規定による地積測量図の誤差の限度内であるときは、地積に関する更正の登記の申請を要しない。
> 2　分筆の登記を申請する場合において、提供する分筆後の土地の地積測量図には、分筆前の土地が広大な土地であって、分筆後の土地の一方がわずかであるなど特別の事情があるときに限り、分筆後の土地のうち1筆の土地について、不動産登記規則第77条第1項第5号から第8号までに掲げる事項（同項第5号の地積を除く）を記録することを、便宜省略して差し支えない。

 **4-20
分筆による権利部の登記は**

 分筆の元の土地　分筆の元となった土地および分筆された土地について、権利に関する登記を記録する甲区および乙区は、どうなるでしょうか。

第4節　分筆と合筆　145

元の土地の甲区は変更ありませんが、乙区には変更が加えられることがあります。

　分筆前の土地1筆だけが抵当権の目的だった場合、分筆により2筆になったので、共同担保目録（⇨Q10-9）を作成します。元の土地の抵当権登記に、共同担保目録の番号を付記登記で追加します。

元の土地の乙区

順位番号	登 記 の 目 的	受付年月日・受付番号	権 利 者 そ の 他 の 事 項
1	抵当権設定	令和X1年9月25日 第12347号	原因　令和X1年9月25日金銭消費貸借 　　　同日設定 債権額　金7,500万円 利息　年2・575% 損害金　年14% 債務者　甲市青葉一丁目2番3号 　　　山　川　太　郎 抵当権者　丙市西町三丁目4番5号 　　　中央銀行株式会社
付記1号	1番抵当権変更	余 白	共同担保　目録(る)第133号 令和X2年2月18日付記

分筆された土地　分筆された土地の甲区・乙区には、元の土地の登記内容を職権で転写します。甲区の所有権登記は、現在の所有者に関するもの、すなわち最後の所有権移転登記のみを転写します。差押などその他の登記は、そっくりそのまま転写します。乙区は、現に効力のある登記を転写します。

　転写した登記事項の末尾に「順位○番の登記を転写」と記録し、分筆登記申請の受付年月日（登記完了日ではない）と受付番号を記録します。なお、「転写」と「移記」の違いについては、Q3-6を参照してください。

分筆された土地の甲区

順位番号	登 記 の 目 的	受付年月日・受付番号	権 利 者 そ の 他 の 事 項
1	所有権移転	令和X1年9月25日 第12345号	原因　令和X1年9月25日売買 所有者　甲市青葉一丁目2番3号 　　　山　川　太　郎 **順位2番の登記を転写** **令和X2年2月10日受付** **第2565号**

分筆された土地の乙区

順位番号	登 記 の 目 的	受付年月日・受付番号	権 利 者 そ の 他 の 事 項
1	抵当権設定	令和X1年9月25日 第12347号	原因　令和X1年9月25日金銭消費貸借 　　　同日設定 債権額　金7,500万円 利息　年2・575% 損害金　年14% 債務者　甲市青葉一丁目2番3号 　　山　川　太　郎 抵当権者　丙市西町三丁目4番5号 　　中央銀行株式会社 順位1番の登記を転写 共同担保　目録(る)第133号 令和X2年2月10日受付 第2565号

権利の消滅　　道路拡幅などの公共事業のため、抵当権のついた土地の一部を買収する場合、買収する土地について、通常は抵当権をはずすので、分筆した土地には抵当権登記を転写しません。

　この場合、元の土地について、次ページの登記例のような付記登記をします。付記登記は職権で行われるので、「権利者その他の事項」の欄に、分筆登記完了日に付記登記をしたことを記録します。

（分筆に伴う権利の消滅の登記）

　第40条　登記官は、所有権の登記以外の権利に関する登記がある土地について、分筆の登記をする場合において、当該分筆の登記の申請情報とあわせて、当該権利に関する登記に係る権利の登記名義人（かっこ内省略）が、当該権利を分筆後のいずれかの土地について消滅させることを承諾したことを証する情報が提供されたとき（かっこ内省略）は、法務省令で定めるところにより、当該承諾に係る土地について、当該権利が消滅した旨を登記しなければならない。

元の土地に対する抵当権消滅の登記

順位番号	登記の目的	受付年月日・受付番号	権利者その他の事項
1	抵当権設定	令和X1年9月25日 第12347号	原因　令和X1年9月25日金銭消費貸借 　　　同日設定 債権額　金7,500万円 利息　年2・575% 損害金　年14% 債務者　甲市青葉一丁目2番3号 　　　　山　川　太　郎 抵当権者　丙市西町三丁目4番5号 　　　　中央銀行株式会社
付記1号	分筆後の38番2の土地につき1番抵当権消滅	余白	令和X2年2月18日付記

4-21
合筆とは

概要　合筆は、数筆の土地を統合して区画を変更し、1筆にまとめることです。読み方は、「ごうひつ」と「がっぴつ」の二通りあります。

合筆する土地のうちの1筆の土地（A）の登記簿を残して、合筆の登記を記録し、残りの土地（B）の登記簿を閉鎖します。

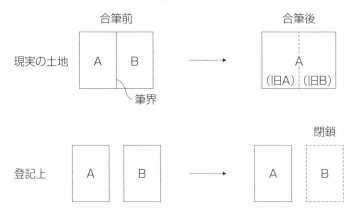

登記識別情報　分筆した土地には、新たに登記識別情報（⇨Q15-4）が通知されないのに対し、合筆した土地には、新たに登記識別情報

が通知されます。すなわちA・B・C3筆の土地があり、BとCをAに合筆した場合、合筆後のAの土地について、新たな登記識別情報が通知されます。

なお、合筆前のAないしCすべての登記識別情報を合わせたものも、合筆後の登記識別情報として有効です。

Q 4-22 合筆できないケースは

分筆する土地についての制限はなく、自由に分筆できるのに対し、合筆する土地には制限があります。すべての土地が合筆できるとは限らず、物理的および権利関係的にできない場合があります。

① 連続していない土地

連続していない、言い換えれば物理的に離れている土地は、どう頑張っても合筆できません。

② 地番区域が異なる土地

地番区域（⇒Q4-8）は、「〇〇町」などの町の境として機能しているので、それを変更することになる合筆はできません。

③ 地目が異なる土地

地目が異なる土地同士では、合筆後の地目を決められないので、合筆できません。

④ 所有者および持分割合が異なる土地

合筆後の権利関係はひとつになるわけですから、所有者が違う土地は、合筆できません。所有者は同じでも持分割合が違う場合、たとえばA土地については甲が3分の1、乙が3分の2であるのに対し、B土地については甲が2分の1、乙が2分の1であるようなときも合筆できません。

⑤ 所有権の登記がない土地と所有権の登記がある土地

合筆後の所有権を決められないので、合筆できません。

⑥ 所有権以外の権利に関する登記がある土地

具体的には、甲区の差押などの登記、乙区の担保権などです。ただし、抵当権（⇨Q10-2）について重要な例外規定があります。つまり、受付年月日・受付番号、登記原因およびその日付が同じ抵当権は、合筆可能です。

地役権（⇨Q9-12）は、もともと1筆の土地の一部にも設定可能なので、承役地の地役権登記のある土地は、登記のない土地と合筆できます。

（合筆の登記の制限）

第41条　次に掲げる合筆の登記は、することができない。

① 　相互に接続していない土地の合筆の登記
② 　地目または地番区域が相互に異なる土地の合筆の登記
③ 　表題部所有者または所有権の登記名義人が相互に異なる土地の合筆の登記
④ 　表題部所有者または所有権の登記名義人が相互に持分を異にする土地の合筆の登記
⑤ 　所有権の登記がない土地と所有権の登記がある土地との合筆の登記
⑥ 　所有権の登記以外の権利に関する登記がある土地（権利に関する登記であって、合筆後の土地の登記記録に登記することができるものとして、法務省令で定めるものがある土地を除く）の合筆の登記

 4-23　合筆による登記は

 合筆後の土地　合筆後の地番は、原則としていちばん若い地番を残します。たとえば、10番2と12番1を合筆すれば、10番2とします。

合筆により地積が変わるので、合筆前の地積を抹消し、その下に合筆後の新しい地積を記録します。原因は、「③○番○を合筆」です。

合筆後の表題部

表　題　部（土地の表示）			調製	余白		不動産番号	1234567890123
地図番号	余白		筆界特定	余白			
所　　在	甲市青葉二丁目					余白	
①　地　　番	②　地　　目	③　地　　積　㎡			原因及びその日付〔登記の日付〕		
10番2	宅地		230	13	余白		
余白	余白		450	10	③12番1を合筆 〔令和X2年2月12日〕		

　合筆前と地番は同じでも、別の地番だった土地が含まれているので、甲区の所有権、乙区の抵当権に関して、その事情を明らかにします。

　甲区には、新たな順位番号で、「合併による所有権登記」と記録します。合併は、土地を合わせたことであり、会社の合併とは関係ありません。

　通常は、新たな順位番号の登記が行われると、売買や相続などを原因として所有名義人が変わります。しかし、合併による所有権登記の場合は、前の順位番号の名義人と同じで、少し奇異な感じを受けます。

合筆後の甲区

順位番号	登　記　の　目　的	受付年月日・受付番号	権　利　者　そ　の　他　の　事　項
2	所有権移転	令和X1年9月25日 第12345号	原因　令和X1年9月25日売買 所有者　甲市青葉一丁目2番3号 　　山　川　太　郎
3	合併による所有権登記	令和X2年2月7日 第3456号	所有者　甲市青葉一丁目2番3号 　　山　川　太　郎

　抵当権があっても例外的に合筆可能な場合(⇨Q4−22)は、合筆後の乙区に、抵当権が合筆後の土地全体に及ぶことを示す付記登記をします。付記登記は職権で行い、「権利者その他の事項」の欄に、合筆登記完了日に付記登記したことを記録します。

合筆して残った土地の乙区

順位番号	登記の目的	受付年月日・受付番号	権利者その他の事項
1	抵当権設定	令和X1年9月25日 第12347号	原因　令和X1年9月25日金銭消費貸借 　　　同日設定 債権額　金7,500万円 利息　年2·575% 損害金　年14% 債務者　甲市青葉一丁目2番3号 　　　　山川　太郎 抵当権者　丙市西町三丁目4番5号 　　　　　中央銀行株式会社 共同担保　目録(あ)第123号
付記1号	1番登記は合併後の土地の全部に関する	余白	令和X2年2月12日付記

合筆された土地　合筆されて地番が残らなかった土地の登記簿は、閉鎖されます。所在・地番・地目・地積の登記内容を抹消し、「登記の日付」の欄に、合筆登記が完了した日と、その日に閉鎖したことを記録します。

合筆された土地の表題部

表　題　部　（土地の表示）		調製	余白	不動産番号	1234567890234
地図番号	余白	筆界特定	余白		
所　在	甲市青葉二丁目			余白	
①　地　番	②　地　目	③　地　積　m²		原因及びその日付〔登記の日付〕	
12番1	宅地	219:97		余白	
余白	余白	余白		10番2に合筆 〔令和X2年2月12日 同日閉鎖〕	

4-24　職権による分筆・合筆登記とは

A　職権登記で行います。

分筆や合筆の登記は、所有者の申請により行いますが、一定の要件を満たす場合は、登記官が職権（⇨Q2-7）

（分筆または合筆の登記）

第39条 分筆または合筆の登記は、表題部所有者または所有権の登記名義人以外の者は、申請することができない。

2 登記官は、前項の申請がない場合であっても、一筆の土地の一部が別の地目となり、または地番区域（地番区域でない字を含む。以下省略）を異にするに至ったときは、職権で、その土地の分筆の登記をしなければならない。

3 登記官は、第1項の申請がない場合であっても、第14条第1項の地図を作成するため必要があると認めるときは、第1項に規定する表題部所有者または所有権の登記名義人の異議がないときに限り、職権で、分筆または合筆の登記をすることができる。

国土調査 職権による登記が行われる代表例は、国土調査により、分筆や合筆の必要性が生じたときの表示変更の登記です。

国土調査法は、国土の状況を明らかにするための各種調査を定め、地籍調査は、その一環として全国の土地を測量する作業です。法律名から、一般には、国土調査（略して「国調」）と呼び慣らわされます。

国土調査は、原則として1筆の土地ごとに所有者の立会いを得て、地番・地目および境界を確認して測量します。その結果、地目や地積が変更されることがあります。

1筆の山林として登記されていた土地の現状が、山林と畑に分かれている場合は、利用状況と合致するように分筆します。逆に、複数の筆の利用状況が同じで、1筆にまとめてもかまわない場合は、合筆します。

「原因及びその日付」の欄に、「国土調査による成果」と記録します。

（国土調査の成果の写しの送付等）

国土調査法第20条

（第1項省略）

2 登記所または前項の台帳を備える者は、政令で定めるところにより、同項の

第4節 分筆と合筆 153

規定により送付された国土調査の成果の写しに基づいて、土地の表示に関する登記および所有権の登記名義人の氏名もしくは名称もしくは住所についての変更の登記もしくは更正の登記をし、または同項の台帳の記載を改めなければならない。

3　前項の場合において、地籍調査が第32条の規定により行われたときは、登記所は、その国土調査の成果の写しに基づいて分筆または合筆の登記をしなければならない。

国土調査による表示の変更登記

表　題　部　（土地の表示）		調製	余白	不動産番号	1234567890123
地図番号	Z 51 - 4	筆界特定	余白		
所　在	甲市乙山字山中			余白	
①　地　　番	②　地　　目	③　地　　積　　　m²		原因及びその日付〔登記の日付〕	
67番	田		1847	余白	
67番1	余白		1008	③68番を合筆 年月日不詳一部地目変更 ①③67番1、67番2、67番3に分筆 国土調査による成果 〔令和X2年2月12日〕	

第5節 土地区画整理と登記

Q 4-25
土地区画整理とは

A 概要 土地区画整理（たんに、区画整理ともいう）による換地処分が行われたとき、登記上に大きな変化があります。まず、土地区画整理事業の概要について説明しましょう。

土地区画整理事業は、道路が狭く画地配置が雑然とした古くからの市街地について、土地の区画を整理し、道路を拡幅し街区を整備して、整然とした新市街地をつくる事業です。また、農地や山林が広がる地域で、新しく市街地をつくるときも、土地区画整理の手法が使われることがあります。

従前地と換地 従前地は、区画整理事業前の未整理状態の土地です。換地は、従前地に代わるべきものとして、新たにつくられた整然とした土地です。

換地の面積は従前地より少なくなり、その減った率を減歩率といいます。100m²の従前地が70m²の換地になれば、減歩率は30%です。換地の面積は少なくなっても、街区が整備され土地の形状が良くなって単価が上がるので、原則的に従前地と換地の価値は等しくなります。

> 従前地単価 × 従前地面積 ＝ 換地単価 × 換地面積

しかし実際には、両者の価値はぴったり同じにはならないので、清算金を授受します。

仮換地 事業開始から換地処分まで長期間を要するので、その間、仮の換地（仮換地）を指定して、そこを使います。通常は、仮換地がそのまま本換地になるので、仮換地に建物を建築できます。

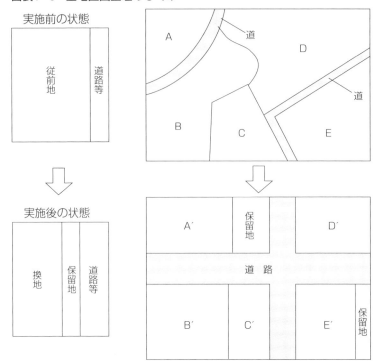

図表4-3　土地区画整理のしくみ

保留地　　減歩が必要なのは、道路等の公共用地を整備するほかに、保留地をつくるためです。事業地内の全部の土地を換地にしないで、一部を保留地として残します。換地することを保留するので、保留地といいます。

　事業施行者は、保留地を売却し、その収入で事業費をまかない、地権者からお金を取らずに事業を行います（清算金を除く）。

換地処分　　宅地整備工事が終わって従前地の形がなくなり、それに対応する換地ができ上がっても、登記上は、まだ従前地の状況のままです。これを新しい換地へ変える手続を、換地処分といいます。換地処分によって、従前地に関する権利関係は、そっくりそのまま換地に移ります。

Q 4-26 区画整理による土地の変化は

A 区画整理による土地の変化は複雑で、次のようになります。

① 1筆の従前地に対して、1個の換地を定める

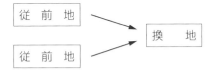

② 複数の従前地に対して、1個の換地を定める

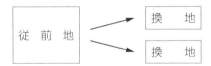

③ 1筆の従前地に対して、複数の換地を定める

従前地 → 換地
　　　　→ 換地

④ 従前地に対して、換地を定めない

従前地 → 換地なし

⑤ 新たに保留地をつくる（対応する従前地はない）

従前地なし → 保留地

②の複数の従前地に対して1個の換地を定めることは、合筆（⇒Q4-21）に類似します。ですから、合筆できないケース（⇒Q4-22）のうち権利に関する条件は、換地処分にも適用されます。また、③の1筆の従前地に対して複数の換地を定めることは、分筆（⇒Q4-17）に類似します。

4-27
換地処分による登記は

 概要 換地処分がどのように登記に反映されるかを、まず、表題部について見てみましょう。

　換地に対して、新たに地番を付けます。区画整理による新市街地には、新たな町名が付けられることが多く、通常、所在も変更します。

　新しくできた換地は、従前地とは形状・面積が異なります。同時に、従来の水田が宅地になるように、地目も変更されることがあります。このように土地の所在、地番、地目、地積が変化するので、それに対応して表題部に大幅な変更が行われます。

　新しい土地ができるといっても、もともとの従前地があるので、登記簿は従前地のものを使いながら、所在・地番および物的状況の記録を変更します。

　前記の換地処分による土地の変化に対応して、登記簿の数も変化します。

従前地1筆→換地1個　1筆の従前地に対して1個の換地を定める場合は、従前地の登記簿をそのまま使い、表題部の表示だけを変更します。甲区および乙区について、変更はありません。

　次の登記例では、従前は畑だった地目が宅地に変更され、600m²あった面積が360.12m²になります。

1筆の従前地に対して1個の換地が対応する場合

表　題　部　（土地の表示）			調製	余白	不動産番号	1234567890123
地図番号	(Q5) 13-4		筆界特定	余白		
所　在	甲市乙山字丙田				余白	
	甲市青葉三丁目				余白	
① 地　番	② 地　目	③ 地　積　　m²			原因及びその日付〔登記の日付〕	
38番	畑			600	余白	
6番3	宅地			360　12	令和X2年1月25日土地区画整理法による換地処分〔令和X2年2月12日〕	

158　第4章　土地に関する登記

従前地複数→換地1個　複数の従前地に対して1個の換地を定める場合は、複数ある従前地の登記簿のうちのひとつを使い、新しい換地を表示します。この場合、「他の従前の土地39番2、41番」と、換地を構成する他の従前地の地番を表示します。甲区は、合筆と同様に（⇨Q4-23）、新たな所有権登記を行います。

複数の従前地に対して1個の換地が対応する場合（従前地の登記簿を使う土地）

表　題　部　（土地の表示）		調製	余白	不動産番号	1234567890123
地図番号 (Q5) 13-4		筆界特定	余白		
所　在	甲市乙山字丙田			余白	
	甲市青葉三丁目			余白	
① 地　　番	② 地　　目	③ 地　　積　　㎡		原因及びその日付〔登記の日付〕	
38番	畑	600		余白	
6番3	宅地	360	12	令和X2年1月25日土地区画整理法による換地処分 他の従前の土地39番2、41番 〔令和X2年2月12日〕	

甲区

順位番号	登 記 の 目 的	受付年月日・受付番号	権 利 者 そ の 他 の 事 項
2	所有権移転	令和X1年9月25日 第12345号	原因　令和X1年9月25日売買 所有者　甲市青葉一丁目2番3号 　山　川　太　郎
3	土地区画整理法による換地処分による所有権登記	令和X2年2月8日 第3456号	所有者　甲市青葉一丁目2番3号 　山　川　太　郎

　換地の登記に使われなかった他の従前地の登記簿は、閉鎖されます。

換地登記に使われずに閉鎖された土地

表　題　部　（土地の表示）		調製	余白	不動産番号	1234567890134
地図番号 (Q5) 13-4		筆界特定	余白		
所　在	甲市乙山字丙田			余白	
① 地　　番	② 地　　目	③ 地　　積　　㎡		原因及びその日付〔登記の日付〕	
39番2	畑	185		余白	
余白	余白	余白		令和X2年1月25日土地区画整理法による換地処分により甲市青葉三丁目6番3に移記 〔令和X2年2月12日 同日閉鎖〕	

第5節　土地区画整理と登記　159

従前地１筆→換地複数　　　１筆の従前地に対して複数の換地を定める場合は、複数のうちのひとつの換地に関しては、従前地の登記簿を使います。

　この場合は、原因の「令和X2年１月25日土地区画整理法による換地処分」のあとに、「他の換地甲市青葉三丁目６番８」と、従前地に対応する他の換地を表示します。他の換地については、新たな登記簿を起こします。

１筆の従前地に対して複数の換地が対応する場合（従前地の登記簿を使った土地）

表　題　部　（土地の表示）			調製	余 白		不動産番号	1234567890178
地図番号	(Q5) 13－4		筆界特定	余 白			
所　　在	甲市乙山字丙田				余 白		
	甲市青葉三丁目				余 白		
①　地　番	②　地　目		③　地　　積　　m²		原因及びその日付〔登記の日付〕		
48番	畑		900		余 白		
6番3	宅地		360 12		令和X2年１月25日土地区画整理法による換地処分 他の換地甲市青葉三丁目６番８ 〔令和X2年２月12日〕		

新しく登記簿をつくった土地

表　題　部　（土地の表示）			調製	余 白		不動産番号	1234567890156
地図番号	(Q5) 13－4		筆界特定	余 白			
所　　在	甲市青葉三丁目				余 白		
①　地　番	②　地　目		③　地　　積　　m²		原因及びその日付〔登記の日付〕		
6番8	宅地		240 52		令和X2年１月25日土地区画整理法による換地処分 他の換地甲市青葉三丁目６番３ 〔令和X2年２月12日〕		

　甲区や乙区の登記は、分筆と同様に（⇨Q4−20）、所有権移転登記や抵当権設定登記を転写します。

新しく登記簿をつくった土地の甲区

順位番号	登記の目的	受付年月日・受付番号	権利者その他の事項
1	所有権移転	令和X1年9月25日 第12345号	原因　令和X1年9月25日売買 所有者　甲市青葉一丁目2番3号 　　　　山　川　太　郎 土地区画整理法による換地処分により甲市青葉三丁目6番3の土地順位1番の登記を転写 令和X2年2月8日 第3456号

新しく登記簿をつくった土地の乙区

順位番号	登記の目的	受付年月日・受付番号	権利者その他の事項
1	抵当権設定	令和X1年9月25日 第12347号	原因　令和X1年9月25日金銭消費貸借 　　　同日設定 債権額　金7,500万円 利息　年2.575% 損害金　年14% 債務者　甲市青葉一丁目2番3号 　　　　山　川　太　郎 抵当権者　丙市西町三丁目4番5号 　　　　中　央　銀　行　株　式　会　社 共同担保　目録(あ)第123号 土地区画整理法による換地処分により甲市青葉三丁目6番3の土地順位1番の登記を転写 令和X2年2月8日 第3456号

Q 4-28
保留地その他の登記は

不換地　従前地と換地という対応関係にない土地の登記は、次のようになります。

　従前地の面積が著しく小さい場合、土地所有者の申出があれば、換地を定めないで清算金で済ませます（不換地という）。この場合、従前地の登記簿は閉鎖され、その登記例は次のとおりです。

第5節　土地区画整理と登記　161

従前地に対して換地を定めなかった土地

表　題　部　（土地の表示）			調製	余白	不動産番号	1234567890111
地図番号	余白		筆界特定	余白		
所　在	甲市乙山字丙田				余白	
①　地　　番	②　地　目	③　地　　　積　　　m²		原因及びその日付〔登記の日付〕		
25番	畑	253		余白		
余白	余白	余白		令和X2年1月25日土地区画整理法の換地処分による不換地〔令和X2年2月12日同日閉鎖〕		

保留地　　保留地は対応する従前地がなく、観念的には新たに土地が生じたので、表題登記を行い、表題部末尾の所有者の欄に、土地区画整理事業の施行者を記録します。

保留地の登記

表　題　部　（土地の表示）			調製	余白	不動産番号	1234567890234
地図番号	(Q5) 13−4		筆界特定	余白		
所　在	甲市青葉三丁目				余白	
①　地　　番	②　地　目	③　地　　　積　　　m²		原因及びその日付〔登記の日付〕		
5番2	宅地	200 12		令和X2年1月25日土地区画整理法による換地処分〔令和X2年2月12日〕		

第6節 筆界特定制度

Q 4-29 筆界とは

通常、土地の境のことを、「境界」といいます（「きょうかい」または「けいかい」と読む）。では、「筆界」とは、何なのでしょうか。日常語の「境界」は、ふたつの専門用語を含意して用いられます。

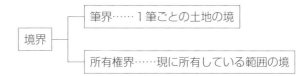

不動産登記法は、筆界を次のように定義します。

> （定義）
> 第123条　この章において、次の各号に掲げる用語の意義は、それぞれ当該各号に定めるところによる。
> ①　筆界　表題登記がある1筆の土地（以下、たんに「1筆の土地」という）と、これに隣接する他の土地（表題登記がない土地を含む）との間において、当該1筆の土地が登記された時に（傍点筆者）、その境を構成するものとされた2以上の点およびこれらを結ぶ直線をいう。
> ②　筆界特定　1筆の土地およびこれに隣接する他の土地について、この章の定めるところにより、筆界の現地における位置を特定すること（かっこ内省略）をいう。
> （第3号ないし第5号省略）

「登記された時に」とあるように、筆界は、当初から確固として存在するものであり、あとからの変更を許すものではありません。

所有権界　それに対して、所有権界は、関係当事者間の合意によって変更できるし、一筆の土地の一部を時効取得するなどにより、揺れ動く可能性があります。比喩的にいえば、筆界は先天的、所有権界は後天的です。

　常識的な意味での「境界」は、所有権にもとづいて自由に使える土地の範囲を画するものです。この境界と、当初から決まっている筆界は、必ずしも一致しません。

　学問的には、両者の不一致を仔細に論じますが、実際には、筆界と所有権界が異なることは少なく、実務的には、両者を同一視してもあまり不都合は生じないでしょう。

Q 4-30 筆界特定制度とは

A 概要　筆界特定制度は、隣地との筆界がはっきりしないときに、土地所有者等の申請により、法務局（筆界特定登記官）が、専門家である筆界調査委員の意見をふまえて、筆界を特定する行政上の制度です。2005（平成17）年3月の不動産登記法改正により創設され、2006（平成18）年1月から実施されています。

（筆界特定の申請）
第131条　土地の所有権登記名義人等は、筆界特定登記官に対し、当該土地とこれに隣接する他の土地との筆界について、筆界特定の申請をすることができる。
（第2項ないし第5項省略）

　筆界特定事件の新規受付件数は、2019（令和元）年2,267件、2020（令和2）年2,455件、2021（令和3）年2,276件、2022（令和4）年2,106件です（政府統計の総合窓口）。

　従来は、境界問題を解決するためには、司法機関である裁判所に境界確定訴訟を起こしましたが、裁判は費用負担が大きく、解決まで時間がかかりました。

これに対し筆界特定制度は、行政機関である法務局が担当して、比較的短期間（半年から１年程度）で終了し、申請手数料は土地価格に応じ、それほど高くありません。ただし測量が必要な場合は、その費用負担が生じます。

　具体的には、土地所有者（所有権の登記名義人や相続人など）が、法務局に筆界特定の申請を行います。申請があると、専門家である土地家屋調査士などの筆界調査委員が、現地調査・測量・関係資料の検討などを行ったうえで、筆界に関する意見を提出します。筆界特定登記官は、この意見を参考にして筆界を特定します。筆界特定書は法務局に保管され、写しの交付を受けられます。

関連条文　　関係する条文は次のとおりです。少し長くなりますが、筆界特定制度の概要を知るために有用なので掲載します。

（筆界特定の事務）

第124条　筆界特定の事務は、対象土地の所在地を管轄する法務局または地方法務局がつかさどる。

　（第２項省略）

（筆界特定登記官）

第125条　筆界特定は、筆界特定登記官（登記官のうちから、法務局または地方法務局の長が指定する者をいう）が行う。

（筆界調査委員）

第127条　法務局および地方法務局に、筆界特定について必要な事実の調査を行い、筆界特定登記官に意見を提出させるため、筆界調査委員若干人を置く。

２　筆界調査委員は、前項の職務を行うのに必要な専門的知識および経験を有する者のうちから、法務局または地方法務局の長が任命する。

　（第３項ないし第５項省略）

（筆界調査委員による事実の調査）

第135条　筆界調査委員は、前条第１項の規定による指定を受けたときは、対象土地または関係土地その他の土地の測量または実地調査をすること、筆界特定

第6節　筆界特定制度　165

の申請人もしくは関係人またはその他の者から、その知っている事実を聴取し、または資料の提出を求めること、その他対象土地の筆界特定のために必要な事実の調査をすることができる。

（第2項省略）

（筆界調査委員の意見の提出）

第142条　筆界調査委員は、第140条第1項の期日の後、対象土地の筆界特定のために必要な事実の調査を終了したときは、遅滞なく、筆界特定登記官に対し、対象土地の筆界特定についての意見を提出しなければならない。

（筆界特定）

第143条　筆界特定登記官は、前条の規定により筆界調査委員の意見が提出されたときは、その意見を踏まえ、登記記録、地図または地図に準ずる図面および登記簿の附属書類の内容、対象土地および関係土地の地形、地目、面積および形状、ならびに工作物、囲障または境界標の有無その他の状況、およびこれらの設置の経緯その他の事情を総合的に考慮して、対象土地の筆界特定をし、その結論および理由の要旨を記載した筆界特定書を作成しなければならない。

（第2項、第3項省略）

（筆界特定書等の写しの交付等）

第149条　何人も、登記官に対し、手数料を納付して、筆界特定手続記録のうち筆界特定書または政令で定める図面の全部または一部（以下、この条および第153条において、「筆界特定書等」という）の写し（かっこ内省略）の交付を請求することができる。

（第2項、第3項省略）

登記例　筆界特定が行われたとき、対象となった土地表題部の「筆界特定」の欄に、年月日と手続番号を記録します。また、筆界特定の結果、正しい地積が判明したときは、更正登記を行います。

166　第4章　土地に関する登記

筆界特定にともなう地積の更正登記

表 題 部 （土地の表示）			調製	余白		不動産番号	1234567890123
地図番号	余白		筆界特定	令和X2年10月4日筆界特定（手続番号令和X2年第21号）			
所 在	甲市青葉三丁目				余白		
① 地 番	② 地 目	③ 地 積 m²			原因及びその日付〔登記の日付〕		
25番	宅地	402	56		余白		
余白	余白	423	25		③錯誤、筆界特定〔令和X2年10月10日〕		

COLUMN　**悪徳な隣地所有者の話**

　話は40年ほど前に遡ります。A社は、その期の業績が良くないので、遊休地を売却して、売却益による損益の改善を図ろうとしました。遊休地はマンション適地だったため買受希望者が多く、今まで人の出入りが少なかった土地の前を、スーツ姿の人間が行き来し、写真を撮ったりしています。

　隣の住人Bはこの様子を見て、きっと土地を売るに違いないと思いました。案の定、A社の依頼を受けた土地家屋調査士から、境界の確認願の通知が来ました。利に敏感なBは、自分がハンコを押さない限り、A社は土地を売ることができないだろうから、これを機会にひと儲けしようと考えたようです。

　A社とBの土地の境界には杭はないものの、常識的に考えられる境界線は明らかでした。しかし境界立ち会いのとき、Bはその線より自分に有利な線を主張しました。境界が決まらなければ売却できないという、足元を見るBの言いなりになるわけにはいかず、結局、境界確定ができずに売却は中止となりました。

　最終的に裁判になりましたが、もともと不合理なBの主張は認められず、数年後にA社の勝訴が確定しました。ところが、裁判をしている間に思いもよらぬことが起こりました。世の中がバブルになって、土地価格が倍以上に跳ね上がったのです。悪徳地主Bのおかげ

で、A社は、当初予想を大きく上回る利益を得ることができました。

4-31
筆界特定書の例は

筆界特定登記官が、筆界を特定するために作成する筆界特定書の例を、次に載せます。

筆 界 特 定 書

手続番号　　令和X2年第21号
対象土地　　甲　甲市青葉三丁目25番地先（水路敷、以下、「本件甲土地」という。）
　　　　　　乙　甲市青葉三丁目25番（以下、「本件乙土地」という。）
　　　　　　　　不動産番号　1234567890123

申請人　　　甲　市
　　　　　　　　甲市長　甲　山　乙　郎

　上記対象土地について、筆界調査委員海野次郎の意見を踏まえ、次のとおり筆界を特定する。

結　　論

　本件甲土地と本件乙土地との筆界は、別紙図面中K13点とQ01点を直線で結んだ線であると特定する。

理由の要旨

1　申請人の主張
　申請人は、本件甲土地（水路敷）について、令和X1年7月28日付で国有財産特別措置法（昭和27年法律第219号）第5条第1項第5号の規定により国から譲与を受けたものであるが、本件甲土地と本件乙土地との筆界(以下、「本件筆界」という。）は、別紙筆界特定図面中K13点とK21点を直線で結んだ線であると主張する。

2　関係人等の主張
　⑴　関係人山川太郎は、本件乙土地の所有権登記名義人であるが、所在不明
　　のため、本件筆界についての主張は不明である。
　⑵　関係人乙山建設株式会社は、甲市青葉三丁目26番の土地（以下、「関係
　　土地1」という。）の所有権登記名義人であるが、筆界特定手続番号令和
　　X1年第2号により特定された筆界点であるK13点については、承諾して
　　いる。
　⑶　丙川産業株式会社は、本件乙土地を挟んだ甲市青葉三丁目30番の土地（以
　　下、「関係土地2」という。）の所有権登記名義人であるが、申請人の主張
　　する筆界点K21について、令和X2年9月19日測量・作成に係る境界確定
　　図（申請人提出、資料番号1）で確認の上、承諾している。
3　関係資料、現地調査による事実
　⑴　対象土地の状況
　　ア　本件対象土地等の位置関係は、筆界特定図面のとおりである。
　　イ　本件甲土地の現況は、水路としての形態はない。
　　ウ　本件甲土地と本件乙土地の北側（関係土地2と接する位置）に、コン
　　　クリート製の塀が東西方向に築造されている。
　⑵　地図に準ずる図面の状況
　　　甲法務局に備え付けられている本件対象土地周辺に係る図面は、昭和25
　　年に調製された図面（旧公図）と昭和58年11月8日に作製された図面があ
　　る。
　　　昭和25年調製の図面（旧公図）においては、本件対象土地が1葉に記載
　　されており、昭和58年11月8日作製の図面においては、本件対象土地が2
　　葉にそれぞれ別々に記載されているが、これら各図面によると、本件甲土
　　地と本件乙土地の筆界線は、本件甲土地の南西角を基点として北東方向へ
　　向かって伸びた線となっている。また、本件甲土地とその西側に位置する
　　本件乙土地とが、現況とほぼ同様の形状をもって存在していることが確認
　　できるほか、その他本件対象土地を含む周辺土地の形状および配列は、現
　　況とほぼ一致している。
　　　一般に公図は、各土地の区割と地番を明らかにするために作製されたも
　　のであるから、距離、面積といった定量的な事項については信頼性に限度
　　があるものの、各土地の形状および配列といった定性的な事項については、
　　信頼性が高いと言われている。
　　　申請人の主張は、上記各図面における本件対象土地の形状と比較して大
　　きな離齬をきたすことになり、にわかには採用し難いものがある。
　⑶　地積測量図等の資料
　　　本件対象土地の地積測量図は、存在していない。また、他に本件筆界を

特定する有力な資料も確認できない。

4　以上、地図に準ずる図面との形状比較、囲障の状況および現況の利用状況
に加え、本件筆界点であるK13点が、筆界特定手続番号令和X3年第2号に
より特定された経緯、本件対象土地の申請人およびその相手方（所在不明）
を除く関係人の本件筆界についての認識等を総合的に判断すれば、対象土地
の筆界は、結論のとおり特定するのが相当である。

なお、筆界調査委員の意見も同旨である。

令和X2年10月4日

甲法務局

筆界特定登記官　　法　務　太　郎　㊞

第**5**章

建物に関する登記

第1節 建物の表示に関する登記

Q 5-1
建物の表題登記とは

A **概要** 表題登記は、「表題部に最初にされる登記」（法2条20号）で、不動産の物的状況を公示する登記です。2005（平成17）年3月の不動産登記法改正前は、表示登記といったので、その言い方も併存します。

建物を新築したときは、1か月以内に表題登記をしなければなりませんが、必ずしもこの規定が守られてはいません。そのため、登記されていない建物（未登記建物）が存在することになります。

（建物の表題登記の申請）

第47条　新築した建物、または区分建物以外の表題登記がない建物の所有権を取得した者は、その所有権の取得の日から1か月以内に、表題登記を申請しなければならない。

（第2項省略）

申請書類 表題登記申請の必要書類は、登記申請書、建物図面および各階平面図（⇨Q7-11）、所有権証明書、住民票等です。建物図面および各階平面図の作成を含めて、表題登記は、土地家屋調査士（⇨Q2-10）に依頼します。所有権証明書には、建築確認申請書と検査済証を用います。検査済証がないときは、建築請負業者の工事完了引渡証明書で代用します。

建築基準法 表題登記申請が受理され、登記が完了したことと、建築基準法の要件を満たしていることとは、別です。表題登記にあたって、登記官が建築基準法の要件をチェックするわけではありません。不動産登記法は、新築または増築した建物について表題登記の申請義務を定めるものであり、

違法建築物であろうと、その義務を果たす必要があります。

5-2
建物登記簿の表題部は

 様式　マンションのような区分建物（⇨Q6-1）と通常の建物では、表題部の様式が違います。ここでは、通常の建物について説明します。

建物登記簿の表題部

表　題　部　（主である建物の表示）		調製	余白	不動産番号	1234567890123
所在図番号	余白				
所　　在	甲市青葉二丁目　1番地137			余白	
家屋番号	1番137			余白	
①　種　類	②　構　　造	③　床　面　積　m²		原因及びその日付〔登記の日付〕	
居宅	木造合金メッキ鋼板ぶき2階建	1階　105 ¦ 18 2階　 37 ¦ 26		令和X1年10月27日新築 〔令和X1年11月15日〕	
表　題　部　（附属建物の表示）					
符号	①種類	②　構　　造	③　床　面　積　m²	原因及びその日付〔登記の日付〕	
1	車庫	鉄筋コンクリート造陸屋根平家建	19 ¦ 14	〔令和X1年11月15日〕	
所有者	甲市青葉二丁目3番4号　山川太郎				

　右上の不動産番号の欄には、不動産を特定するための不動産番号を表示します。その左隣の「調製」の欄は、従前様式の登記簿をコンピュータ様式へ移記した年月日を記録します。最初からコンピュータ様式で登記されているときは、「余白」と表示します。

　2段目の所在図番号の欄は、建物所在図（⇨Q7-8）の番号を表示します。しかし、現時点で建物所在図はほとんど作成されていないので、通常は「余白」の表示がなされます。

　その下に、所在・家屋番号・種類・構造・床面積などの欄があります。また、附属建物（⇨Q5-3）を記録する欄が別に設けられています。以下、それぞれについて説明しましょう。

第1節　建物の表示に関する登記　173

> （建物の表示に関する登記の登記事項）
>
> **第44条** 建物の表示に関する登記の登記事項は、第27条各号に掲げるもののほか、次のとおりとする。
>
> ① 建物の所在する市、区、郡、町、村、字および土地の地番（区分建物である建物にあっては、当該建物が属する一棟の建物の所在する市、区、郡、町、村、字および土地の地番）
> ② 家屋番号
> ③ 建物の種類、構造および床面積
> ④ 建物の名称があるときは、その名称
> ⑤ 附属建物があるときは、その所在する市、区、郡、町、村、字および土地の地番（かっこ内省略）ならびに種類、構造および床面積
>
> （第6号ないし第9号省略）
>
> （第2項省略）

所在　土地の場合は「△△町」まででしたが、建物の場合は、地番までを所在として、「△△町○○番地○」のようにします。

2筆以上の土地にまたがって建築されている場合は、建物1階部分の面積がもっとも多い土地の地番を、先頭に表示します。附属建物がある場合は、主である建物（⇨Q5-3）が建っている土地の地番を、先頭に表示します。

旧水路・道路など地番のない土地（⇨Q4-11）にまたがって建っている場合は、もっとも近接する土地の地番を用いて、「○○番地先」とします。

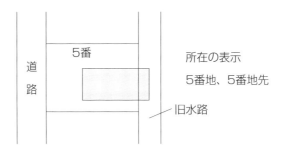

土地区画整理事業による仮換地（⇨Q4-25）に建てられた建物は、仮換地の

場所にあたる従前地の地番を表示し、仮換地の表示（○○ブロック○○ロット）を、かっこ書きで併記します。

家屋番号　　家屋番号は建物（家屋）を特定する番号で、土地の地番にあたります。

（家屋番号）
第45条　登記所は、法務省令で定めるところにより、一個の建物ごとに家屋番号を付さなければならない。

通常は、建物敷地の地番と同じ番号を用いますが、1筆の土地に複数の建物がある場合は、枝番を付けて区別します。

たとえば、地番が4番1の土地に建っている場合、家屋番号は「4番1」です。4番1の土地に建物が2棟あるときは、地番のあとに「の」を入れて、「4番1の1」と「4番1の2」とします。

2筆以上の土地にまたがって建築されている場合は、建物1階部分の面積がもっとも多い土地の地番を用いて表示します。また、附属建物がある場合は、主である建物が建っている土地の地番を使います。

```
建物1棟の場合　　　○○町4番地1　家屋番号4番1
建物が2棟ある場合　○○町4番地1　家屋番号4番1の1
　　　　　　　　　　○○町4番地1　家屋番号4番1の2
複数の土地の場合　　○○町5番地1、4番地1　家屋番号5番1
```

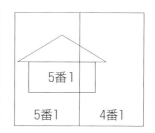

種類 種類は、建物の用途を示し、居宅・店舗・工場等があります。土地の地目のように法律で限定されないので、用途に応じて適するものを表示します。

一筆の土地は、ひとつの地目しか表示できないのに対し（だから、1筆の土地が複数の用途のときは、分筆してそれぞれの地目にする）、建物の場合は、1棟に複数の用途を表示してもかまいません。

たとえば、建物前面が店舗、その奥が住宅の場合は、居宅・店舗と併記し、面積が大きい用途を先に表示します。

構造 木造・鉄骨造等の主要構造部の状況、合金メッキ鋼板ぶき・陸屋根等の屋根の状況および平家建・2階建等の階数を表示します。

2005（平成17）年3月の不動産登記法改正以降では、「瓦」と「葺」は、ひらがなで表記し、瓦葺は「かわらぶき」とします。それ以前に登記された建物では、「亜鉛メッキ鋼板葺」や「瓦葺」と漢字で書かれています。

陸屋根は、勾配のない平らな屋根のことで、「りくやね」とも呼びます。

床面積 各階の床面積を平方メートルで表します。土地と異なり（⇨Q4-14）、必ず小数点第2位まで表示します。

床面積の測り方は、通常の建物は、壁の中心線により囲まれた面積（壁芯計算法）、マンションのような区分建物は、壁の内側の線で囲まれた面積（内法計算法）とします。

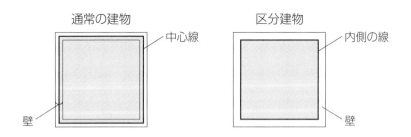

建築年月日 「原因及びその日付」の欄に、建物の新築や増築年月日を、「令和X1年10月27日新築」のように記録します。

附属建物を、主である建物と一緒に新築して表題登記したときは、附属建物の「原因及びその日付」の欄には、建築年月日を記録しません。表題登記を行ったあと新たに附属建物を追加して建築したときは、179ページの登記例のように「原因及びその日付」欄に、建築年月日を記録します。

5-3
附属建物とは

概要　建物1個ごとに登記簿をつくるという原則を破るものに、附属建物があります。

> （定義）
> 第2条第23号
> ㉓　附属建物　表題登記がある建物に附属する建物であって、当該表題登記がある建物と一体のものとして、一個の建物として登記されるものをいう。

　物置のように、母屋と別棟ながら、両者が一体として機能を果たす建物があります。この場合、従属的な建物は、主要な建物と一括して、全体で1個の建物として扱います。
　母屋のような主要な建物を「主である建物」、物置のように付き従う建物を「附属建物」といいます。

表示　附属建物は、表題部の附属建物の表示欄（173ページ）に表示します。
　附属建物には、1、2と符号を付けるものとし、複数ある場合にも区別できるようにしておきます。

要件　附属建物は、あくまでも附属するものでなければなりません。同一敷地内に工場と住宅が建っており、それぞれが用途に応じて独立し、主従関係がない場合は、それぞれを1個の建物として別々に登記します。

効果　主である建物が売却されれば、附属建物も一緒に売却され、主である建物に抵当権が設定されれば、その効力は附属建物にも及びます。

第1節　建物の表示に関する登記　177

5-4 表示の変更・更正登記とは

表示の変更登記　表題部の登記事項に変更が生じた場合は、1か月以内に変更登記をしなければなりません。登記事項の変更とその原因には、次のようなものがあります。

所在の変更　所在の変更には、さまざまな原因があります。多くは、建物敷地の変更であり、それに町名の変更が加わります。

- 増改築または附属建物の建築により、建物の敷地が拡大した
- 建物一部や附属建物の取壊しにより、建物の敷地が縮小した
- 曳き家により、建物の敷地が変わった
- 分筆・合筆により、敷地の地番が変わった
- 住居表示の実施により、町名が変わった
- 土地区画整理事業の換地処分が行われ、所在が変わった

住居表示の実施による所在の変更登記

表　題　部　(主である建物の表示)	調製	余白	不動産番号	1234567890123
所在図番号	余白			
所　　在	甲市字山中　1番地137		余白	
	甲市青葉二丁目　1番地137		令和X3年7月3日変更 令和X3年7月10日登記	
家屋番号	1番137		余白	
①　種　類	②　構　　造	③　床　面　積　m²	原因及びその日付〔登記の日付〕	
居宅	木造合金メッキ鋼板ぶき2階建	1階　105　18 2階　 37　26	令和X1年10月27日新築 〔令和X1年11月15日〕	

床面積等の変更 　建物の増改築や一部の取壊し等により、構造や床面積が変わったときは、変更登記をします。

増築による変更登記

表　題　部　（主である建物の表示）		調製	余　白	不動産番号	1234567890123
所在図番号	余　白				
所　　　在	甲市青葉二丁目　1番地137			余　白	
家屋番号	1番137			余　白	
①　種　　類	②　構　　造	③　床　面　積　㎡		原因及びその日付〔登記の日付〕	
居宅	木造亜鉛メッキ鋼板ぶき2階建	1階　105｜18 2階　 37｜26		平成X1年10月27日新築 〔平成X1年11月15日〕	
余　白	木造かわらぶき2階建	1階　120｜43 2階　 70｜58		②③令和X3年1月30日構造変更、増築 〔令和X3年2月28日〕	

附属建物の新築 　附属建物が、主である建物と別時期に建築されたときは、附属建物の「原因およびその日付」の欄に、建築年月日を記録します。

附属建物の新築による変更登記

表　題　部　（主である建物の表示）		調製	余　白	不動産番号	1234567890123
所在図番号	余　白				
所　　　在	甲市青葉二丁目　1番地137			余　白	
家屋番号	1番137			余　白	
①　種　　類	②　構　　造	③　床　面　積　㎡		原因及びその日付〔登記の日付〕	
工場	鉄骨造スレートぶき平家建	1205｜18		令和X1年10月27日新築 〔令和X1年11月15日〕	
表　題　部　（附属建物の表示）					
符号	①種類	②　構　　造	③　床　面　積　㎡	原因及びその日付〔登記の日付〕	
1	倉庫	鉄骨造スレートぶき平家建	219｜14	令和X2年5月22日新築 〔令和X2年6月15日〕	
所有者	甲市青葉二丁目3番4号　山川製作所株式会社				

第1節　建物の表示に関する登記　179

表示の更正登記　登記事項に誤りがあった場合、更正登記を行います。原因は「錯誤」で、原因の日付は記録しません。

表示の更正登記

表　題　部　(主である建物の表示)		調製	余白	不動産番号	1234567890123
所在図番号	余白				
所　　在	甲市青葉二丁目　1番地137			余白	
家屋番号	1番137			余白	
① 種　類	② 構　　造	③ 床 面 積　m²		原因及びその日付〔登記の日付〕	
居宅	木造合金メッキ鋼板ぶき平家建	100	56	令和X1年10月27日新築〔令和X1年11月15日〕	
余白	木造かわらぶき平家建	120	43	②③錯誤〔令和X2年2月28日〕	

Q 5-5 建物の滅失登記とは

A 概要

滅失登記とは、現在ある登記簿を除却するための登記です。表題登記を出生届にたとえれば、滅失登記は死亡届です。

滅失登記をすると、所在・家屋番号・種類・構造・床面積の登記事項を抹消し、あらたに「原因及びその日付」の欄に、滅失の原因、登記した日および同じ日に登記簿を閉鎖した旨を記録します。閉鎖された登記簿は、閉鎖登記簿(⇨Q3-15)になります。

> (建物の滅失の登記の申請)
> 第57条　建物が滅失したときは、表題部所有者または所有権の登記名義人（かっこ内省略）は、その滅失の日から1か月以内に、当該建物の滅失の登記を申請しなければならない。

建物の滅失登記

表　題　部 　（主である建物の表示）		調製	余　白	不動産番号	1234567890123
所在図番号	余　白				
所　　　　在	甲市青葉二丁目　　1 番地137			余　白	
家屋番号	1 番137			余　白	
①　種　　類	②　構　　造	③　床　面　積　m²		原因及びその日付〔登記の日付〕	
居宅	木造亜鉛メッキ鋼板葺 2 階建	1 階　100｜56 2 階　　80｜68		昭和40年10月27日新築 〔昭和40年11月15日〕	
余　白	余　白	余　白		令和X1年 1 月30日取壊し 〔令和X1年 2 月12日 同日閉鎖〕	

注意点　　　減失登記は、建物を取り壊したときにすぐ行うべきです。時間が経つと、関係者がわからなくなって手間がかかります。

　建物を取り壊したときは、1 か月以内に滅失登記をすることが義務づけられています。しかし現実には減失登記をしないことがあり、現状は更地なのに、登記上は地上に建物があることになり、次のような問題が起きます。

　実際は更地なのに、登記上は建物がある土地を担保にする場合を考えてみましょう。担保調査にあたって担保地上の建物登記を調べると、減失登記されていない建物が出てきます。金融機関によっては、建物の減失登記をして、登記上も完全な更地にしなければ融資に応じないことがあります。

　この場合、建物名義人が担保地の関係者であれば、それほど面倒ではありませんが、関係のない第三者の場合は簡単ではありません。

　土地を取得する際は、地上建物の登記を確認して、減失登記が必要なときは、売主に減失登記を要請し、登記が済んでから取得することが賢明です。

第 1 節　建物の表示に関する登記　181

第2節 建物登記の調べ方

Q 5-6 建物の存在と登記の関係は

A 登記義務 不動産登記法の規定では、建物を新築したときは表題登記、取り壊したときは滅失登記を、1か月以内にしなければなりませんが、この規定は必ずしも守られていません。

そのため、ある土地の上に建っている建物の登記簿を請求すると、未登記のため登記簿が取れなかったり、すでに取り壊された建物の登記簿が出てくることがあります。

登記と現実 建物が登記上に存在することと現実に存在することは、必ずしも一致しません。建物について、現実と登記の関係は、次の3つのケースがあります。

① 現実に存在する建物で、登記がある（通常のケース）。
② 取り壊されて現存しない建物だが、登記がある。
③ 現実に存在する建物だが、登記がない（未登記建物）。

		現実の存在	
		ある	ない
登記上	ある	①	②
	ない	③	―

存在の不一致 現地に2棟の建物が存在しており、その土地上に登記されている建物も2棟あるとしましょう。この場合、登記上にあるふたつの建物が、実際に現存するとは限りません。たまたま、2棟という数字だけが合っているだけで、次のような可能性も考えられます。

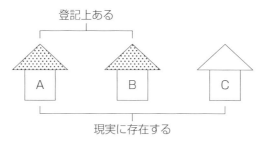

　登記上ある2棟の建物のうちのAは、現実にも存在しますが、Bは、取り壊したのに滅失登記が済んでない建物です。現在建っているもう1棟のCは、未登記建物です。つまり、結果として2棟という数字が合っているだけで、登記と現実は一致しません。

　このようなケースは、実際にはあまりないでしょうが、登記上ある建物と現実にある建物を、照合・確認することが必要です。建物図面（⇨Q7−11）があれば、それによって登記上にある建物の形状および敷地との位置関係を確認できます。

地番の不一致　建物について、現実と登記の関係には、もうひとつやっかいなケースがあります。すなわち、現実に存在する建物で登記もあるものの、建物の所在する地番が、登記上と現実が違っているケースです。

　下の例により説明しましょう。ある土地（3番1とする）を敷地として登記されている建物があります。その後、建物敷地部分が分筆されて、別の地番（3番5）になりました。

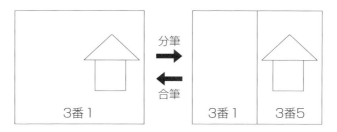

　この場合、建物の登記上の所在は、所在の変更登記をしない限り、元の地番のままです（3番地1）。そのため登記上は、3番1の土地には、地上にない

第2節　建物登記の調べ方　183

建物が残ったままで、分筆された3番5の土地には、実際は建物があるのに、登記上は建物がないことになります。

合筆についても同じです。地上に建物がある3番5の土地が、合筆されて3番1になると、3番1地上の建物登記を調べても、登記上3番5の土地上にある建物を探し当てることはできません。

このように建物の所在や家屋番号が変わった場合は、変更登記を1か月以内にしなければなりません。通常は、分合筆の登記申請代理をした土地家屋調査士が、別途、変更登記を申請します。ですから、上に書いたような齟齬はあまり起きませんが、その可能性は、頭に入れておいたほうがよいでしょう。

現在の地番で建物登記が見つからない場合は、分筆合筆の経緯を確認して、分筆または合筆された土地の地番による再調査を試みます。

Q 5-7 建物登記の調べ方は

A 2つの方法

現地調査に行ったところ、調査対象の建物以外に、別の建物があったとしましょう。その建物の登記簿を取りたいのですが、家屋番号がわかりません。この場合、以下の2つの方法があります。

法務局で調べる

ひとつは、法務局に出向いて、建物の登記事項証明書または要約書を請求して調べる方法です。この場合、請求書の書き方にテクニックが必要です。

まず、請求書の「地番」の欄に、調査対象地の地番を書きます。次の「家屋番号」の欄に、通常は、請求する建物の家屋番号を特定して書きますが、この場合は、「地上建物全部」と書きます。そうすると、その地上に登記されているすべての建物の証明書等を交付してくれます。

パソコンで調べる

もうひとつは、自分のパソコンで登記情報提供サービス（⇨Q3-11）を利用して調べる方法です。実際は、この

方法が手っ取り早いのでお勧めできます。

　登記情報提供サービスにログインした請求情報受付メニューで、「不動産請求」をクリックすると、下の画面（画面A）が出ます。

図表5−1　登記情報提供サービスの画面（画面A）

　請求方法の一番右側の「土地からの建物検索指定」にマークすると、下の画面（画面B）に切り替わります。

（画面B）

第2節　建物登記の調べ方　185

「土地からの建物検索」をクリックすると、下の画面（画面C）が出ます。

(画面C)

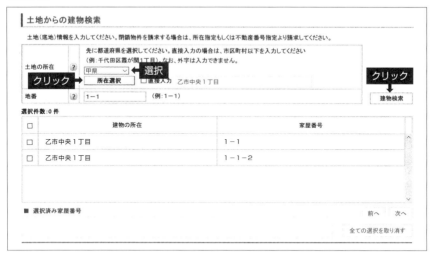

（出所）登記情報提供サービス

① 「土地の所在」について、都道府県を選択し（例では、甲県）、「所在選択」をクリックして、それ以降は該当項目を選んで入力し（例では、乙市中央1丁目）、次の行に地番（例では1－1）を入れます。そして、右側の「建物検索」をクリックします。
② クリックすると、下の枠内に、登記上その土地上に存在する建物の家屋番号が表示されます。上記の画面例は、②の手順を終了したときのものです。
③ 表示された建物の左側枠内の「□」にマークして、「次へ」をクリックし、あとは指示に従います。

第3節 建物合併・分割等の登記

Q 5-8
建物合併の登記とは

A 概要　建物の合併とは、2個の建物を、実際の工事を行うことなく、主である建物および附属建物（⇨Q5-3）という主従関係に置いて、登記上で1個の建物にすることです。

建物合併が可能となるためには、ふたつの建物が位置的に近接し、かつ機能的一体性が認められて主従関係が成立する必要があります。

（建物の分割、区分または合併の登記）

第54条　次に掲げる登記は、表題部所有者または所有権の登記名義人以外の者は、申請することができない。

　（第1号、第2号省略）

　③　建物の合併の登記（表題登記がある建物を、登記記録上、他の表題登記がある建物の附属建物とする登記、または表題登記がある区分建物を、登記記録上これと接続する他の区分建物である表題登記がある建物もしくは附属建物に合併して、1個の建物とする登記をいう）

　（第2項、第3項省略）

合併前の登記　建物合併登記の具体的内容を、合併前のふたつの建物および合併後の建物の登記簿に従って見てみましょう。

ストーリー　太郎は、数十年前に建てた自宅（B建物）の隣に、新たに自宅（A建物）を新築した。当初は古い自宅を解体するつもりでいたが、もったいないので倉庫代わりに使うことにした。

合併前のA建物の表題部

表　題　部　（主である建物の表示）		調製	余白	不動産番号	1234567890123
所在図番号	余白				
所　　　在	甲市青葉二丁目　1番地			余白	
家屋番号	1番			余白	
①　種　類	②　構　　　造	③　床　面　積　m²		原因及びその日付〔登記の日付〕	
居宅	木造合金メッキ鋼板ぶき2階建	1階　105：18 2階　 37：26		令和X1年10月27日新築 〔令和X1年11月15日〕	

合併前のB建物の表題部

表　題　部　（主である建物の表示）		調製	余白	不動産番号	1234567891234
所在図番号	余白				
所　　　在	甲市青葉二丁目　3番地			余白	
家屋番号	3番			余白	
①　種　類	②　構　　　造	③　床　面　積　m²		原因及びその日付〔登記の日付〕	
居宅	木造亜鉛メッキ鋼板葺平家建	66：32		昭和X2年9月10日新築 〔昭和X2年10月2日〕	

合併後の登記　合併により、A建物は、B建物を附属建物にして、附属建物の「原因及びその日付」の欄に、「○番を合併」と記録します。同時に、建物の敷地が広がったので、所在地番を変更します。

合併後の A 建物の表題部

表　題　部　（主である建物の表示）		調製	余白	不動産番号	1234567890123
所在図番号	余白				
所　　　在	甲市青葉二丁目　　1番地			余白	
	甲市青葉二丁目　　1番地、3番地			合併により変更 令和 X3 年 5 月 10 日	
家屋番号	1番			余白	
①　種　類	②　構　　造	③　床　面　積　㎡		原因及びその日付〔登記の日付〕	
居宅	木造合金メッキ鋼板ぶき 2 階建	1 階　　105 : 18 2 階　　 37 : 26		令和 X1 年 10 月 27 日新築 〔令和 X1 年 11 月 15 日〕	
表　題　部　（附属建物の表示）					
符号	①種類	②　構　　造	③　床　面　積　㎡	原因及びその日付〔登記の日付〕	
1	居宅	木造亜鉛メッキ鋼板ぶき平家建	66 : 32	3 番を合併 〔令和 X3 年 5 月 10 日〕	

　　合併された B 建物の登記簿は、表題部の記録を抹消し、「原因及びその日付」欄に「○番に合併」と記録して閉鎖します。

合併後の B 建物の表題部

表　題　部　（主である建物の表示）		調製	余白	不動産番号	1234567891234
所在図番号	余白				
所　　　在	甲市青葉二丁目　　3番地			余白	
家屋番号	3番			余白	
①　種　類	②　構　　造	③　床　面　積　㎡		原因及びその日付〔登記の日付〕	
居宅	木造亜鉛メッキ鋼板葺平家建	66 : 32		昭和 X2 年 9 月 10 日新築 〔昭和 X2 年 10 月 2 日〕	
余白	余白	余白		1 番に合併 〔令和 X3 年 5 月 10 日 同日閉鎖〕	

合併の制限　　建物合併の登記は、土地の合筆（⇨Q4-21）の登記と同じく、できない場合があります。

（建物の合併の登記の制限）

第56条　次に掲げる建物の合併の登記は、することができない。

　①　共用部分である旨の登記または団地共用部分である旨の登記がある建物の合併の登記

② 表題部所有者または所有権の登記名義人が相互に異なる建物の合併の登記
③ 表題部所有者または所有権の登記名義人が、相互に持分を異にする建物の合併の登記
④ 所有権の登記がない建物と所有権の登記がある建物との建物の合併の登記
⑤ 所有権等の登記以外の権利に関する登記がある建物（権利に関する登記であって、合併後の建物の登記記録に登記することができるものとして、法務省令で定めるものがある建物を除く）の建物の合併の登記

Q 5-9 建物合体の登記とは

概要 「合併」と「合体」は異なります。建物の合体とは、実際に増築や曳き家工事を行い、2個の建物を物理的に1個にすることです。

建物合併の登記は、工事をしないで、たんに登記上で1個にしますが、建物合体の登記は、実際に工事を行って1個にします。

実務では、合体の登記はあまり見かけません。

合体前の登記 ここでは、合体するふたつの建物は、いずれも表題登記と所有権保存登記があり、かつ所有者が同じケースにもとづき説明します。

建物合体の登記は、合体前のふたつの建物の「表題部の登記事項の抹消」と、合体後の建物の新たな表題登記のふたつからなります。

190　第5章　建物に関する登記

まず最初に合体前のふたつの建物について、合体を原因として、表題部の登記事項の抹消を行います。表題部の登記事項の抹消とは、1個の不動産に対して登記が重複することを避けるなどのために、登記簿を閉鎖する手続です。

　滅失登記が、存在する不動産が物理的に消失したという、実体的事実にもとづく登記であるのに対し、表題部の登記事項の抹消は、いわば手続的・形式的に行う登記です。

（合体による登記等の申請）

第49条　2以上の建物が合体して1個の建物となった場合において、次の各号に掲げるときは、それぞれ当該各号に定める者は、当該合体の日から1か月以内に、合体後の建物についての建物の表題登記、および合体前の建物についての建物の表題部の登記の抹消（以下、「合体による登記等」と総称する）を申請しなければならない。（以下省略）

　（第1号ないし第6号省略）

　（第2項ないし第4項省略）

ストーリー　太郎の自宅（A建物）のすぐ隣に、息子夫婦に住まわせていた住宅（B建物）がある。息子夫婦は別に新居を建てて出て行き、住宅は空家となった。太郎は、増改築をして、自宅と一体化して使うことにした。

A建物の表題部の登記事項の抹消

表　題　部　　（主である建物の表示）			調製	余白	不動産番号	1234567890123
所在図番号	余白					
所　　　在	甲市青葉二丁目　1番地				余白	
家屋番号	1番の1				余白	
①　種　類	②　構　　造		③　床　面　積　㎡		原因及びその日付〔登記の日付〕	
居宅	木造亜鉛メッキ鋼板ぶき2階建		1階　105｜18 2階　 37｜26		平成X1年10月27日新築 〔平成X1年11月15日〕	
余白	余白		余白		令和X3年4月25日1番の2と合体 〔令和X3年5月10日 同日閉鎖〕	

第3節　建物合併・分割等の登記　191

B 建物の表題部の登記事項の抹消

表　題　部　（主である建物の表示）			調製	余白	不動産番号	1234567891234
所在図番号	余白					
所　　　在	甲市青葉二丁目　1番地				余白	
家屋番号	1番の2				余白	
①　種　類	②　構　　造		③　床　面　積　㎡		原因及びその日付〔登記の日付〕	
居宅	木造亜鉛メッキ鋼板ぶき平家建		66︙32		平成 X5年 9 月10日新築〔平成 X5年10月 2 日〕	
余白	余白		余白		令和X3年 4 月25日1番の1と合体〔令和 X3年 5 月10日同日閉鎖〕	

合体後の登記　　両建物の表題部の登記事項を抹消したあとで、合体後の建物について、新たな表題登記を行います。増改築の工事が実際に行われるので、「原因及びその日付」の欄には、工事が行われた日付を記録します。同時に、甲区に「合体による所有権登記」を職権で行います。

合体後の建物の表題部

表　題　部　（主である建物の表示）			調製	余白	不動産番号	1234567891234
所在図番号	余白					
所　　　在	甲市青葉二丁目　1番地				余白	
家屋番号	1番				余白	
①　種　類	②　構　　造		③　床　面　積　㎡		原因及びその日付〔登記の日付〕	
居宅	木造亜鉛メッキ鋼板ぶき 2 階建		1 階　180︙80 2 階　 37︙26		令和X3年 4 月25日1番の 1 、1番の 2 を合体〔令和 X3年 5 月10日〕	

合体後の建物の甲区

順位番号	登　記　の　目　的	受付年月日・受付番号	権　利　者　そ　の　他　の　事　項
1	合体による所有権登記	余白	所有者　甲市青葉一丁目 2 番 3 号　　　　　山　川　太　郎令和 X3年 5 月10日登記

合併との違い　　建物合併の登記は、一方の建物の登記簿をそのまま使うのに対し、建物合体の登記は、両方の建物の表題部の登記事項を抹消して登記簿を閉鎖し、新たな建物の表題登記をして登記簿をつくります。

5-10
建物を分ける登記は

A 特例の存在　一般に「分ける」といえば、1個のものを、物理的に2個以上にすることです。しかし建物に関する登記では、特例の適用により、現実の個数と登記上の個数が一致しないことが起り得ます。そのため、「建物を分ける」ことは、そう簡単には考えられません。まず、ふたつの特例を確認しましょう。

① 附属建物に関する特例

　現実には複数の建物だが、それらが主従関係にあるときは、登記上は1個として扱う

② 区分建物に関する特例

　現実には1個の建物だが、登記上は複数の建物（専有部分）として扱う（これについては、Q5－14参照)

分け方の種類　①の附属建物に関する特例を適用して建物を分けるパターンには、次の3つがあります。

① 建物の分割

　現実には複数の建物だが、附属建物の特例によって、登記上は1個の建物を、登記上も複数にする。つまり「分割」とは、登記上の形式的手続です。

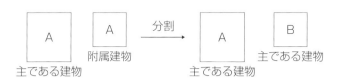

② 建物の分棟

　現実に1個の建物を、工事をして複数の建物にするが、登記上は主従関係に置いて1個のままとする。

第3節　建物合併・分割等の登記　193

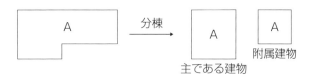

③ 建物の分棟・分割

現実に1個の建物を、工事をして複数の建物にし、登記上も複数にする。

(建物の分割、区分または合併の登記)
第54条 次に掲げる登記は、表題部所有者または所有権の登記名義人以外の者は、申請することができない。
① 建物の分割の登記(表題登記がある建物の附属建物を、当該表題登記がある建物の登記記録から分割して、登記記録上別の一個の建物とする登記をいう)
② 建物の区分の登記(表題登記がある建物または附属建物の部分であって、区分建物に該当するものを、登記記録上区分建物とする登記をいう)
(第3号省略)
(第2項、第3項省略)

5-11
建物分割の登記とは

概要 建物の分割とは、主である建物と附属建物からなる建物を、登記上で独立した2個の建物に分けることです。

ストーリー 定年退職して田舎に引っ越した太郎は、母屋に付随する倉庫を改造して家具作りを始めた。客が増えたので、製品を展示し休憩もできるスペースをつくった。結果として、独立した用途の建物となったので、母屋とは別の建物として登記した。

分割前の登記 まず、分割前のA建物の表題部を掲げます。主である建物と附属建物から構成されています。

分割前のA建物の表題部

表 題 部 （主である建物の表示）	調製	余白	不動産番号	1234567890123
所在図番号	余白			
所　　在	甲市青葉二丁目　1番地			余白	
家屋番号	1番			余白	
①　種　類	②　構　造	③　床 面 積　m²		原因及びその日付〔登記の日付〕
居宅	木造亜鉛メッキ鋼板ぶき2階建	1階　105｜18 2階　 37｜26		平成X1年10月27日新築 〔平成X1年11月15日〕
表 題 部 （附属建物の表示）				
符号	①種類	②　構　造	③　床 面 積　m²	原因及びその日付〔登記の日付〕
1	倉庫	木造亜鉛メッキ鋼板ぶき平家建	66｜32	〔平成X1年11月15日〕

分割後の登記 分割後のA建物は、附属建物が抹消され、「原因及びその日付」の欄に、「○番○に分割」と記録します。それと同時に、同じ敷地に2棟の建物が登記されたので、家屋番号（⇨Q5-2）を変更します。

分割後の A 建物の表題部

表 題 部 （主である建物の表示）			調製	余 白	不動産番号	1234567890123
所在図番号	余 白					
所　　　在	甲市青葉二丁目　1番地				余 白	
家屋番号	1番				余 白	
	1番の1				令和 X3年 5月10日変更	
①　種　類	②　構　　造	③　床　面　積　㎡			原因及びその日付〔登記の日付〕	
居宅	木造亜鉛メッキ鋼板ぶき 2階建	1 階　105｜18 2 階　37｜26			平成 X1年10月27日新築 〔平成 X1年11月15日〕	
表 題 部 （附属建物の表示）						
符号	①種類	②　構　　造	③　床　面　積　㎡		原因及びその日付〔登記の日付〕	
1	倉庫	木造亜鉛メッキ鋼板ぶき 平家建		66｜32	1番の 2 に分割 〔令和 X3年 5 月10日〕	

　　分割された B 建物については、新たな登記簿をつくります。「原因及びその日付」の欄には、「○番から分割」と記録します。

分割された B 建物の表題部

表 題 部 （主である建物の表示）			調製	余 白	不動産番号	1234567891234
所在図番号	余 白					
所　　　在	甲市青葉二丁目　1番地				余 白	
家屋番号	1番の2				余 白	
①　種　類	②　構　　造	③　床　面　積　㎡			原因及びその日付〔登記の日付〕	
作業場・店舗	木造亜鉛メッキ鋼板ぶき平家建	66｜32			1番から分割 〔令和 X3年 5 月10日〕	

　　分割された B 建物の甲区には、分割前の建物の登記内容を職権で登記します。

分割された B 建物の甲区

順位番号	登 記 の 目 的	受付年月日・受付番号	権 利 者 そ の 他 の 事 項
1	所有権保存	平成X 1 年11月25日 第12345号	所有者　甲市青葉一丁目 2 番 3 号 　　　　山　川　太　郎 順位 1 番の登記を転写 令和 X3年 5 月 1 日受付 第2565号

196　第 5 章　建物に関する登記

5-12 建物分棟の登記とは

 概要 建物の分棟とは、実際に工事を行って2個の建物に分け、それらを主である建物と附属建物として登記することです。

ストーリー 太郎は、老朽化した住宅を改築する際に一部を取り壊したため、建物が2個に分断された。その現状に合わせて、登記を直した。

分棟前の登記 まず、分棟前の建物の表題部を掲げます。理論的には、附属建物があってもかまわないのですが、わかりやすいように附属建物がない例で説明します。

分棟前の表題部

表　題　部　（主である建物の表示）	調製	余白	不動産番号	1234567890123
所在図番号	余白			
所　　在	甲市青葉二丁目　1番地			余白	
家屋番号	1番			余白	
① 種　類	② 構　造	③ 床 面 積　m²	原因及びその日付〔登記の日付〕	
居宅	木造亜鉛メッキ鋼板ぶき平家建	145:56	平成X1年10月27日新築〔平成X1年11月15日〕	

分棟後の登記 工事をして2つに分かれた建物のうち従属的なものについて、附属建物の登記を行い、主である建物の床面積を変更します。

分棟後の表題部

表　題　部　(主である建物の表示)	調製	余白	不動産番号	1234567890123
所在図番号	余白			
所　　在	甲市青葉二丁目　1番地			余白	
家屋番号	1番			余白	
①　種　類	②　構　造		③　床面積　m²	原因及びその日付〔登記の日付〕	
居宅	木造亜鉛メッキ鋼板ぶき平家建		145 | 56	平成X1年10月27日新築〔平成X1年11月15日〕	
余白	余白		100 | 15	③令和X3年4月20日分棟〔令和X3年5月10日〕	
表　題　部　(附属建物の表示)				
符号	①種類	②　構　造	③　床　面　積　m²	原因及びその日付〔登記の日付〕
1	居宅	木造亜鉛メッキ鋼板ぶき平家建	35 | 13	令和X3年4月20日主である建物から分棟〔令和X3年5月10日〕

Q 5-13 建物分棟・分割の登記とは

A　概要　建物の分棟・分割の登記とは、まず、物理的工事を行って2個の建物に分け、次に、それぞれを独立した建物として登記することです。

ストーリー　定年退職して田舎に引っ越してきた太郎は、住宅を改築し、その一画に家具作りのための作業場兼店舗をつくった。改築にあたり一部を取り壊したため建物が2個に分かれ、それぞれ用途が違うので、住宅と作業場兼店舗という2つの建物として登記し直した。

分棟・分割前の建物の表題部

表　題　部　（主である建物の表示）		調製	余白	不動産番号	1234567890123
所在図番号	余白				
所　　　在	甲市青葉二丁目　1番地			余白	
家屋番号	1番			余白	
①　種　類　　　②　構　造　　　③　床　面　積　㎡				原因及びその日付〔登記の日付〕	
居宅	木造亜鉛メッキ鋼板ぶき平家建		185｜56	平成X1年10月27日新築〔平成X1年11月15日〕	

分棟・分割した元の建物の表題部

表　題　部　（主である建物の表示）		調製	余白	不動産番号	1234567890123
所在図番号	余白				
所　　　在	甲市青葉二丁目　1番地			余白	
家屋番号	1番			余白	
	1番の1			令和X3年5月10日変更	
①　種　類　　　②　構　造　　　③　床　面　積　㎡				原因及びその日付〔登記の日付〕	
居宅	木造亜鉛メッキ鋼板ぶき平家建		185｜56	平成X1年10月27日新築〔平成X1年11月15日〕	
余白	余白		120｜43	③令和X3年4月20日分棟、一部取壊し 1番の2に分割〔令和X3年5月10日〕	

　　分棟・分割により新たに登記された建物の表題部は、次のとおりです。

分棟・分割による新たな建物の表題部

表　題　部　（主である建物の表示）		調製	余白	不動産番号	1234567891234
所在図番号	余白				
所　　　在	甲市青葉二丁目　1番地			余白	
家屋番号	1番の2			余白	
①　種　類　　　②　構　造　　　③　床　面　積　㎡				原因及びその日付〔登記の日付〕	
作業場・店舗	木造亜鉛メッキ鋼板ぶき平家建		50｜12	令和X3年4月20日分棟 1番から分割〔令和X3年5月10日〕	

　　新たな建物の甲区には、分棟・分割前の建物の登記内容を職権で登記します。

分棟・分割された建物の甲区

順位番号	登記の目的	受付年月日・受付番号	権利者その他の事項
1	所有権移転	平成X2年9月25日 第12345号	原因　平成X2年9月25日売買 所有者　甲市青葉一丁目2番3号 　　　　山　川　太　郎 順位2番の登記を転写 令和X3年5月1日受付 第2565号

5-14 建物区分の登記とは

概要　建物の区分とは、現実には1個の建物を、区分建物の要件（構造上および利用上の独立性）を満たすようにして、複数の建物（専有部分）に分けることです。

（建物の分割、区分または合併の登記）

第54条　次に掲げる登記は、表題部所有者または所有権の登記名義人以外の者は、申請することができない。

①　建物の分割の登記（表題登記がある建物の附属建物を、当該表題登記がある建物の登記記録から分割して、登記記録上別の一個の建物とする登記をいう）

②　建物の区分の登記（表題登記がある建物または附属建物の部分であって、区分建物に該当するものを、登記記録上区分建物とする登記をいう）

（第3号省略）

（第2項、第3項省略）

2つのパターン　区分は、区切って分けることです。区切るは、「連続しているもの、広がっているものに境界を設けて、いくつかに分ける」（新明解国語辞典）ことで、「線を引いて区切る」のように、区切られたものが物理的につながっている語感があります。

登記でいう建物の区分のうち主なものは、次のふたつのパターンであり、いずれも区分建物に関する特例（⇨Q5-10）を適用するものです。
① 賃貸マンションのように、もともと各部屋の独立性があり、区分建物の専有部分の要件を満たしている建物を対象とする。すなわち、1個の建物として登記されている建物を、登記上で（工事しないで）区分し、複数の専有部分として登記する。

② ショッピング・センターのような広い建物を、区分建物の要件を満たすように工事を行って区分し、複数の専有部分として登記する。

登記例 登記例としては、②にあたる、大規模な郊外型店舗をふたつに区分した例をあげます。

区分前の建物は、「区分」を原因として、表題部の登記事項の抹消（⇨Q5-9）を行います。次に、区分した建物（A、B）の表題登記を行います（両建物は区分建物になる）。同時に、それぞれの甲区・乙区に、区分前の建物の登記内容を職権で登記します（甲区、乙区の登記例は省略）。

区分前の建物（表題部の登記事項の抹消をした状態）

表　題　部　（主である建物の表示）		調製	余白	不動産番号	1234567890123
所在図番号	余白				
所　　　在	甲市青葉二丁目　500番地		余白		
家屋番号	500番		余白		
①　種　類	②　構　造	③　床　面　積　㎡		原因及びその日付〔登記の日付〕	
店舗	鉄骨造陸屋根平家建	10100 66		令和X1年5月10日新築〔令和X1年5月15日〕	
余白	余白	余白		区分により500番の1、500番の2の登記記録に移記〔令和X2年9月25日同日閉鎖〕	

A 区分建物の表題部

専有部分の家屋番号　500-1　500-2					
表　題　部　（一棟の建物の表示）		調製	余白	所在図番号	余白
所　　在	甲市青葉二丁目　500番地		余白		
①　構　　　　造	②　床　面　積　㎡		原因及びその日付〔登記の日付〕		
鉄骨造陸屋根平家建	10100 66		〔令和X2年9月25日〕		

表　題　部　（専有部分の建物の表示）		不動産番号	2345678901234
家屋番号	青葉二丁目　500番の1	余白	
①　種　類	②　構　造	③　床　面　積　㎡	原因及びその日付〔登記の日付〕
店舗	鉄骨造陸屋根平家建	4678 54	500番から区分〔令和X2年9月25日〕

B 区分建物の表題部

専有部分の家屋番号　500-1　500-2					
表　題　部　（一棟の建物の表示）		調製	余白	所在図番号	余白
所　　在	甲市青葉二丁目　500番地		余白		
①　構　　　　造	②　床　面　積　㎡		原因及びその日付〔登記の日付〕		
鉄骨造陸屋根平家建	10100 66		〔令和X2年9月25日〕		

表　題　部　（専有部分の建物の表示）		不動産番号	2345678901235
家屋番号	青葉二丁目　500番の2	余白	
①　種　類	②　構　造	③　床　面　積　㎡	原因及びその日付〔登記の日付〕
店舗	鉄骨造陸屋根平家建	5321 78	500番から区分〔令和X2年9月25日〕

第 **6** 章

区分建物と
再開発の登記

第1節 区分建物の登記

Q 6-1 区分建物を構成する部分は

区分建物 マンションのように、1棟の建物の中に、区分されて独立した部分（専有部分という）が複数ある建物があります。このような建物を区分建物といい、専有部分の所有権を区分所有権、その所有者を区分所有者といいます。

区分建物は、マンションに限らず、オフィスビルや商業施設等のさまざまな建物がありますが、ここでは一般的なマンションを例に説明します。

区分建物は、専有部分と共用部分から構成されます。注意すべきことは、共用部分であり、共有部分ではないことです。また、専有部分に似た言葉に専用部分がありますが、「有」は所有の観点から、「用」は使用状況の観点からの言葉です。

専有部分 専有部分は、区分建物のうち独立した所有権の対象となる部分、簡単にいえば、マンションの住戸です。専有部分として認められるためには、その部分が構造上および利用上、独立していることが必要です。

構造上の独立性とは、他の専有部分や共用部分と壁などで区切られていること、利用上の独立性とは、住居であれば単独の出入口やトイレ等があり、その専有部分だけで利用上の1単位を構成していることです。

なお、構造上の独立性の要件は、商業施設などでは、実情に即して緩和されています。

共用部分 共用部分は、専有部分以外の建物の部分、すなわち廊下・階段・エレベーター等、区分所有者全員が共同で利用する部分です。

1棟の建物を単独で所有する場合は、共用部分に該当する部分を含んで、建

物全体を1個の所有権の対象として問題ありません。しかしマンションのように、個々の住戸を専有部分として各人の所有権の対象とする場合は、個々の専有部分とそれ以外の共用部分を区別しなければなりません。

共用部分は、専有部分以外のすべての部分なので、登記上で特に共用部分を取り出して表示する必要はありません。ですから共用部分の表示は、登記簿に現われません。

共用部分には、このほかに、管理規約により共用部分となったものがあります。これについては、あとで説明します（⇨Q6-8）。

専用部分　マンションのバルコニーは共用部分にあたりますが、通常は、それに続く専有部分の所有者が使用します。

このように共用部分の一部でありながら、特定の者だけが使える部分を、専用部分といいます。バルコニーのほかに、1階の住戸に続く専用庭などがあります。

Q 6-2
区分建物の権利構成は

　建物と敷地　区分建物にはさまざまなものがありますが、多くは、1棟の建物の中に多数の専有部分があるマンションや再開発ビルです。このような建物では、多くの場合、登記上で敷地に関する権利を建物と一体のものとして扱います。

建物と敷地の関係を、戸建住宅とマンションを対比させて図示すると、次のとおりです。

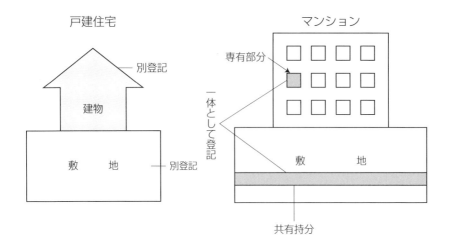

戸建住宅　戸建住宅は、土地1個と建物1個から構成されます。土地と建物は、外観上はっきり分かれており、土地と建物を別個の不動産として扱い、それぞれ別に登記します。

マンション　それに対してマンションの住戸（専有部分）は、全体建物の一部であり、各住戸は外観上はっきりと分かれていません。また、マンションの敷地は区分所有者の共有であり、敷地のうちの区切られた特定部分を、それぞれが単独で所有しているわけではありません。

区分建物　区分建物の権利構成は、建物専有部分の単独所有権と敷地所有権の共有持分（賃借権等の場合は準共有）からなり、両者は一体化され、分離して処分できません。

| 区分建物 | ＝ | 建物専有部分の所有権 | ＋ | 敷地の（準）共有持分 |

専有部分と分離して処分できない敷地に関する権利を、敷地権といいます。この敷地権を建物登記簿の中に取り込んで、「一棟の建物の表示」では、「敷地権の目的たる土地の表示」として、また「専有部分の建物の表示」では、「敷地権の表示」として記録します。

Q 6-3
区分建物登記簿の表題部は

A 様式　区分建物の表題部は、次ページのとおり、通常の建物と様式が違います。区分建物は、専有部分とそれに対応する敷地権を別々に処分できず、一体として扱うのが原則だからです（⇨Q6-2）。以下の説明は、原則的な敷地権登記のある区分建物にもとづいて行います。

登記簿の構成　戸建住宅は、土地と建物ふたつの登記簿からなりますが、区分建物は、一体化した敷地を取り込んだ建物登記簿だけです。

　区分建物は、1棟の建物の中に多数の個別専有部分があるため、登記簿は、「全体と個別」および「建物と敷地」に関する表示を行います。

　最初に、一棟の建物の中に存在するすべての専有部分の家屋番号を、一覧表示します。次に全体の表示が続き、その後に個別の表示が続きます。

　全体については、建物である「一棟の建物の表示」とその敷地である「敷地権の目的である土地の表示」を行います。個別については、「専有部分の建物の表示」と、それに対応する「敷地権の表示」を行います。

全体	一棟の建物の表示
	敷地権の目的である土地の表示

個別	専有部分の建物の表示
	敷地権の表示

第1節　区分建物の登記　207

区分建物登記簿の表題部

専有部分の家屋番号	449—1—101〜449—1—107　449—1—201〜449—1—207　449—1—301〜449—1—307　449—1—401〜449—1—406　449—1—501〜449—1—504				
表　題　部　（一棟の建物の表示）	調製	余白	所在図番号	余白	
所　　　在	甲市青葉一丁目　449番地1			余白	
建物の名称	中央マンション			余白	
① 構　　　　造	② 床　面　積　　m²			原因及びその日付〔登記の日付〕	
鉄筋コンクリート造陸屋根5階建	1階　　493：70 2階　　450：66 3階　　450：66 4階　　387：20 5階　　285：90				〔令和X3年3月17日〕

表　題　部　（敷地権の目的である土地の表示）				
①土地の符号	② 所　在　及　び　地　番	③ 地　　目	④ 地　　積　　m²	登 記 の 日 付
1	甲市青葉一丁目449番1	宅地	1028：88	令和X3年3月17日

表　題　部　（専有部分の建物の表示）			不動産番号	01234567890123
家屋番号	青葉一丁目449番1の104		余白	
建物の名称	104		余白	
①種類	② 構　　　　造	③ 床　面　積　m²	原因及びその日付〔登記の日付〕	
居宅	鉄筋コンクリート造1階建	1階部分　　52：70	令和X3年3月9日新築 〔令和X3年3月17日〕	

表　題　部　（敷　地　権　の　表　示）			
①土地の符号	② 敷 地 権 の 種 類	③敷地権の割合	原因及びその日付〔登記の日付〕
1	所有権	10万分の2837	令和X3年3月9日敷地権 〔令和X3年3月17日〕
所有者	丙市乙町一丁目2番3号　中央不動産株式会社		

6-4 表題部の登記事項は

全体建物　建物全体の表示が「一棟の建物の表示」です。一棟の建物は、各専有部分を包含する建物全体ですから、家屋番号はなく、種類の表示もありません。

① 所在

通常の建物と同じく、敷地の地番を記録します。

② 建物の名称

「建物の名称」の欄は、「一棟の建物の表示」と「専有部分の建物の表示」の両方にあります。「一棟の建物の表示」では、マンションやビルの名称を記録します。

③ 構造、床面積、原因及びその日付、登記の日付

通常の建物と同じです。

④ 敷地権の目的である土地の表示

敷地権の目的となる土地を表示します。敷地権については、あとで説明します（⇨Q6-5）。

個別専有部分　　　個別の部分を表示する「専有部分の建物の表示」には、所在の欄がありません。すでに、「一棟の建物の表示」に表示されているからです。

① 家屋番号

専有部分は独立した建物なので、それぞれに家屋番号を枝番（⇨Q5-2）を用いて付けます。通常の建物と違い、町名からはじめます。

② 建物の名称

「建物の名称」という項目名に合いませんが、部屋の番号を表示します。通常、家屋番号の枝番は部屋番号と一致します。

③ 種類・構造等

通常の建物と同じです。ただし、専有部分は全体建物の中にあり屋根はないので、屋根の表示はありません。

階数は、1階建と表示しますが、平家建と同じ意味、すなわち建物がひとつの階層だけのことです。建物が1階にあることではありません。なお、ふたつの階層からなるメゾネット・タイプの場合は、2階建とします。

④ 附属建物の欄

トランクルームが別にあるときは、附属建物（⇨Q5-3）とします。

第1節　区分建物の登記　209

⑤ 敷地権の表示

これについては、あとで説明します（⇨Q6-5）。

⑥ 表題部所有者

表題部末尾の所有者の欄には、表題登記をした事業主体（マンション分譲業者など）の名称を記録します。

通常、私たちが見る登記簿では、この欄が抹消されています。マンション購入者が所有権保存登記をすると、抹消されるからです。

Q 6-5
敷地に関する権利の表示は

 表示の内容 208ページの登記例にもとづいて、説明しましょう。

「一棟の建物の表示」の下に、「敷地権の目的である土地の表示」の欄があります。この欄は、敷地権の目的となる土地を物的に表示するものであり、所在および地番、地目、地積を記録します。土地の符号は、敷地が数筆からなる場合に、筆ごとに付ける番号です。

「専有部分の建物の表示」の下には、「敷地権の表示」の欄があります。この欄は、敷地に関して専有部分の所有者が持つ権利を表示するものであり、敷地権の種類と敷地権の割合を記録します。

敷地権の種類は、通常は所有権、土地を借りて建物を建てているときは、賃借権または地上権です。

敷地権の割合は、専有部分に対応する共有持分です。管理規約で特別に定めなければ、建物専有部分の床面積の比率によります。「原因及びその日付」の欄には、敷地権となった日付を記録します。

敷地権の効果 敷地権の登記がなされた区分建物は、建物専有部分について権利変動の登記をすれば、敷地権にも自動的にその効力が及びます。ですから、区分建物の権利変動は、建物専有部分の登記簿だけに登記すればよく、敷地の登記簿にする必要はありません。その結果、敷地の登記簿

は、次のQのように非常に簡単になります。

Q 6-6 区分建物の敷地の登記簿は

A 敷地権登記　敷地権の登記が導入された結果、区分建物の敷地の土地登記簿は、大きく変わりました。それ以前は、各区分所有者の敷地共有持分に関する登記が数多く行われて、登記簿が数十枚に及ぶこともありました。しかし、敷地権の登記が導入された後は、登記官が職権で敷地権の目的となったことを登記するだけで、登記簿はとてもスッキリしたものとなりました。なお、敷地権が所有権のときは甲区に、賃借権または地上権のときは乙区に登記します。

> （敷地権である旨の登記）
> 第46条　登記官は、表示に関する登記のうち、区分建物に関する敷地権について表題部に最初に登記をするときは、当該敷地権の目的である土地の登記記録について、職権で、当該登記記録中の所有権、地上権その他の権利が、敷地権である旨の登記をしなければならない。

敷地権の登記

順位番号	登記の目的	受付年月日・受付番号	権利者その他の事項
2	所有権移転	令和X1年9月25日 第12345号	原因　令和X1年9月25日売買 所有者　丙市乙町一丁目2番3号 　　　　中央不動産株式会社
3	所有権敷地権	余白	建物の表示　甲市青葉一丁目449番地1 一棟の建物の名称　中央マンション 令和X3年3月17日登記

規約による特例　なお、規約により、土地と建物を一体化しないことができます。この場合は、土地に関する権利の登記は、従来通り土地登記簿に記録します。

6-7 表題登記と所有権保存登記は

A 表題登記 区分建物の表題登記は、事業主体（マンション分譲業者等）が、すべての専有部分について一括して申請します。購入者が個別に申請すると、それぞれの登記に齟齬が生じるおそれや、登記漏れが起きる可能性があるからです。

保存登記 所有権保存登記は、表題部所有者（⇨Q4-4）しかできないのが原則ですが、区分建物の場合は、特例として買主が保存登記をします。通常の建物では、保存登記には原因がありませんが、区分建物の場合は、「令和○年○月○日売買」とします。

> （所有権の保存の登記）
> 第74条
> （第１項省略）
> ２ 区分建物にあっては、表題部所有者から所有権を取得した者も、前項の登記を申請することができる。この場合において、当該建物が敷地権付き区分建物であるときは、当該敷地権の登記名義人の承諾を得なければならない。

区分建物の所有権保存登記

順位番号	登記の目的	受付年月日・受付番号	権利者その他の事項
1	所有権保存	令和X3年９月25日 第12345号	原因　令和X3年９月17日売買 所有者　甲市青葉一丁目２番３号 　　　　山　川　太　郎

6-8 規約共用部分とは

A 規約共用部分 構造上・利用上は独立して専有部分となり得る部分でも、集会室などとして共同利用するときは、管理

規約により共用部分とすることができます。これを規約共用部分といい、その旨を登記します。

規約共用部分の登記に関する表題部

表　題　部　（専有部分の建物の表示）			不動産番号	1234567890123
家屋番号	青葉一丁目449番1の104		余　白	
①　種　類	②　構　造	③　床面積　m²	原因及びその日付〔登記の日付〕	
物置	鉄筋コンクリート造1階建	1階部分　52｜70	令和X3年3月9日新築〔令和X3年3月17日〕	
余　白	余　白	余　白	令和X3年3月9日規約設定 共用部分 〔令和X3年3月17日〕	

団地共用部分　　規約共用部分に似たものに、団地共用部分があります。共用部分が1棟のマンションを対象とするのに対し、団地共用部分は、複数のマンションが一団地を形成している場合に、全体のための集会室や管理室などの共用部分です。

　この場合の登記原因は、「令和○年○月○日規約設定、家屋番号○○町○番、○番、○番の共用部分」とします。

6-9 区分建物の床面積は

A　区分建物（マンション）の専有部分について、登記上の床面積は、分譲パンフレット記載の床面積より小さくなります。これは、床面積の計算方法が違うからです。

　分譲パンフレットでは、建築基準法での床面積を用いて、壁の中心線により囲まれた部分とし、これを壁芯計算法と呼びます。

　一方、不動産登記法での床面積は、内壁で囲まれた部分であり、内法計算法と呼びます。内法による登記上の面積は、専有部分間の壁の分だけ、壁芯計算法の数字より小さくなります。

　マンション取引は、分譲パンフレットの面積で行われる場合が多く、登記上

第1節　区分建物の登記　213

の面積と一致しませんが、上記の事情によるもので心配するには及びません。

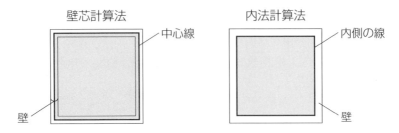

Q 6-10 区分建物の建物図面は

 区分建物専有部分の建物図面は、通常の建物と次の点が異なります。

① 全体建物と敷地との位置関係を明確にするために、全体建物の1階部分の形状を点線で表示する

② 専有部分が1階以外の場合は、「建物の存する部分○階」と表示して、その階の形状を一点鎖線で表示する

区分建物の建物図面の例を、次ページに掲げます。欄外右側のAは、建物部分を、わかりやすく表示し直したものです。これには、次の3つの範囲がまとめて描かれています。

① 登記対象の専有部分……薄く塗られた部分

② 太線の部分……専有部分が位置する階（この例では3階）の形状（本来は、一点鎖線で表示）

③ 点線の部分……全体建物の1階部分の形状

図表6－1　区分建物の建物図面の例

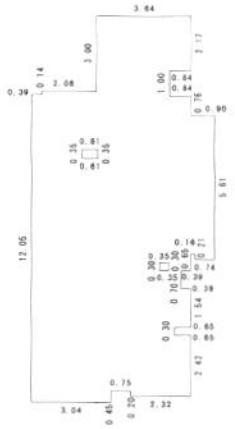

第1節　区分建物の登記　215

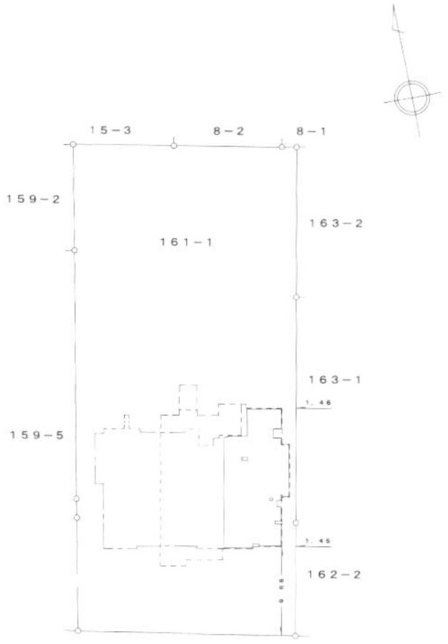

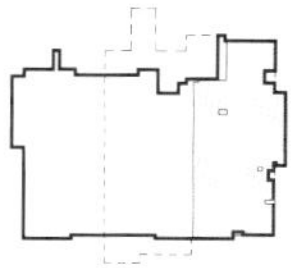

第2節　市街地再開発と登記

Q 6-11 市街地再開発事業とは

A　概要　市街地再開発事業の典型例は、老朽建物が密集している地区を、高層の店舗・事務所の複合ビルに建て替える例です。

小規模建物の敷地として細分化されている土地を集約して、高層建物の建築が可能な大画地に変化させ、再開発ビルの建築とともに、道路などの公共施設用地を確保します。

土地区画整理事業が、雑然とした低利用の土地を整理し、整然とした市街地をつくる平面的変更であるのに対し、市街地再開発事業は、低利用の土地・建物を高層化して利用度を高める、いわば土地区画整理の立体版といえます。

権利床・保留床　市街地再開発事業では、従前の低層建物に代わって高層建物を建てることにより、床面積が大幅に増加します。増加した床面積のうち、権利者に帰属する部分（権利床）以外は、施行者に帰属し、これを保留床といいます。

保留床は、財務的には、その売却収入が事業費の原資となりますが、街づくりの観点からは、従前の権利者以外の者を呼び込むことにより、活性化を図る効果があります。

種類　市街地再開発事業には、第1種市街地再開発事業と第2種市街地再開発事業の2種類があります。

第1種市街地再開発事業は、土地区画整理事業と同様の事業手法により、事業施行前の土地・建物に対する権利を、再開発ビルの建物および敷地に関する権利に移し替えます。この手続を、権利変換処分といいます。

第1種市街地再開発事業は、施行地区内の土地所有者等が組合をつくって行

うのが原則ですが、地方公共団体等が施行者となる場合もあります。

　第2種市街地再開発事業は、災害発生のおそれや緊急性を要する場合に、地方公共団体等の公的主体が施行者となり、一般の公共事業と同じく、施行地区内の土地・建物を買収して行います。実際の多くは、市街地再開発組合を施行者とする第1種市街地再開発事業なので、以下、それに即して説明します。

6-12
権利変換手続とは

 従前の形態　　第1種市街地再開発事業による権利変換は、従前の多様かつ多数の権利を、新しい再開発ビル（施設建築物という）およびその敷地に関する権利に移し替える（変換する）手続です。

　説明の前提として、事業実施前の権利形態がどうなっているかを見てみましょう。事業施行前の権利者は、次のように多様です。

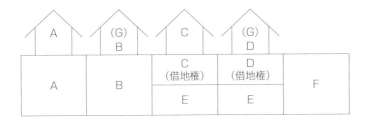

- A. 土地と地上建物を所有し、建物を自分で使っている者
- B. 土地と地上建物を所有し、建物を他人に貸している者
- C. 土地を借りて建物だけを所有し、建物を自分で使っている者
- D. 土地を借りて建物だけを所有し、建物を他人に貸している者
- E. 他人が建物を建てるために、土地を貸している者
- F. 地上建物がなく、土地だけを所有している者
- G. 所有物件はなく、たんに建物を借りている者

建物の所有形態　事業実施後の権利者には、実施前の権利者に加えて、施設建築物の保留床取得者が新たに加わります。

権利者が施設建築物を所有する形態には、次のふたつがあります。
① 建物全体を権利者が共有する
② 建物を区分建物（⇨Q6-1）にし、専有部分を権利者が単独所有する。

実際には②の例が多いので、この形態を中心に話を進めます。

6-13 権利変換の方式は

3つの種類　権利変換方式には、原則である地上権設定型のほかに、地上権非設定型および全員同意型の3つがあります。ここでは、原則的方式として予定される地上権設定型を中心に説明します。

地上権設定型　地上権設定型では、従前は各人が単独所有していた多数の土地が、施設建築物の敷地として1筆の土地となり、それを従前の各所有地の価値に見合った持分により共有します。この土地に対して、施設建築物の敷地使用のための地上権を設定します。地上権は、保留床所有者を含めて、建物の区分所有者全員が共有します。

（施設建築敷地）

都市再開発法第75条　権利変換計画は、1個の施設建築物の敷地は、1筆の土地となるものとして定めなければならない。
2　権利変換計画は、施設建築敷地には、施設建築物の所有を目的とする地上権が設定されるものとして定めなければならない。
3　第73条第1項第2号に掲げる者が取得することとなる、施設建築物の所有を目的とする地上権の共有持分、および当該施設建築物の共用部分の共有持分の割合は、政令で定めるところにより、その者が取得することとなる施設建築物の一部の位置および床面積を勘案して、定めなければならない。

前のQで使った権利者の記号により事業実施後の権利関係を図示すると、次のようです。Xは保留床の取得者です。

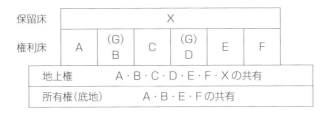

施設建築物の区分所有者は、すべて地上権者になって、地上権の共有持分(正確には、準共有持分)を持ちます。事業実施前に土地を所有していた者は、地上権とともに、地上権の負担を受ける底地の権利を持ちます。

① 事業実施前の土地を持っている区分所有者

　　施設建築物の専有部分の所有権 ＋ 地上権の共有持分 ＋ 底地の共有持分

② 事業実施前の土地を持っていない区分所有者

　　施設建築物の専有部分の所有権 ＋ 地上権の共有持分

地上権非設定型　施設建築物の区分所有者全員(保留床所有者を含む)に対して、敷地の共有持分を与え(つまり、地上権を設定しない)、土地と建物の所有関係を一致させる方式です。

　　施設建築物の専有部分の所有権 ＋ 敷地所有権の共有持分

全員同意型　上記2方式にとらわれず、権利者全員の同意を得て権利変換内容を自由に定めるもので、具体的には多種多様な権利形態が考えられます。

6-14 事業の各段階における登記は

 登記の種類　第1種市街地再開発事業の各段階で行われる登記は、次のとおりです。

① 権利変換手続開始の登記（都市再開発法70条）
② 権利変換の登記（同90条）
③ 施設建築物に関する登記（同101条）

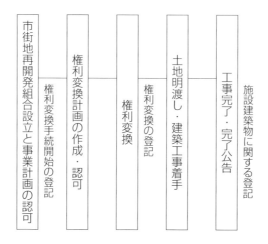

市街地再開発組合設立と事業計画の認可 → 権利変換計画の作成・認可／権利変換手続開始の登記 → 権利変換／権利変換の登記 → 土地明渡し・建築工事着手 → 工事完了・完了公告／施設建築物に関する登記

　まず、事業主体となる市街地再開発組合を設立し、事業計画を作成して認可を受けたあと、権利変換手続開始の登記を行います。

　次いで、従前の権利関係を、建設される建物およびその敷地に移し替える権利変換計画を作成します。計画が認可されると、定められた権利変換期日に権利変換を行い、同時に権利変換の登記を行います。

　その後で土地の明渡しを受けて建築工事に着手し、施設建築物が完成し工事完了公告がなされた段階で、施設建築物に関する登記を行います。

関係する政令　市街地再開発に関する登記については、「都市再開発法による不動産登記に関する政令」（昭和45年政令第87号）に定めら

れていますが、ここでは、第1種市街地再開発事業の地上権設定型に沿って説明します。

6-15
権利変換に関する登記は

権利変換手続の開始 権利変換手続開始の登記は、施行地区内の土地および建物に行います。この登記は、不動産が市街地再開発事業の施行地区内にあり、将来的に権利形態に変化が生じることを公示し、取引にあたって注意を喚起するためのものです。

権利変換手続開始の登記

順位番号	登記の目的	受付年月日・受付番号	権利者その他の事項
2	所有権移転	平成X1年1月10日 第256号	原因　平成X1年1月10日売買 所有者　甲市青葉一丁目2番3号 　　　　株式会社山川百貨店
3	都市再開発法による権利変換手続開始	令和X1年9月25日 第12345号	施行者　甲市中央一丁目2番3号 　　　　甲市中央市街地再開発組合

権利変換手続開始の登記がなされたあとに、土地（借地権を含む）や建物を処分するには施行者の承認を得なければならず、承認を受けずに行った処分は施行者に対抗できません。

権利変換手続開始の登記をしたあと、具体的な権利変換計画を作成し、その認可を受けて権利変換処分を行います。

権利変換処分　　注意すべきことは、権利変換処分は、工事の着手前、さらにいえば土地の明渡し前に行われることです。権利変換処分が終わらないと、実際の工事に着手できません。ですから権利変換時点では、変換後の権利形態は、いわば絵に描いた餅に過ぎません。

権利変換に関する登記は、いくつかの内容に分かれます。

① 土地を施設建築物の敷地とする登記
② 権利変換による土地に対する権利の登記

③　担保権移行の登記

④　取り壊される従前建物に関する登記

以下それぞれについて説明します。

（権利変換の登記）

都市再開発法第90条　施行者は、権利変換期日後遅滞なく、施行地区内の土地に
つき、従前の土地の表題部の登記の抹消および新たな土地の表題登記（かっこ
内略）ならびに権利変換後の土地に関する権利について必要な登記を申請し、
または嘱託しなければならない。

（第2項、第3項省略）

施設建築物敷地の登記　まず、権利変換の準備手続として、多数の筆からな
る地区内の土地（施設建築物の敷地）を、1筆の土
地にします。

具体的には、従前の土地の「表題部の登記事項の抹消」、および新たな土地
の表題登記のふたつの手続からなります。

当然のことながら、権利変換をしても土地が消滅するわけではなく、法律上
で消滅したものと扱うだけなので、滅失登記ではなく、「表題部の登記事項の
抹消」という手続をとります。

滅失登記が、不動産の存在が物理的に消失する、実体的事実にもとづく登記
であるのに対し、表題部の登記事項の抹消は、いわば手続的・形式的に行う登
記です。

施行地区内の土地について、表題部の登記事項を抹消して登記簿を閉鎖した
あとで、法律上で新たに土地が生じたものとして、施設建築物の敷地の表題登
記を行います。両者の登記申請は、同時に行わなければなりません。

表題部の登記事項の抹消

表 題 部 （土地の表示）		調製	余 白		不動産番号	1234567890123
地図番号	余 白		筆界特定	余 白		
所　　在	甲市中央一丁目				余 白	
①　地　番	②　地　目		③　地　積　　m²		原因及びその日付〔登記の日付〕	
13番6	宅地		352｜21		13番1から分筆〔昭和39年12月2日〕	
余 白	余 白		余 白		令和X2年3月4日都市再開発法による権利変換〔令和X2年4月12日 同日閉鎖〕	

新たな表題登記

表 題 部 （土地の表示）		調製	余 白		不動産番号	1234567891234
地図番号	余 白		筆界特定	余 白		
所　　在	甲市中央一丁目				余 白	
①　地　番	②　地　目		③　地　積　　m²		原因及びその日付〔登記の日付〕	
10番1	宅地		6591｜05		令和X2年3月4日都市再開発法による権利変換〔令和X2年4月12日〕	
共有者	甲市青葉一丁目2番3号 持分100万分の21万2112　　株式会社山川百貨店 丙市南町二丁目3番4号 100万分の10万3456　　株式会社海野商店 （以下、省略）					

土地に対する権利の登記　権利変換方式により登記内容は異なりますが、共通するのは、施設建築物敷地の土地所有者に対して所有権保存登記（共有）を行うことです。

　地上権設定型の場合は、さらに施設建築物の区分所有者に対して、地上権の共有持分の登記を行います。共有持分は、各人の持つ資産価値の割合によりますが、分子・分母の数字が非常に大きくなります。

敷地の所有権保存登記

順位番号	登 記 の 目 的	受付年月日・受付番号	権 利 者 そ の 他 の 事 項
1	所有権保存	令和X2年4月10日 第4345号	共有者 　甲市青葉一丁目2番3号 　持分100万分の21万2112 　株式会社山川百貨店 　丙市南町二丁目3番4号 　100万分の10万3456 　株式会社海野商店 （以下、省略）

地上権設定の登記（地上権設定型の場合）

順位番号	登 記 の 目 的	受付年月日・受付番号	権 利 者 そ の 他 の 事 項
1	地上権設定	令和X2年4月10日 第4346号	**原因　令和X2年3月4日都市再開発法 　による権利変換** 目的　鉄筋コンクリート造建物所有 存続期間　60年 地代　1m²につき年金4万8千円 支払時期　毎年12月10日 地上権者 　甲市青葉一丁目2番3号 　持分100万分の18万1234 　株式会社山川百貨店 　丙市南町二丁目3番4号 　100万分の8万8395 　株式会社海野商店 （以下、省略）

担保権の移行の登記　従前の土地・建物に設定されていた担保権の登記を、権利変換後の新たな土地の権利の上に移し替えます。

「原因及びその日付」の欄には、従前の記録に加えて、権利変換の日付を追加します。

担保権移行の登記

順位番号	登 記 の 目 的	受付年月日・受付番号	権 利 者 そ の 他 の 事 項
1	**株式会社山川百貨店持 分根抵当権設定**	令和X2年4月10日 第4347号	**原因　平成X1年9月25日設定（令和X2 　年3月4日都市再開発法による権利変 　換）** 極度額　金7,500万円 債権の範囲　銀行取引　手形債権 　小切手債権 債務者　甲市青葉一丁目2番3号 　株式会社山川百貨店 根抵当権者　丙市西町三丁目4番5号 　中央銀行株式会社

従前の建物に関する登記　施工地区内にある従前の建物は、その所有権を施行者に帰属させた後に取り壊されます。

　施行者への所有権移転登記を行い、同時に、所有権以外の権利の抹消登記を行います。その後、建物を取り壊したときに、滅失登記を行います。滅失登記は、通常の建物と同じなので、登記例は省略します。

建物の施行者への所有権移転登記

順位番号	登記の目的	受付年月日・受付番号	権利者その他の事項
2	所有権移転	平成X1年1月10日 第256号	原因　平成X1年1月10日売買 所有者　甲市北町一丁目2番3号 　　　　海　野　次　郎
3	都市再開発法による権利変換手続開始	令和X1年9月25日 第12345号	施行者　甲市中央一丁目2番3号 　　　　甲市中央市街地再開発組合
4	所有権移転	令和X2年4月10日 第4348号	原因　令和X2年3月4日都市再開発法第87条第2項の規定による帰属 所有者　甲市中央一丁目2番3号 　　　　甲市中央市街地再開発組合

所有権以外の権利の抹消登記

順位番号	登記の目的	受付年月日・受付番号	権利者その他の事項
1	抵当権設定	平成X1年3月4日 第2345号	原因　平成X1年3月2日金銭消費貸借 平成X1年3月3日設定 債権額　金7,500万円 利息　年2・575% 損害金　年14% 債務者　甲市北町一丁目2番3号 　　　　海　野　次　郎 抵当権者　丙市西町三丁目4番5号 　　　　中　央　銀　行　株　式　会　社 共同担保　目録る第123号
2	1番抵当権抹消	令和X2年4月10日 第4348号	原因　令和X2年3月4日都市再開発法による権利変換

6-16
施設建築物に関する登記は

登記の種類

施設建築物が完成したとき、施行者は、以下の登記を申請（または嘱託）します。

第2節　市街地再開発と登記　225

① 建物の表題登記

② 所有権保存の登記

③ 担保権移行の登記

（建築施設の部分等の登記）

都市再開発法第118条の21 施行者は、施設建築物の建築工事が完了したときは、遅滞なく、施設建築敷地および施設建築物について必要な登記を申請し、または嘱託しなければならない。

（第2項、第3項省略）

表題登記と保存登記 　施設建築物は多数の区分建物からなりますが、それらの表題登記は、施行者が一括して行います。

　また、一定の専有部分が規約にもとづいて共用部分となるときは、その旨の登記を行います（⇨Q6−8、登記例省略）。

施設建築物の表題登記

家 屋 番 号	10—1—1 ～ 10—1—20				
表 題 部 （一棟の建物の表示）			調整 余白	所在図番号 余白	
所 在	甲市中央一丁目 10番地1		余白		
建物の名称	中央ビル		余白		
① 構 造	② 床 面 積 m²		原因及びその日付〔登記の日付〕		
鉄骨・鉄骨鉄筋コンクリート造陸屋根地下1階付9階建	1 階 4737｜29 2 階 4331｜13 3 階 3806｜57 4 階 3317｜62 5 階 4000｜55 6 階 2020｜99 7 階 1525｜33 8 階 1462｜59 9 階 1462｜59 地下1階 4914｜67		〔令和X3年8月30日〕		
表 題 部 （敷地権の目的たる土地の表示）					
①土地の符号	② 所在及び地番	③ 地 目	④ 地 積 m²		登記の日付
1	甲市中央一丁目10番1	宅地	6591｜05		令和X3年8月30日

表　題　部　（専有部分の建物の表示）				不動産番号	0123456789012

家 屋 番 号	中央一丁目　10番1の10	余　白
建物の名称	A105	余　白

①　種　類	②　構　　造	③　床　面　積　m²	原因及びその日付〔登記の日付〕
店舗	鉄骨鉄筋コンクリート造1階建	1階部分　　707｜74	令和X3年8月20日新築〔令和X3年8月30日〕

表　題　部　（敷　地　権　の　表　示）			
①土地の符号	②　敷地権の種類	③敷地権の割合	原　因　及　び　そ　の　日　付〔登記の日付〕
1	所有権	100万分の18万1234	令和X3年8月20日敷地権〔令和X3年8月30日〕

所有者	甲市青葉一丁目2番3号　　株式会社山川百貨店

専有部分の所有権保存登記

順位番号	登 記 の 目 的	受付年月日・受付番号	権 利 者 そ の 他 の 事 項
1	所有権保存	令和X3年9月15日第5678号	所有者　甲市青葉一丁目2番3号　　　　　株式会社山川百貨店

敷地権の登記　　施設建築物敷地の土地には、職権で敷地権となった旨の登記が行われます。

土地に対する敷地権の登記

順位番号	登 記 の 目 的	受付年月日・受付番号	権 利 者 そ の 他 の 事 項
1	所有権保存	令和X2年4月10日第4345号	共有者　甲市青葉一丁目2番3号　持分100万分の21万2112　株式会社山川百貨店　丙市南町二丁目3番4号　100万分の10万3456　株式会社海野商店　（以下、省略）
2	共有者全員持分敷地権	余　白	建物の表示　甲市中央一丁目10番地1　一棟の建物の名称　中央ビル　令和X3年8月30日登記

担保権の移行の登記　　従前の土地・建物に設定されていた担保権の登記を、専有部分に移し替えます。「原因及びその日付」の欄には、従前の記録に加えて、権利変換の日付を追加します。

　従前の担保権の対象は、事業施行前の（細分化された）土地および（事業施行

第2節　市街地再開発と登記　227

により取り壊された）建物ですが、事業施行により、土地は施設建築物の敷地の共有持分に変化し、建物は施設建築物の専有部分に変化します。そのため移行後の担保権は、土地共有持分と専有部分の共同担保となり、共同担保目録がつくられます。

担保権移行の登記

順位番号	登記の目的	受付年月日・受付番号	権利者その他の事項
1	根抵当権設定	令和X3年9月15日 第5679号	原因　平成X1年9月25日設定（令和X2年3月4日都市再開発法による権利変換） 極度額　金7,500万円 債権の範囲　銀行取引　手形債権　小切手債権 債務者　甲市青葉一丁目2番3号 　　　　株式会社山川百貨店 根抵当権者　丙市西町三丁目4番5号 　　　　　　中央銀行株式会社 共同担保　目録(う)第345号
付記1号	1番登記は建物のみに関する	余白	令和X3年9月15日付記

Q 6-17 マンション建替え円滑化法とは

A 概要

「マンションの建替え等の円滑化に関する法律」は、阪神大震災によるマンション被災で建替え問題がクローズアップされたことをきっかけとして、老朽化マンションの建替えニーズに対応した法律で、2002（平成14）年12月に施行されました。

マンション建替え事業の概要は次のとおりで、事業の流れは、第1種市街地再開発事業とほぼ同じです。

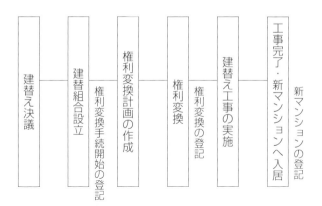

建替え事業　マンション建替え事業は、区分所有者の集会で建替えの決議をすることから始まります。

（建替え決議）

建物の区分所有等に関する法律第62条　集会においては、区分所有者および議決権の各5分の4以上の多数で、建物を取り壊し、かつ、当該建物の敷地もしくはその一部の土地、または当該建物の敷地の全部もしくは一部を含む土地に、新たに建物を建築する旨の決議（以下、「建替え決議」という）をすることができる。

2　建替え決議においては、次の事項を定めなければならない。
　① 新たに建築する建物（以下、この項において、「再建建物」という）の設計の概要
　② 建物の取壊しおよび再建建物の建築に要する費用の概算額
　③ 前号に規定する費用の分担に関する事項
　④ 再建建物の区分所有権の帰属に関する事項

3　前項第3号および第4号の事項は、各区分所有者の衡平を害しないように定めなければならない。

（第4項ないし第8項省略）

建物の区分所有等に関する法律第62条による建替え決議がなされたとき、建

替えに賛成した区分所有者は、都道府県知事の認可を得て、法人格を持つマンション建替組合を設立します。組合設立を承けて、権利変換手続開始の登記を行います。

権利変換手続開始の登記

順位番号	登 記 の 目 的	受付年月日・受付番号	権 利 者 そ の 他 の 事 項
1	所有権保存	平成X1年9月25日 第12345号	原因　平成X1年9月17日売買 所有者　甲市青葉一丁目2番3号 　　　　山 川 太 郎
2	マンションの建替えの円滑化等に関する法律による権利変換手続開始	令和X3年8月10日 第10013号	施行者 　中央マンション建替組合

　建替組合は、建替えに賛成しない者の区分所有権を買い取ることができ、逆に賛成しない者は、組合に買取りを請求できます。また、建替え事業には、マンション建設に関するノウハウや資金力を持つ民間事業者が、参加組合員として参加できます。

　マンション建替組合は、総会の議決により権利変換計画を定めます。それにもとづき、建替え前のマンションの区分所有権や抵当権は、新しいマンションに移行し、その登記は組合が一括して行います。

　各登記の内容は、市街地再開発事業の登記（⇨Q6－11以下）とおおむね同じなので、ここでは省略します。

（注）再開発の登記に関しては、以下を参考としました。
　　　細田進・島野哲郎『Q&A 都市再開発の登記実務と記載例』日本加除出版、2013年
　　　安本典夫監修 兵庫県司法書士会編『都市計画・区画整理・都市再開発の実務と登記〔全訂増補版〕』民事法研究会、2003年

230　第6章　区分建物と再開発の登記

第 **7** 章

公図・各種図面
の見方

第1節 公図の見方

Q 7-1 公図とは

「公図」という言葉　ある地番の土地がどこに位置するかを知るためには、方位、各筆の区画（形状）および位置関係を示し、地番を記載した図面が必要です。この図面は、一般に「公図」と呼び慣わされ、不動産調査にあたりもっとも重要な図面です。

「公図」という言葉は、不動産登記法による法律用語ではなく、慣用的なものです。慣用的であるがために、その言葉の意味するところは複雑です。

2種類の図面　一般に「公図」といわれる図面は、2種類あります。不動産登記法の用語を使えば、公図は、狭義では「地図に準ずる図面」だけを、広義では「地図」と「地図に準ずる図面」（⇨Q7-2）の両者を総称したものです。

```
公図 ┬ 狭義……「地図に準ずる図面」
     └ 広義……「地図」と「地図に準ずる図面」
```

実務界では、ふたつの法律用語よりも、「公図」のほうが広く使われます。なぜ、そうなのか。そしてなぜ、狭義と広義の二通りの使い方があるのか。この疑問に答えるには、公図（狭義）の成り立ちから説明する必要があります。

公図の由来　公図の多くは、明治時代の地租改正の際につくられた図面に由来します。当時の測量技術が未熟だったことや、山林・原野などは実際に測量しないで見取りで済ませたり、税金（地租）が少なくて済むように面積を少な目に測る傾向があったため、結果として現地を正確に表していないものがほとんどです。

公図は、字（⇨Q4-8）ごとにつくられたので、字限図（あざぎりず）と呼んだり、かつて

土地台帳（⇨Q3-16）に附属していたので、旧土地台帳附属地図と呼んだりします。この明治時代にさかのぼる公図が、さまざまな変遷を経て、現在法務局に保管されています。

　厳密にいえば、公図は、この従来からの図面だけをいい、「地図」（⇨Q7-2）は該当しません。しかし、昔からの公図という言葉は根強く、慣用的に「地図」を含んで、広く公図（広義）と呼ばれています。

Q 7-2 「地図」と「地図に準ずる図面」とは

A 地図　「地図」は、不動産登記法第14条に定める図面です。「地図」という言葉は、あまりにも一般的すぎて、それだけでは何を指すかわからないため、それを規定する条文から、14条地図と呼ばれます。

（地図等）

第14条　登記所には、地図および建物所在図を備え付けるものとする。

2　前項の地図は、1筆または2筆以上の土地ごとに作成し、各土地の区画を明確にし、地番を表示するものとする。

4　第1項の規定にかかわらず、登記所には、同項の規定により地図が備え付けられるまでの間、これに代えて、地図に準ずる図面を備え付けることができる。

（第3項、第5項、第6項省略）

「地図」の大半は、国土調査（⇨Q4-24）による図面（地籍図）です。要件を満たす正確な図面であれば14条地図として扱われるので、国土調査による図面以外に、土地区画整理事業等による図面などを含みます。また、法務局がみずからの事業として地図をつくります。14条地図に該当する主なものは、次のとおりです。

①　法務局が作成する地図

②　国土調査による地籍図

第1節　公図の見方　233

③　土地改良法・土地区画整理法・新住宅市街地開発法による土地所在図

国土調査は昭和26年から実施され、実施当初の成果図面の精度は、法14条の要件を満たさないものがあります。それらは地籍図といえども、地図に準ずる図面として扱われます。

「地図」がある土地の表題部の「地図番号」の欄には、その土地が載っている図面の番号が記録されます（⇨Q4-7）。

地図に準ずる図面　「地図に準ずる図面」の閲覧用図面・地図証明書（⇨Q3-8）には、「地図に準ずる図面は、土地の区画を明確にした不動産登記法所定の地図が備え付けられるまでの間、これに代わるものとして備え付けられている図面で、土地の位置および形状の概略を記載した図面です」という説明があります。

「地図」が整備されるまでの暫定的措置として、従来からの公図を、「地図に準ずる図面」として公開します。言い換えれば、「地図」が整備されていない地域では、従来からの公図が使われ続けています。

こうして現在、法務局で公開されている図面は、「地図」と「地図に準ずる図面」の2種類が混在しています。本来の「地図」が整備されれば、「地図に準ずる図面」（公図）は、通常の公開対象からはずされます。

本　　則	地図……法14条に定める地図
暫定的措置	地図に準ずる図面……通称、公図

7-3 公図の信頼性は

信頼性の違い　この質問に答えるためには、慣用的に使われる公図という言葉を、「地図」と「地図に準ずる図面」（昔からの公図）に分けて考える必要があります。

「地図」は、方位・位置・形状ともに正確です。一方、「地図に準ずる図面」

は、方位・縮尺は正確性に欠け、多くの場合、形状も実際と相違します。ですから、「地図に準ずる図面」の形状と縮尺を信じて長さを求めても、意味がありません。

 役所にある公の図面という名称から、公図（地図に準ずる図面）は間違いないものという印象がありますが、実際は、公図の信頼性はかなり低いことに注意してください。

両者の比較　例として同じ土地について、「地図に準ずる図面」と、「地図」（次ページ）を掲げました。網掛けをした156番158の土地を手がかりに、ふたつの図面を比べると、「地図」に比べて、「地図に準ずる図面」の精度の低さがわかります。

図表7-1　「地図に準ずる図面」の例

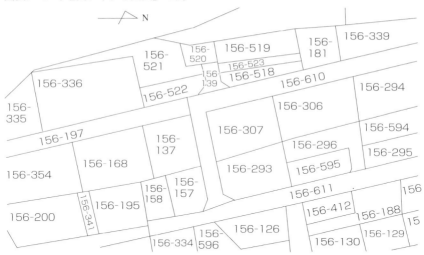

第1節　公図の見方　235

図表7−2 「地図」の例（地籍図）

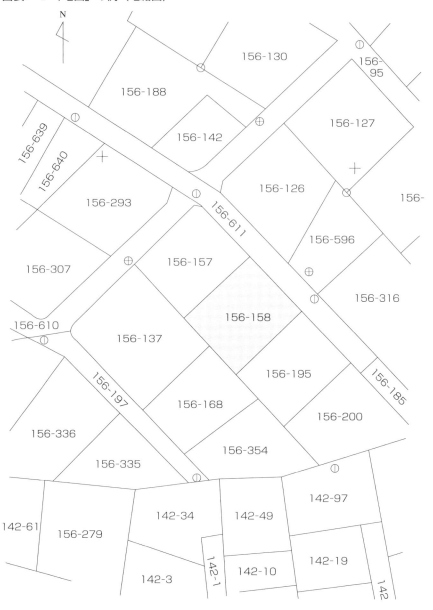

Q 7-4 コンピュータ出力図面の見方は

A **2種類の図面**　コンピュータによる出力図面の見方を説明しましょう。ここでは、地図証明書（91、239ページ）をもとに説明します。

地図証明書には、認証文と発行年月日、登記官の氏名と印があります。閲覧用図面（90ページ）には、これらの記載はありません。

地籍図　コンピュータ出力図面を見るときは、その元となる原図の成り立ちや作成ルールを知っておくことが役立ちます。実際に見る機会が多いのは、国土調査による地籍図なので、それについて説明します。

地籍図は、大きさがまちまちな公図と違い、図面の大きさは統一され、緯度と経度により区切ったメッシュの範囲について、1枚の図面をつくります。

地番の表示は、「番」を使わずに、ハイフンで「18−5」とします。

出力図面　コンピュータによる出力図面では、請求した土地が図面の中央に位置するように出力します。表示範囲が、もとは複数の図面から構成されるときは、自動的に接合して表示します。235ページの図面では、右下部分で交差する線がありますが、これは、この図面に表示されている範囲は、もともとは4枚の図面を接合したことを示します。

図面をよく見ると、筆界を示す線に黒い小さな丸があり、この黒丸は、区域の境を示します。黒丸2個は「字」や「○丁目」の境、黒丸3個は「大字」（⇨Q4−8）や「町」の境を示します。黒丸4個は、市町村の境を示します。

枠の右下にある地番区域（⇨Q4−8）の見出しは、図面の範囲の地番区域を表示します。この図では、下のほうが乙山3丁目、その上が乙山4丁目です。

また、図面に書き込むスペースがないため、イ、ロ、ハなどの記号で略記される地番の詳細は、図面の上部に記載します。

各欄の記載事項　図面の下の欄には、その図面の分類（「地図」か「地図に準ずる図面」）などの図面に関する情報が記載されています。

第1節　公図の見方　237

① 請求部分

請求した土地の所在・地番を記載します。

② 出力縮尺

縮尺を記載します。「地図に準ずる図面」の多くは精度が低いので、縮尺はあてになりません。地籍図の縮尺は、市街地地域は250分の1または500分の1、村落・農耕地地域は500分の1または1,000分の1、山林・原野地域は1,000分の1または2,500分の1です。

③ 精度区分

図面の精度を記載します。精度区分は、国土調査法施行令別表第4に定める区分で、誤差の許容範囲が異なります。「地図に準ずる図面」は、精度区分に従ってつくられたものではないので、記載がありません。

この項目は、一般人が地図を見るには、考える必要はありません。

④ 座標系番号または記号

平面直角座標系の記号・番号ですが、一般人が地図を見るには、考える必要はありません。

⑤ 分類

不動産登記法に定める「地図」か「地図に準ずる図面」（⇨Q7-2）かを記載します。

⑥ 種類

「地図」の場合は、その種類（⇨Q7-2）を記載し、「地図に準ずる図面」の場合は、旧土地台帳附属地図などと記載します。

⑦ 作成年月日

図面が作成された日付を記載します。作成年月日が不明の場合は、斜線を引きます。

⑧ 備付年月日（原図）

図面の原図が、法務局に備え付けられた日付を記載します。不明の場合は、斜線を引きます。

図表7−3　地図証明書の例（本来は用紙に地紋があるが、省略）

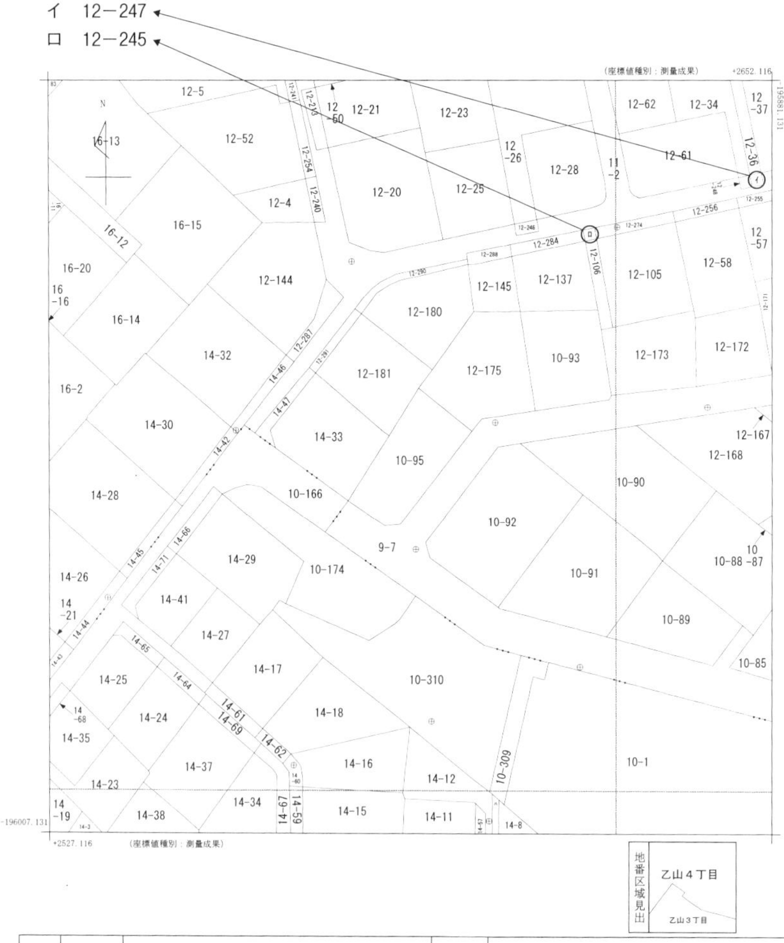

請求部分	所在	甲市乙山四丁目				地番	10番95		
出力縮尺	1/500	精度区分	甲一	座標系番号又は記号	X	分類	地図(法第１４条第１項)	種類	法務局作成地図
作成年月日	令和X1年2月28日			備付年月日(原図)				補記事項	

これは地図に記録されている内容を証明した書面である。

令和X2年3月9日
甲法務局
登記官　　　法務太郎　　印

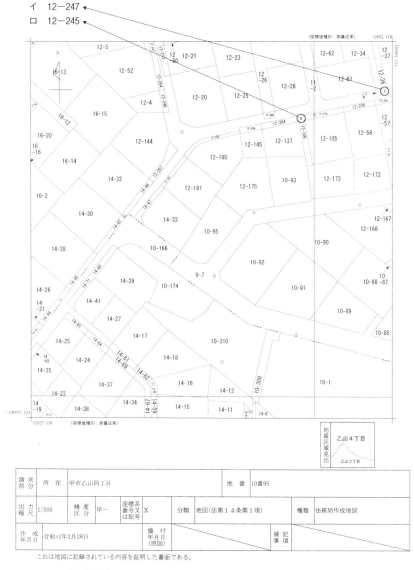

⑨ 補記事項

補うべき事項があれば記載しますが、通常は、斜線が引かれています。

Q 7-5 接続不一致とは

公図の複製　昔からの公図（地図に準ずる図面）の原本は、大きな和紙に書かれ、道路は赤、水路は青に着色されています。方位の書き込みがあり、縮尺は600分の1を原則としますが、精度が低いため、縮尺や方位は信頼できません。

公図の原本は、長年月の使用により傷みが激しいので、ポリエステル・シートに複製して、原図は閉鎖・保管されています。この複製図面を、通常、マイラー図面といいます。マイラー図面は着色されてなく、道路は「道」、水路は「水」と表示します（⇨Q4-11）。ちなみに、マイラー（Mylar）は、ポリエステル・シートに関するデュポン社の登録商標です。

接続不一致　公図は、字限図(あざぎりず)というとおり、字ごとに1枚の図面をつくりましたが、複数の原図を、1枚のマイラー図面に統合することがあります。

この場合、公図の精度が低いため、隣接するふたつの字の公図をつなぎ合わせようとしても、ぴったり一致しません。そのため2枚の図面を少し離して並べるしかなく、もともとの土地は隙間なくつながっていますが、図面上では空白部分が生じます。この部分に、「接続不一致」と表示して、本来は一致すべきものがつながらないことを示します。

次のページに、2枚の原図を統合した図面で、「接続不一致」の表示がある例を掲げます。本来ならば、点線で結んだ各所がきれいにつながらなければなりません。

図表7-4　公図が接続しない例

第1節　公図の見方　241

Q 7-6 メガネ地とは

A 公図で、1筆の土地が分断されて、2か所に表示されることがあります。これは、メガネ地と呼ばれるもので、山林でよく見かけます。

1筆の土地に道路や水路が入り込み、結果として分断された形となります。メガネ地の名称の由来は、分断された土地を、メガネのような印「◯◯」（下の例では「◯」）で結ぶからです。

図表7−5　メガネ地の例

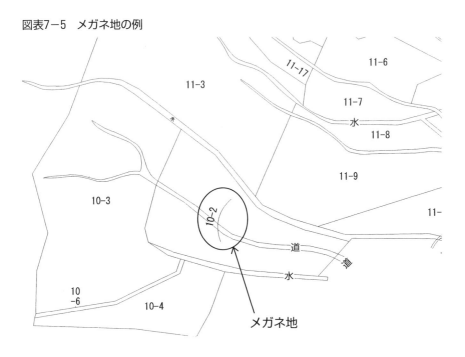

7-7 筆界未定と現地確認不能とは

筆界未定 地籍図では、複数の地番がプラス記号で結ばれ、一括して記載されることがあります。

これは、それぞれの土地の筆界を確定できず、筆界未定の扱いを受けたことを示します。このような土地は、表題部の地図番号（⇨Q4-7）の欄に、「筆界未定地」と表示されます。

筆界は、1筆ごとの土地の境です。境とは、ある物とある物の区切りですから、筆界は、単独の土地だけで定まるものではなく、隣接する2筆の土地の間

図表7-6　筆界未定の例

第1節　公図の見方　243

で成立します。ですから、筆界未定の土地については、複数の地番がプラスの記号で結ばれます。

　筆界未定が生じる原因は、筆界について争いがある場合だけでなく、土地所有者の立ち合いが得られないことにもよります。

現地確認不能　　国土調査が終了したのに、登記上の表示が変更されずに、地図番号の欄に「現地確認不能」と書かれている土地があります。これは、国土調査作業で、現状をはっきり確認できなかった土地で、その多くは、国道・県道・市町村道の一部となっている土地です。

第2節 各種図面の見方

7-8 建物所在図とは

建物所在図は、不動産登記法第14条で、法務局に備え付けることが定められている図面で、「1個または2個以上の建物ごとに作成し、各建物の位置および家屋番号を表示するもの」です（法14条2項）。

「地図」（⇨Q7-2）と建物図面（⇨Q7-11）を重ね合わせたものと考えればよいでしょう。現状では、実際に建物所在図が整備されている地域は、あまりありません。

7-9 地積測量図・土地所在図とは

地積測量図 　地積測量図は、1筆の土地について地積の測量結果を明らかにする図面です。払い下げのための表題登記、分筆や地積更正の登記を申請するときなどに、地積の根拠を示すために作成し、法務局に提出します（247ページ参照）。

地積測量図は、土地の正確な形状および隣地との位置関係、境界標の位置、地積およびその求積方法を明らかにし、次の各事項を記載します（2005（平成17）年の不動産登記法改正後のもの）。

① 地番区域と地番（隣接する土地の地番を含む）
② 方位・縮尺
③ 地積およびその求積方法
④ 各筆界点間の距離

⑤　各筆界点の座標値および公共基準点の座標値

⑥　境界標（コンクリート杭、金属鋲など）の表示

⑦　作成年月日、作成者の署名または記名および押印

⑧　申請人の記名

求積方法　地積測量図は、土地の形状を示す図面部分と、土地の面積を計算する求積部分から構成されます。

　面積の計算方法は、以前は、土地をいくつかの三角形に分けてそれぞれの面積を算出し、それを合計して全体面積を求める方法（三斜法）でした。ですから計算過程を理解できましたが、現在は座標を利用して求めるので、計算過程は一般人には理解困難です。

法改正による変更　2005（平成17）年3月の不動産登記法改正後の地積測量図には、境界の各点に設置される境界標の種類（コンクリート杭、金属鋲など）が表示されているので、現地で境界を確認する手助けとなります。

　また、分筆の際には、分筆する土地のみならず、分筆する元の土地も実測することになったので、元の土地についても、形状と面積が正しく表示されます。

　逆にいえば、それ以前の地積測量図では、分筆された土地の形状や面積は正確ですが、分筆の元となった土地の形状や面積が正確とは限りません。

存否　すべての土地について、地積測量図があるわけではありません。登記申請に地積測量図が必要となったのは、1960（昭和35）年4月1日からで、それ以降に分筆または地積更正された土地は、原則的に地積測量図があります。逆にいえば、分筆や地積更正がない土地や、1960年4月以前に分筆された土地には、地積測量図がありません。なお、1960年4月以降でも、地積測量図がない場合があります。

国土調査　国土調査（地籍調査）の実施主体は市町村です。測量した結果は市町村から法務局に送られ、登記簿も書き換えられます。その結果、登記簿の地積と実測面積は一致することになりますが、残念ながら地積測量図は作られないため法務局で閲覧することはできません。土地の形状等につ

図表7-7　地積測量図の例

地積測量図

地番	31-6・31-382
土地の所在	甲市青葉三丁目

縮尺　1/250

基準点座標一覧表

測地系	既知点	座標変換	点名	X座標	Y座標	種類	備考
世界測地系 測地成果2011	街区三角点	無	2KZ32	-18412.043	5793.531	金属鋲	管理者による成果
世界測地系 測地成果2011	街区補助点	無	2KZ33	-18417.098	5887.825	金属鋲	管理者による成果
世界測地系 測地成果2011	測量多角点	-	T1	-18412.225	5943.899	金属標	-
世界測地系 測地成果2011	測量多角点	-	T2	-18460.936	5983.440	金属標	-
世界測地系 測地成果2011	測量多角点	-	T2-1	-18460.536	5986.956	木杭	-
世界測地系 測地成果2011	測量多角点	-	T2-2	-18473.116	5999.763	木杭	-

座標求積表

(イ)31-6

地番 測点	Xn	Yn	Yn+1-Yn-1	Xn・(Yn+1-Yn-1)
P1	-18161.426	5985.907	16.405	-302116.180530
P2-1	-18177.466	5994.119	3.282	-60470.443412
K3-1	-18179.988	5989.189	-8.192	1508986.641684
K2	-18185.926		-11.475	213484.74575
K1	-18165.631	5977.714	-0.019	3499.146989
			倍面積	331.695306
			面積	165.845630
			地積	165.94 ㎡

(ロ)31-382

地番 測点	Xn	Yn	Yn+1-Yn-1	Xn・(Yn+1-Yn-1)
P1	-18161.426	5994.100	16.414	-302756.641908
K5-1	-18173.222	6002.321	6.560	-120876.664320
K4-1	-18174.121	6000.660	-8.202	1510596.044412
P2-1	-18177.466	5994.119	-14.753	271170.155898
P1	-18161.426	5985.907	-0.019	3499.067094
			倍面積	332.067206
			面積	166.0286000
			地積	166.02 ㎡

総合計面積　331.9762560 ㎡

作成者　甲市青葉三丁目10番10号
土地家屋調査士　乙野　二郎 (令和11年6月3日作成)

測量年月日　令和11年4月5日
平面直角座標系　X系

申請人　株式会社甲不動産
代表取締役　甲野　太郎

いて詳しく知りたい場合には、実施主体である市町村で資料調査が必要となります。

土地区画整理事業　土地区画整理事業の場合も、測量の結果は法務局に送られ、登記簿も書き換えられます。その結果、登記簿の地積と実測面積は一致することになりますが、残念ながらこちらも地積測量図は作られないため法務局で閲覧することはできません。

　実施主体が市町村等の公的な機関の場合には、その担当部署で資料を調査することができる可能性がありますが、組合施行（事業完了後に解散してしまう）や個人施行の場合には、その後の資料調査が困難なこともあります。

法務局の地図作成作業　法務局による地図作成作業が行われた地域についても、測量の結果に基づいて登記簿の記載が書き換えられます。概ね2010（平成22）年以降に実施された地域では、地積測量図が作成されていることが多いので、法務局で閲覧することができます。実施年度が古い地域では地積測量図がない場合もありますが、代わりに面積計算書などの資料が閲覧できることもあります。

土地所在図　土地所在図は、土地の所在する位置がわかるように、隣接地との位置関係を明らかにした図面です。

（土地所在図の内容）
不動産登記規則第76条　土地所在図には、方位、縮尺、土地の形状および隣地の
　地番を記録しなければならない。
2　土地所在図は、近傍類似の土地についての不動産登記法第14条第1項の地図
　と同一の縮尺により作成するものとする。
（第3項省略）

　地積測量図が上記の土地所在図の作成条件を満たしている場合は、土地所在図を兼ねることができます。その場合は、「土地所在図兼地積測量図」と記載します。

248　第7章　公図・各種図面の見方

Q 7-10 実測図・境界確認測量図とは

実測図　実測図という言葉は、なかなかやっかいです。というのは、実際に測った図面ならば、どんなものでも一応「実測図」といえるからです。

境界確認測量図　登記で要求される条件を満たす実測図は、境界確認測量図です。境界確認測量図とは、次の条件を満たす図面です。

① 測量の対象となる範囲が明確に確認されていること

　隣接する土地（道路などの官有地を含む）との境界が、隣地所有者の立会いのもとで確認合意され、隣地所有者の境界確認について合意した旨の署名・記名と押印があること。

② 土地家屋調査士等の専門資格者が作成した精度の高い図面であること。

適合しない図面　以上の2点を裏返して解釈すれば、次のような図面は、境界確認測量図とはいえません。

① 専門資格者が測量したものの、隣地所有者の境界確認印がない図面

　測量精度はあっても、対象範囲がしっかり確定できていないからです。このような図面の例として、現況測量図があります。現況を測ったという意味は、「ありのままの現況を測りましたが、境界について隣地所有者が何というかは知りません」、ということです。ですから、専門資格者の押印があるからといって、100％安心ではありません。

② 建物設計図書の中にある敷地を求積した図面

　隣地所有者の立会いがなく、専門資格者ではない建築会社等が作成したものだからです。

③ かなり以前に実測された図面

　かなり以前に実測された図面は、測量方法の精度等により、現在の基準を満たさない場合があります。

境界確認測量図と地積測量図 境界確認測量図と地積測量図は、同じく実測地積を記載した図面ですが、両者は異なります。

境界確認測量図は、境界標の状況を表示したり、境界を確認した隣地所有者の署名押印があったりして、通常はＡ３用紙より大きな図面となります。

一方、地積測量図は、分筆等の登記申請の際に法務局に提出する図面として、様式・用紙サイズ（Ｂ４判）および記載事項が法律で定められています。

通常は、まず実測をして境界確認測量図をつくり、それから地積測量図の要件を満たす内容を抜き出して、所定の様式に従って地積測量図を作成します。

COLUMN　杭への執念

なぜか人間は、境界杭に対して非常に執念を持つようです。あるとき、依頼者の自宅敷地の現状確認のために、依頼者と一緒に現地を見て、境界杭の有無を確認しました。依頼者である80代の男性は、自宅とはいえ、境界沿いに歩いて杭を確認すること、つまり文字通り、隅から隅まで詳しく見ることはなかったようです。

ある場所に来たとき、男性はここに杭があるはずだと言いました。周囲の草を取り払って10分くらい探しましたが、見つかりません。記憶違いの可能性もあるので、「まず、ざっと一回りしてから、もう一度探しましょう」と言っても、応じてくれません。一緒にいた息子と筆者たちに、先に行って作業を続けるように言い、自分はその場に残りました。

男性はスコップを持ってきて、辺りを掘り返し始めました。20分くらい経ってから、「杭があった」との声。戻ってみると、思っていた場所より少しずれた土中に杭が埋まっていました。

掘り返した土の量にびっくりするとともに、20分間も掘り続けた、杭に対する執念のすごさに驚きました。

依頼者は最後にひとこと、「いやぁ、杭がないと悔いが残るので」。

Q 7-11
建物図面・各階平面図とは

A **建物図面**　建物図面は、建物の形状および敷地との位置関係を示した図面であり、各階平面図は、各階の形状を図示し、床面積および求積方法を記載した図面です。通常は両者を一括して、建物図面と呼びます。次ページに建物図面・各階平面図の例をあげます。

　建物図面および各階平面図は、建物を新築して表題登記（⇨Q5-1）、増改築して床面積・構造の変更登記（⇨Q5-4）を申請するときなどに、法務局に提出します。

　建物図面は、建物が敷地全体の中で占める位置関係を示すので、地上建物の特定に役立ちます。敷地の範囲とそれを構成する地番を表示し、建物から敷地外周までの距離を適宜表示します。建物の形状を示す線は、1階部分の範囲にもとづきます。

　各階平面図は、建物各階の形状を示しますが、1階以外の形状を表示する際は、点線で1階の形状を同時に表示します。

信頼性　建物図面は、その名のとおり建物について作成した図面であり、対象である建物に関する記載は信頼できますが、土地に関する部分（建物と敷地の位置関係など）の信頼度は低いと考えたほうがよいでしょう。敷地として記載されている土地の範囲や形状が実際と異なっていたり、敷地が複数の地番からなる場合、一部の地番が抜けていることもあります。

存否　建物図面は、登記されたすべての建物についてあるわけではありません。1960（昭和35）年4月から建物表示登記（現在の表題登記）申請にあたって、建物図面および各階平面図の添付が義務づけられました。ですから、それ以降に建築された建物については、原則的には建物図面があります。逆にいえば、それ以前に表示登記された建物については、建物図面がありません。なお、1960年4月以降でも、建物図面がない場合があります。

第2節　各種図面の見方　251

図表7-8 建物図面および各階平面図の例

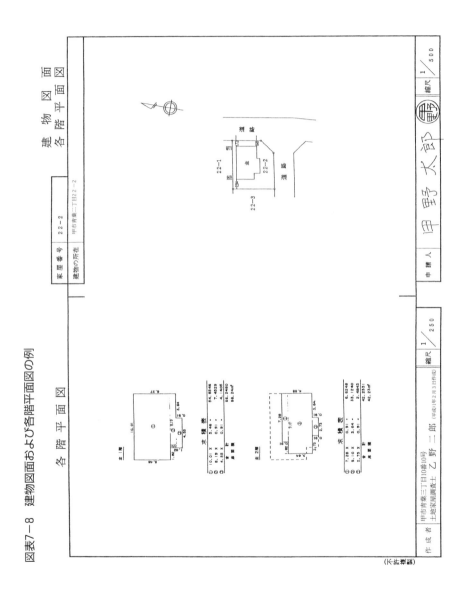

252 第7章 公図・各種図面の見方

Q 7-12 地役権図面とは

A 地役権図面は、地役権（⇒Q9-12）の及ぶ範囲を示す図面です。
　地役権が1筆の土地全域に及ぶ場合は、地役権の及ぶ範囲イコール1筆の土地なので、特別に地役権の及ぶ範囲を抜き出して表示する必要はありません。しかし、1筆の土地の一部に地役権を設定するときは、その範囲を特定する図面が必要となります。ですから、1筆の土地の一部に地役権が及ぶときだけ、地役権図面をつくります。
　次ページに、地役権図面の例をあげます。

図表7-9 地役権図面の例

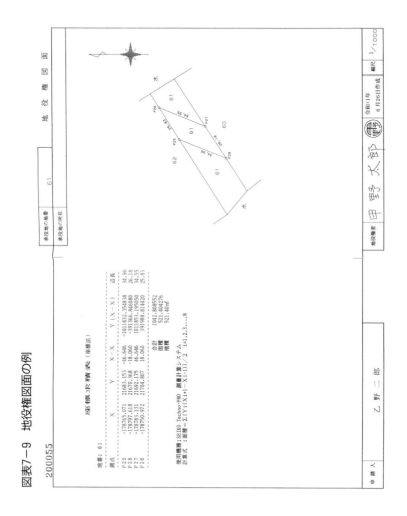

第 8 章

所有権に関する登記

第1節 権利部登記の基本事項

8-1
登記の対象となる権利変動は

権利部（甲区および乙区）には、権利変動に関する登記を記録します。登記の対象となる権利変動は、以下のとおりです。

① 保存

保存には、所有権の保存（⇨Q8-7）と先取特権の保存（⇨Q10-31）のふたつがあります。

② 設定

設定とは、新たな権利を不動産につけることで、設定する権利には、抵当権・根抵当権、地上権、賃借権、地役権、質権などがあります。

③ 移転

移転とは、ある者が持っている権利を他者に移すことで、所有権移転がその代表例です。

④ 変更

変更とは、登記された権利の内容を変えることで、抵当権の債務者の変更などがあります。

⑤ 処分の制限

処分の制限とは、仮差押・仮処分・差押・破産のように、法律の規定により権利の処分を制限するものです。

⑥ 消滅

消滅とは、登記された権利がなくなることで、弁済による抵当権の消滅などがあります。

8-2 権利部の様式は

 様式 権利部（甲区・乙区）の様式は、土地・建物とも同じで、順位番号、登記の目的、受付年月日・受付番号、権利者その他の事項の4つの欄からなります。

> （権利に関する登記の登記事項）
> 第59条 権利に関する登記の登記事項は、次のとおりとする。
> ① 登記の目的
> ② 申請の受付の年月日および受付番号
> ③ 登記原因およびその日付
> ④ 登記に係る権利の権利者の氏名または名称および住所、ならびに登記名義人が2人以上であるときは、当該権利の登記名義人ごとの持分
> （第5号ないし第8号省略）

権利部（甲区）

権 利 部 （ 甲 区 ） （所 有 権 に 関 す る 事 項）			
順位番号	登 記 の 目 的	受付年月日・受付番号	権 利 者 そ の 他 の 事 項
1	所有権移転	平成X1年6月25日 第4779号	原因 平成X1年6月25日売買 所有者 <u>甲市西町四丁目5番6号</u> 　　　　山　川　太　郎
付記1号	1番登記名義人住所変更	平成X2年11月15日 第14706号	原因 平成X2年11月5日住所移転 住所 甲市東町一丁目2番3号
	余白	余白	昭和63年法務省令第37号附則第2条第2項の規定により移記 平成X5年9月6日
2	所有権移転請求権仮登記	平成X6年11月1日 第13331号	原因 平成X6年11月1日売買予約 権利者 乙市北町二丁目3番4号 　　　　海　野　次　郎
	余白	余白	余白

登記欄の区切り 主登記（⇨Q2-12）を記録するごとに、横線をひいて区切ります。付記登記（⇨Q2-12）は、主登記の下に記録しま

第1節 権利部登記の基本事項　257

す。主登記と同じ順位番号なので、順位番号の欄を線で区切らないで、「付記○号」とします。

　記載例でいえば、順位1番の所有権移転登記の名義人山川太郎について、付記登記で住所変更を行い、旧住所を下線を引いて抹消し、新住所を記録します。つまり元の登記（主登記）と付記登記が一体となって、現時点における順位1番の登記内容を構成します。

　仮登記（⇨Q12-1）は、あとで本登記されることを予定して、下にスペースをつくっておき、「余白」と表示します。仮登記の本登記は、仮登記と同じ順位番号なので、順位番号の欄は、線で区切りません。

移記　従前の紙の登記簿からコンピュータ様式に移記した場合は、「権利者その他の事項」欄に、移記した旨と年月日を記載します（⇨Q3-6）。この場合、順位番号以外の欄には、「余白」と表示します。順位番号の欄は、余白の表示がなく、たんに空白です。

8-3　順位番号とは

A　**番号の付け方**　順位番号は、登記の順番を示すもので、その区に登記が行われるごとに、順番に番号を付けます（付記登記、仮登記の本登記などを除く）。

　複数の抵当権が同じ順位で設定されることがあり（⇨Q10-10）、この場合は、順位番号を示す数字のあとに、かっこ書きでひらがなを、1(あ)、1(い)のように付け加えます。

　順位番号は、登記の特定のために利用され、たとえば「2番所有権移転仮登記抹消」のように使います。

相対的数字　注意すべきことは、順位番号は、いったん付けたら変わらない絶対的なものではなく、現在の登記簿での相対的な数字です。コンピュータ様式への移記では、抹消された登記は移記されないので、以前の

紙の登記簿で順位4番だった登記が、すでに1番から3番までの登記が抹消されているときは、コンピュータ様式の登記簿では1番になります。

用語　「第1順位の抵当権」といいますが、これは、順位番号の数字そのものではなく、実質的な順位を指します。つまり、順位番号1番・2番の抵当権登記が抹消されている場合は、3番の抵当権登記が第1順位です。

ついでに順位に関する用語を説明しておきましょう。

① 先順位と後順位

読み方は、「せんじゅんい・こうじゅんい」が正しいのですが、意味を取りやすいように、「さきじゅんい・あとじゅんい」ともいいます。

ある登記を基準にして、それより順位が早い登記を先順位、遅い登記を後順位といい、「先順位抵当権」のように使います。

② 最先順位と第1順位

最先順位とは、最も先の順位、最も早い順位という意味で、「最先順位の抵当権」のように使います。第1順位も同じ意味です。

8-4 「登記の目的」以下の各欄は

登記の目的　順位番号は、登記という箱につける整理番号のようなもので、箱の中の実際の登記内容を記載するのが、「登記の目的」以下の各欄です。

順位番号	登記の目的	受付年月日・受付番号	権利者その他の事項
1	所有権移転	平成X1年1月10日 第235号	原因　平成X1年1月8日売買 所有者　甲市東町一丁目2番3号 　　　　山　川　太　郎
2	所有権移転	平成X5年9月25日 第12345号	原因　平成X5年9月25日売買 所有者　乙市北町二丁目3番4号 　　　　海　野　次　郎

「登記の目的」の欄には、どのような権利について、どのような権利変動を登記するかを記録します。たとえば、所有権について、移転という権利変動が、

第1節　権利部登記の基本事項　259

所有権移転です。

受付番号　甲区・乙区では、権利の優劣を決めるために登記の先後が重要なので、登記の受付順を明確にします。受付年月日だけでなく、より厳密に順番がわかるように、受付番号を記録します。

受付年月日は、法務局が登記申請を受け付けた日です。受付番号は、登記申請を受け付けたとき順番に付ける番号で、甲区・乙区を通じて通し番号を付けます。受け付けの順番に従って登記するので、各登記の受付番号を見て先後優劣を判定できます。つまり、受付番号の順番イコール権利の順番となります。

受付番号は、原則として1年ごとに更新されます。毎年1月に新たに1番から始めるので、受付番号で登記の先後が判定できるのは、同じ年の登記に限ります。つまり、ある年の12月28日の受付番号12345号の登記は、翌年1月4日の受付番号1号の登記より先です。

原因　「権利者その他の事項」の最初に、「原因」を記録します。「原因」は、登記をする原因となった事柄です。具体的には、売買、抵当権設定、相続などです。

その事柄を特定するために、「平成X1年1月8日売買」のように、年月日を記録します。原因たる事柄が起きた日に登記申請するとは限らないので、登記申請の受付年月日と、原因の年月日が異なることがあります。上の例の1番所有権移転登記では、原因となる売買は1月8日ですが、登記を申請・受け付けた日は1月10日です。

その他　「原因」以外の登記内容は、登記すべき権利により変わります。この欄に権利者として表示されている者を、登記名義人といいます。たとえば、所有権移転登記では所有者、抵当権設定登記では抵当権者です。

なお、不動産登記法の改正により、2024（令和6）年4月1日以降、所有権の登記名義人について次の内容が登記事項や補足事項として追加されました。

(1) 法人識別事項

改正前において法人はその名称・住所のみが登記事項でしたが、法人識別事項が登記事項として追加されました。法人識別事項を登記事項とすることで、

他の法人との区別を容易にし、2026（令和8）年4月1日に施行が予定されている住所変更登記の義務化（⇨Q8-5）の際に職権による住所等の変更登記を円滑に行うことができます。

　法人識別事項とは、会社法人等番号を有する法人については会社法人等番号、会社法人等番号を有しない外国の法令によって設立された法人については設立準拠法国、これらに該当しない法人については設立根拠法をいいます。

法人識別事項が会社法人等番号の場合

順位番号	登 記 の 目 的	受付年月日・受付番号	権 利 者 そ の 他 の 事 項
2	所有権移転	令和X7年8月9日 第256号	原因　令和X7年8月9日売買 所有者　甲市北町一丁目2番3号 　　甲　株　式　会　社 **会社法人等番号　0100-01-123456**

（2）国内連絡先

　所有権の登記名義人が海外に居住している、外国人が不動産を購入した等、所有権の登記名義人が日本国内に住所を有しないケースが増加していることもあり、所有権登記名義人と連絡をとりやすくするために日本国内における連絡先が登記事項となりました。

　具体的には日本国内における連絡先となる者一名について、氏名や住所等が登記事項となり、日本国内における連絡先となる者がいない場合には、その旨を登記する必要があります。

自然人の氏名・住所を国内連絡先事項とする場合

順位番号	登 記 の 目 的	受付年月日・受付番号	権 利 者 そ の 他 の 事 項
2	所有権移転	令和X9年10月11日 第5678号	原因　令和X9年10月11日売買 所有者　A国B州C通り123 　　山　川　太　郎 **国内連絡先　甲市南町一丁目2番3号** **　海　野　太　郎**

（3）外国人の場合にはローマ字氏名

　外国人が所有権の保存・移転の登記、所有権の登記名義人の氏名変更の登記等を申請する場合には、ローマ字氏名を申請情報の内容として登記記録に記録するよう申し出るものとされました。

所有権移転登記と同時に併記する場合

順位番号	登記の目的	受付年月日・受付番号	権利者その他の事項
5	所有権移転	令和X8年1月10日 第3456号	原因　令和X8年1月10日売買 所有者　甲市南町二丁目3番4号 　　　　ジョン・スミス（JOHN SMITH）

(4) 旧氏の併記の申し出が可能に

　日本国籍を有する者が所有権の保存・移転の登記、所有権の登記名義人の氏についての変更の登記等を申請する場合には、旧氏の併記を申し出ることができるようになりました。

所有権移転登記と同時に併記する場合

順位番号	登記の目的	受付年月日・受付番号	権利者その他の事項
5	所有権移転	令和X9年2月11日 第5678号	原因　令和X9年2月11日売買 所有者　甲市東町一丁目2番3号 　　　　山　川　一　郎（海　野　一　郎）

Q 8-5 住所等変更登記の義務化とは

A 住所等変更登記の義務化　これまでは、所有権登記名義人の氏名・名称および住所（以下、「住所等」といいます）に変更があっても、変更登記は義務ではなく、変更登記が行われず放置されることが、所有者不明土地の原因のひとつとなっていました。

　そこで、令和3年民法・不動産登記法等の改正で、住所等の変更登記の申請が義務化され、変更があった日から2年以内に登記名義人が正当な理由なく変更登記の申請をしないと、5万円以内の過料のペナルティを受けることになりました（改正不動産登記法76条の5、2026（令和8）年4月1日施行予定）。

職権による変更登記の導入　住所等の変更は頻繁に生じるので、変更登記の負担を軽減するため、登記官が住基ネット等で住所等の変更の情報を取得し、職権で所有権登記名義人の住所等の変更登記を行う仕組みが導入されました（改正不動産登記法76条の6、2026（令和8）年4

月1日施行予定)。

自然人と法人で多少手続が異なります。

自然人については、本人による申し出がある場合に限って職権による登記が行われます。まずは氏名・住所・生年月日等の情報をあらかじめ法務局に提供しておき、その情報をもとに法務局が定期的に住基ネットに照会します。住所等の変更があった場合には、法務局から登記名義人に住所等の変更登記をしてよいかの確認があり、了解があった場合に職権による住所等の変更登記が行われることになります。これは最新の住所を公示することが適当でない場合（DV被害者等）があるためです。

法人については、自然人のように職権による住所等の変更登記をすることについて登記名義人への意思確認は行われません。この職権による法人の住所等の変更登記を行う前提として、どの法人が所有権の登記名義人として記録されているかを厳格に特定する必要があることから、2024（令和6）年4月1日以降、所有権の登記名義人が法人である場合には法人識別事項も登記事項として追加されました（⇨Q8-4）。

Q 8-6 権利変動の先後優劣は

A **先後優劣の基準** 権利変動の先後優劣は、実際に行われた時間的順番ではなく、登記された順番で決まります。ですから、権利変動に関する甲区および乙区の登記では、その順番が重要です。

（権利の順位）

第4条 同一の不動産について登記した権利の順位は、法令に別段の定めがある
場合を除き、登記の前後による。

2 付記登記（かっこ内省略）の順位は、主登記（かっこ内省略）の順位により、
同一の主登記に係る付記登記の順位は、その前後による。

（登記の前後）

不動産登記規則第2条 登記の前後は、登記記録の同一の区（かっこ内省略）に
した登記相互間については順位番号、別の区にした登記相互間については受付
番号による。

（第2項省略）

同じ区での判定 　若い順位番号の登記が時間的に前なので、同じ区（甲区ま
たは乙区）での権利の優劣を判定するには、順位番号を利
用します。例をあげて説明しましょう。

順位4番　　所有権移転登記………所有者A
順位5番　　所有権移転仮登記……権利者B
順位6番　　差押登記
順位7番　　所有権移転登記………所有者C

順位7番のCの所有権移転登記より、5番の所有権移転仮登記や6番の差
押登記のほうが早いので、仮登記が本登記になったり、差押にもとづいて売却
されると、これらの登記に後れる所有権移転登記にもとづく所有者Cは、そ
の所有権を失います。

別の区との判定 　先後優劣の判定は、実際にはそう簡単ではありません。な
ぜなら、同じ区だけでなく、別の区である甲区の権利と乙
区の権利をクロスさせながら、優劣を判定しなければならないからです。

この場合は、同一区内での相対的順位を示すだけの順位番号は、役に立ちま
せん。甲区・乙区を通じて絶対的な基準となる、登記の受付年月日および受付

264　第8章　所有権に関する登記

番号（⇨Q8-4）により、先後優劣を判定します。次の例で説明しましょう。

	順位番号	登記の目的	受付年月日・受付番号	権利者
甲区	4	所有権移転	平成5年1月30日 第3345号	所有者A
	5	所有権移転仮登記	平成14年12月10日 第12645号	権利者B
	6	差押	平成15年12月25日 第12563号	権利者E銀行
	7	所有権移転	平成16年8月12日 第6568号	所有者C
乙区	1	抵当権設定	平成5年1月30日 第3346号	抵当権者D銀行
	2	抵当権設定	平成10年8月10日 第4565号	抵当権者E銀行
	3	賃借権設定	平成16年1月25日 第3123号	賃借権者F
	4	抵当権設定	平成16年8月12日 第6569号	抵当権者G銀行

　競売（甲区6番差押）を申し立てた乙区2番抵当権者E銀行は、先順位の乙区1番抵当権者D銀行に劣後するため、D銀行が競売の売却代金から自己の債権を回収した残額からしか配当を受けられません（⇨Q10-3）。両者の優劣は、同じ乙区内なので、順位番号により判定できます。

　しかし、乙区3番のFの賃借権は、別の区である甲区とクロスさせながら判定します。Fの賃借権（平成16年1月25日受付）は、甲区の差押（平成15年12月25日受付）に後れるため、競売にもとづく売却により、その登記は抹消されます。その結果、賃借権者Fは、競売で買い受けたCに、不動産を明け渡さなければなりません。

受付と受理　「受付」と類似する用語に「受理」があります。受付は、「登記の申請の受付をしなければならない」（法19条1項）とあるように、申請の当否を判断することなく、「受付」の処理を機械的に行います。それに対して受理は、登記官が申請内容を審査し、却下事由に当たらない（適法）と判断して登記手続を行うことです。つまり受け付けられた登記申請が、必ずしもすべて受理されるとは限らず、却下されることもあります。

第2節 保存と移転の登記

Q 8-7 所有権保存登記とは

A 所有権の登記　所有権に関する登記は、所有権保存登記、所有権移転登記およびその仮登記（⇨Q12-1）があります。また、これらの登記に対して、各種変更・更正登記および抹消登記が行われます。

保存登記　所有権保存登記は、その不動産についてはじめてする所有権の登記です。

所有権保存登記（たんに、保存登記ともいう）は、新たにできた不動産に自ずから生じる所有権の帰属を明確にし、その者の権利を保全する登記です。

保存登記には、登記原因はありません（ただし、マンションについては、Q6-7参照）。

> （所有権の保存の登記の登記事項等）
> 第76条　所有権の保存の登記においては、第59条第3号の規定にかかわらず、登記原因及びその日付を登記することを要しない。（以下省略）
> （第2項、第3項省略）

登記手続　所有権保存登記の前提として、表題登記が必要です。表題登記は義務ですが、所有権保存登記は任意です。所有権保存登記をはじめとする権利に関する登記は、登記による対抗力を得て自分の権利を守るためであり、登記するかしないかは、各人の自由に任せます。

所有権保存登記をしたとき、表題部末尾の所有者の表示（⇨Q4-4）は、抹消されます（抹消された登記例は、179ページ参照）。

所有権保存登記により、甲区がつくられます。つまり、所有権保存登記は、権利に関する登記の出発点であり、順位番号は必ず１番です。抵当権設定など乙区の登記は、所有権保存登記のあとではじめて行うことができます。

> **ストーリー**　太郎は、マイホームが完成間近になり、融資を受ける銀行から、建物を担保に入れるために登記が必要だといわれた。ハウスメーカーに専門家の紹介を頼むと、土地家屋調査士が来て建物の測量をし、建築確認書類を預かって帰った。そのあとで司法書士が来て、保存登記の準備をした。

所有権保存登記

順位番号	登 記 の 目 的	受付年月日・受付番号	権 利 者 そ の 他 の 事 項
1	所有権保存	令和 X1年９月25日 第12345号	所有者　甲市東町一丁目２番３号 　　山　川　太　郎

申請者　保存登記を申請できる者は、表題部所有者が原則ですが、相続人などの一般承継人（⇨Q1-4）も申請できます。特例として、所有権確認の確定判決を得た者、収用により所有権を取得した者も申請可能です。また、債権者代位（⇨Q2-8）により、債権者が保存登記を申請できます。

　マンションの場合、表題登記はマンション業者が行うので、表題部所有者はマンション業者（⇨Q6-3）となりますが、保存登記は、マンションの購入者が行います（⇨Q6-7）。

（所有権の保存の登記）

第74条　所有権の保存の登記は、次に掲げる者以外の者は、申請することができない。

① 　表題部所有者またはその相続人その他の一般承継人

② 　所有権を有することが確定判決によって確認された者

③ 　収用（かっこ内省略）によって所有権を取得した者

2 　区分建物にあっては、表題部所有者から所有権を取得した者も、前項の登記を申請することができる。（以下省略）

268　第８章　所有権に関する登記

Q 8-8 保存登記にあたり注意すべきことは

A　マイホームを取得して登記するときは、登記名義人の構成（共有持分）を、各人が実際に支出した金額と整合するようにします。両者が一致しないと、贈与税の課税の対象になるからです。例で説明しましょう。

　5,000万円のマンションを買い、夫が4,000万円、妻が1,000万円を支出しました。本当は夫婦ふたりでお金を出したのに、夫だけの名義で保存登記したとします。この登記に従うと、妻は自分が支出した1,000万円を夫に贈与したとみなされて、贈与税が課税される可能性があります。つまり、実際に支出した金額と持分に対応する金額が違う場合、その差額が贈与とみなされます。

　この事態を避けるために、保存登記の名義人を支出の割合に従ったものにする必要があり、更正登記を行って、ふたりの名義に訂正します。原因は錯誤とし、日付の記載はありません。

ストーリー　　太郎と花子は、マイホームを建てるにあたっての建築代金を出し合った。建物ができたあと、あまり深く考えずに太郎名義で保存登記をしたが、花子が出した分は贈与となって税金がかかるといわれ、ふたりが出した金額に見合うように、登記を訂正した。

所有権の更正登記

順位番号	登 記 の 目 的	受付年月日・受付番号	権 利 者 そ の 他 の 事 項
1	所有権保存	令和X1年9月25日 第12345号	所有者　甲市東町一丁目2番3号 　山 川 太 郎
付記1号	1番所有権更正	令和X1年11月15日 第13456号	原因　錯誤 共有者 　甲市東町一丁目2番3号 　持分5分の4 　山 川 太 郎 　甲市東町一丁目2番3号 　5分の1 　山 川 花 子

第2節　保存と移転の登記　269

8-9 所有権移転登記とは

所有権移転登記は、所有権が移転したことを示す登記で、最後の所有権移転登記欄の名義人が、登記上での現在の所有者です。

所有権移転登記の原因は、売買や相続が一般的ですが、そのほか多種多様なものがあります。それらについては、第5節（305ページ以下）で説明します。

所有権移転登記

順位番号	登記の目的	受付年月日・受付番号	権利者その他の事項
1	所有権移転	令和X1年5月8日 第235号	原因　令和X1年5月8日売買 所有者　甲市東町一丁目2番3号 　　　　山　川　太　郎
2	所有権移転	令和X3年9月25日 第12345号	原因　令和X3年9月25日売買 所有者　乙市北町二丁目3番4号 　　　　海　野　次　郎

8-10 中間省略登記とは

概要　所有権移転登記を行う際の便法として、中間省略登記があります。売主Aと買主Bの間で売買契約を締結し、次いでBがCとの間でその不動産の売買契約を締結したときに、中間者Bへの所有権移転登記を省略して、Aから直接Cへ登記することを、中間省略登記といいます。

登記は、権利変動の過程を忠実に記録すべきであり、またBは、自分名義に登記をしないと、第三者に所有権を対抗できないので、中間省略登記は、通常あまり見かけません。しかし、不動産業者間などの取引では、Bの登記費用が節約できるメリットがあるため、行われることがありました。

改正法での扱い　2005（平成17）年3月の不動産登記法改正前は、登記申請の技術的取扱いにより、中間省略登記が可能でした。しか

し、改正法では一部の例外を除き、登記の原因を記載した書面（登記原因証明情報⇨Q15-2）を提供しなければならなくなり、事実上、中間省略登記は困難となりました。すなわち、登記原因証明情報として、「AとBとの売買契約があり、またBとCとの売買契約があるので、所有権がAからCへ移転した」旨を記載したものは、認めない扱いをします。

　しかし、中間省略登記が慣行として定着していたため、取扱いの見直しがなされて、現在は、中間省略登記と同等の効果を生む契約手法（第三者のためにする契約など）が考え出され、それが定着しつつあります。

第**3**節 共有に関する登記

Q 8-11
共有・単有、持分とは

A 所有権の持ち方には、ひとりで持つ単有と複数で持つ共有があります。
なお、賃借権のような所有権以外の権利の場合は、準共有といいます。

共有者が持つ権利の割合を持分といい、たとえば「持分2分の1」のように分数で表します。

登記を記録するにあたり、所有権が共有のときは、名義人の肩書きは「所有者」でなく、「共有者」とします。また、「持分」という言葉は、最初の共有者だけに表示し、それ以降は省略します。

ストーリー 太郎と花子は共働きの夫婦で、それぞれが稼いだ分は、各人の名義で預金してある。マイホーム建築にあたり、それぞれの預金から費用を出し合って建築代金を支払った。その支出割合に応じて、建物を共有名義で登記した。

共有の所有権保存登記

順位番号	登 記 の 目 的	受付年月日・受付番号	権 利 者 そ の 他 の 事 項
1	所有権保存	令和X1年9月25日 第12345号	**共有者** 甲市青葉一丁目2番3号 **持分3分の2** 山 川 太 郎 甲市青葉一丁目2番3号 **3分の1** 山 川 花 子

272 第8章 所有権に関する登記

> **COLUMN** 持分のネズミ算
>
> 　登記の教科書に出てくる持分の数字は 2 分の 1 などが多く、分母の数字が膨大な例は、あまり載っていません。しかし実際は、分母が大きな数字となることがあります（それに伴い分子も）。筆者が最近扱った例では、2,142万分の642万2,409 があります。
>
> 　持分移転の理由はさまざまですが、一番ポピュラーなのは、相続によるものです。相続人が 3 人いて均等に分割すれば、 3 分の 1 ずつになり、次の相続も同じようであれば、1/3×1/3＝1/9 になります。
>
> 　贈与税の基礎控除額（現在は110万円）の範囲内で土地の共有持分を贈与することがあり、その結果として分母が大きくなり、一挙に万単位の分母が出現することがあります。さらに、個人や同族会社間で、さまざまな事情により持分をやりとりすることもあります。
>
> 　このようなことを繰り返すうちに、持分の数字は、まさしくネズミ算的に増大していきます。筆者が取り扱った例では、当初の分母の数字は 7 でしたが、それが63になり、さらに126、1,260……と増大し、最終的に21,420,000 に辿り着きました。

8-12
共有の法律関係は

設例　共有の概念を理解するために、100㎡の土地を A と B ふたりで持つことを考えてみましょう。この場合、以下のふたつの方法があります。

① 　50㎡ずつに分けて、それぞれを各自が単有で持つ
② 　100㎡全体をふたりで共有する

これを図示すると、以下のとおりです。両者は、一見たいして違わないようですが、処分の自由さでは決定的に違います。いわば、所有権の権利の量は同

第 3 節　共有に関する登記　273

じなのですが、その質が違います。

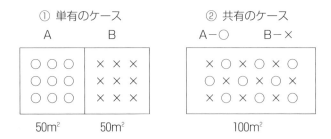

両者の違い　①の単有のケースは、A・Bの持つ土地は明確に区分され、ふたりは、それぞれの部分を自由に使い、処分できます。

これに対し②の共有のケースは、各人が持っている範囲を決められず、なにしろ全体を満遍なくふたりで持ち合っています。ですから、全体を単独で自由に使ったり処分できず、何をするにもふたりの合意が必要です。各人が自由に使用・処分できるようにするためには、①のようにはっきりと分ける（共有物分割という）しかありません。

ホテルにたとえれば、A・Bがシングルルームを単独で使うのと、ふたりで2倍の広さのあるツインルームを共同で使うようなものでしょう。

不動産を共有で持つことは、必ずしも勧められません。相続の際に兄弟ふたりで遺産分割する場合を考えてみましょう。この場合、①・②のふたつのやり方が可能ですが、②の共有は、ふたりの間にトラブルが発生したときに、面倒なことになります。

共有の法律関係　以上からわかるように、共有という法律関係には厄介な面があり、次のような点を指摘できます。

① 共有持分は、自由に譲渡することができる
② 共有物の処分・変更（軽微変更を除く）には、共有者全員の合意が必要である
③ 共有者は、共有物分割により、共有関係を解消できる

なお、令和3年の民法の改正により、Q1-24の④に記載のように、共有物

の管理や変更の円滑化を図る仕組みが整備されました。

所在等不明共有者　　　共有者のうちにさまざまな調査をしても氏名や住所が判明しない人（所在等不明共有者）がいると、共有関係の解消が困難となるケースが多くありました。また、共有する不動産を売却するには共有者全員で行う必要があるため、共有者のうちに所在等不明共有者がいると、共有不動産を買いたいという人が現れても他の共有者は不動産を売却することができずにいました。そこで、2021（令和3）年の民法改正により次のような規定が設けられました。

　ある土地をA・Bが2分の1ずつの割合で共有し、Bが所在等不明共有者であるという例で説明します。

（1）所在等不明共有者の持分の取得

　Aは裁判所へ申立てをし、Bの持分をAに取得させる旨の決定を得て、Bの持分を取得することができます。Aは裁判手続において、Bの持分の時価相当額を考慮して裁判所が定める金額を供託することが必要です。これにより、不動産の共有関係は解消され、Aが単独で土地を所有することになります。

（2）所在等不明共有者の不動産の持分の譲渡

　Aは裁判所に対し、B以外の共有者であるAが第三者Cに対して持分全部を譲渡することを条件に、Bの持分をCに譲渡する権限をAに与える旨の裁判を求めることができます。Aは裁判手続において、不動産全体の時価相当額やBの持分を考慮して裁判所が定める金額を供託することが必要です。

　譲渡の権限を得たAは、裁判の確定日から原則として2か月以内に共有不動産の売買等の契約をします。これにより、共有不動産全体を売却することが可能であり、不動産はCが所有することになります。

第3節　共有に関する登記　275

**8-13
共有持分移転に関する登記は**

 登記例 共有持分の所有権移転登記には、3つのパターンがあり、それらをまとめた登記例をあげます。

共有持分の所有権移転登記

順位番号	登 記 の 目 的	受付年月日・受付番号	権 利 者 そ の 他 の 事 項
2	所有権移転	令和X1年5月8日 第235号	原因　令和X1年5月8日売買 所有者　甲市東町一丁目2番3号 　　　　A
3	所有権一部移転	令和X2年2月15日 第1234号	原因　令和X2年2月15日贈与 **共有者**　甲市西町二丁目3番4号 　　**持分5分の1**　B
4	A持分一部移転	令和X3年3月25日 第2345号	原因　令和X3年3月25日贈与 **共有者**　甲市西町二丁目3番4号 　　**持分5分の1**　B
5	A持分全部移転	令和X4年5月20日 第3456号	原因　令和X4年5月20日贈与 **所有者**　甲市西町二丁目3番4号 　　**持分5分の3**　B

所有権一部移転　Aが単有である所有権の一部(持分)をBに移転するとき、登記の目的は、「所有権一部移転」で、移転を受けたBについて、「共有者　持分5分の1　B」とします(登記例、順位3番)。

　言うまでもなく、「所有権の一部移転」は、土地の一部を分割して移転するのではなく、所有権全体の一部(すなわち持分)を移転することです。

　なお、Q8-9で、最後の欄の所有権移転登記の名義人が現在の所有者と説明しましたが、共有の場合は、すべての持分所有者が所有者(共有者)です。

　Bへの持分移転の結果、Aの持分は5分の4に減少します。順位2番の登記における所有者A(つまり、ひとりで所有している)の表示は、その時点の状態を示します。順位3番の登記で持分が減少したからといって、順位2番の表示は、「持分5分の4」に変更されません。

　このように、持分の移転があった場合、現時点の各共有者の持分を把握するためには、持分の増減を自分で計算しなければなりません。

持分一部移転　さらに、Aが共有持分の一部である5分の1をBに移転するときは、すでにAは所有権全部ではなく、5分の4の共有持分を持っているにすぎません。よって、この場合の登記の目的は、「A持分一部移転」です。移転を受けたBの表示は、前回と同じく、「共有者　持分5分の1　B」です（登記例、順位4番）。

この時点でのBの持分は、順位3番の登記による5分の1と順位4番の登記による5分の1を合わせた5分の2となり、Aの持分は5分の3です。

持分全部移転　さらに、Aが残りの持分5分3すべてをBに移転するときは、「A持分全部移転」で、移転を受けたBの肩書は、持分をすべて持って単独所有となったので、「所有者　持分5分の3　B」とします（登記例、順位5番）。

Q 8-14 共有持分の放棄とは

共有持分の放棄とは、共有者のひとりが自分の持分を放棄することで、下記ストーリーのようなケースがあります。放棄した持分は、他の共有者に持分割合に応じて移転します。

> （持分の放棄および共有者の死亡）
> 民法第255条　共有者の一人が、その持分を放棄したとき、または死亡して相続人がないときは、その持分は、他の共有者に帰属する。

ストーリー　花子は、太郎と次郎との三人兄弟で、現在は他家に嫁いでいる。母が亡くなったとき、実家を子供たち三人で相続した。実家は、母の死後ずっと空き家だったが、このたび兄たちふたりで有効利用を考えることになった。自分は遠く離れているし財産もいらないので、兄たちふたりで自由に決められるように、持分を放棄した。

第3節　共有に関する登記

持分の放棄

順位番号	登記の目的	受付年月日・受付番号	権利者その他の事項
2	所有権移転	令和X1年9月25日 第12345号	原因　令和X1年5月10日相続 共有者 　甲市青葉一丁目2番3号 　持分6分の3 　　山　川　太　郎 　甲市北町二丁目3番4号 　　6分の2 　　山　川　次　郎 　乙市南町三丁目4番5号 　　6分の1 　　海　野　花　子
3	海野花子持分全部移転	令和X3年7月5日 第8965号	原因　令和X3年7月5日持分放棄 共有者 　甲市青葉一丁目2番3号 　持分30分の3 　　山　川　太　郎 　甲市北町二丁目3番4号 　　30分の2 　　山　川　次　郎

　不動産を所有（または共有）していることを、「登記の名義は、○○になっている」（上記のケースでは、3人の名義になっている）といいます。持分を放棄（この場合、海野花子）することを、登記の名義を3人から2人に直したとか、海野花子の名義を抜いたということがあります。

8-15 共有物分割とは

　共有物分割とは、共有の不動産を、持分に応じて各人の単独所有にするために分割することです。つまり、共有物分割の目的は、分割そのものではなく、その結果としての共有関係の解消です。

　A・Bが共有する土地の共有物分割を行うときは、まず土地を持分に応じて2筆に分筆します。分筆により新しくできた土地の甲区には、共有状態の登記が転記されます。

　次に、共有物分割によりAの単独所有になる土地には、「B持分全部移転」、

「所有者　持分○分の○　　A」とします。逆に、Bの単独所有になる土地には、「A持分全部移転」、「所有者　持分○分の○　　B」とします。原因日は、分割協議の成立した日です。

ストーリー　　一郎と次郎は、父が所有する土地に、それぞれ自宅を建てて住んでいる。父の死後、相続でもめることもなかったし、あまり深く考えずに兄弟ふたりの共有名義で登記した。しかし、あとでよく考えてみると、共有は何かと面倒なので、共有物の分割をして各人単独の所有にした。

共有物分割（山川一郎所有となる土地）

順位番号	登記の目的	受付年月日・受付番号	権利者その他の事項
1	所有権移転	令和X1年9月25日 第12345号	原因　令和X1年5月10日相続 共有者 　甲市東町一丁目2番3号 　持分2分の1 　山川一郎 　甲市西町二丁目3番4号 　2分の1 　山川次郎
2	山川次郎持分全部移転	令和X3年1月8日 第235号	原因　令和X3年1月8日共有物分割 所有者　甲市東町一丁目2番3号 　持分2分の1 　山川一郎

共有物分割（山川次郎所有となる土地）

順位番号	登記の目的	受付年月日・受付番号	権利者その他の事項
1	所有権移転	令和X1年9月25日 第12345号	原因　令和X1年5月10日相続 共有者 　甲市東町一丁目2番3号 　持分2分の1 　山川一郎 　甲市西町二丁目3番4号 　2分の1 　山川次郎
2	山川一郎持分全部移転	令和X3年1月8日 第235号	原因　令和X3年1月8日共有物分割 所有者　甲市西町二丁目3番4号 　持分2分の1 　山川次郎

第3節　共有に関する登記　279

8-16
共有物分割禁止の定めとは

共有者は、共有となっている不動産を分割しない、と取り決めることができます。

（共有物の分割請求）
民法第256条　各共有者は、いつでも共有物の分割を請求することができる。ただし、5年を超えない期間内は分割をしない旨の契約をすることを妨げない。
2　前項ただし書の契約は、更新することができる。ただし、その期間は、更新の時から5年を超えることができない。

この取り決めを、共有物分割禁止の定めまたは共有物不分割特約といい、それを登記できます。分割禁止の期間は、5年を超えない範囲で更新できます。

（共有物分割禁止の定めの登記）
不動産登記法第65条　共有物分割禁止の定めに係る権利の変更の登記の申請は、当該権利の共有者であるすべての登記名義人が共同してしなければならない。

ストーリー　太郎は、父親が住んでいた土地を、二郎とともに相続し、それぞれ持分2分の1を持っている。二郎は、さまざまな事情からその土地を売却して換金したいらしく、共有物分割の意向を暗に示している。

長男である太郎は、できたら父親が苦労して手に入れた土地を残したいが、面積が半分になると有効利用が難しくなるので、二郎の持分の買い取りを考えている。数年のうちには資金の手当てができそうなので、それまでの間、共有物分割禁止の特約を結び、それを登記で確実にした。

共有物不分割特約

順位番号	登記の目的	受付年月日・受付番号	権利者その他の事項
2	所有権移転	令和 X1年 9 月25日 第12345号	令和 X1年 5 月25日相続 共有者 　甲市青葉一丁目 2 番 3 号 　持分 2 分の 1 　山　川　太　郎 　甲市青葉二丁目 3 番 4 号 　2 分の 1 　山　川　二　郎
付記 1 号	1 番所有権変更	令和 X2年 1 月20日 第3456号	原因　令和 X2年 1 月20日特約 特約　 5 年間共有物不分割

第4節 相続・贈与に関する登記

Q 8-17 相続の概要は

相続　相続とは、被相続人（死んだ者）の財産権や義務が、死亡により相続人（相続する権利のある者）に移転することです。

相続人　相続人は、法律上、配偶者（夫から見た妻、妻から見た夫）、被相続人の子供・親・兄弟姉妹に限られます（法定相続人という）。

配偶者は、つねに相続人になりますが、ほかの者が相続人になるかどうかは、子供の有無や親の生死により、次の順位に従って変わります。なお、「子供がいない」とは、もともと子供がいないことです。子供がいたけれど死んでしまった場合は、その子供の子供が相続権を引き継ぎます。

- 第1順位……被相続人に子供がいる場合は、子供（死亡の場合は孫）。
  この場合は、被相続人の親や兄弟が相続人になることはありません。
- 第2順位……被相続人に子供がなく、親が生きている場合は、親（死亡の場合は祖父母）。
  被相続人に子供がいない場合は、配偶者と親が相続人になります。配偶者がいない場合は、親だけが相続人になります。なお、親が死んで祖父母が存命の場合は、祖父母が相続人になります。
- 第3順位……被相続人に子供がなく親も死亡し、被相続人の兄弟姉妹がいる場合は、兄弟姉妹（死亡している兄弟姉妹に子供がいる場合は、その子供）。
  この場合は、配偶者と被相続人の兄弟姉妹が相続人になりま

す。配偶者がいない場合は、兄弟姉妹だけが相続人になります。

代襲相続　代襲相続とは、たとえば被相続人Ａの子供Ｂが、Ａより先に死亡していた場合に、Ｂの子供（Ａの孫）が、Ｂに代わって相続人になることです。Ｂに子供が複数いても、代襲相続人の相続する権利は、全体でＢの相続分となります。また、Ｂの子供で死亡している者がいる場合は、その子供（Ａのひ孫）が代襲相続人になります（再代襲相続）。

　代襲相続は、兄弟姉妹が相続人になる場合にも認められます。しかし兄弟姉妹の場合は、その子供（Ａの甥・姪）までという制限があり、甥・姪がＡより先に死亡している場合は、たとえその甥・姪に子供がいたとしても、その者が相続人になることはありません。

法定相続分　この場合の「法定」という言葉は、法律で定められ必ず従わなければならないという意味ではなく、法律で一応の基準を定めておくけれど、当事者間の協議で自由にそれを変更できる、という意味です。

　被相続人に子供がいる場合は、配偶者と子供（全体）が、それぞれ２分の１を相続します。配偶者がいない場合は、子供が全部を相続します。

　それぞれの場合における法律で定めた相続割合（法定相続分）は、次のとおりです。

	配偶者がいる場合		配偶者がいない場合
	配偶者	該当血族	該当血族
第1順位	$\frac{1}{2}$	$\frac{1}{2}$を人数で分ける	全部を人数で分ける
第2順位	$\frac{2}{3}$	$\frac{1}{3}$を人数で分ける	全部を人数で分ける
第3順位	$\frac{3}{4}$	$\frac{1}{4}$を人数で分ける	全部を人数で分ける

遺産分割の仕方　遺産分割の仕方は、遺言の有無により変わります。まず、遺言がない場合について説明しましょう。

遺言がない場合 遺言がない場合は、相続人全員が話し合いで遺産分割を行います。この場合、法定相続分にとらわれずに自由に分割できます。法定相続分通りの分割が行われることは、実際にはそれほど多くありません。

相続人全員で話がまとまれば、遺産分割協議書を作成します。遺産分割協議書には、誰が何を相続するかを明記し、相続人全員が署名・押印します。次ページに遺産分割協議書の例をあげます。

遺言がある場合 遺言がある場合、正確にいえば法的に有効な遺言がある場合は、遺言者の意思に従って遺産分与を行い、法定相続人以外にも分与できます。

法定相続人に分与したくないとき、あるいは法定相続人以外の者に分与したいときは、遺言を書いておく必要があります。ただし、あとで説明する遺留分（⇨Q8-27）の制限があります。

Q 8-18 一般的な相続の登記は

A 2段階の登記 相続は死亡によって開始し、遺言がない場合、相続財産は、その時点で相続人による法定相続分の割合での共有状態になります。その後の遺産分割協議により、各相続人への相続財産の帰属が確定します。

登記手続上は、相続の第1段階として、法定相続分による共有登記を行い、第2段階として、遺産分割協議において決められた相続人名義にするために、所有権の更正登記を行います。この第2段階の登記は2023（令和5）年3月31日以前は共同申請による持分全部移転登記が必要でしたが、登記実務の運用の見直しにより簡略化され、登記権利者の単独申請による所有権の更正の登記によることができることになりました。

このような2段階の相続登記はあまり行われておらず、遺産分割協議の成立

遺産分割協議書

遺産分割協議書

　被相続人海野太郎の遺産については、同人の相続人の全員において分割協議を行った結果、各人がそれぞれ次のとおり遺産を分割し、取得することに決定した。

１．相続人　海野花子が取得する財産
　(1)　甲市南町３番　　　　　宅地　　　　　　　　　　　　　965.23m²
　(2)　甲市南町３番地　　　　家屋番号３番　木造二階建居宅　延145.02m²
　(3)　定期預金　　　　　　　東日本銀行甲支店　　　　　　1,276,526円
　(4)　生命保険　　　　　　　東日本生命　　　　　　　　20,000,000円
　(5)　退職金　　　　　　　　乙山商事　　　　　　　　　15,000,000円
　(6)　家庭用財産　　　　　　　　　　　　　　　　　　　　　　一式

２．相続人　東　和子が取得する財産
　(1)　普通預金　　　　　　　東日本銀行甲支店　　　　　　10,523,001円
　(2)　生命保険　　　　　　　東日本生命　　　　　　　　　6,000,000円

３．相続人　海野　洋が取得する財産
　(1)　甲市西町１番　　　　　宅地　　　　　　　　　　　　　685.46m²
　(2)　甲市西町２番　　　　　宅地　　　　　　　　　　　　　300.12m²
　(3)　現金　　　　　　　　　　　　　　　　　　　　　　　100,000円
　(4)　普通預金　　　　　　　あおば銀行本店　　　　　　　7,650,476円
　(5)　生命保険　　　　　　　東日本生命　　　　　　　　　4,000,000円

４．相続人の債務については、次のとおり承継する。
　　　債務の種類　　　　　債権者　　　金額　　　　　承継人　　　承継する金額
　(1)　借入金　　　　　　中央銀行　2,650,057円　　海野花子　　2,650,057円
　(2)　公租公課(固定資産税)　甲市　　 442,500円　　海野花子　　　442,500円
　(3)　葬式費用　　　　　　　　　　3,000,000円
　　　　　　　　　　　　　　　　　　　　　海野花子・洋、東　和子　各1,000,000円

　上記のとおり相続人全員による遺産分割の協議が成立したので、これを証するため本書を作成し、次に各自署名押印する。

　令和X2年１月15日

　　　　　　　　　　　　　　　　　　　甲市南町１丁目２番３号
　　　　　　　　　　　　　　　　　　　　海　野　花　子　㊞
　　　　　　　　　　　　　　　　　　　乙市東町１丁目23番４号
　　　　　　　　　　　　　　　　　　　　東　　　和　子　㊞
　　　　　　　　　　　　　　　　　　　甲市西町３丁目５番６号
　　　　　　　　　　　　　　　　　　　　海　野　　　洋　㊞

後に、その協議で不動産を取得することになった相続人名義に直接移転登記を行うケースが多く見受けられます。しかし、相続登記申請の義務化（⇨Q8-28）の影響により、今後は2段階の相続登記が行われるケースが増える可能性があります。

> **ストーリー**　古くからの資産家である海野家は、各所に土地を持っているが、太郎の死後、相続人の間で遺産分割の話し合いがつかない状態が続いていた。相続税支払いのために一部の土地を売る必要が生じたが、土地の相続による所有権移転登記が未了のままでは、買主への所有権移転登記ができないので、ひとまず法定相続分による共有割合での登記を行った。

法定相続分による相続

順位番号	登 記 の 目 的	受付年月日・受付番号	権 利 者 そ の 他 の 事 項
1	所有権移転	平成X1年1月10日 第256号	原因　平成X1年1月10日売買 所有者　甲市南町一丁目2番3号 　　　海 野 太 郎
2	所有権移転	令和X2年3月15日 第2345号	原因　令和X1年9月20日相続 共有者 　甲市南町一丁目2番3号 　持分4分の2 　海 野 花 子 　乙市西町三丁目5番6号 　4分の1 　海 野 一 郎 　丙市北町二丁目3番4号 　4分の1 　海 野 二 郎

分割協議による登記　いったん法定相続分による登記をしたあとに、遺産分割協議にもとづく登記をする場合は、次の登記例のようになります。原因は遺産分割、原因日は遺産分割協議が成立した日です。

> **ストーリー**　上記のように法定相続分による登記をして、一部の土地の売却をクリアしたあと、相続税の申告期限間近になってようやく分割協議がまとまり、それに従って、それぞれの土地を各相続人の単独名義にした。

遺産分割協議による相続

順位番号	登　記　の　目　的	受付年月日・受付番号	権　利　者　そ　の　他　の　事　項
1	所有権移転	平成X1年1月10日 第256号	原因　平成X1年1月10日売買 所有者　甲市南町一丁目2番3号 　海　野　太　郎
2	所有権移転	令和X2年3月15日 第2345号	原因　令和X1年9月20日相続 共有者 　甲市南町一丁目2番3号 　持分4分の2 　海　野　花　子 　乙市西町三丁目5番6号 　4分の1 　海　野　一　郎 　丙市北町二丁目3番4号 　4分の1 　海　野　二　郎
付記1号	2番所有権更正	令和X2年6月20日 第5678号	原因　令和X2年6月1日遺産分割 所有者 　甲市南町一丁目2番3号 　海　野　花　子

　なお、同じ遺産分割でも、法定相続分による登記を経由することなく、一挙に遺産分割協議にもとづく登記をする場合の原因は、「相続」です。

COLUMN　紛らわしい襲名

　襲名とは、「先代の名跡を継ぐこと」（大辞林）であり、歌舞伎役者や落語家だけでなく、旧家（とくに商家）でも行われます。芸名の場合は、ほとんどは本名を変えずに名跡を継ぐだけですが、旧家の場合は、本名そのものも改名する例が多いようです。

　戸籍法第107条の2の規定によれば、「正当な事由によって名を変更しようとする者は、家庭裁判所の許可を得て、その旨を届け出なければならない」とされ、改名理由のひとつとして、家の当主として、代々その名前を名乗っていることがあげられます。

　この襲名により、紛らわしいことが起きます。経験談をお話ししましょう。登記簿を見ていたら、地元の旧家の当主が所有名義人となっ

ていました（その名前を、かりに紀伊国屋文左衛門としましょう）。登記原因は、昭和30年代の売買による所有権移転です。ずいぶん若いときに土地を買ったものだと思いましたが、「いや待てよ」と考えました。

登記簿に記載されている名義は、先代の紀伊国屋文左衛門であり、それから現在の紀伊国屋文左衛門（ジュニア）への相続登記が未了なのではないかと思いました。事情を調べてみると、やはり推測した通りでした。

登記の取扱いでは、登記名義人に「紀伊国屋文左衛門（6代目）」のような、かっこ書きの記載は認められません。もしそれが許されても、外部の人間には、現在が何代目かわからないので、やはり判別はつかないでしょうが。

8-19 数次相続とは

概要 一般に、所有権移転登記は、その原因となる事柄が起きるとすぐ行うのに対して、相続による所有権移転は、登記されないまま長い間放置されることがあります。

売買の場合、不動産を取得した者は、登記による対抗力を得ようとすぐ登記します。それに対し相続は、前所有者（被相続人）は死亡しており（つまり、二重売買のようなことは起きない）、財産を受ける側も身内のため、急いで登記する必要がないからです。

そのために、相続の登記をする前に、次の相続が、さらにはその次の相続が起きることもあります。このように複数の相続が続くことを、数次相続といいます。

設例 次の例は、海野太郎から海野和夫が相続し、さらに当人について相続が起きた例です。このように複数回起きている相続について、いっぺ

んに登記することができます。ただしそれが可能なのは、中間の相続が、ひとりだけ（このケースでは海野和夫）で行われる場合に限ります。

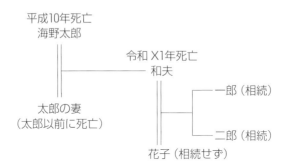

ストーリー　和夫は、父の太郎が亡くなって財産を相続したが、他に相続人がいないので、相続登記をしないままにしていた。和夫の死後、妻の花子は、たいして財産があるわけでもないし、自分の死後に再び相続するのも面倒だからと、息子たちふたりに不動産を相続させた。相続登記をしようとしたところ、前の相続登記が終わってないので、2回分の登記が必要だといわれた。

数次相続

順位番号	登記の目的	受付年月日・受付番号	権利者その他の事項
1	所有権移転	昭和40年1月10日 第256号	原因　昭和40年1月10日売買 所有者　甲町字乙山3番地 　　　　海　野　太　郎
2	所有権移転	令和X1年11月20日 第12345号	原因　平成10年12月25日海野和夫相続令和X1年8月8日相続 共有者 　甲市東町一丁目2番3号 　持分2分の1 　　海　野　一　郎 　乙市西町三丁目5番6号 　　2分の1 　　海　野　二　郎

第4節　相続・贈与に関する登記　289

Q 8-20 家督相続とは

A 家督相続とは、旧民法（1898（明治31）年7月16日から1947（昭和22）年5月2日まで施行）の「家」制度にもとづく相続です。家制度は、家に戸主を置き、戸主が家を統率します。戸主が死亡したり、隠居（生前に戸主の地位からおりる）したりすると、次に戸主になる者が、家督相続により一切の権利義務を承継します。つまり、遺産分割することなく、その家のすべての財産を単独で相続します。

そのため相続の登記は、全財産について、家督相続を原因に一括して登記すれば済みます。かりに明治時代から何代も相続登記がなされていなくても、家督相続を原因とする登記を連続させて、現行民法の時代まで所有権を移転してくることができます。

家督相続の登記例を次に掲げますが、上述のように2代の家督相続のあと、現行民法における通常の相続が行われた例です。

ストーリー 海野太郎の死後、長男の和夫が家督を継ぎ、その後は、一郎が家督を継いだ。当時、家督相続は当たり前だったので、相続登記をすることもなかった。昭和50年に一郎が死ぬと、権利意識の高まりもあって、長男の洋だけがすべての財産を相続するわけにはいかず、相続人が協議して遺産を分けた。その分割協議に従って、洋が古くからの自宅を相続した。

家督相続

順位番号	登記の目的	受付年月日・受付番号	権利者その他の事項
1	所有権移転	明治30年1月10日 第256号	原因　明治30年1月10日売買 所有者　甲町字乙山3番地 　　　　海野　太郎
2	所有権移転	昭和50年9月25日 第12345号	原因　大正3年1月20日海野和夫家督相続昭和15年8月20日海野一郎家督相続　昭和50年3月16日相続 所有者　乙市北町二丁目3番4号 　　　　海野　洋

8-21
相続人が不明の場合は

 相続財産清算人を選任　相続人や受遺者（⇨Q8-25）がいるかどうかはっきりしない場合は、相続財産を管理・清算する者を選任する必要があります。具体的には、家庭裁判所に対して、相続財産清算人の選任を申し立てます。

（相続財産法人の成立）
民法第951条　相続人のあることが明らかでないときは、相続財産は、法人とする。

（相続財産の清算人の選任）
第952条　前条の場合には、家庭裁判所は、利害関係人または検察官の請求によって、相続財産の清算人を選任しなければならない。
2　前項の規定により相続財産の清算人を選任したときは、家庭裁判所は、遅滞なく、その旨および相続人があるならば一定の期間内にその権利を主張すべき旨を公告しなければならない。この場合において、その期間は、6か月を下ることができない。

ストーリー　太郎と花子は内縁関係にあったが、太郎には相続人に当たる親族はいなかった。太郎の死亡後、花子は遺産整理を行おうとして弁護士に相談したところ、花子には遺産整理の権限はなく、法律に従った一連の手続が必要といわれた。

　まず、不動産については、登記名義人の氏名変更の登記を行います。登記申請人は相続財産清算人で、登記申請書に、家庭裁判所の相続財産清算人を選任した審判書（登記原因証明情報および資格証明書の役目をします）を添付します。
　登記の結果、「所有者」でなく「登記名義人」となり、「亡○○○○相続財産」

となります。なお、登記原因は、被相続人が死亡した日付における「相続人不存在」です。

相続人不存在

順位番号	登記の目的	受付年月日・受付番号	権利者その他の事項
2	所有権移転	昭和55年1月10日 第256号	原因　昭和55年1月10日売買 所有者　甲市東町一丁目2番3号 　　　　山　川　太　郎
付記1号	2番登記名義人氏名変更	令和X1年8月15日 第12345号	原因　令和X1年6月25日相続人不存在 登記名義人　亡山川太郎相続財産

相続財産清算人　　通常は弁護士が相続財産清算人に選ばれて、相続人を探し出す努力をします。それと同時に、相続財産清算人は、被相続人の財産（不動産、動産、債権および債務）を調査し、債権債務の清算を行います。

　法に定められた一連の手続を経て相続人が見つからないときは、相続人の不存在が確定します。この場合、特別縁故者は相続財産の分与を申し立てることができます。この後の動きについては、次のQで、別途説明します。

　特別縁故者がいない場合や、財産分与の申立てが認められなかった場合、さらに特別縁故者への財産分与後に残った財産がある場合、財産は国に帰属します。

国庫帰属の例外　　ただし例外として、不動産が共有関係にあった場合があります。死亡したAのほかに、BとCがそれぞれ3分の1ずつ持分を持っているようなケースです。この場合は国庫に帰属せずに、Aの持分を共有者で均等に（3分の1の半分の6分の1）分配して、BとCに帰属させます。

（持分の放棄および共有者の死亡）
民法第255条　共有者の1人が、その持分を放棄したとき、または死亡して相続人がないときは、その持分は、他の共有者に帰属する。

292　第8章　所有権に関する登記

共有者が死亡した場合の特別縁故者不存在による移転

順位番号	登 記 の 目 的	受付年月日・受付番号	権 利 者 そ の 他 の 事 項
2	所有権移転	平成 X1 年 9 月 25 日 第12345号	原因　平成 X1 年 9 月 25 日売買 共有者 甲市青葉一丁目 2 番 3 号 持分 3 分の 1 　山　川　太　郎 乙市東二丁目 3 番 4 号 3 分の 1 　海　野　花　子 丙市西三丁目 4 番 5 号 3 分の 1 　山　川　次　郎
付記 1 号	1 番登記名義人氏名変更	令和 X2 年 5 月 25 日 第1234号	原因　令和 X2 年 2 月 1 日相続人不存在 共有者山川太郎の登記名義人　亡山川太郎相続財産
3	亡山川太郎相続財産持分全部移転	令和 X3 年10月 3 日 第10123号	原因　令和 X3 年 9 月15日特別縁故者不存在確定 共有者　乙市東二丁目 3 番 4 号 持分 6 分の 1 　海　野　花　子 丙市西三丁目 4 番 5 号 6 分の 1 　山　川　次　郎

権　利　部（甲　区）（所　有　権　に　関　す　る　事　項）

所有者不明土地・建物管理制度

令和 3 年民法改正により新たな管理制度が創設されました。既存の相続財産清算人等による財産管理制度は「人」を単位としています。そのため財産管理の業務量が多く、期間も長期になりがちであり、裁判所へ納付する予納金の負担も重くなっていることから、特定の土地・建物のみに特化した「物」を単位とする財産管理人（所有者不明土地管理人・所有者不明建物管理人）を選任することができるようになりました。

調査を尽くしても、所有者を知ることができず、またはその所在を知ることができない土地または建物について、必要があると認めるときには、利害関係人（公共事業の実施者、隣地所有者等）は不動産所在地の地方裁判所に所有者不明土地（建物）管理命令を申し立てることができます。裁判所は、所有者不明土地（建物）管理命令をする際に、所有者不明土地（建物）管理人を選任し、

対象の土地（建物）に所有者不明土地（建物）管理命令の登記を嘱託します。

所有者不明土地管理命令

順位番号	登 記 の 目 的	受付年月日・受付番号	権 利 者 そ の 他 の 事 項
2	所有者不明土地管理命令	令和X1年1月13日 第256号	原因　令和X1年1月10日甲地方裁判所決定

　対象となる土地（建物）の管理処分権は所有者不明土地（建物）管理人に専属し、管理人は保存・利用・改良行為をする権限があり、裁判所の許可を得れば、この土地（建物）を売却することもできます。

8-22
特別縁故者への財産分与とは

特別縁故者　　特別縁故者とは、被相続人と特別の縁故があった者で、内縁関係にあった者、被相続人の介護を行った者などが該当します。

　まず、特別縁故者への財産分与を規定する民法の条文を掲げましょう。

（特別縁故者に対する相続財産の分与）

民法第958条の2　前条の場合において、相当と認めるときは、家庭裁判所は、被相続人と生計を同じくしていた者、被相続人の療養看護に努めた者、その他被相続人と特別の縁故があった者の請求によって、これらの者に、清算後残存すべき相続財産の全部または一部を与えることができる。

2　前項の請求は、第952条第2項の期間の満了後3か月以内にしなければならない。

財産分与手続　　上記条文の「前条（第958条）の場合」とは、相続人捜索の公告をして、一定期間の経過により相続人の不存在が確定した場合で、この場合、特別縁故者への財産分与の手続をとることができます。

　特別縁故者は、相続人捜索の公告期間が満了して、相続人の不存在が確定し

た後3か月以内に、家庭裁判所に財産分与の申立てをします。裁判所は、相続財産の内容、縁故関係、被相続人への貢献の程度、分与の相当性などを総合的に勘案して、財産分与に関する審判を行います。分与を受けた場合、「民法第958条の2の審判」を原因とする所有権移転登記を行います。

なお、財産分与は、自然に受けられるものではなく、自分から申立てをしなければなりません。

ストーリー　（Q8－21に続く）手続を尽くしたが、結局、太郎の相続人は見つからなかった。「長年連れ添ったあなたは、財産をもらうことができる」といわれて、花子は財産分与の申立てをした。

民法第958条の2の審判

順位番号	登記の目的	受付年月日・受付番号	権利者その他の事項
2	所有権移転	昭和55年1月10日 第256号	原因　昭和55年1月10日売買 所有者　甲市青葉一丁目2番3号 　　　　山　川　太　郎
付記1号	2番登記名義人氏名変更	令和X1年8月15日 第12345号	原因　令和X1年6月25日相続人不存在 登記名義人　亡山川太郎相続財産
3	所有権移転	令和X2年12月15日 第15368号	原因　令和X2年12月10日民法第958条の2の審判 所有者　甲市青葉一丁目2番3号 　　　　海　野　花　子

8-23 特定登記未了土地の登記とは

2018（平成30）年11月15日、法務省および国土交通省が所管する「所有者不明土地の利用の円滑化等に関する特別措置法」の一部が施行されました。

これにより、登記官が、所有権の登記名義人の死亡後長期間（政令で定める期間：現在10年）にわたり相続登記がされていない土地について、亡くなった人の法定相続人等を探索したうえで、職権で、長期間相続登記が未了である旨

等を登記に付記し、法定相続人等に登記手続を直接促すなどの不動産登記法の
特例が設けられました。

（特定登記未了土地の相続登記等に関する不動産登記法の特例）

所有者不明土地の利用の円滑化等に関する特別措置法第44条 登記官は、起業者
その他の公共の利益となる事業を実施しようとする者からの求めに応じ、当該
事業を実施しようとする区域内の土地につき、その所有権の登記名義人に係る
死亡の事実の有無を調査した場合において、当該土地が特定登記未了土地に該
当し、かつ、当該土地につきその所有権の登記名義人の死亡後10年以上30年以
内において政令で定める期間を超えて、相続登記等がされていないと認めると
きは、当該土地の所有権の登記名義人となり得る者を探索したうえ、職権で、
所有権の登記名義人の死亡後長期間にわたり相続登記等がされていない土地で
ある旨、その他当該探索の結果を確認するために必要な事項として法務省令で
定めるものを、その所有権の登記に付記することができる。

（第2項ないし第4項省略）

　この特例の対象となる土地は、公共の利益となる事業の円滑な遂行を図るた
め、当該土地の所有権の登記名義人となり得る者を探索する必要があるものと
限定されており、この土地を特定登記未了土地といいます。

　特定登記未了土地の登記簿には、付記登記で「登記の目的」欄に「長期相続
登記等未了土地」、「権利者その他の事項」欄に「作成番号」と付記登記を行っ
た日付が記録されます。

　ちなみにこの「作成番号」とは、法務局に保管される調査対象となった登記
名義人の法定相続人情報（法定相続人に関する家系図のようなもの）に付された
番号です。

権　利　部　（　甲　区　）　（所　有　権　に　関　す　る　事　項）			
順位番号	登　記　の　目　的	受付年月日・受付番号	権　利　者　そ　の　他　の　事　項
1	所有権移転	昭和18年7月18日 第19567号	原因　昭和10年9月30日家督相続 所有者　甲市青葉一丁目2番3号 　　　山　川　太　郎
付記1号	長期相続登記等未了土地	余白	作成番号　第3700－2018－0002号 令和X1年5月15日付記

この登記が行われた後に、登記官は、調査で判明した相続人に対し、相続登記を促す通知を送付します。

通知を受けた相続人が相続登記を行うときには、法務局に備え付けられた法定相続人情報を添付書類として利用することができる特典があり、相続人自身が戸籍等の調査を行う手間を省くことができます。

8-24 贈与とは

A 贈与とは、無償で物の財産権を与えることです。ただで物をあげることは、普通は考えづらいことであり、贈与の当事者が特別な関係（親子、夫婦など）にあったり、贈与者に特別な意思がある場合に行われます。

税法の特例として、結婚後20年以上が経過したとき、配偶者に対して自宅を贈与する場合、国税庁が定める評価方法にもとづく評価額が2,000万円までは、贈与税の課税対象となりません。

ストーリー 太郎は、花子と結婚してから25年になるが、結婚後20年経つと配偶者に、贈与税の負担なしで贈与できる特例があると聞いて、限度額の2,000万円に相当する自宅の共有持分を、花子に贈与した。

贈与

順位番号	登記の目的	受付年月日・受付番号	権利者その他の事項
2	所有権移転	平成X1年1月10日 第256号	原因　平成X1年1月10日売買 所有者　甲市青葉一丁目2番3号 　　　　山　川　太　郎
3	所有権一部移転	令和X2年5月10日 第4368号	原因　令和X2年5月10日贈与 共有者　甲市青葉一丁目2番3号 　　　　持分2分の1 　　　　山　川　花　子

第4節　相続・贈与に関する登記　297

Q 8-25
遺贈とは

A 遺贈とは、遺言によって、財産を他人に贈与することです。生前に財産を贈与する生前贈与と一対の関係にあります。

遺贈を受ける者を、受遺者といいます。相続人に限らず、誰でも受遺者になることができます。ですから、遺贈は、法定相続人以外の者、たとえば内縁の妻、長男の嫁などに財産を譲る手段として有効で、相手は個人でなく法人でもかまいません。

受遺者が、遺言をした者より先に死んだ場合、受遺者に関する遺言部分は無効になります。受遺者の相続人が、遺贈の権利を受け継ぐことはありません。

ストーリー 太郎の長男の嫁である花子は、夫を早く亡くしたが、その後も婚家を守り、姑である太郎夫婦の面倒をよくみている。都会に出て盆暮にしか帰ってこない息子たちより、よほど頼りがいがあり、太郎は花子に財産を分けてあげたいと思っている。花子は相続人ではなく、相続はできないが、遺言を書けば大丈夫といわれ、遺言により花子に自宅を譲った。

遺贈

順位番号	登 記 の 目 的	受付年月日・受付番号	権 利 者 そ の 他 の 事 項
2	所有権移転	平成 X1年 1 月10日 第256号	原因　平成 X1年 1 月10日売買 所有者　甲市青葉一丁目 2 番 3 号 　　　山　川　太　郎
3	所有権移転	令和 X2年 9 月15日 第5368号	原因　令和 X2年 5 月10日遺贈 所有者　甲市青葉一丁目 2 番 3 号 　　　山　川　花　子

所有権移転の原因は遺贈とし、原因日は遺贈の効力が生じた日、すなわち遺言者（被相続人）が死亡した日です。

なお、2021（令和 3 ）年の不動産登記法の改正前は共同申請をする必要がありましたが、改正後は相続人に対する遺贈に限り、受遺者（登記権利者）が単独で申請することができるようになりました。

298　第 8 章　所有権に関する登記

Q 8-26 死因贈与とは

A 概要 遺贈と似たものに、死因贈与契約があります。契約ですから、あげる者（贈与者）ともらう者（受贈者）の合意により成立します。両当事者の合意により行う点で、あげる者単独の意思表示で一方的にできる遺贈と異なります。

私が死んだら住んでいる家をあげる、というように、死亡を原因とする贈与を約束します。その際、その代わりに病気の妻の面倒をみてくれ、というような条件を付けることもできます（負担付贈与）。

登記原因は、生前における通常の贈与と同じく「贈与」ですが、原因日は、贈与者の死亡日です。

確実に行う方法 死因贈与契約は、贈与者の死亡により有効となり、贈与対象財産は、受贈者のものとなります。しかし、相続人が死因贈与契約が存在することを知らないことも多く、受贈者と相続人との間でトラブルが生じる可能性があります。

そのため死因贈与契約は書面で行い、同時に贈与を受ける者を執行者に定めておくことが確実な方法です。また、贈与契約を結んだときに、死亡を停止条件とする始期付所有権移転の仮登記をして、権利移転を確実に行うことができます。

ストーリー 次郎は、父の太郎から、「自分が死んだら、あの土地をあげる」といわれたので、遺言を書いてはっきりしてくれるよう頼んだが、本人は面倒がって遺言をつくろうとしない。専門家に相談したら、「死んだら、その土地を贈与する」という契約をすればよい、といわれた。

死因贈与

順位番号	登記の目的	受付年月日・受付番号	権利者その他の事項
2	所有権移転	平成X1年1月10日 第256号	原因　平成X1年1月10日売買 所有者　甲市青葉一丁目2番3号 　　　　山　川　太　郎
3	始期付所有権移転仮登記	令和X1年9月25日 第12345号	原因　令和X1年9月25日贈与（始期山川太郎の死亡） 権利者　甲市東町一丁目2番3号 　　　　山　川　次　郎
	所有権移転	令和X3年1月23日 第123号	原因　令和X2年11月15日贈与 所有者　甲市東町一丁目2番3号 　　　　山　川　次　郎

8-27 遺留分減殺とは

A 遺留分

遺留とは、死後に残すという意味です。遺留分は、被相続人が、相続人（兄弟姉妹を除く）に対して、法律の規定にもとづき必ず残さなければならない（相続人の立場から見れば、必ずもらうことができる）、相続財産総体に対する一定割合です。財産総体に対する割合ですから、実際に個々の相続人がもらうことができる分は、遺留分に法定相続分を乗じたものです。

財産は、遺言によって自由に処分できるのが原則ですが、無制限ではなく、遺留分に相当する分は、法律上は、すべての相続人がもらうことができます。つまり相続人は、遺言で財産をまったくもらえなくても、遺留分に相当する財産を請求できます。「法律上は」と書いたのは、自分の意志でもらわないこともできるからです。

配偶者・子供・父母には遺留分が認められますが、兄弟姉妹には認められません。遺留分は法律で定められており、相続人の構成により異なり、次のとおりです。
- 相続人が、父母・祖父母だけのとき……… 3分の1
- それ以外の場合…… 2分の1

相続人が、父母・祖父母だけというケースは、実際にはほとんどないので、

300　第8章　所有権に関する登記

配偶者と子供 3 人が相続人となるケースで説明します。

この場合の遺留分は、上記の「それ以外の場合」にあたり、2 分の 1 です。配偶者の遺留分は、財産総体に対する遺留分の 2 分の 1 に、法定相続分 2 分の 1 を乗じた 4 分の 1 となります。3 人いる子供各人の遺留分は、財産総体に対する遺留分 2 分の 1 に、子供全体の法定相続分 2 分の 1 を乗じ、さらに一人あたりへの配分となる 3 分の 1 を乗じた数字、すなわち12分の 1 となります。

［配偶者と子供 3 人が相続人の場合の遺留分］

$$\text{● 配偶者の遺留分} \quad = \quad \text{総遺産} \quad \times \quad \underset{\text{遺留分}}{\frac{1}{2}} \quad \times \quad \underset{\text{法定相続分}}{\frac{1}{2}} \quad = \quad \text{総遺産の} \frac{1}{4}$$

$$\text{● 子供 1 人の遺留分} = \quad \text{総遺産} \quad \times \quad \frac{1}{2} \quad \times \frac{1}{2} \times \frac{1}{3} = \quad \text{総遺産の} \frac{1}{12}$$

遺留分減殺請求　相続により実際に取得した財産が遺留分より少ないことを、遺留分の侵害といいます。自分の遺留分が侵害されても、侵害された人間がそれでよいと思えば、それはそれでかまいません。

侵害されたことに納得がいかないとき、遺留分を取り戻すためには、侵害している人間に対して、自分から遺留分減殺の請求をしなければなりません。何もしないで黙っていても、遺留分を自然にもらえるわけではありません。

請求は、相続開始または減殺の対象となる贈与・遺贈があったことを知ったときから 1 年以内にしなければなりません。

このように、遺留分減殺という登記原因は、相続人の間で争いがあったことを示すものです。

なお、2018（平成30）年の相続法改正により、2019（令和元）年 7 月 1 日以降に開始した相続については、遺留分を侵害された場合の請求は、遺留分侵害額に相当する金銭の請求となりました。そのため、相続財産である不動産を取戻して取得するということはなくなり、遺留分減殺という登記原因により不動産の持分や所有権を取得することは、生じないことになります。

しかし、以前に登記されたものは今後も残っているので、本書では、登記例を載せます。

第 4 節　相続・贈与に関する登記　301

登記例 以下の登記例は、遺留分減殺により、ある不動産を単独所有の形で取得した例ですが、共有持分を取得することもあります。遺留分減殺の原因日は、減殺の請求をした日です。

ストーリー 太郎には2人の息子があり、長男の一郎は農家を継ぎ、次男の二郎は、都会に出てサラリーマンをしている。太郎の死後、遺言が見つかり、全財産を一郎に譲ると書いてあった。二郎は、大学を出してもらって都会にいる自分は、農家を守っている長男と平等に財産をもらおうとは思っていないが、まったくゼロというのは納得がいかない。

遺留分減殺

順位番号	登記の目的	受付年月日・受付番号	権利者その他の事項
2	所有権移転	昭和50年1月13日 第123号	原因　昭和50年1月13日売買 所有者　甲市東町一丁目2番3号 　　　　山　川　太　郎
3	所有権移転	平成X1年6月20日 第6789号	原因　平成X1年1月10日遺贈 所有者　甲市東町一丁目2番3号 　　　　山　川　一　郎
4	所有権一部移転	平成X2年9月25日 第12345号	原因　平成X1年11月20日遺留分減殺 共有者　乙市北町三丁目3番4号 　　持分4分の1　山　川　二　郎

8-28 相続登記申請の義務化とは

A　相続登記申請の義務化　これまでは、不動産の所有者が死亡して相続が開始しても、相続により不動産の所有権を取得した人は、いつまでに登記をしなければならないという義務はありませんでした。

しかし相続登記を促進するため、令和3年民法・不動産登記法等の改正により、相続や遺贈（相続人への遺贈に限る）により不動産の所有権を取得した人は、取得を知った日から3年以内に相続登記の申請を行う義務を負うことにな

りました。さらに改正法では、遺産分割協議が成立した場合にその内容をふまえた登記申請をすることも義務づけています。

　正当な理由がなく登記申請を怠ると、10万円以下の過料のペナルティを受けるので、注意が必要です。

相続登記申請義務の負担軽減策　他方、この義務の負担軽減のため、「相続人申告登記」が新設されました。

　相続登記の申請は、法定相続人の範囲および法定相続分の割合を明らかにするために、被相続人の出生から死亡までの戸籍等が必要で、煩雑だったのですが（全相続人および法定相続分が登記されます）、相続人申告登記は、登記官に、所有権の登記名義人が死亡したこと、および自分が相続人であることがわかる戸籍等を添付して申し出れば、登記名義人死亡の日に相続が開始したこと、および申告した人が相続人であることだけが登記され、それにより、その相続人は相続登記申請義務を履行されたものとみなすことにしたのです。

　また、死亡した人が所有していた不動産を相続人が知らないために、相続登記漏れが生じることがあったので、それを防ぐために、特定の者が所有権登記名義人となっている不動産の一覧表を証明書として発行する「所有不動産記録証明制度」が新設されました（2026（令和8）年2月2日施行予定）。この証明書は、相続登記が必要な不動産の把握を容易にするだけでなく、自己所有不動産の一般的な確認方法としても利用可能です。

相続人申告登記（単有の登記名義人の相続人が単独でした相続人申出の場合）

順位番号	登 記 の 目 的	受付年月日・受付番号	権 利 者 そ の 他 の 事 項
2	所有権移転	平成X1年1月10日 第256号	原因　平成X1年1月10日売買 所有者　甲市南町一丁目2番3号 　　海 野 太 郎
付記1号	相続人申告	令和X6年6月15日 第1234号	原因　令和X6年6月15日申出 相続開始年月日　令和X6年5月10日 海野太郎の相続人として申出があった者 　甲市南町一丁目2番3号 　　海 野 花 子

具体的な義務の履行方法　相続が開始して不動産の所有権を取得したことを知ってから3年以内に遺産分割協議が成立しな

第4節　相続・贈与に関する登記　303

かった場合（①）と成立した場合（②）に分けて相続登記の義務の履行方法を説明します。また、③で遺言書が存在する場合を説明します。

　一般的には以下で説明する登記を申請することになると考えますが、具体的にどのような登記をして義務を履行するかは個別の事情によります。

①　3年以内に遺産分割協議が成立しなかった場合

　3年以内に相続人申告登記の申し出または法定相続分による相続登記をします。その後に遺産分割協議が成立した場合には、成立後3年以内に協議の内容をふまえた登記を申請する必要があります。

②　3年以内に遺産分割協議が成立した場合

　3年以内に遺産分割協議の内容をふまえた登記申請をします。

③　遺言書が存在する場合

　遺言により不動産を取得したことを知ってから3年以内に遺言の内容をふまえた登記申請をします。

304　第8章　所有権に関する登記

第5節 所有権移転の登記原因

Q 8-29 売買とは

A 売買とは、金銭と引換えに、物の財産権を授受することです。無償で授受する贈与とは、有償である点で異なります。売買は、所有権移転の登記原因の代表的なものです。

ストーリー 山川太郎は、定年後に自宅を建てるつもりで土地を買っておいたが、親の介護のために実家に帰ることになり、その土地を、隣に住む海野洋に売った。

売買

順位番号	登記の目的	受付年月日・受付番号	権利者その他の事項
2	所有権移転	平成 X1年 1 月10日 第256号	原因　平成 X1年 1 月10日売買 所有者　甲市青葉一丁目 2 番 3 号 　　　　山　川　太　郎
3	所有権移転	令和 X2年 5 月15日 第6578号	原因　令和 X2年 5 月15日売買 所有者　甲市青葉一丁目 2 番 4 号 　　　　海　野　洋

Q 8-30 交換とは

A 交換とは、物と物との財産権を移転しあうことです。通常は、物を手に入れるために対価として金銭を払いますが、物々交換というように、交換は、物に対して物を受け渡します。

　税法上の交換は、交換する不動産の価格など一定要件を満たす必要があり、

交換が、すべて税法上の交換に該当するわけではありません。

> **ストーリー** 太郎の土地と洋の土地は隣り合っているが、境界線が入り組んでいて利用にあたって不便である。今回、太郎が家を建て替えるにあたり、たがいの土地を交換して境界線を真っ直ぐにした。

交換

順位番号	登記の目的	受付年月日・受付番号	権利者その他の事項
2	所有権移転	平成X1年1月10日 第256号	原因　平成X1年1月10日売買 所有者　甲市青葉一丁目2番3号 　　　　山　川　太　郎
3	所有権移転	令和X2年5月15日 第6578号	原因　令和X2年5月15日交換 所有者　甲市青葉一丁目2番4号 　　　　海　野　洋

8-31
寄附とは

寄附は、無償で財産を渡す点では贈与と同じですが、その相手が主として公共・公益的団体である点が異なります。

実務では、道路を拡幅してもらう代わりに、市に土地を寄附するような登記例が多く見られます。

> **ストーリー** 太郎の家の前は私道で、幅も狭く舗装もされていない。町内会で市役所と話し合ったところ、道路拡幅部分を寄附すれば、市道に編入して舗装整備を行うとのことだった。

寄附

順位番号	登記の目的	受付年月日・受付番号	権利者その他の事項
2	所有権移転	平成X1年1月10日 第256号	原因　平成X1年1月10日売買 所有者　甲市青葉一丁目2番3号 　　　　山　川　太　郎
3	所有権移転	令和X1年9月27日 第12345号	原因　令和X1年9月25日寄附 所有者　甲　市

8-32 財産分与とは

財産分与は、離婚にあたって、相手方に財産を分け与えることです。財産分与の登記原因日は離婚の日以降であり、離婚前のときは贈与となります。

> （財産分与）
> **民法第768条** 協議上の離婚をした者の一方は、相手方に対して財産の分与を請求することができる。
> 　（第2項、第3項省略）

財産分与も資産の譲渡であることに変わりないので、分与する側が、譲渡所得の課税対象となります。なんとなく、分与を受ける（もらう）側に税金がかかるのではないかと思いがちなので、注意が必要です。

ストーリー　太郎は、この1年くらい自宅に寄り付かず、他の女性と暮らしている。妻の花子は離婚訴訟を起こし、離婚とともに、住んでいる自宅の財産分与を求めた。

財産分与

順位番号	登記の目的	受付年月日・受付番号	権利者その他の事項
2	所有権移転	平成X1年1月10日 第256号	原因　平成X1年1月10日売買 所有者　甲市青葉一丁目2番3号 　　　　山　川　太　郎
付記1号	2番登記名義人住所変更	令和X2年6月15日 第6543号	原因　令和X1年7月10日住所移転 住所　乙市山中二丁目5番6号 代位者　甲市青葉一丁目2番3号 　　　　山　川　花　子 代位原因　令和X2年5月25日判決による所有権移転登記請求権
3	所有権移転	令和X2年6月15日 第6544号	原因　令和X2年5月25日財産分与 所有者　甲市青葉一丁目2番3号 　　　　山　川　花　子

第5節　所有権移転の登記原因

8-33
民法第287条による放棄とは

まず、民法第287条を、その前提となる第286条とともに見てみましょう。

（承役地の所有者の工作物の設置義務等）

民法第286条　設定行為または設定後の契約により、承役地の所有者が、自己の費用で地役権の行使のために工作物を設け、またはその修繕をする義務を負担したときは、承役地の所有者の特定承継人も、その義務を負担する。

第287条　承役地の所有者は、いつでも、地役権に必要な土地の部分の所有権を放棄して地役権者に移転し、これにより前条の義務を免れることができる。

　下記のストーリーのように、通行地役権契約による承役地所有者が、承役地の管理が面倒なので、「どうぞ、好きにしてください」と、所有権を放棄して地役権者に渡す例が考えられます（地役権については、Q9－12を参照）。

ストーリー　太郎は、自宅の裏にある次郎の家から表の道路に通行するために、自分の土地の一部を通路として使わせ、地役権を設定している。先月の地震で通路の路肩が崩れてしまい、その修復が必要となった。もともと利用価値のない土地なので、お金をかけるよりは、これを機会に次郎にあげてしまおうと考えた。

民法第287条による放棄

順位番号	登記の目的	受付年月日・受付番号	権利者その他の事項
2	所有権移転	平成X1年1月10日 第256号	原因　平成X1年1月10日売買 所有者　甲市青葉一丁目2番3号 　　　　山　川　太　郎
3	所有権移転	令和X1年9月25日 第12345号	原因　令和X1年9月25日民法第287条による放棄 所有者　甲市青葉一丁目2番4号 　　　　海　野　次　郎

8-34 民法第646条第2項による移転とは

 民法第646条第2項は、委任を受けた者（受任者）が取得した物を、委任者に引き渡すことに関する規定です。

（受任者による受取物の引渡し等）
民法第646条　受任者は、委任事務を処理するにあたって、受け取った金銭その他の物を、委任者に引き渡さなければならない。その収取した果実についても、同様とする。
2　受任者は、委任者のために自己の名で取得した権利を、委任者に移転しなければならない。

例としては、開発事業者が開発予定地の地上げをする際に、地元業者に地上げを依頼し、土地を地元業者名義で順次取得し、最終的にまとまった段階で、開発事業者に所有権移転を行うケースが考えられます。原因の日付は、登記申請日です。

ストーリー　乙山不動産は、甲市で郊外型ショッピングセンターの開発を計画しているが、用地取得にあたって、自社の名前が出るのを避けるために、地元の不動産業者山川開発に土地の取りまとめを依頼した。用地取得が終了した段階で、山川開発から所有権の移転を受けた。

民法第646条第2項による移転

順位番号	登記の目的	受付年月日・受付番号	権利者その他の事項
2	所有権移転	令和X1年9月25日 第12345号	原因　令和X1年9月25日売買 所有者　甲市青葉一丁目2番3号 　　　　山　川　開　発　株　式　会　社
3	所有権移転	令和X3年5月12日 第5432号	原因　令和X3年5月12日民法第646条第2項による移転 所有者　乙市中央二丁目3番4号 　　　　株　式　会　社　乙　山　不　動　産

第5節　所有権移転の登記原因　309

8-35
委任の終了とは

町内会のような法人格を持たない団体（権利能力なき社団という）は、それ自体では法律行為ができません。そのため通常は、代表者（この場合は町内会長）の個人名で法律行為を行い、不動産の所有権登記は代表者名義で行います。

権利能力なき社団の代表者が変更になったときは、「委任の終了」を登記原因として、新しい代表者への所有権移転登記を行います。登記原因日は、後任者が選任された日です。

ストーリー　青葉町内会は、町内会館の用地を取得する際、町内会の名義では登記できないため、町内会長山川太郎の個人名義で登記をした。今回、町内会長が代わったので、新しい会長に登記名義を変えた。

委任の終了

順位番号	登記の目的	受付年月日・受付番号	権利者その他の事項
2	所有権移転	平成X1年9月25日 第12345号	原因　平成X1年9月25日売買 所有者　甲市青葉一丁目2番3号 　　　　山　川　太　郎
3	所有権移転	令和X3年5月20日 第5345号	原因　令和X3年5月10日委任の終了 所有者　甲市青葉一丁目8番5号 　　　　海　野　次　郎

8-36
時効取得とは

時効とは、ある事実状態が一定期間継続したならば、その事実状態を覆さないようにする制度です。

他人の不動産を、平穏かつ公然と、所有の意思を持って長期間占有している者は、時効によって所有権を取得できます。その期間は、善意であれば10年、

悪意であれば20年です。

　日常語では、善意および悪意という言葉は、善悪という道徳的意味合いを持ちますが、民法では、あることを知っているか否かを意味します。善意は「あることを知らないこと」、悪意は「知っていること」です。よく、「善意の第三者」という使い方をして、善意の人間を保護します。

　時効により取得したときは、時効取得を原因として所有権移転登記を行います。原因日は、時効の起算日です。

ストーリー　　太郎は、明治時代に建築された農家住宅を建替えようとしたところ、敷地の隅に他人名義の土地が入っていると指摘された。そんなことは親から聞いていないし、昔から自分の土地と思って使っていた。その土地を使うことについて、誰からも文句をいわれたことがないので、太郎は、時効取得が可能ではないかと思っている。

時効取得

順位番号	登 記 の 目 的	受付年月日・受付番号	権 利 者 そ の 他 の 事 項
2	所有権移転	平成 X1年 1 月10日 第256号	原因　平成 X1年 1 月10日売買 所有者　乙市北町三丁目 4 番 5 号 　　　　海　野　次　郎
3	所有権移転	令和 X1年 9 月25日 第12345号	原因　令和 X1年 4 月 1 日時効取得 所有者　甲市青葉一丁目 2 番 3 号 　　　　山　川　太　郎

第 5 節　所有権移転の登記原因　311

第6節 法人が関係する登記原因

8-37
会社の合併とは

合併で消滅した会社の所有不動産について、合併を原因として、存続会社への所有権移転登記を行います。

なお、土地の合筆の際に、「合併による所有権登記」（⇨Q4-23）がなされますが、会社の合併とは関係ありません。

会社の合併

順位番号	登記の目的	受付年月日・受付番号	権利者その他の事項
2	所有権移転	平成X1年1月10日 第256号	原因　平成X1年1月10日売買 所有者　乙市中央二丁目3番4号 　　　　乙　川　興　業　株　式　会　社
3	所有権移転	令和X1年9月25日 第12345号	原因　令和X1年8月30日合併 所有者　甲市東町一丁目2番3号 　　　　株　式　会　社　甲　山　商　事

8-38
現物出資とは

現物出資とは、会社の資本金に対して、金銭ではなく、不動産などの金銭以外の現物を出資することです。

ストーリー　太郎は、個人でアパート経営をしているが、そのための会社を新たにつくることにし、個人所有のアパートを現物出資した。

現物出資

順位番号	登記の目的	受付年月日・受付番号	権利者その他の事項
2	所有権移転	平成X1年1月10日 第256号	原因　平成X1年1月10日売買 所有者　甲市青葉一丁目2番3号 　　　　山川　太郎
3	所有権移転	令和X1年9月25日 第12345号	原因　令和X1年9月25日現物出資 所有者　甲市青葉一丁目2番3号 　　　　山川興産株式会社

8-39　寄附行為とは

寄附行為は、かつての財団法人に関する法律用語です。財団法人とは、一定の目的のために拠出された財産（金銭、不動産など）の集合体（集団）をいいます。

財団法人に関する法制度は、現在は、2008（平成20）年12月施行の「一般社団法人及び一般財団法人に関する法律」にもとづいていますが、寄附行為は、それ以前の法制度による概念です。その意味はふたつあります。

① 財産を拠出して、財団法人を設立する行為
② 設立にあたり、財団法人の目的など基本的事項を定めた規則、およびそれを記載した書面

「行為」という言葉から、②は違和感があります。ちなみに、上記法律の施行により、①は「財産の拠出」、②は「定款」としました。

旧制度では、財団法人の設立後、設立者から財産（不動産）を拠出する際、所有権移転登記の原因を「寄附行為」とし、その日付は財団設立の日とします。

なお、従来の財団法人は、上記法律に根拠をもつ一般または公益財団法人に移行しています。

ストーリー　軽井沢の広大な土地と別荘を引き継いだ太郎は、自分の死後の管理や相続で争いの種となるよりは、社会に役立つことに使ってもらいたいと考え、好きな音楽の振興を目的とする財団をつくった。

第6節　法人が関係する登記原因　313

寄附行為

順位番号	登記の目的	受付年月日・受付番号	権利者その他の事項
2	所有権移転	昭和55年1月10日 第256号	原因　昭和55年1月10日売買 所有者　甲市青葉一丁目2番3号 　　　　山　川　太　郎
3	所有権移転	平成10年9月25日 第12345号	原因　平成10年9月15日寄附行為 所有者　甲市中央二丁目3番4号 　　　　財団法人青葉会
	3番登記名義人名称変更	平成25年4月1日 第6789号	原因　平成25年4月1日名称変更 名称　一般財団法人青葉会

8-40
事業譲渡とは

事業譲渡とは不動産をはじめとする、営業のための資産および必要な人員などを譲渡する形で、会社の事業を他者に譲り渡すことです。

不採算部門整理のために特定部門だけを譲渡する場合と、事実上の破綻処理として、すべての事業を譲渡する場合があります。

ストーリー　　山川商会は地元では大手の販売会社だが、販売不振により会社の立て直しを考えざるを得なくなった。不採算部門を整理すればどうにか生き残れる見込みなので、不採算部門に関する不動産や人員などの一切を、乙山商事に譲渡した。

事業譲渡

順位番号	登記の目的	受付年月日・受付番号	権利者その他の事項
2	所有権移転	平成X1年1月10日 第256号	原因　平成X1年1月10日売買 所有者　甲市青葉一丁目2番3号 　　　　山　川　商　会　株　式　会　社
3	所有権移転	令和X1年9月25日 第12345号	原因　令和X1年9月25日事業譲渡 所有者　甲市西町三丁目4番5号 　　　　乙　山　商　事　株　式　会　社

Q 8-41
会社分割とは

A 会社分割とは、会社の特定の事業部門を分割して別の会社にすることで、その部門の事業、債権および債務のすべては、新会社に承継されます。

小規模だった事業部門が拡大して別会社として独立させる場合や、不採算部門を本体から切り離す場合などの、組織再編や企業再建などに利用されます。

ストーリー 山川電気は、回路基盤の製造部門が好調で、将来的に収益拡大が見込めるので、会社分割により、当部門を単独の事業体として独立させた。

会社分割

順位番号	登 記 の 目 的	受付年月日・受付番号	権 利 者 そ の 他 の 事 項
2	所有権移転	平成 X1年 1 月 10日 第256号	原因　平成 X1年 1 月 10日売買 所有者　甲市青葉一丁目 2 番 3 号 　　山 川 電 気 株 式 会 社
3	所有権移転	令和 X1年 9 月 25日 第12345号	原因　令和 X1年 9 月 25日会社分割 所有者　甲市西町三丁目 4 番 5 号 　　山川エレクトロニクス株式会社

第7節 官公署が関係する登記原因

8-42
物納とは

相続税を現金で納められない場合に、代わりに相続財産そのものを納めることを、物納といいます。

ストーリー 太郎は多くの土地を相続したが、相続税が多額で現金で払えないため、土地を物納した。

物納

順位番号	登記の目的	受付年月日・受付番号	権利者その他の事項
2	所有権移転	昭和55年1月10日 第256号	原因 昭和55年1月10日売買 所有者 甲市青葉一丁目2番3号 山川 一夫
3	所有権移転	令和X1年10月28日 第15368号	原因 令和X1年5月25日相続 所有者 甲市青葉一丁目2番3号 山川 太郎
4	所有権移転	令和X2年2月13日 第2756号	原因 令和X2年2月3日相続税の物納許可 所有者 財務省

8-43
収用とは

道路等の公共用地の買収は、ほとんど話し合いでまとまりますが、決着がつかない場合に法律に従って強制的に土地を取得することを、収用といいます。

収用は強制的に行うので、どんな事業でも許されるわけではなく、公共目的の事業に限られ、これを収用適格事業といいます。該当する事業は、土地収用

法3条に限定的に列挙されています。

任意の協議がまとまらないとき、事業主体は、都道府県に設置されている収用委員会に裁決の申請をします。収用委員会は、裁決手続開始の決定をして、登記を嘱託します。審理を行った後に、収用委員会の裁決により、土地を収用します。

ストーリー　甲県は、県道拡幅のための用地買収を行っているが、地権者の山川太郎は、まったく協議に応じようとせず、事業は暗礁に乗り上げてしまった。県はやむなく土地収用法による裁決を申請し、収用委員会は審理を行ったうえで裁決をし、土地の収用が実現した。

収用

順位番号	登記の目的	受付年月日・受付番号	権利者その他の事項
2	所有権移転	昭和55年1月10日 第256号	原因　昭和55年1月10日売買 所有者　甲市青葉一丁目2番3号 　　　　山　川　太　郎
<u>3</u>	収用裁決手続開始	令和X1年9月30日 第5678号	原因　令和X1年8月10日裁決手続開始 権利者　甲県
4	所有権移転	令和X2年6月30日 第12345号	原因　令和X2年6月25日収用 所有者　甲県
5	3番収用裁決手続開始登記抹消	余白	令和X2年6月30日4番の登記をしたので不動産登記法第118条第6項の規定により抹消

8-44
譲与とは

一般人が無償で財産を移転することを贈与といいますが、国や地方公共団体が行う場合は、譲与といいます。

譲与がクローズアップされたのは、地方分権推進のために、大量の国有地（法定外公共物⇨Q4-11）の譲与が行われたことです。

「地方分権の推進を図るための関係法律の整備等に関する法律」（地方分権一括法）にもとづき、里道・水路（⇨Q4-11）として使われている土地は、国より

第7節　官公署が関係する登記原因　317

地方公共団体に譲与されました。

里道・水路等として使われていないものは、2005（平成17）年4月以降、国が管理して順次払下げを行います。また、譲与を受けた市町村が、道路・水路等の用途を廃止して、払下げを行う場合もあります。

譲与

順位番号	登記の目的	受付年月日・受付番号	権利者その他の事項
1	所有権保存	平成X1年9月25日 第12345号	所有者　財務省
2	所有権移転	平成X1年9月25日 第12346号	原因　平成X1年9月10日譲与 所有者　甲　市

8-45 都市計画法第40条の規定による帰属とは

条文

帰属とは、「財産・権利が特定の人や団体の所属になること」です（角川最新国語辞典）。まず、都市計画法第40条の条文を見ましょう。

（公共施設の用に供する土地の帰属）

都市計画法第40条　開発許可を受けた開発行為または開発行為に関する工事により、従前の公共施設に代えて新たな公共施設が設置されることとなる場合においては、従前の公共施設の用に供していた土地で、国または地方公共団体が所有するものは、第36条第3項の公告（注：工事完了の公告）の日の翌日において、当該開発許可を受けた者に帰属するものとし、これに代わるものとして設置された新たな公共施設の用に供する土地は、その日において、それぞれ国または当該地方公共団体に帰属するものとする。

2　開発許可を受けた開発行為または開発行為に関する工事により設置された公共施設の用に供する土地は、前項に規定するものおよび開発許可を受けた者が自ら管理するものを除き、第36条第3項の公告の日の翌日において、前条の規定により当該公共施設を管理すべき者（中略）に帰属するものとする。

（第3項省略）

第1項は、開発行為における「付替え」といわれるものです。付替えとは、開発区域内にある道路や水路が現在も使われていて廃止できないときに、新たな道路や水路をつくり、それに付け替えて、従来の道路や水路を廃止することです。

開発行為により道路や水路の付替えを行ったときに、旧道路・水路は開発者に帰属し、新たにつくられた道路・水路は、地方公共団体に帰属します。

第2項は、もともと何もなかったところに、開発行為によって道路・水路や公園などを新たに設置した場合には、それらは地方公共団体に帰属するとしたものです。

第1項は交換、第2項は寄附と似ていますが、いずれも帰属という用語を用います。

ここでは、第1項の付替えについて、次ページ図表8−1により説明しましょう。

設例 従来は、開発区域内の中央部を南北に水路が走っていました（Ⓐの部分）。開発にあたってこの水路が支障となるので、付替えをします。水路を埋め立てて宅地とし、その代わりに、開発区域内の端に水路を新たにつくります（Ⓑの部分）。

Ⓐの部分は、開発工事完了とともに開発者に帰属し、Ⓑの部分は、地方公共団体に帰属します。

ストーリー 太郎の所有している土地が、郊外型店舗用地として開発されることになった。土地の中に農業用水路が流れているが、開発にあたって、それを埋め立てる必要がある。しかし、水路自体をなくすわけにはいかないので、開発地の端に移し換えた。

都市計画法第40条第1項の規定による帰属

順位番号	登 記 の 目 的	受付年月日・受付番号	権 利 者 そ の 他 の 事 項
2	所有権移転	平成 X1年 1 月10日 第256号	原因　平成 X1年 1 月10日売買 所有者　甲市青葉一丁目 2 番 3 号 　山 川 太 郎
3	所有権移転	令和 X2年10月27日 第12345号	原因　令和 X2年 9 月25日都市計画法第 　40条第 1 項の規定による帰属 所有者　甲　市

第 7 節　官公署が関係する登記原因　319

図表8-1 水路の付替えの例

8-46
農地法による所有権移転は

条文　農地法は2009（平成21）年に大幅な改正がなされましたが、以下は、改正前の農地法（昭和27年法律第229号）による取扱いです。

　国は、所有する農地を、用途を廃止したときは国に返還することを条件として、土地改良区等に無償で譲与できます（旧農地法74条の2第1項）。

　また、農地としての利用が相当でないと認めた土地を、売り払うことができます（旧農地法80条1項）。その条文は、次のとおりです。

（道路等の譲与）

旧農地法第74条の2　国は、第61条に掲げる土地等（注：売り渡すべき土地等）を同条の規定により売り渡すほか、同条に掲げる土地等のうち道路、水路、揚水機場もしくはため池（かっこ内省略）または道路等の用地であって農林水産大臣が定めるものを、その用途を廃止したときは、これを無償で国に返還することを条件として、市町村、土地改良区その他農林水産大臣の指定する者に譲与することができる。

（第2項ないし第4項省略）

（売払）

第80条　農林水産大臣は、第78条第1項の規定により管理する土地、立木、工作物または権利について、政令で定めるところにより、自作農の創設または土地の農業上の利用の増進の目的に供しないことを相当と認めたときは、省令で定めるところにより、これを売り払い、またはその所管換もしくは所属替をすることができる。

（第2項省略）

登記例　下記の登記例は、土地改良事業が行われた地区が、大規模ショッピングセンター用地として開発されたときの旧水路に関する登記の変

遷を示します。

　土地改良事業により水路となった土地が、土地改良区に譲与され、その後ショッピングセンター開発にともなう水路の用途廃止により国に返還され、その後、開発業者に売り払われた例です。

農地法による所有権移転

順位番号	登記の目的	受付年月日・受付番号	権利者その他の事項
1	所有権保存	昭和X1年9月27日 第12345号	所有者　農林水産省
2	所有権移転	昭和X2年6月27日 第13908号	原因　昭和X2年5月8日農地法第74条の2第1項による譲与 所有者　甲市乙町字丙川21番地 　　　　丙川土地改良区
3	所有権移転	平成X5年12月20日 第18590号	原因　平成X5年12月18日農地法第74条の2第1項による返還 所有者　農林水産省
4	所有権移転	平成X6年4月18日 第5384号	原因　平成X6年3月25日農地法第80条による売払 所有者　甲市乙町字丙川4番地 　　　　株式会社甲山開発

8-47
自作農創設特別措置法による売渡とは

　自作農は、小作農に対する言葉で、自己所有地を耕作する者です。自作農創設特別措置法は、戦後の農地解放のときに自作農を創設するために制定され、現在はすでに廃止されています。

　農地解放は、戦後行われた農地の所有制度に対する抜本的改革です。それ以前は多くの農地を地主が所有し、小作人が耕作していましたが、地主所有の農地を政府が強制的に買い上げ、それを小作人に売り渡しました。

　その結果、従来の小作農が自作農となりましたが、その根拠となる法律が、自作農創設特別措置法です。登記原因は、「自作農創設特別措置法第16条の規定による売渡」ですが、第16条と、その前提となる第3条の条文を掲げます。

自作農創設特別措置法第3条　左に掲げる農地は、政府が、これを買収する。

① 　農地の所有者が、その住所のある市町村の区域（かっこ内省略）外において所有する小作地

② 　農地の所有者が、その住所のある市町村の区域内において、北海道にあっては四町歩、都府県にあっては中央農地委員会が都府県別に定める面積を超える小作地を所有する場合、その面積を超える面積の当該区域内の小作地

③ 　農地の所有者が、その住所のある市町村の区域内において所有する小作地の面積とその者の所有する自作地の面積の合計が、北海道にあっては十二町歩、都府県にあっては中央農地委員会が都府県別に定める面積を超えるときは、その面積を超える面積の当該区域内の小作地

（第2項以下省略）

第16条　政府は、第3条の規定により買収した農地および政府の所有に属する農地で命令で定めるものを、命令の定めるところにより、その買収の時期において当該農地につき耕作の業務を営む小作農その他命令で定める者で、自作農として農業に精進する見込のあるものに売り渡す。

（第2項以下省略）

昭和20年代、登記簿は縦書きだったので、登記例はその様式によります。

自作農創設特別措置法による売渡

```
七

所有権移転
昭和弐四年壱〇月壱九日受付
第壱壱四八号
原因　昭和弐年壱弐月弐六日
自作農創設特別措置法第壱六条
の規定による売渡
所有者　甲市乙山字山中七番地
　　　　山川太郎
昭和弐五年九月弐日記載
土地売渡登記嘱託書綴込帳
第壱冊第弐六丁
```

COLUMN　耳登記

　ここでいう「耳」は、パンの耳と同じく、「端」の意味です。耳登記とは、以前の紙の登記簿に行われた、表題部の用紙の端（欄外）に記載された登記です。記載場所の例を、102ページの土地登記簿の例に入れてあります（あくまでも記載場所の例示であり、表題部の登記内容とは整合しない）。

　耳登記は、農地解放による小作農への農地売渡しの際に行われました。地主の土地をいったん国が買収し、それを小作人に売渡して、自作農を創設しました。所有権は、地主→国→小作人と短期間に移転しましたが、国の所有は一時の経過的なものに過ぎないこと、および件数が膨大であったことにより、便法として耳登記が行われました。

　具体的には、表題部の欄外に、「自農法による買収　登記嘱託書綴込帳第〇冊第〇丁」のように記載するにとどめて、本来行うべき甲区の所有権の登記名義を改めませんでした（つまり登記名義人は、従前の地主のまま）。その後、国からの売渡により所有者となった者を、登記名義人として登記しました。

8-48　相続土地国庫帰属制度とは

　利用や処分が困難な土地を相続したものの、負担なので何とか手放したいと考える人が増えてきていました。そのような土地は、管理が行われず近隣に迷惑をかけたり、所有者不明土地化したりするおそれがあるため、そのようなことの予防の観点から、2021（令和3）年に相続土地国庫帰属法が制定され、2023（令和5）年4月27日から施行されました。

　相続で取得した土地を相続人が手放したいと考える場合には、法務大臣の承認により国庫に帰属させる、わかりやすくいえば、国に譲ることが可能となり

ました。

　ただ、同制度により国庫に帰属させるためには、相続により取得した土地（施行日前に相続で所有権を取得した土地も含みます）で、管理・処分に過大な費用・労力を要しないことが必要であり、また、10年分の土地管理費相当額の負担金を納付することが必要となります。

　法務大臣の承認を得て負担金を納付し国庫に帰属することになった土地については、管理庁からの嘱託（⇨Q2－2）により「相続等により取得した土地所有権の帰属に関する法律第11条第1項の規定に基づく令和○年○月○日所有権の国庫帰属」を登記原因、負担金が納付された日を登記原因日付とする所有権移転登記が行われることになります。

第8節 特殊な所有権登記

Q 8-49 真正な登記名義の回復とは

A **原因の日付** 所有権移転登記の原因に、「真正な登記名義の回復」があります。登記内容をよく見ると、ほかの所有権移転登記と異なり、原因の日付がありません。通常の所有権移転登記では、「○年○月○日売買」のように、原因とその日付を記録します。しかし、真正な登記名義の回復の登記は、原因となる実際の権利変動がないからです。

この登記は変則的な登記であり、筆者たちは、この登記を見るとなんとなくイヤな感じがして、慎重に事を進めます。

真正な登記名義の回復

順位番号	登 記 の 目 的	受付年月日・受付番号	権 利 者 そ の 他 の 事 項
2	所有権移転	平成X1年1月10日 第256号	原因　平成X1年1月10日売買 所有者　乙市北町三丁目4番5号 　　　　海　野　次　郎
3	所有権移転	令和X1年9月25日 第12345号	原因　真正な登記名義の回復 所有者　甲市東町一丁目2番3号 　　　　山　川　太　郎

登記の由来 この登記が利用されるのは、次のような場合です。前の登記名義人Aが、本当はBに売り渡したのに、なぜか権利がないCの名義に所有権移転登記してしまった場合を考えてみましょう。

真実の所有者Bが自分名義に移転登記をするためには、まずAからCへの移転登記を抹消してから、AからBへ売買を原因とする移転登記を行うのが本来のやり方です。しかしこの場合、Cが第三者Dに抵当権を設定していて、Dの承諾を得られないときなどに、便法としてCからBへ直接に移転登記す

ることが認められ、その原因として「真正な登記名義の回復」が使われます。

この登記は、物権変動の過程を正確に公示するものではなく、登記上の所有者から真実の所有者に登記名義を移転するために、便法として用いられる変則的な登記です。

8-50
所有権登記とは

A あまり見かけませんが、登記の目的欄が「所有権登記」で、権利者その他の事項に、「昭和39年法律第18号附則第4項により登記」となっているものがあります。

昭和39年法律第18号とは、旧不動産登記法の1964（昭和39）年4月に改正施行されたもので、その条文は次のとおりです。

旧不動産登記法（昭和39年法律第18号）附則第4項
4 この法律の施行前に不動産の合併により移し、または転写した所有権の登記で、この法律の施行の際、現に効力の有するものがある不動産については、登記官は、法務省令で定めるところにより、この法律による改正後の不動産登記法第85条第2項（かっこ内省略）または第87条第1項（かっこ内省略）の規定に準じ、所有権の登記をすることができる。

昭和39年改正法施行以前においては、不動産の合併（ほとんどは土地の合筆）が行われても、権利証（登記済証）が交付されていませんでした。そのため前記法改正で、そのような不動産について、法務局が職権で所有権の登記（所有権登記）をして、権利証を発行できるようにしました（「職権登記」⇨Q2-7）。したがって、受付年月日と受付番号欄は、空欄となっています。

ただし、法務局が積極的に、不動産の合併によって権利証が発行されていない土地を探して所有権登記をしたわけではなく、該当する土地について、何らかの登記申請（たとえば分筆登記）がなされた際に、登記官が所有権登記の対

象となる不動産であることに気付いて、所有権登記をしていたようです。

所有権登記

順位番号	登 記 の 目 的	受付年月日・受付番号	権 利 者 そ の 他 の 事 項
1	所有権登記	余白	所有者　甲市青葉一丁目2番3号 　　山　川　太　郎 昭和39年法律第18号附則第4項により 昭和61年7月16日登記 順位3番の登記を移記

第9節 買戻特約の登記

Q 8-51
買戻特約の登記は

A **概要** 買戻しとは、売主が売買代金と契約にかかった費用を買主に返して、いったん売却した不動産を買い戻す（取り戻す）ことです。まず、買戻しに関する民法の条文を見ましょう。

（買戻しの特約）
民法第579条　不動産の売主は、売買契約と同時にした買戻しの特約により、買主が支払った代金（かっこ内省略）および契約の費用を返還して、売買の解除をすることができる。(以下省略)

民法の条文が示すように、当初の売買契約を解除することにより、不動産が戻ってきます。買戻しできる権利（買戻権）は、売買契約と同時に特約の形で行います。

利用例　買戻しは、担保の一形態として利用されることがあります。ですから、所有権を相手方に移しても、それは金を借りるための一時的なものであり、貸金返済とともに取り戻す（買い戻す）ことを予定しています。その意味では、譲渡担保と同様の構造です。

しかし、他の担保形態の利用が進むにつれて担保目的での利用は減少し、現在では、公的機関（市町村、住宅供給公社等）が宅地分譲するときなどに用いられます。

公的機関による宅地分譲では、一定期間転売を禁止する条件をつけ、これを守らずに転売した場合は、買い戻すという特約をつけます。

登記例 　登記事項として、売買代金、契約費用、買戻し期間があります。買戻しの期間は最長10年で、それを超える期間を定めても10年に短縮されます。期間を定めなかったときは、5年となります。

（買戻しの特約の登記の登記事項）

第96条　買戻しの特約の登記の登記事項は、第59条各号に掲げるもののほか、買主が支払った代金（かっこ内省略）および契約の費用、ならびに買戻しの期間の定めがあるときはその定めとする。

　買戻特約の登記は、売買による所有権移転登記と同時にする必要があり、登記申請は、所有権移転登記申請と同一番号で受け付け、その付記登記（⇨Q2-12）で行います。

ストーリー 　太郎は、県住宅供給公社の宅地分譲に応募した。立地条件が良く価格も安いので倍率が高かったが、運良く抽選に当たった。売買契約には、自宅を建てる人のための分譲だから、転売したときは土地を返還するという特約があった。

買戻特約

順位番号	登 記 の 目 的	受付年月日・受付番号	権 利 者 そ の 他 の 事 項
2	所有権移転	令和X1年10月10日 第12345号	原因　令和X1年10月10日売買 所有者　甲市東町一丁目2番3号 　山　川　太　郎
付記1号	買戻特約	令和X1年10月10日 第12345号	原因　令和X1年10月10日特約 売買代金　1,500万円 契約費用　20万円 期間　令和X1年10月10日から5年間 買戻権者　甲市南町三丁目5番6号 　乙　県　住　宅　供　給　公　社

　買戻特約の登記のあとになされた所有権移転登記や抵当権設定登記は、買戻権が行使されると対抗できないので、買戻特約の登記には注意が必要です。

登記の抹消 　買戻権の行使により、「買戻」を原因として、元の売主へ所有権移転登記を行いますが、同時に、買戻特約の登記を職権で抹

消します。

買戻権の行使による抹消

順位番号	登記の目的	受付年月日・受付番号	権利者その他の事項
2	所有権移転	令和X1年10月10日 第12345号	原因　令和X1年10月10日売買 所有者　甲市東町一丁目2番3号 　山　川　太　郎
付記1号	買戻特約	令和X1年10月10日 第12345号	原因　令和X1年10月10日特約 売買代金　1,500万円 契約費用　20万円 期間　令和X1年10月10日から5年間 買戻権者　甲市南町三丁目5番6号 　乙　県　住　宅　供　給　公　社
3	所有権移転	令和X2年8月2日 第2345号	原因　令和X2年8月2日買戻 所有者　甲市南町三丁目5番6号 　乙　県　住　宅　供　給　公　社
4	2番付記1号買戻権抹消	余白	3番所有権移転登記により令和X2年8 月2日登記

　買戻期間が満了しても、登記は自動的に抹消されません。現在の所有者を登記権利者、買戻権者を登記義務者とする共同申請で抹消します。

　実務ではよく買戻権が抹消されないまま、売買などで次の所有者に所有権移転登記がなされている登記簿を見かけます。これは買戻期間が登記されているため、その期間が経過していれば意味のない（効力のない）登記であると判断しているためではないかと思われます。

　しかし、買戻特約の登記が残っている不動産を、不動産仲介業者が入って処分する場合や、司法書士が関与してその所有権移転登記を依頼された場合は、売主（現在の登記名義人）に対し、この買戻特約の登記を抹消する必要があることを指摘します。

第9節　買戻特約の登記　331

期間満了による抹消

順位番号	登記の目的	受付年月日・受付番号	権利者その他の事項
2	所有権移転	令和X1年10月10日 第12345号	原因　令和X1年10月10日売買 所有者　甲市東町一丁目2番3号 　　山　川　太　郎
付記1号	買戻特約	令和X1年10月10日 第12345号	原因　令和X1年10月10日特約 売買代金　1,500万円 契約費用　20万円 期間　令和X1年10月10日から5年間 買戻権者　甲市南町三丁目5番6号 　　乙　県　住　宅　供　給　公　社
3	2番付記1号買戻権抹消	令和X6年11月30日 第34567号	原因　令和X6年10月11日買戻期間満了

　なお、2021（令和3）年4月28日公布の「民法・不動産登記法等の改正」により、不動産登記法に下記条文が加わりました（2023（令和5）年4月1日施行）。この改正により、契約の日から10年を経過している買戻権の登記については、登記権利者が単独で抹消の登記申請をすることができるようになりました。

（買戻しの特約に関する登記の抹消）
第69条の2　買戻しの特約に関する登記がされている場合において、契約の日から10年を経過したときは、第60条の規定にかかわらず、登記権利者は、単独で当該登記の抹消を申請することができる。

第10節 信託の登記

Q 8-52
信託の登記は

A 概要 信託とは、信じて託するという言葉通り、委託者（頼む者）が受託者（頼まれる者）に財産を預け、所有権も相手に移して、財産を一定の目的のために管理・運用・処分等をさせることです。受託者は、所有権を持ったからといって自由にできず、信託目的に従って管理等をするに過ぎません。

信託関係には、委託者・受託者のほかに、信託による利益を受ける受益者がいます。

（信託の登記の登記事項）
第97条　信託の登記の登記事項は、第59条各号に掲げるもののほか、次のとおりとする。
① 委託者、受託者および受益者の氏名または名称および住所
② 受益者の指定に関する条件または受益者を定める方法の定めがあるときは、その定め
（第3号ないし第7号省略）
⑧ 信託の目的
⑨ 信託財産の管理方法
⑩ 信託の終了の事由
⑪ その他の信託の条項
（第2項省略）
3　登記官は、第1項各号に掲げる事項を明らかにするため、法務省令で定めるところにより、信託目録を作成することができる。

登記の特色　信託に関する登記は、信託による所有権移転（または保存など）の登記と信託の登記の二重の構造であり、信託を原因とする所有権移転登記等と同時に、受託者が一定の目的で不動産を管理すべきとする、信託の登記を申請します。

(信託の登記の申請方法等)

第98条　信託の登記の申請は、当該信託に係る権利の保存、設定、移転または変更の登記の申請と同時にしなければならない。

2　信託の登記は、受託者が単独で申請することができる。

(第3項省略)

信託では、委託者が所有する不動産の所有権移転登記が多いのですが、信託事業の一環として、受託者が建物を新築し、その建物の所有権保存登記をする場合もあります。

信託の具体的内容は多様で、定型的な登記事項におさまらないので、信託目録を別に作成し、それに委ねます。そして、信託の登記欄には、目録の番号だけを記録します。

ストーリー　太郎は、都心部に土地を持っているが、信託会社から土地信託方式による有効利用の提案を受けた。自分でリスクを負って事業をする意思も財力もないので、提案に沿って事業を進めることにした。

信託

順位番号	登 記 の 目 的	受付年月日・受付番号	権 利 者 そ の 他 の 事 項
2	所有権移転	昭和55年1月10日 第256号	原因　昭和55年1月10日売買 所有者　甲市青葉一丁目2番3号 　　山 川 太 郎
3	所有権移転	令和X1年9月25日 第12345号	原因　令和X1年9月25日信託 受託者　乙市中央二丁目3番4号 　　乙 山 信 託 株 式 会 社
	信託	余白	信託目録第225号

334　第8章　所有権に関する登記

信託目録

信 託 目 録		調製	余白
番　　号	受付年月日・受付番号	予　　備	
第225号	令和X1年9月25日 第12345号	余白	
1　委託者に関する事項	甲市青葉一丁目2番3号 　山　川　太　郎		
2　受託者に関する事項	乙市中央二丁目3番4号 　乙　山　信　託　株　式　会　社		
3　受益者に関する事項等	受益者　甲市青葉一丁目2番3号 　山　川　太　郎		
4　信託条項	Ⅰ信託の目的 信託不動産を管理運用すること Ⅱ信託財産の管理運用方法 （1）受託者（以下「乙」という）は、信託不動産を次の方法により管理する。 ①信託不動産の維持、保全、修繕及び改良については、委託者（以下「甲」という）又は甲の任意後見人の指図に基づいて行う。 　　　　　　　　　　（以下省略） Ⅲ信託の終了 本信託は信託期間（令和X1年9月25日から甲の相続開始時まで）の満了時、又は本信託契約書の定めにより本信託契約が解除されたときに終了する。但し、清算等の事務が全て終了するまでは、本信託はなお存続するものとみなす。 Ⅳその他の信託条項 （1）本信託の受益者は甲とする。 （2）本信託の受益権は、乙の承諾がない限り、全部又は一部を譲渡又は質入れすることができない。 　　　　　　　　　　（以下省略）		

信託の終了　信託が終了したときは、信託登記を抹消して、所有権を元の所有者に戻します。原因は、信託財産引継とします。

信託の終了

順位番号	登記の目的	受付年月日・受付番号	権利者その他の事項
2	所有権移転	昭和55年1月10日 第256号	原因　昭和55年1月10日売買 所有者　甲市青葉一丁目2番3号 　　山　川　太　郎
3	所有権移転	平成X1年9月25日 第12345号	原因　平成X1年9月22日信託 受託者　乙市中央二丁目3番4号 　　乙　山　信　託　株　式　会　社
	信託	余白	信託目録第225号
4	所有権移転	平成X9年3月10日 第3456号	原因　平成X9年3月10日信託財産引継 所有者　甲市青葉一丁目2番3号 　　山　川　太　郎
	3番信託登記抹消	余白	原因　信託財産引継

第11節 処分の制限に関する登記

Q 8-53
処分の制限に関する登記は

A 処分の制限とは、不動産に関する権利の処分を制限することで、処分の制限に関する登記には、次のものがあります。

① 仮差押、仮処分（⇨Q8-54、Q8-55）

仮差押と仮処分は、申立人の権利を保全するために、裁判所が発する保全命令で、一括して保全処分といいます。

② 差押（⇨Q8-56以下）

私人の持つ財産権の処分を公権力が制限することで、強制競売、担保権の実行による競売、滞納処分があります。

③ 破産手続開始（⇨Q13-8）

破産手続の開始により、破産者は所有財産を処分できなくなり、そのための登記を行います（個人所有の不動産に限る）。

Q 8-54
仮差押の登記は

A 概要　仮差押とは、金銭債権（または金銭債権に換えることができる債権）の強制執行をするための予備的手続として、債務者財産の減少を防ぐ目的で行う手続で、債務者による処分を禁止するものです。あとで正式な差押を予定しており、現段階では仮に差し押えるということで、仮差押といいます。

貸金の返済をしない債務者に対して、債権者が貸金返還の訴訟（本案訴訟と

いう）を起こし、勝訴により債務者不動産への強制執行が可能となっても、その前に債務者が不動産を売却してしまえば、目的を達成できません。この事態を防ぐために、予防措置として仮差押をします。

（仮差押命令の必要性）

民事保全法第20条 仮差押命令は、金銭の支払を目的とする債権について、強制執行をすることができなくなるおそれがあるとき、または強制執行をするのに著しい困難を生ずるおそれがあるときに発することができる。

（第2項省略）

登記例　所有権に対する仮差押は主登記で、それ以外の権利（抵当権付債権等）に対する仮差押は、付記登記で行います。仮差押に関する登記は、裁判所からの嘱託によります。

所有権に対する仮差押

順位番号	登 記 の 目 的	受付年月日・受付番号	権 利 者 そ の 他 の 事 項
1	所有権移転	令和X1年5月10日 第235号	原因　令和X1年5月8日売買 所有者　甲市東町一丁目2番3号 　　山　川　太　郎
2	仮差押	令和X3年9月27日 第12345号	原因　令和X3年9月25日甲地方裁判所仮差押命令 債権者　乙市北町二丁目3番4号 　　海　野　次　郎

抵当権付債権に対する仮差押

順位番号	登 記 の 目 的	受付年月日・受付番号	権 利 者 そ の 他 の 事 項
2	抵当権設定	令和X1年5月10日 第236号	原因　令和X1年5月8日金銭消費貸借 　　同日設定 債権額　金7,500万円 利息　年2・575% 損害金　年14% 債務者　甲市東町一丁目2番3号 　　山　川　太　郎 抵当権者　丙市西町三丁目4番5号 　　甲　野　三　郎 共同担保　目録（る）第123号
付記1号	2番抵当権付債権仮差押	令和X3年9月27日 第12345号	原因　令和X3年9月25日甲地方裁判所仮差押命令 債権者　乙市北町二丁目3番4号 　　海　野　次　郎

債権者の取下または裁判所の取消決定があった場合は、仮差押の抹消登記をします。

仮差押の抹消

順位番号	登記の目的	受付年月日・受付番号	権利者その他の事項
<u>2</u>	仮差押	令和X3年9月27日 第12345号	原因　令和X3年9月25日甲地方裁判所 　　　仮差押命令 債権者　乙市北町二丁目3番4号 　　　　海野次郎
3	2番仮差押登記抹消	令和X3年11月1日 第13456号	原因　令和X3年10月29日取下（または取消決定）

Q 8-55 仮処分の登記は

A 概要　仮処分とは、自己の権利が侵害される緊急事態が差し迫っているときに、それを防止するための手続です。訴訟で決着するまでには時間がかかるため、暫定的に権利保全を目的として行うもので、仮差押が金銭債権を対象とするのに対し、仮処分は、金銭債権以外の権利を保全します。

仮処分の対象は多種多様ですが、不動産に関しては、相手方が不動産を売ってしまうことを防止する処分禁止の仮処分、日照を阻害するマンションの建築差止めの仮処分等があります。

（仮処分命令の必要性等）

民事保全法第23条　係争物に関する仮処分命令は、その現状の変更により、債権者が権利を実行することができなくなるおそれがあるとき、または権利を実行するのに著しい困難を生ずるおそれがあるときに発することができる。

（第2項ないし第4項省略）

（仮処分の方法）

第24条　裁判所は、仮処分命令の申立ての目的を達するため、債務者に対し一定

の行為を命じ、もしくは禁止し、もしくは給付を命じ、または保管人に目的物を保管させる処分その他の必要な処分をすることができる。

登記例　所有権に対する仮処分は主登記で、それ以外の権利に対する仮処分は、付記登記で行います。仮処分に関する登記は、裁判所からの嘱託によります。

所有権に対する仮処分

順位番号	登 記 の 目 的	受付年月日・受付番号	権 利 者 そ の 他 の 事 項
1	所有権移転	令和X1年5月10日 第235号	原因　令和X1年5月8日売買 所有者　甲市東町一丁目2番3号 　　山 川 太 郎
2	処分禁止仮処分	令和X1年9月27日 第12345号	原因　令和X1年9月25日甲地方裁判所 仮処分命令 債権者　丙市西町三丁目4番5号 　中 央 商 事 株 式 会 社

　所有権に関する処分禁止の仮処分をした債権者が、本案訴訟で所有権移転登記を命ずる勝訴判決を得て、それにもとづき所有権移転登記をした場合、仮処分の登記に後れる所有権移転等の登記は、抹消されます。

仮処分に後れる登記の抹消

順位番号	登 記 の 目 的	受付年月日・受付番号	権 利 者 そ の 他 の 事 項
<u>2</u>	処分禁止仮処分	令和X1年9月27日 第12345号	原因　令和X1年9月25日甲地方裁判所 仮処分命令 債権者　丙市西町三丁目4番5号 　中 央 商 事 株 式 会 社
<u>3</u>	所有権移転	令和X1年11月12日 第15345号	原因　令和X1年11月10日売買 所有者　甲市青葉一丁目8番5号 　海 野 次 郎
4	3番所有権抹消	令和X2年11月10日 第13456号	原因　仮処分による失効
5	所有権移転	令和X2年11月10日 第13456号	原因　令和X2年11月1日売買 所有者　丙市西町三丁目4番5号 　中 央 商 事 株 式 会 社
6	2番仮処分登記抹梢	余白	仮処分の目的達成により 令和X2年11月10日登記

仮処分は、債権者の取下または裁判所の取消決定があった場合は、仮処分の抹消登記をします。

仮処分の抹消

順位番号	登記の目的	受付年月日・受付番号	権利者その他の事項
2	処分禁止仮処分	令和X1年9月27日第12345号	原因　令和X1年9月25日甲地方裁判所仮処分命令 債権者　丙市西町三丁目4番5号 　　中　央　商　事　株　式　会　社
3	2番仮処分登記抹消	令和X2年6月4日第8765号	原因　令和X2年6月2日取下（または取消決定）

Q 8-56 差押とは

概要　差押とは、所有者が自由に処分できないように、公権力が不動産を押さえることです（差押の「差」は、意味を強める接頭語）。一般的な用語法では「差押え」ですが、登記では「差押」です。

差押は、私人の持つ不動産の処分権を強制的に制限することですから、公権力にのみ許される行為です。借りた金を返済しない者に対して、債権者が直接に差し押さえることはできず、裁判所に頼んで（競売の申立てをして）差し押さえてもらいます。

差し押さえた不動産は、執行機関（裁判所、税務署・地方公共団体）が、競売（裁判所の場合）または公売（税務署・地方公共団体の場合）により売却し、金銭に換えます（換価という）。競売を申し立てた債権者は、換価のあと裁判所が行う売却代金の配当を受けることにより、債権を回収します。税務署および地方公共団体は、売却代金より直接債権を回収します。

制限の意味　一般に、所有権の内容は、使用収益と処分に分かれますが、差押は、処分だけを制限し、使用収益には影響を与えません。ですから所有者は、差し押さえられた不動産を前と同様に使い続けられます。処分とは、抵当権を設定したり、貸したり、売ることなどで、これらの行為が制

限を受けます。

　差押は、あくまでも処分の制限にとどまり、禁止ではありません。差押のあとでも、所有権移転や抵当権設定は可能であり、それにもとづく登記も行われます。

　所有者Aが、差押のあと不動産をBに売却した場合、競売によりCが買い受けると、Bの所有権登記は抹消されます。しかし、競売が取り下げられれば、Bへの所有権移転登記は、差押の影響を受けません。

　つまり、幸運にも差押が解除されれば、差押後に行った処分行為は、そのまま維持されます。競売が実行されて不動産が第三者の所有となったときに、はじめて差押後に行った処分行為の有効性が覆されます。とはいうものの、実際には、差押が解除されることはあまり多くありません。

Q 8-57
差押の登記は

A 原因　差押の原因には、担保権者（多くは抵当権者・根抵当権者）が競売を申し立てることにより、担保権設定者の財産を差し押さえる「担保権の実行」、担保権を持たない債権者が強制執行を申し立てることにより、債務者の財産を差し押さえる「強制競売」があります。

　また、滞納されている税金等を取り立てるために、税務署や地方公共団体が滞納者の財産を差し押さえる「滞納処分」があります。

　担保権の実行は、抵当権・根抵当権以外にも、質権および先取特権にもとづき行うことがあります。しかし、その例は少なく、担保権の実行イコール抵当権・根抵当権の実行と考えても、さほど問題はありません。

　競売開始決定がなされると、裁判所が差押登記を嘱託します。原因は、担保権の実行による競売の場合は、「担保不動産競売開始決定」、担保権を持たない債権者が申し立てる強制競売の場合は、「強制競売開始決定」、税務署などの滞納処分による場合は、「差押」です。

担保権の実行による差押

順位番号	登 記 の 目 的	受付年月日・受付番号	権 利 者 そ の 他 の 事 項
1	所有権移転	令和 X1年 1 月10日 第235号	原因　令和 X1年 1 月10日売買 所有者　甲市東町一丁目 2 番 3 号 　　　山　川　太　郎
2	差押	令和 X3年 9 月25日 第12345号	原因　令和 X3年 9 月23日甲地方裁判所 　　　担保不動産競売開始決定 債権者　丙市西町三丁目 4 番 5 号 　　　中　央　銀　行　株　式　会　社

強制競売による差押

順位番号	登 記 の 目 的	受付年月日・受付番号	権 利 者 そ の 他 の 事 項
1	所有権移転	令和 X1年 1 月10日 第235号	原因　令和 X1年 1 月10日売買 所有者　甲市東町一丁目 2 番 3 号 　　　山　川　太　郎
2	差押	令和 X3年 9 月25日 第12345号	原因　令和 X3年 9 月23日甲地方裁判所 　　　強制競売開始決定 債権者　丙市北町四丁目 5 番 6 号 　　　海　野　次　郎

滞納処分による差押

順位番号	登 記 の 目 的	受付年月日・受付番号	権 利 者 そ の 他 の 事 項
1	所有権移転	令和 X1年 1 月10日 第235号	原因　令和 X1年 1 月10日売買 所有者　甲市東町一丁目 2 番 3 号 　　　山　川　太　郎
2	差押	令和 X3年 9 月25日 第12345号	原因　令和 X3年 9 月23日甲税務署差押 債権者　財務省
3	参加差押	令和 X 3 年11月10日 第13678号	原因　令和 X 3 年11月 8 日甲市参加差押 債権者　甲市

参加差押　　上記の「滞納処分による差押」の登記例にある「参加差押」について説明しましょう。

　参加差押は、すでに税務署や地方公共団体の滞納処分による差押がなされている不動産について、同じく税務署や地方公共団体が、あとから参加して行う差押です。

　参加差押により、先行する差押手続から配当が受けられ、また、先行差押が解除または取り消されたときは、参加差押時に差押の効力が生じます。

8-58 未登記建物の差押登記は

表題登記がない未登記建物についても、強制執行による競売申立てができます。裁判所から競売開始決定の登記の嘱託を受けた登記官は、まず、未登記建物について、職権で表題登記を行います。この場合、「原因及びその日付」の欄には、建物建築年月日ではなく、「差押の登記をするため」と記録します。また、表題部所有者は記録しません。

差押のための表題登記

表 題 部	（主である建物の表示）	調製	余白	不動産番号	1234567890123
所在図番号	余白					
所　　　在	甲市青葉二丁目　1番地137			余白		
家屋番号	1番137			余白		
① 種　類	② 構　造	③ 床 面 積　m²		原因及びその日付〔登記の日付〕	
居宅	木造亜鉛メッキ鋼板ぶき2階建	1階　105：18 2階　 37：26		差押の登記をするため 〔令和X1年5月26日〕	

表題登記に続いて、職権で所有権保存登記を行い、そのあとで差押の登記を行います。

差押のための所有権保存登記

権　利　部　（甲　区）　（所　有　権　に　関　す　る　事　項）			
順位番号	登記の目的	受付年月日・受付番号	権　利　者　そ　の　他　の　事　項
1	所有権保存	余白	所有者　甲市東町一丁目2番3号 　　　　山　川　太　郎 令和X1年5月26日順位2番の差押登記をするため登記
2	差押	令和X1年5月26日 第3567号	原因　令和X1年5月23日甲地方裁判所 　　　強制競売開始決定 債権者　乙市北町二丁目3番4号 　　　　海　野　次　郎

8-59 競売の前後による登記の変化は

 差押時の状況 競売による売却により、登記がどのように変わるかを見ましょう。まずは、差押時の状況です。

甲区

順位番号	登記の目的	受付年月日・受付番号	権利者その他の事項
1	所有権移転	令和X1年1月10日 第235号	原因　令和X1年1月10日売買 所有者　甲市東町一丁目2番3号 　　　　山　川　太　郎
2	差押	令和X3年9月25日 第12345号	原因　令和X3年9月23日甲地方裁判所 　　　担保不動産競売開始決定 債権者　丙市西町三丁目4番5号 　　　　中　央　銀　行　株　式　会　社

乙区

順位番号	登記の目的	受付年月日・受付番号	権利者その他の事項
1	抵当権設定	令和X1年6月25日 第6789号	原因　令和X1年6月25日金銭消費貸借 　　　同日設定 債権額　金7,500万円 利息　年2·575% 損害金　年14% 債務者　甲市東町一丁目2番3号 　　　　山　川　太　郎 抵当権者　丙市西町三丁目4番5号 　　　　中　央　銀　行　株　式　会　社 共同担保　目録(る)第123号

　中央銀行が差押を行ったあとに、海野次郎が、売買により所有権移転登記を受けたとします。この場合、競売による売却後は、次のように変わります。

売却後の状況　甲区では、差押後に所有権移転登記を受けた海野次郎の所有権登記は、抹消されます。乙区の抵当権は、配当の有無にかかわらず、すべて抹消されます。こうして内野三郎は、登記がきれいになった状態で不動産を取得します。

第11節　処分の制限に関する登記　345

甲区

順位番号	登 記 の 目 的	受付年月日・受付番号	権 利 者 そ の 他 の 事 項
1	所有権移転	令和X1年1月10日 第235号	原因　令和X1年1月10日売買 所有者　甲市青葉一丁目2番3号 　　山　川　太　郎
2	差押	令和X3年9月25日 第12345号	原因　令和X3年9月23日甲地方裁判所 　担保不動産競売開始決定 債権者　丙市西町三丁目4番5号 　中　央　銀　行　株　式　会　社
3	所有権移転	令和X3年11月12日 第15345号	原因　令和X3年11月12日売買 所有者　乙市東二丁目8番5号 　　海　野　次　郎
4	3番所有権抹消	令和X4年6月12日 第6543号	原因　令和X4年6月10日担保不動産競 　売による売却
5	所有権移転	令和X4年6月12日 第6543号	原因　令和X4年6月10日担保不動産競 　売による売却 所有者　丙市中央一丁目2番3号 　　丙　野　三　郎
6	2番差押登記抹消	令和X4年6月12日 第6543号	原因　令和X4年6月10日担保不動産競 　売による売却

乙区

順位番号	登 記 の 目 的	受付年月日・受付番号	権 利 者 そ の 他 の 事 項
1	抵当権設定	令和X1年6月25日 第6789号	原因　令和X1年6月25日金銭消費貸借 　同日設定 債権額　金7,500万円 利息　年2・575% 損害金　年14% 債務者　甲市東町一丁目2番3号 　　山　川　太　郎 抵当権者　丙市西町三丁目4番5号 　中　央　銀　行　株　式　会　社 共同担保　目録⒭第123号
2	1番抵当権抹消	令和X4年6月12日 第6543号	原因　令和X4年6月10日担保不動産競 　売による売却

　ここで間違っていけないのは、登記上はきれいになっても、現実にその不動産を買受人が自由に使えるとは限りません。

　抵当権設定前から不動産を借りていた者は、賃借権登記がなくても対抗要件（⇨Q9-4）を備えていれば、競売後も権利を主張できます。また、対抗力がなくても現実に占有がある場合は、占有を排除しなければなりません。

346　第8章　所有権に関する登記

8-60 競売手続の終了の仕方は

売却以外の終了 申し立てられた競売手続のすべてが、売却により終了するわけではありません。競売申立て後、債権者が競売申立てを取り下げたり、裁判所が競売開始決定を取り消すことがあります。

教科書では、競売申立→開始決定→売却という、通常の進行を取り上げますが、実務で登記を読む場合は、それ以外の結末も知っておく必要があります。ここでは、売却以外について説明を行います。

取下 競売手続は、申立債権者が取り下げれば、その時点で終了します。債務者が競売申立てに驚いて、自宅が売られないよう必死に弁済したり、弁済に関して新たな取り決めをするなどの理由により、債権者が競売を取り下げます。

取下による抹消登記

順位番号	登記の目的	受付年月日・受付番号	権利者その他の事項
<u>3</u>	差押	令和X3年9月25日 第12345号	原因　令和X3年9月23日甲地方裁判所担保不動産競売開始決定 債権者　丙市西町三丁目4番5号 　　　　中　央　銀　行　株　式　会　社
4	3番差押登記抹消	令和X3年11月1日 第13456号	原因　令和X3年10月28日取下

取消 「取下」と「取消」は似ていますが、行為の主体が違います。取下の主体は債権者、取消の主体は裁判所です。

競売手続を進めるためには、執行官による競売不動産の調査費用、評価人による評価費用などの諸費用（共益費用という）がかかり、これらの費用は、競売不動産の売却代金より、すべての申立債権者に先立って配当されます。

担保権を持たない債権者が申し立てる強制競売では、共益費用と抵当権者への配当を先に行い、そのあとで申立債権者が配当を受けます（⇒Q10-3）。売却代金からこれらの額を差し引いたら、申立債権者への配当がゼロになると見

第11節　処分の制限に関する登記　347

込まれる場合があります。競売を申し立てた者が配当を受けられないならば、競売をする意味がないので、裁判所は手続を取り消します。

取消による抹消登記

順位番号	登 記 の 目 的	受付年月日・受付番号	権 利 者 そ の 他 の 事 項
<u>3</u>	差押	令和X3年9月25日 第12345号	原因　令和X3年9月23日甲地方裁判所 　　強制競売開始決定 債権者　丙市北町四丁目5番6号 　　海　野　次　郎
4	3番差押登記抹消	令和X4年1月30日 第13456号	原因　令和X4年1月28日取消決定

第 **9** 章

不動産利用権
の登記

第1節 賃借権・地上権の登記

Q 9-1 乙区に登記される権利は

A 　**権利の種類**　乙区に登記される権利は、他人の不動産を利用するときの地上権、賃借権、地役権、永小作権、採石権、配偶者居住権、さらに、不動産を担保とするときの抵当権・根抵当権、先取特権、質権（これらを担保物権という）です。配偶者居住権は、平成30年の相続法改正により新設されました。

　他人の不動産を利用する権利のうち地上権、地役権、永小作権および採石権は、物権なので用益物権といいますが、本書では債権である賃借権を合わせて、不動産利用権とします。

　性格の違い　不動産利用権と担保物権は、同じ乙区に登記されますが、その性格は異なります。担保物権の登記は、金を返してしまえば、きれいさっぱりと消すことができます。それに対して不動産利用権の登記は、そう簡単に消すことができず、不動産の利用や売却にあたって阻害要因となります。

　登記件数　これらの権利の登記件数には差があり、抵当権・根抵当権が圧倒的に多く、地上権、賃借権、地役権は一定程度利用されますが、それ以外はあまり利用されません（⇨Q1-17）。

Q 9-2 物権と債権の違いは

A 物権と債権 前のQで、地上権は物権、賃借権は債権と説明しましたが、物権と債権はどう違うのでしょうか。ふたつの言葉は民法の主要用語なので、ここで説明しておきましょう。

物権は、物に対して直接にかかわって（つまり人間を介することなく）、権利内容を実現できる権利です。それに対して債権は、債権の権利者（債権者）が、契約の相手方などの特定の者（債務者）に対して、ある行為をせよと請求できる権利です。

地上権と賃借権 物権である地上権は、土地を直接的に、つまり土地所有者にかかわりなく行使できる権利です。ですから土地所有者が変わっても、土地に直接関係しているので、当然に使い続けることができます。

一方、債権である土地賃借権は、土地所有者（賃貸人）という特定の者に対して、土地使用を請求できる権利に過ぎません。したがって、土地所有者が変わったときは、新しい所有者に対して、従来どおりの土地使用を当然に請求できるわけではありません。

両者の差異は権利譲渡に端的に表れます。物権である地上権者は、地上権を自由に譲渡できます。しかし債権である土地賃借権者は、原則として、賃貸人の承諾を得なければ譲渡できません（契約で、譲渡転貸可とすることはできる）。

地上権の場合は、地上権設定者（土地所有者）は、地上権設定の登記申請に協力義務がありますが、土地賃借権の場合は、賃貸人（土地所有者）には協力義務がないため、賃借権設定の登記はあまりなされません。

登記の効力は対抗力を得ることですが、賃借権の登記が困難となると、賃借人の権利が不安定になります。そのため賃借権自体の登記に代わって、対抗力を得る別の手段が整備されています（⇨Q9-4）。

9-3 賃借権とは

賃借権は、賃料を支払って、借りた物を使用する権利です。不動産については、土地を借りる借地と建物を借りる借家があります。賃借権に関する登記事項は次の通りです。

（賃借権の登記等の登記事項）

第81条　賃借権の登記または賃借物の転貸の登記の登記事項は、第59条各号に掲げるもののほか、次のとおりとする。

① 賃料
② 存続期間または賃料の支払時期の定めがあるときは、その定め
③ 賃借権の譲渡または賃借物の転貸を許す旨の定めがあるときは、その定め
④ 敷金があるときは、その旨
⑤ 賃貸人が、財産の処分につき行為能力の制限を受けた者または財産の処分の権限を有しない者であるときは、その旨
⑥ 土地の賃借権設定の目的が建物の所有であるときは、その旨
⑦ 前号に規定する場合において、建物が借地借家法第23条第1項または第2項に規定する建物（注：事業用建物）であるときは、その旨
⑧ 借地借家法第22条第1項前段、第23条第1項、第38条第1項前段もしくは第39条第1項、高齢者の居住の安定確保に関する法律第52条第1項または大規模な災害の被災地における借地借家に関する特別措置法第7条第1項の定め（注：いずれも定期借地権の特約）があるときは、その定め

賃借権設定（借地）

順位番号	登記の目的	受付年月日・受付番号	権利者その他の事項
1	賃借権設定	令和X1年9月25日 第12345号	原因　令和X1年9月25日設定 目的　建物所有 賃料　1平方メートル1月200円 支払時期　毎月末日 存続期間　30年 特約　譲渡、転貸ができる 賃借権者　甲市東町一丁目2番3号 　　　　山　川　太　郎

Q 9-4
賃借権登記は、なぜ少ないのか

A **協力義務** 　教科書では、賃借権の登記は、賃貸人に協力義務がないためあまり行われないとされます。しかし賃借権登記が少ないのは、賃貸人の協力義務の問題よりも、他の要因によるほうが多いでしょう。

登記不可の物件 　要因のひとつは、現実に存在する賃借権のほとんどは、アパートやビルの1室を借りるものであり、その部屋が区分建物（⇨Q6-1）として登記されていなければ、賃借権の登記ができないことです。賃借権を登記できる建物は、貸家、マンションまたは建物の1棟借りなどに限られ、現実の多くの建物賃借権は、登記の対象から抜け落ちています。

対抗力の拡充 　賃借権登記が少ない次の理由は、賃借権の対抗力が、賃借権そのものの登記によらずに、他の方法で得られることです。

借地については、借地上の自己所有建物の表題登記または所有権保存登記、借家については、建物の引渡しを受けることにより、代替的に対抗力を得ることができます。

たしかに、対抗力の拡充は、賃貸人が登記に協力しないことへの対応策ですから、教科書的説明が間違っているわけではありませんが、説明の力点を変える必要があります。あえて賃借権登記をするまでもなく、代替的な対抗力獲得の方法があることが、賃借権登記が少ない大きな要因です。

定期借地権 　その一方で、実務では、ある種の賃借権登記をよくみかけます。それは、スーパーなどが出店するときに利用する事業用定期借地権（⇨Q9-10）です。

現在は、定期借地および定期借家制度の導入により、賃借権の形態に変化が生じています。このような現代的賃借権を念頭に置きながら、従来からの教科書的説明を補足修正する必要があります。

Q 9-5 借地権・地上権・土地賃借権の違いは

借地権 借地権とは、他人の土地を借りるための権利ですが、法的に正確にいえば、建物を建てる目的で借る場合だけをいい、たんに資材置き場として借りるような場合は、借地権には該当しません。

また、借地権として認められるためには、地代を払うことが必要です。親が所有する土地に、子供が建物を建てて無償で使う場合は、使用貸借となり、借地権のような強い権利を主張できません。

借地権、地上権、土地賃借権、この3つの言葉はよく混同されますが、それぞれ違います。借地権は、建物を建てることを目的とする土地賃借権と地上権の両者を総称した言葉です。

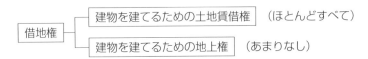

実際は、建物を建てるために地上権を設定することは稀で、土地賃借権がほとんどです。よく「地上権がある」といいますが、実際は土地賃借権と考えてよいでしょう。

借地権の種類 借地借家法による定期借地権制度の創設により、借地権は多様化して、下記のように分かれます。いずれの区分にも、土地賃借権と地上権があります。

まず、借地借家法成立以前から存在する借地権（本書では、旧法借地権という）と、借地借家法による②から④の借地権に分かれます。

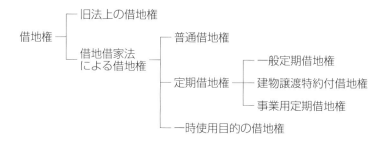

① 旧法上の借地権

借地借家法が施行された1992(平成4)年8月1日の前からあった、旧借地法が適用される借地権

② 普通借地権

「普通」とは、「定期ではない」という意味であり、現行の借地借家法による更新可能な借地権

③ 定期借地権

借地借家法により創設された、契約期間満了により更新されることなくきっぱりと終了する借地権

定期借地権には、次の3種類があります。

- 一般定期借地権…………期間50年以上の定期借地権（⇨Q9-8）
- 建物譲渡特約付借地権……契約後30年以上が経過したあとで、建物を地主に譲渡する特約をした借地権（⇨Q9-9）
- 事業用定期借地権…………事業用建物を建てることを目的とする定期借地権（⇨Q9-10）

④ 一時使用目的の借地権

建設工事の現場事務所、選挙事務所、イベント用建物などのために、臨時・一時的に土地を使用するための借地権

Q 9-6 地上権とは

A 概要

地上権は、建物や工作物および竹木を所有するために他人の土地を使用する権利です。工作物には、トンネルや橋などがあります。土地を借りて建物を建てる際に地上権を設定する例は少なく、賃借権が多く利用されます。

竹木所有のための地上権は、植林から伐採までには長期間を要するので、その期間中、安定的に土地を使用するために利用します。

（地上権の登記の登記事項）

第78条　地上権の登記の登記事項は、第59条各号に掲げるもののほか、次のとおりとする。

① 　地上権設定の目的

② 　地代またはその支払時期の定めがあるときは、その定め

③ 　存続期間、または借地借家法第22条第1項前段もしくは第23条第1項もしくは大規模な災害の被災地における借地借家に関する特別措置法第7条第1項の定め（注：いずれも定期借地権の特約）があるときは、その定め

④ 　地上権設定の目的が、借地借家法第23条第1項または第2項に規定する建物（注：事業用建物）の所有であるときは、その旨

⑤ 　民法第269条の2第1項前段に規定する地上権（注：区分地上権）の設定にあっては、その目的である地下または空間の上下の範囲、および同項後段の定めがあるときは、その定め

地上権設定

順位番号	登 記 の 目 的	受付年月日・受付番号	権 利 者 そ の 他 の 事 項
1	地上権設定	令和X1年9月25日 第12345号	原因　令和X1年9月25日設定 目的　鉄筋コンクリート造建物所有 存続期間　60年 地代　1平方メートル1年1万8千円 支払時期　毎年12月10日 地上権者　甲市青葉一丁目2番3号 　　山 川 太 郎

356　第9章　不動産利用権の登記

区分地上権　土地の立体利用が進み、地下鉄や地下街などの地下部分だけの利用や、高架鉄道や高速道路などの空中部分だけを利用するニーズが生じました。これを受けて、地下または空中の一定範囲を区分して地上権を設定する、区分地上権という法的手法が生まれました。

区分地上権設定

順位番号	登 記 の 目 的	受付年月日・受付番号	権 利 者 そ の 他 の 事 項
1	地上権設定	令和X1年9月25日 第12345号	原因　令和X1年9月25日設定 目的　高速鉄道事業に要する施設の所有を目的とする **範囲　東京湾平均海面の上31.50メートル以下** 存続期間　設定の日から高速鉄道事業施設存続中 地代　無償 特約　高速鉄道事業の障害となる建物その他の工作物の設置および掘削等の土地の形質変更を行わないこと 地上権者　甲　市

　区分地上権は、土地の上下空間の一部に設定するので、すでに地上権などの利用権が設定されている土地でも、範囲が重複しない限りで設定できます（ただし、利用権者の承諾が必要）。ですから、地下鉄が交差するような場合、複数の区分地上権が設定されることがあります。

法定地上権　特殊な地上権として法定地上権があります。法定地上権は、競売により、同一所有者の土地建物のうち片方だけが売却された場合に、建物のために法律にもとづき発生する地上権です。

　土地建物が同じ所有者に属する場合、片方だけが売却されると、建物は敷地利用権のない状態になってしまいます。この不都合を解消するために、法定地上権制度があります。

| COLUMN | 期間999年の地上権 |

　少し古い話になりますが、1997年に香港がイギリスから中国に返還されました。借りていた「新界」の一部の租借期間は99年で、期間が満了したことによります。ところで日本には、外国人が借りた999年の地上権が設定された土地があります。

　場所は、仙台市の北東方、松島に近い七ヶ浜町にある通称「高山外国人避暑地」です。太平洋岸に位置する約21,000坪の別荘地で、外国人の三大避暑地として、「山の軽井沢、湖の野尻湖、海の高山」といわれました。

　その歴史は、古く1889（明治22）年にまで遡ります。外国人宣教師やキリスト教系学校の教師などが利用したのに始まり、首都圏、阪神地方、上海、香港などからも外国人が訪れました。ちなみに同じ年に、七ヶ浜町の前身である七ヶ浜村が村政を施行しました。

　土地利用の権利が登記簿に現れるのは1923（大正12）年になってからで、建物所有のための期間999年の地上権設定契約が登記されます。地上権者は、当初は個人でしたが、その後外国人を構成員とする合資会社に変更されました。地代一括全期間前払いの登記があるところから、本来は土地の売買なのですが、外国人が土地を買うことに抵抗感があるため、永久に近い999年の期間での貸借という形を取ったと考えられないわけでもありません。

　現在登記されている地上権は、戦後あらためて設定されたもので、期間は、1951（昭和26）年から978年11か月12日（端数の理由は不明）、つまり西暦2929年までです。

　期間の始期から逆に期間分の時間を過去に遡ると、平安時代中期の972年に至り、借地年数のすごさがわかります。

　さて、地上権の期間が満了する2929年、日本、世界そして地球はどうなっているのか、まさしく「神のみぞ知る」です。

（参考：七ヶ浜町誌・増補版　2001年）

第2節 定期借地・定期借家の登記

Q 9-7 定期借地権とは

A **制度の創設** 定期借地制度は、1992（平成4）年施行の借地借家法によりつくられました。なぜこのような制度がつくられたのか、それから説明しましょう。

従来の借地法では、契約期間が定められていても、地主側によほどの事情（正当事由という）がない限りは、契約を終了させることができませんでした。「土地を貸したら、取られたと思え」というように、貸した土地は半永久的に戻ってこないという認識が一般的でした。

そのため、地主は土地を貸すことを嫌がり、貸す際に高額な権利金を要求したりして、あらたに土地を貸すことが円滑に行われませんでした。その一方で借りる側にも、一定期間だけ借りられれば十分であり、そのかわり高額な権利金を払わずに済ませたいというニーズがありましたが、従来の借地制度では、このようなニーズに応えられませんでした。

要件 従来の硬直的な借地制度では対応できない多様なニーズに対応して、貸しやすく、借りやすくするために、期間を更新しない等の特約をつけた定期借地権制度をつくりました。

更新しない等の特約とは、具体的には次のとおりです。

① 更新しないこと
② 期間中に建物を建て直しても、期間延長しないこと
③ 期間が終了したときに、建物を買い取れと請求しないこと

契約にあたっては、この特約を契約書の中に明記しなければなりません。

種類 定期借地権には、一般定期借地権、事業用定期借地権、建物譲渡特約付借地権の3種類があります。

	一般定期借地権	事業用定期借地権	建物譲渡特約付借地権
契約	書面または電磁的記録による契約が必要	公正証書による契約が必要	制限はない
期間	50年以上	10年以上30年未満、または30年以上50年未満	基本となる借地契約の期間を定め、契約後30年以上経過時に、建物を譲渡する特約を結ぶ
用途	制限はない	事業用建物に限る	制限はない
消滅	期間満了により消滅	期間満了により消滅	借地上の建物の譲渡により消滅

筆者たちの経験では、登記上現われる定期借地権は、ほとんどが事業用定期借地権で、一般定期借地権の登記は少なく、建物譲渡特約付借地権の登記はあまり見かけません。

9-8 一般定期借地権とは

A 一般定期借地権は、契約期間を50年以上とするもので、建物の用途に制限はありません。この契約は、書面または電磁的記録で行う必要があります。

一般定期借地権というと、定期借地権付のマイホームが頭に浮かびますが、居住用建物では、その他に定期借地権による借地上に、分譲マンションや賃貸住宅を建築する例などがあります。非居住用建物のための利用例は、商業施設、オフィスビル、公共用建物など多種多様です。

> **ストーリー** 太郎は、ハウスメーカーの広告で、定期借地権付住宅を知った。土地を買わない分だけ安く済み、50年間は借りられるので、子供がなく財産を残す必要もないので、ちょうどよいと思った。

一般定期借地権設定

順位番号	登記の目的	受付年月日・受付番号	権利者その他の事項
1	賃借権設定	令和X1年9月25日 第12345号	原因　令和X1年9月25日設定 目的　建物所有 賃料　1月2万円 支払時期　毎月末日 **存続期間　50年** **特約　借地借家法第22条の特約** 　　譲渡、転貸できる 賃借権者　甲市東町一丁目2番3号 　　　　　山　川　太　郎

Q 9-9 建物譲渡特約付借地権とは

建物譲渡特約付借地権は、借地契約締結から30年以上が経過した時点で、借地上の建物を地主に売り渡して借地関係を終了することを、契約当初に取り決めておくものです。建物譲渡の特約は、契約締結の際にしなければならず、あとで行っても建物譲渡特約付借地権と認められません。

この特約を実行して地主が建物を取得すれば、土地と建物の所有者が同じになり、結果として借地権が消滅します。

建物譲渡特約付借地権の利用例としては、ディベロッパーが土地を借りて賃貸建物を建築し賃貸収益を得る一方で、地主は地代収入を得ることで、有効利用を図るケースがあります。契約後30年以上が経過したあとで、地主は、建物をディベロッパーから譲り受けて、自分の所有とすることができます。つまり、貸した土地が地上建物付で戻ってきて、それ以降は家賃収入を得ます。

建物譲渡特約付借地権の利用例はあまり多くありませんが、その登記は、借地権の登記に付記登記で、建物譲渡特約を記載するのが通常の取扱いです。

建物譲渡特約付借地権設定

順位番号	登 記 の 目 的	受付年月日・受付番号	権 利 者 そ の 他 の 事 項
1	賃借権設定	令和X1年9月25日 第12345号	原因　令和X1年9月25日設定 目的　建物所有 賃料　1月2万5,000円 支払期　毎月末日 存続期間　35年 賃借権者　甲市東町一丁目2番3号 　　　　　山　川　太　郎
付記1号	1番賃借権消滅事項特約	余　白	借地借家法第24条の建物譲渡特約 令和X1年9月25日付記

9-10
事業用定期借地権とは

　事業用定期借地権の代表例は、郊外型店舗の出店です。郊外型店舗の立地条件は変化が激しく、20年もたてば状況が変わります。そのため出店者は、長期の借地期間を必要としない一方で、権利金を支払わず投下資本を小さくしたいと考えます。

　事業用定期借地権は、事業用建物を目的とするもので、居住用物件には利用できません。また事業用定期借地権の設定契約は、必ず公正証書で行わなければなりません。

　事業用定期借地権の存続期間は、10年以上50年未満です。従来は10年以上20年以下でしたが、2008（平成20）年1月の改正で、期間が50年未満に延長されました。

　改正前の定期借地権の種類は、期間50年以上の一般定期借地権と、10年以上20年以下の事業用定期借地権で、20年から50年の間が空白期間となっていました。この空白期間を解消するために、事業用定期借地権の期間を拡充することにし、10年以上30年未満と、30年以上50年未満の二本立てにしました。

ストーリー　山川スーパーは、郊外部への出店にあたり事業用定期借地権を利用することが多い。広大な駐車場用地を含めて土地を取得することは採算に合わないし、20年もたてば商業立地性が変わってしまうので、定期借地での出店が最適である。

事業用定期借地権設定

順位番号	登記の目的	受付年月日・受付番号	権利者その他の事項
1	賃借権設定	令和X1年9月25日 第12345号	原因　令和X1年9月25日設定 **目的　借地借家法第23条第2項の建物所有** 賃料　1月30万円 支払期　毎月末日 **存続期間　20年** 賃借権者　甲市東町一丁目2番3号 　　　　　山川スーパー株式会社

9-11 定期借家制度とは

制度の創設　定期借家（定期建物賃貸借）とは、契約期間が満了すると、契約が更新されることなく確定的に終了する借家契約です。この契約は、書面または電磁的記録で行う必要があります。

従来の借家契約では、期間が満了しても、賃貸人は特別の事情（正当事由）がない限り更新を拒絶できず、いったん家を貸してしまうと、なかなか立ち退いてもらえませんでした。この難点を解決するため、1999（平成11）年12月の借地借家法改正で、更新されない確定期限付の借家契約制度をつくりました。

定期借家制度ができたからといって、更新可能な従来型の借家契約がなくなるわけではなく、従来型借家契約と定期借家契約の2種類が並存し、建物を賃貸借するにあたって、どちらかを選択できます。

登記例　定期借家権といっても、建物を借りる点では一般の建物賃借権と変わりなく、登記上も、特約として「契約の更新がない」という字句

が入る以外は、通常の賃借権登記と同じです。

　定期借家制度は、居住用物件よりむしろ事業用物件で利用されていますが、定期借家権の登記はあまり見かけません。Q9-4で述べたとおり、オフィスや店舗は、建物の一部だけを借りる例が圧倒的に多いので、登記の対象とならないからです。

定期借家権設定

順位番号	登 記 の 目 的	受付年月日・受付番号	権 利 者 そ の 他 の 事 項
1	賃借権設定	令和X1年9月25日 第12345号	原因　令和X1年9月25日設定 賃料　1月15万円 支払時期　毎月末日 **存続期間　令和X1年9月25日から10年** **特約　契約の更新がない** 賃借権者　甲市北町4丁目5番6号 　　　乙　山　商　事　株　式　会　社

第3節　その他の利用権の登記

Q 9-12 地役権とは

A 概要　地役権は、自分の土地が便益（便利で有益なこと）を受けるために、他人の土地を使用できる権利です。地役権にはさまざまな目的のものがありますが、よく使われるのは、通行のために他人の土地を通る通行地役権や、高圧送電線の安全確保のための送電線路敷設地役権です。

便益を受ける地役権者の土地を要役地、便益を与える他人の土地を承役地といいます。要役地と承役地は、通行地役権等では隣接していますが、送電線路敷設地役権の要役地は、遠く離れた発電所や変電所です。

地役権は、要役地所有者と承役地所有者の契約により設定します。期間は自由に決められ、永久とすることもできます。通常は、地役権設定の対価が支払われますが、無償でもかまいません。

地役権は物権（⇨Q9-2）であり、要役地が譲渡されると自動的に移転し、改めて承役地所有者の了解をとる必要はありません。要役地の所有権移転登記により、地役権の移転も対抗力を持ちます。

設定対象　地役権を設定する範囲は、1筆の土地の一部でもかまいません。この場合は、登記申請にあたり、地役権が及ぶ範囲を示す地役権図面（⇨Q7-12）を添付します。地役権の及ぶ範囲を分筆して土地全域に地役権が及ぶ場合は、範囲を図示するまでもないので、地役権図面の添付は必要ありません。

登記例　地役権の登記は、少し変わった登記です。すなわち、地役権の対象となる承役地だけでなく、同時に要役地についても、つまりふたつの土地に登記を行います。

地役権は、単独の土地で完結する権利ではなく、要役地の便益のために承役地を利用するという二重構造の権利です。地役権設定登記は承役地に対して申請しますが、要役地についても、地役権の存在を登記上で明らかにする必要があります。

承役地に地役権設定登記をしたとき、登記官は、職権（⇨Q2−7）により、要役地にも地役権の登記をします。登記の目的は、「要役地地役権」ですが、その意味するところは、要役地について行う地役権の登記です。

地役権は、人につくのではなく、要役地そのものにつくため、地役権設定登記には、地役権者の住所・氏名は記録しません。

（地役権の登記の登記事項等）

第80条　承役地（かっこ内省略）についてする地役権の登記の登記事項は、第59条各号に掲げるもののほか、次のとおりとする。

① 　要役地（かっこ内省略）

② 　地役権設定の目的および範囲

③ 　民法第281条第１項ただし書、もしくは第285条第１項ただし書の別段の定め（注：いずれも設定行為の別段の定め）または同法第286条（注：承役地の所有者の工作物の設置義務等）の定めがあるときは、その定め

2　前項の登記においては、第59条第４号の規定にかかわらず、地役権者の氏名または名称および住所を登記することを要しない。

3　要役地に所有権の登記がないときは、承役地に地役権の設定の登記をすることができない。

4　登記官は、承役地に地役権の設定の登記をしたときは、要役地について、職権で、法務省令で定める事項を登記しなければならない。

ストーリー　　太郎の土地は道路より奥まったところにあり、住宅を建てるにあたり、通行のために、隣接する土地の一部を通してもらう地役権の登記を行った。

地役権設定（承役地）

順位番号	登 記 の 目 的	受付年月日・受付番号	権 利 者 そ の 他 の 事 項
1	地役権設定	令和 X1年 9 月25日 第12345号	原因　令和 X1年 9 月25日設定 目的　通行 範囲　東側30平方メートル 要役地　甲市乙町23番 地役権図面　第1235号

地役権設定（要役地）

順位番号	登 記 の 目 的	受付年月日・受付番号	権 利 者 そ の 他 の 事 項
1	要役地地役権	余 白	承役地　甲市乙町35番 目的　通行 範囲　東側30平方メートル 令和 X1年 9 月25日登記

送電線路敷設地役権設定（承役地）

順位番号	登 記 の 目 的	受付年月日・受付番号	権 利 者 そ の 他 の 事 項
1	地役権設定	令和 X1年 9 月25日 第12345号	原因　令和 X1年 9 月25日設定 目的　(一)　土地所有者は次の行為をしないこと 　　イ　送電線の最下垂時における電線から3.60m 以内の範囲に入る高さの建造物の築造、工作物の設置および竹木の植栽ならびに送電線の設置・保守等の支障となる土地の形質変更等の行為 　　ロ　爆発性・引火性を有する危険物の製造・取扱いおよび貯蔵 (二)　地役権者が、電線の支持物を除く送電線を設置すること、その設置・保守等のために立入ること、ならびに送電線に支障となる竹木を伐採すること 範囲　全部 要役地　丙市乙町20番 2

抹消登記　　地役権が消滅し、その登記を抹消するときは、要役地についても抹消登記を行います。

第 3 節　その他の利用権の登記　367

地役権抹消（承役地）

順位番号	登記の目的	受付年月日・受付番号	権利者その他の事項
1	地役権設定	令和X1年9月25日 第12345号	原因　令和X1年9月25日設定 目的　通行 範囲　東側30平方メートル 要役地　甲市乙町23番 地役権図面　第1235号
2	1番地役権抹消	令和X9年2月15日 第2345号	原因　令和X9年2月12日放棄

地役権抹消（要役地）

順位番号	登記の目的	受付年月日・受付番号	権利者その他の事項
1	要役地地役権	余白	承役地　甲市乙町35番 目的　通行 範囲　東側30平方メートル 令和X1年9月25日登記
2	1番要役地地役権抹消	余白	承役地地役権抹消の登記により令和X9年2月15日登記

9-13 永小作権とは

概要　永小作権は、小作料を払って、耕作または牧畜のために他人の土地を使用する権利です。

　建物所有のための借地は、物権である地上権より債権である賃借権が多く利用されるように、農地の利用にあたっては、債権である賃借権が用いられることが多く、永小作権は、実際にはほとんど利用されません。統計によると、全国での永小作権の設定登記件数は、2022（令和4）年は2件です（⇨Q1-17）。

登記例　永小作権の登記では、小作料を必ず記録します。また、小作料の支払い時期や存続期間を定めたときは、その内容を記録します。

> (永小作権の登記の登記事項)
> 第79条　永小作権の登記の登記事項は、第59条各号に掲げるもののほか、次のとおりとする。
> ①　小作料
> ②　存続期間または小作料の支払時期の定めがあるときは、その定め
> ③　民法第272条ただし書の定め（注：永小作権の譲渡・転貸の禁止）があるときは、その定め
> ④　前2号に規定するもののほか、永小作人の権利または義務に関する定めがあるときは、その定め

永小作権設定

順位番号	登記の目的	受付年月日・受付番号	権利者その他の事項
1	永小作権設定	令和X1年9月25日 第12345号	原因　令和X1年9月25日設定 小作料　1年3万円 支払時期　毎年12月10日 存続期間　30年 特約　譲渡、転貸することができない 永小作権者　甲市乙山123番地 　　　　　　山　川　太　郎

Q 9-14 採石権とは

概要　採石権は、採石法第2条に定める岩石および砂利（砂および玉石を含む）を採取するために、他人の土地を使用する権利です。

> （定義）
> 採石法第2条　この法律において「岩石」とは、花こう岩、せん緑岩、はんれい岩、かんらん岩、はん岩、ひん岩、輝緑岩、粗面岩、安山岩、玄武岩、れき岩、砂岩、けつ岩、粘板岩、凝灰岩、片麻岩、じや紋岩、結晶片岩、ベントナイト、酸性白土、けいそう土、陶石、雲母およびひる石をいう。

第3節　その他の利用権の登記　369

登記例 　安定的に採石事業を行うために、採石権の設定登記をします。採石権の存続期間は20年以内であり、20年より長い期間を決めたときは20年となります。期間の更新はできますが、更新時から20年を超えることはできません。

　採石権の設定登記件数は、2022（令和4）年は3件です（⇨Q1‐17）。

（採石権の登記の登記事項）

第82条　採石権の登記の登記事項は、第59条各号に掲げるもののほか、次のとおりとする。

① 　存続期間
② 　採石権の内容、または採石料もしくはその支払時期の定めがあるときは、その定め

採石権設定

順位番号	登記の目的	受付年月日・受付番号	権利者その他の事項
1	採石権設定	令和X1年9月25日 第12345号	原因　令和X1年9月25日設定 存続期間　10年 内容　砂利採取 採石料　1平方メートル1年1万円 支払時期　毎年12月20日 採石権者　甲市乙町三丁目4番5号 　　　　　丙山鉱業株式会社

9-15
配偶者居住権とは

概要　配偶者居住権は、2018（平成30）年の相続法改正により、2020（令和2）年4月1日から認められることになった権利です。配偶者が相続開始時に被相続人所有の建物に居住していた場合に、遺言、死因贈与または遺産分割において配偶者居住権を取得することにより、終身または一定期間、その建物に無償で居住できる権利です（終身、つまり死ぬまでが多い）。

（配偶者居住権）

民法第1028条　被相続人の配偶者（かっこ内省略）は、被相続人の財産に属した
　　建物に相続開始の時に居住していた場合において、次の各号のいずれかに該当
　　するときは、その居住していた建物（かっこ内省略）の全部について、無償で
　　使用および収益をする権利（かっこ内省略）を取得する。ただし、被相続人が、
　　相続開始の時に居住建物を配偶者以外の者と共有していた場合にあっては、こ
　　の限りでない。

①　遺産の分割によって配偶者居住権を取得するものとされたとき。

②　配偶者居住権が遺贈の目的とされたとき。

（第2項、第3項省略）

　たとえば、自宅の土地建物2,000万円と預貯金3,000万円の財産を持っていた
山川春男が、妻の秋子と一人息子の太郎を残して死んだとします。妻と子の法
定相続分はそれぞれ2分の1なので、秋子と太郎の相続分は各2,500万円ずつ
となります。秋子が、住む場所確保のために2,000万円の自宅の所有権を取得
すると、預貯金は500万円しか取得できず生活費に不安が生じます。

　ところが、配偶者居住権であれば、所有権より評価が下がるので、その分だ
け預貯金を多く取得できることになり、残された配偶者秋子が保護されること
になるのです。

　太郎は、自宅の建物について、配偶者居住権の負担が付いた所有権を取得す
ることになります。

　配偶者居住権は、春男が遺言で秋子に遺贈することにより、または春男と秋
子の死因贈与契約により、あるいは春男死亡後の遺産分割により取得できます。
配偶者居住権を登記することにより、かりに太郎が自宅を売ってしまった場合
でも、買主に配偶者居住権を主張して居住し続けることができます。

第3節　その他の利用権の登記　371

（配偶者居住権の登記の登記事項）

第81条の2　配偶者居住権の登記の登記事項は、第59条各号に掲げるもののほか、次のとおりとする。

① 　存続期間

② 　第三者に居住建物（民法第1028条第1項に規定する居住建物をいう）の使用または収益をさせることを許す旨の定めがあるときは、その定め

遺産分割協議による所有権移転

順位番号	登 記 の 目 的	受付年月日・受付番号	権 利 者 そ の 他 の 事 項
1	所有権移転	平成X1年1月10日 第256号	原因　平成X1年1月10日売買 所有者　甲市南町一丁目2番3号 　　　山　川　春　男
2	所有権移転	平成X3年9月25日 第12345号	原因　令和X3年4月10日相続 所有者　乙市西町二丁目4番6号 　　　山　川　太　郎

遺産分割協議による配偶者居住権設定

順位番号	登 記 の 目 的	受付年月日・受付番号	権 利 者 そ の 他 の 事 項
1	配偶者居住権設定	令和X3年9月25日 第12346号	原因　令和X3年9月15日遺産分割 存続期間　配偶者居住権者の死亡時まで 特約　第三者に居住建物の使用又は収益 　をさせることができる 配偶者居住権者　甲市南町一丁目2番3号 　　　山　川　秋　子

第 **10** 章

担保権の登記

第1節 抵当権・根抵当権の概要

Q 10-1 担保とは

A 担保とは、「債務不履行の際に、債務の弁済を確保する手段として、あらかじめ債権者に提供しておくもの。質権・抵当権などの物的担保と保証人などの人的担保がある。」(大辞林)

　金融機関がお金を貸すときに、万一のために担保を取ります。担保は、人を担保にする人的担保と、物を担保にする物的担保に分かれます。

　人的担保は、保証人です。保証人は、借りた本人の返済を保証する役割を果たし、本人が返済しない場合は、代わって返済しなければなりません。断りきれずに保証人になったために、生活が破綻してしまうことがあり、令和2年4月1日施行の民法改正では、事業用融資の保証人について、事前に公証人による保証意思の確認を必要とするなど、保証人保護のための改正がいくつか行われました。

　債権回収をより確実にするために、人的担保のほかに、物的担保として不動産を担保にします。不動産を担保に取る法的手法は、抵当権と根抵当権が圧倒的に多く、質権と先取特権はあまり使われません（⇨Q1-17）。

Q 10-2 抵当権とは

A 概要　抵当権は、担保とした不動産を、担保提供後も所有者に使わせながら担保価値を把握します。質屋に物を預けて金を借りる場合は、債務者は、担保提供物の占有を質権者に移してしまうため、自分は

使えないのに対し、抵当権は、担保とした不動産をそのまま使い続けることができます。

抵当権をつけた者を抵当権者（イコール債権者）、所有不動産を担保に差し入れた者を抵当権設定者といいます。債務者本人が所有不動産を担保にすることが多いのですが、社長が会社の借入のための担保にするように、債務者本人以外の者（物上保証人という）が担保を提供することもあります。

抵当権の実行　債権者である抵当権者は、貸金が返済されない場合は、抵当不動産を裁判所の力を借りて競売にかけ、競売代金から優先的に債権を回収します。これを、抵当権の実行といいます。

競売代金の配当の際に、抵当権者は一般債権者に優先し、また、他の抵当権者との間では、順位（⇨Q8-3）の早い者から優先して弁済を受けます。

2番抵当権者が競売申立てをした場合でも、1番抵当権者は、2番抵当権者に優先して配当を受けるので、いわば自動的・強制的に、自分が競売申立てをしたのと同じ結果となります（根抵当権も同じ）。

つまり、どの抵当権者が競売申立てをしても、結果として、すべての抵当権者を対象として手続が進められます。

伝家の宝刀　教科書では、抵当権は優先弁済を受けられる権利と学びますが、実際は優先弁済を受ける事態になることは少なく、現実の抵当権は、多くの場合、債務の弁済により消滅します。つまり、多くの抵当権は実行されることなく、効力を眠らせたまま役割を終えます。万一の場合しか実行されない抵当権は、いわば「伝家の宝刀」といえます。

抵当権は、万一の場合にしか実行されないこと、そしてひとつの物件にいくつでも設定できること（⇨Q10-5）、この抵当権の性質をしっかり理解する必要があります。

信用状態　抵当権の設定状況は、債務者の信用状態を示す有力な材料となるので、抵当権者の属性に注意を払う必要があります。

抵当権者は、通常は金融機関や会社で、個人はそれほど多くありません。親族や友人から金を借りるときに抵当権を設定することは少なく、個人の抵当権

者は、実質的には金融業者である場合が多いでしょう。

10-3 抵当権の優先弁済とは

債権者の種類 抵当権者が優先して弁済を受けられる相手は、一般債権者と自己の抵当権に後れる抵当権者です。

債権者は、ふたつに分けて考えることができます。

- 担保権者………担保権を持っている債権者
- 一般債権者……担保権を持たない債権者

債務者が支払い不能になり、破産などの法的手続が開始された場合、無担保の債権者（一般債権者）はすべて平等に扱われて、債権額にもとづく按分による弁済を受けます。これを、債権者平等の原則といいます。

通常、按分による弁済額は、本来の債権額より少ないため損失を被りますが、これは担保権を持たない一般債権者の限界です。より有利な弁済を受けるためには、担保権（抵当権または根抵当権）を設定して、優先的に弁済を受ける権利を確保する必要があります。

優先弁済 優先弁済の第一の意味は、担保権を持つ債権者が、一般債権者より優先的に弁済を受けることです。一般債権者は、担保権者が回収した残りを平等に按分しますが、抵当権者への配当だけで配当原資がなくなった場合は、まったく弁済を受けられません。

優先弁済の第二の意味は、自己の抵当権に劣後する抵当権者に対して優先することです。優先関係は登記の順位で決まるので、1番抵当権者は2番抵当権者に優先して、2番抵当権者は3番抵当権者に優先して弁済を受けます。

弁済の優先関係をまとめると、次のとおりです。

抵当権者	>	一般債権者
先順位抵当権者	>	後順位抵当権者

設例　弁済の優先関係を、具体的に説明しましょう。配当原資を8,000万円、各抵当権者の債権額を記載のとおりとします。

① ②

配当原資 8,000	①
	1番抵当権者A 2,000
	2番抵当権者B 2,000
	3番抵当権者C 2,000
	2,000 一般債権者 D・E・F

②

1番抵当権者A 4,000

2番抵当権者B 5,000 (4,000)

3番抵当権者C 2,000(0)

一般債権者 D・E・F

　①のケースは、最初に抵当権者AないしCが弁済を受け、それでも2,000万円残っているので、一般債権者DないしFが、この2,000万円を自己の債権額にもとづき、按分して弁済を受けます。

　②のケースでは、1番抵当権者Aは満額の弁済を受けられますが、2番抵当権者Bは、債権額5,000万円のうち4,000万円しか弁済を受けられません。3番抵当権者Cは、まったく弁済を受けられません。ましてや、一般債権者DないしFは、当然に弁済を受けられません。つまり、「先着200名様」という言い方に倣えば、抵当権の優先弁済関係は、「先着8,000万円」です。

Q 10-4 根抵当権とは

A 定義 民法は、根抵当権を、「一定の範囲に属する不特定の債権を、極度額の限度において担保するため」の抵当権と規定します（民法398条の2第1項）。

担保する債権 抵当権は特定の債権を担保します。たとえば、381ページの登記例では、令和X1年3月2日に貸した7,500万円です。

一方、貸し借りが繰り返し行われ、債権額もそれにともない増減する取引関係、たとえば商品売買取引や銀行取引があります。継続的に商品を売買する取引では、売掛額（債権額）はつねに変動します。また、銀行から繰り返し融資を受けるときに、いちいち抵当権を設定するのは煩雑です。

このような事情に対応するために根抵当権があり、継続的な取引関係（貸借関係が何回も起こり、債権額も変動する）から生ずる債権を、契約で決めた上限額（極度額という）まで担保します。抵当権がすでに発生した特定の債権を担保するのに対して、根抵当権は、その時々に発生する債権を担保します。

根抵当権は、企業に対する融資で用いられることが多く、それに対し抵当権は、個人のマイホーム資金の融資が代表例です。

共通事項 根抵当権は、特殊な抵当権と位置づけられるので、両者には共通する事項が多くあります。たとえば、抵当権の処分（第3節399ページ以下）の多くは、根抵当権にも適用できます。

両者に共通する事項は、「抵当権・根抵当権」と書くべきですが、本書では便宜的に、「(根)抵当権」と表記します。

Q 10-5 抵当権は、なぜ複数設定できるのか

A 一物一権

よく考えてみると、(根)抵当権は不思議な権利です。所有権や同一内容の物権は、ひとつの不動産に対して1個しか成立せず（一物一権主義という）、登記上も複数の同じ権利が併存することは許されません。

しかし、(根)抵当権は、理論的には、100個でも200個でも登記できます。それはなぜでしょうか。

抵当権の場合

設定登記される複数の(根)抵当権は、同じものではなく、それぞれ違います。それぞれの(根)抵当権は、債権額（極度額）などの各要素が異なり、また登記の順位が異なります（ただし、同順位の(根)抵当権の例外あり）。つまり、すべての(根)抵当権が同じ優先関係にあるのではなく、第1順位の(根)抵当権は第2順位以下の(根)抵当権に優先し、第2順位は第3順位以下に優先するという関係にあります。

競売代金からの配当は、順位の早い(根)抵当権者から受けるので、あとの順位の(根)抵当権者は配当がないこともあります。配当を受けられないことを覚悟すれば、いくら(根)抵当権をつけてもかまいません。

権利の及び方

比喩的にいえば、所有権が、対象となる不動産全体に一挙に水平的に及ぶのに対して、(根)抵当権は順番に重層的に及びます。

配当原資が莫大であれば、(根)抵当権が100個あっても、すべて配当を受けられるし、原資が少ないときは、第1順位の(根)抵当権者でも満足な配当を受けることができません。

第1節　抵当権・根抵当権の概要　379

Q 10-6 抵当権の登記事項は

抵当権の登記事項は、担保権一般に共通する債権額、債務者・債権者の住所・氏名などに加えて、抵当権に特有な事項からなります。

（担保権の登記の登記事項）

第83条　先取特権、質権もしくは転質または抵当権の登記の登記事項は、第59条各号に掲げるもののほか、次のとおりとする。
① 債権額（一定の金額を目的としない債権については、その価額）
② 債務者の氏名または名称および住所
③ 所有権以外の権利を目的とするときは、その目的となる権利
④ 2以上の不動産に関する権利を目的とするときは、当該2以上の不動産および当該権利

（第5号省略）

2　登記官は、前項第4号に掲げる事項を明らかにするため、法務省令で定めるところにより、共同担保目録を作成することができる。

（抵当権の登記の登記事項）

第88条　抵当権（根抵当権を除く）の登記の登記事項は、第59条各号および第83条第1項各号に掲げるもののほか、次のとおりとする。
① 利息に関する定めがあるときは、その定め
② 民法第375条第2項に規定する損害の賠償額の定めがあるときは、その定め
③ 債権に付した条件があるときは、その条件
④ 民法第370条（注：抵当権の効力の及ぶ範囲）ただし書の別段の定めがあるときは、その定め
⑤ 抵当証券発行の定めがあるときは、その定め
⑥ 前号の定めがある場合において、元本または利息の弁済期または支払場所の定めがあるときは、その定め

（第2項省略）

抵当権設定

順位番号	登 記 の 目 的	受付年月日・受付番号	権 利 者 そ の 他 の 事 項
1	抵当権設定	令和X1年3月4日 第2345号	原因　令和X1年3月2日金銭消費貸借 　　　令和X1年3月3日設定 債権額　金7,500万円 利息　年2・575% 損害金　年14% 債務者　甲市東町一丁目2番3号 　　山 川 太 郎 抵当権者　丙市西町三丁目4番5号 　　中 央 銀 行 株 式 会 社 共同担保　目録(る)第123号

原因　　注意すべき点は、「権利者その他の事項」の「原因」に、この例では
ふたつの日付が入っています。「令和X1年3月2日金銭消費貸借」と
金を借りる契約があり、その担保のために翌日の3日に抵当権設定契約を行っ
ています。

　これは、3月2日の金銭消費貸借の債権（被担保債権という）のために、翌
日に抵当権が設定されたことを示します。つまり、被担保債権があってこそ抵
当権があるわけで、これを抵当権の附従性といいます。附従性により、被担保
債権が消滅すれば、抵当権も当然に消滅します。説明のために、翌日に設定と
いう例をつくりましたが、実際はほとんど同じ日に抵当権が設定されます。

債権額　　債権額は、融資当初の貸付額であり、時とともに返済が進めば、残っ
ている額は少なくなります。債権額の表示を見ただけでは、実際に
現在いくら残債があるかはわかりません。

利息・損害金　　利息（貸出金利）と遅延損害金（返済が期日より遅れたときに
賠償として支払うもの）を登記するのは、競売の配当額との
関係によります。配当を受けられる額は、残っている元金は全額ですが、後順
位抵当権者がいる場合は、利息および遅延損害金は最後の2年分だけです。

第1節　抵当権・根抵当権の概要　381

10-7 抵当権設定の原因は

A 原因　抵当権設定の原因にはさまざまなものがあり、原因により、どのような経緯で抵当権が設定されたかがわかります。主な原因には、次のようなものがあります。

金銭消費貸借　金銭を借りるための担保として抵当権を設定したもので、最も一般的な原因です。

保証委託契約　銀行から住宅ローンを借りる際に、保証会社に、万一のとき債務者に代わって銀行に弁済（代位弁済という）する保証人の役割を頼む（保証委託）契約をします。

　保証会社は、債務者が返済できなくなった場合、代わりに銀行に対して支払います。その後、保証会社は、債務者に対してその額を請求します。

　原因の記載は、「令和○年○月○日保証委託契約にもとづく求償債権令和○年○月○日設定」とします。求償債権とは、保証会社が銀行に代位弁済したとき、その弁済額を債務者に請求する（求償という）債権です。

敷金・保証金　スーパー等が出店するにあたり、借りる店舗の建設費を、賃貸借契約の敷金あるいは保証金の名目で差し入れることがあります。この金銭を担保するために、抵当権を設定します。

10-8 根抵当権の登記事項は

A 概要　根抵当権の登記事項は、担保権一般の共通事項に加えて、次のものがあります。

> （根抵当権の登記の登記事項）
> 第88条第2項　根抵当権の登記の登記事項は、第59条各号および第83条第1項各

382　第10章　担保権の登記

号（第1号を除く）に掲げるもののほか、次のとおりとする。

① 担保すべき債権の範囲および極度額

② 民法第370条ただし書の別段の定めがあるときは、その定め

③ 担保すべき元本の確定すべき期日の定めがあるときは、その定め

（第4号省略）

根抵当権設定

順位番号	登 記 の 目 的	受付年月日・受付番号	権 利 者 そ の 他 の 事 項
1	根抵当権設定	令和X1年9月25日 第12345号	原因　令和X1年9月25日設定 極度額　金7,500万円 債権の範囲　銀行取引、手形債権、小切手債権 債務者　甲市東町一丁目2番3号 　山 川 商 事 株 式 会 社 根抵当権者　丙市西町三丁目4番5号 　中 央 銀 行 株 式 会 社 共同担保　目録(る)第123号

原因　原因は、特定の債権を担保するわけではないので、設定の日付しか登記しません。

極度額・債権の範囲　極度額の項目には担保する債権額の上限枠を、債権の範囲の項目には、担保する債権の種類を記録します。ここに記録された債権を、極度額の範囲内で担保します。

現実の債権額がゼロになっても、根抵当権は消滅しません。たとえてみれば、抵当権は1回使えば終わりの乗車券のようなもの、根抵当権は何回も使える定期券のようなものです。

利息・損害金　配当を受けられる利息および遅延損害金は、抵当権で後順位抵当権者がいる場合は、最後の2年分のみでしたが、根抵当権では極度額の範囲内であればいくらでもかまいません。

かりに極度額を1,000万円、債権額を100万円とすれば、理論的には、900万円分の利息・損害金を受け取ることができます。このような利点（？）に着目して、高利貸金業者は、通常は抵当権で行う貸付に根抵当権を使い、貸付額を大幅に上回る極度額を設定するケースがあります。

10-9 共同担保目録とは

共同抵当 2個以上の不動産（たとえば建物とその敷地）を一緒に担保にして、(根)抵当権を設定することを、共同(根)抵当といいます。この場合、共同して担保となっていることを示すために、共同担保目録（略して、共担目録）をつくります。

> （担保権の登記の登記事項）
> 第83条第2項
> 2 登記官は、前項第4号に掲げる事項を明らかにするため、法務省令で定めるところにより、共同担保目録を作成することができる。

共同(根)抵当のときは、共同担保目録の番号を登記します。逆にいえば、共同担保目録がない場合は、ひとつだけの不動産を担保としています。

(根)抵当権設定当初でなく、あとから担保を追加して、共同(根)抵当とすることもできます。

ストーリー 太郎は、マイホームを建てるために、中央銀行から融資を受けた。まず、土地を取得した際に抵当権設定登記をし、半年後に建物が完成したとき、建物を追加して担保に入れた。

住宅取得資金のための銀行融資の段取りをつけて、まず土地を取得した際に、土地を対象として抵当権設定契約とその登記を済ませます。後日、建物が完成したときに、建物の表題登記と所有権保存登記を行い、次いで建物を対象として、土地と同じ内容の抵当権設定契約とその登記を行います。

この場合、建物に追加の抵当権設定が行われると、共同担保目録が作成され、すでにある土地の抵当権設定登記に対して、共同担保目録を作成した旨の付記登記が職権でなされます。なお、建物への抵当権設定登記には、はじめから共

同担保目録の表示がなされます。

共同抵当（土地への当初抵当権）

順位番号	登 記 の 目 的	受付年月日・受付番号	権 利 者 そ の 他 の 事 項
1	抵当権設定	令和X1年9月25日 第12345号	原因　令和X1年9月25日金銭消費貸借 　　　同日設定 債権額　金7,500万円 利息　年2·575% 損害金　年14% 債務者　甲市東町一丁目2番3号 　　　　山　川　太　郎 抵当権者　丙市西町三丁目4番5号 　　　中　央　銀　行　株　式　会　社
付記1号	1番抵当権担保追加	余白	共同担保　目録㈠5678号 令和X2年3月15日付記

共同抵当（建物への追加抵当権）

順位番号	登 記 の 目 的	受付年月日・受付番号	権 利 者 そ の 他 の 事 項
1	抵当権設定	令和X2年3月15日 第678号	原因　令和X1年9月25日金銭消費貸借 　　　令和X2年3月15日設定 債権額　金7,500万円 利息　年2·575% 損害金　年14% 債務者　甲市東町一丁目2番3号 　　　　山　川　太　郎 抵当権者　丙市西町三丁目4番5号 　　　中　央　銀　行　株　式　会　社 共同担保目録㈠5678号

共同担保目録　　次ページに共同担保目録の例をあげます。共同担保にしていた建物を取り壊して新たな建物を建て、それを担保に追加したという少し複雑な例ですが、目録の変更があることを理解してもらうために載せました。順位番号は、この目録に該当する(根)抵当権の順位番号です。

　共同担保目録は登記簿の一部ですが、登記簿の交付にあたり、通常は一緒に付いてきません。共同担保目録の付いた登記簿が必要なときは、請求の際に、その旨を記載します。なお、共同担保目録だけの請求はできません。

第1節　抵当権・根抵当権の概要　385

共同担保目録

共　同　担　保　目　録			
記号及び番号	(あ)第234号 || 調製	令和X1年1月23日
番号	担保の目的である権利の表示	順位番号	予　　備
1	甲市東町　610番4の土地	1	余白
2	甲市東町　610番地4　家屋番号610番4の建物	1	令和X2年11月7日受付第50269号　滅失
3	甲市東町　610番地4　家屋番号610番4の2の建物	1	令和X3年4月19日受付第26738号　追加

10-10 同順位抵当権とは

概要　複数の(根)抵当権者が、それぞれの(根)抵当権に同じ優先関係を持たせるために、同じ順位で同時に設定することがあります。これを、同順位の(根)抵当権といいます。

同順位(根)抵当権の設定は、複数の金融機関が共同で融資する協調融資のようなケースに行います。同順位の(根)抵当権は、債権額の比率に応じて配当を受けます。

順位の記載　同順位の(根)抵当権は、受付番号および順位番号が同じです。この場合、順位番号の数字の後に、(あ)、(い)、(う)のような平仮名をつけて特定し、たとえば順位1番では、1(あ)、1(い)とします。

ストーリー　山川物産は、新事業立ち上げのために多額の資金調達をするにあたり、都市銀行と地元の地銀による協調融資を受けた。融資する各銀行は、同じ優先関係に立つために、同順位の抵当権を設定した。

同順位抵当権

順位番号	登記の目的	受付年月日・受付番号	権利者その他の事項
1（あ）	抵当権設定	**令和X1年9月25日 第12345号**	原因　令和X1年9月25日金銭消費貸借 　　　同日設定 債権額　金7,500万円 利息　年2・575% 損害金　年14% 債務者　甲市東町一丁目2番3号 　　　山　川　物　産　株　式　会　社 抵当権者　東京都乙区西町4番5号 　　　中　央　銀　行　株　式　会　社 共同担保　目録(る)第123号
1（い）	抵当権設定	**令和X1年9月25日 第12345号**	原因　令和X1年9月25日金銭消費貸借 　　　同日設定 債権額　金1,500万円 利息　年2・575% 損害金　年14% 債務者　甲市東町一丁目2番3号 　　　山　川　物　産　株　式　会　社 抵当権者　丙市南町四丁目5番6号 　　　東　西　銀　行　株　式　会　社 共同担保　目録(る)第124号

第2節 抵当権に関する事項

10-11
登記事項の変更は

概要　いったん登記された抵当権の登記事項は、その後さまざまな変更が行われます。そのうちで、主要なものを説明します。

① 会社合併による変更
② 相続による変更
③ 対象物件の変更
　抵当権の対象となる物件が増えたり、減ったりする物的な変更
④ 抵当権の移転
　被担保債権とともに抵当権が移転する（債権譲渡、代位弁済）
⑤ 債務の引受
　債務者が変わる人的な変更
⑥ 転抵当
　抵当権者が転抵当権設定者になる構造的な変更
⑦ 優先関係の変更
　抵当権の順位を変更したり、抵当権を譲渡・放棄する優先関係の変更

④から⑦は、それぞれをひとつのQとして説明し、ここでは①から③について説明します。

会社合併による変更　会社の合併には、新設合併と吸収合併のふたつがあります。吸収合併は、片方の会社を存続会社、もう一方の会社を消滅会社とし、存続会社が消滅会社の権利義務を包括的に承継（いわば、吸収）する方式です（会社法2条27号）。実際のほとんどの合併は、吸収合併です。

抵当権者が存続会社の場合は、たんに会社名の変更だけで終わります（社名変更がなければ、何もしない）。しかし、消滅会社の場合は、被担保債権を承継した存続会社への抵当権の移転登記をします。

抵当権移転（会社合併）

順位番号	登記の目的	受付年月日・受付番号	権利者その他の事項
1	抵当権設定	令和X1年9月25日 第12345号	原因　令和X1年9月25日金銭消費貸借同日設定 債権額　金7,500万円 利息　年2・575% 損害金　年14% 債務者　甲市青葉一丁目2番3号 　　　　山　川　太　郎 **抵当権者　丙市西町三丁目4番5号** **　　　中　央　銀　行　株　式　会　社** 共同担保　目録(る)第123号
付記1号	1番抵当権移転	**令和X5年7月10日** **第8765号**	原因　令和X5年6月23日合併 抵当権者　乙市南町四丁目2番3号 　Ａ　Ｂ　Ｃ　銀　行　株　式　会　社

相続による変更　　債務者が個人で、相続が発生した場合の債務者の変更登記は、ふたつの方法があります。

　①　遺言や遺産分割協議で債務を承継することになった者に、抵当権者の承認を得て、「○年○月○日相続」を原因として変更登記する

相続による債務者の変更（その1）

順位番号	登記の目的	受付年月日・受付番号	権利者その他の事項
1	抵当権設定	令和X1年9月25日 第12345号	原因　令和X1年9月25日金銭消費貸借同日設定 債権額　金7,500万円 利息　年2・575% 損害金　年14% **債務者　甲市青葉一丁目2番3号** **　　　山　川　太　郎** 抵当権者　丙市西町三丁目4番5号 　　　中　央　銀　行　株　式　会　社
付記1号	1番抵当権変更	**令和X5年5月15日** **第3456号**	原因　令和X5年1月27日相続 **債務者　甲市青葉一丁目2番3号** **　　　山　川　一　郎**

　②　債務者の法定相続人全員（A・B）に変更登記をし、そのあとに、相続債務を引き受けることになった者（A）が、他の相続人（B）の債務を免責的に引き受け（⇨Q10−13）、その変更登記をする

第2節　抵当権に関する事項　389

相続による債務者の変更（その２）

順位番号	登 記 の 目 的	受付年月日・受付番号	権 利 者 そ の 他 の 事 項
1	抵当権設定	令和X1年9月25日 第12345号	原因　令和X1年9月25日金銭消費貸借 同日設定 債権額　金7,500万円 利息　年2・575％ 損害金　年14％ **債務者　甲市青葉一丁目2番3号** 　　　　**山　川　太　郎** 抵当権者　丙市西町三丁目4番5号 　　　　中　央　銀　行　株　式　会　社
付記1号	1番抵当権変更	令和X5年3月27日 第2345号	原因　令和X5年1月27日相続 <u>債務者　甲市青葉一丁目2番3号</u> 　　　　<u>山　川　一　郎</u> 　　　　<u>乙市東一丁目4番5号</u> 　　　　<u>山　川　二　郎</u>
付記2号	1番抵当権変更	令和X5年5月15日 第3456号	原因　令和X5年5月15日山川二郎の債務引受 債務者　甲市青葉一丁目2番3号 　　　　山　川　一　郎

Q 10-12 抵当権の移転は

随伴性　抵当権は、抵当権で担保される債権（被担保債権という）が譲渡されれば、被担保債権に随伴して移転します。これを、抵当権の随伴性といいます。抵当権移転の原因は、次のようなものがあります。いずれの場合も、付記登記で行います。

債権譲渡　被担保債権が第三者に譲渡されれば、抵当権も移転します。被担保債権の全部を譲渡したときは、登記の目的は「抵当権移転」、原因は「令和○年○月○日債権譲渡」とします。

　一部を譲渡したときは、登記の目的は「抵当権一部移転」、原因は「令和○年○月○日債権一部譲渡」とし、「権利者その他の事項」に譲渡した金額を記録します。債権の一部譲渡の結果、抵当権者は、譲渡者および譲受者の両者になります。

　債権譲渡は一般的には全部譲渡であり、一部譲渡は実際にはあまり見かけま

せん。なお、元本確定後の根抵当権についても同様です。

ストーリー　中央銀行は、不良債権化している債権を、サービサーである乙山債権回収に譲渡した。

抵当権移転（債権の全部譲渡）

順位番号	登 記 の 目 的	受付年月日・受付番号	権 利 者 そ の 他 の 事 項
1	抵当権設定	令和X1年9月25日 第12345号	原因　令和X1年9月25日金銭消費貸借 　　　同日設定 債権額　金7,500万円 利息　年2·575% 損害金　年14% 債務者　甲市東町一丁目2番3号 　　　　山　川　太　郎 **抵当権者　丙市西町三丁目4番5号** 　　　　**中　央　銀　行　株　式　会　社** 共同担保　目録(る)第123号
付記1号	1番抵当権移転	令和X6年2月3日 第3456号	原因　令和X6年2月3日債権譲渡 **抵当権者　丙市乙町三丁目4番5号** 　　　　**乙　山　債　権　回　収　株　式　会　社**

代位弁済　債務者が弁済できない場合、保証委託契約を結んだ保証会社（⇨ Q10-7）または保証人が、債務者本人に代わって弁済（代位弁済）すると、弁済分に応じて、抵当権の全部または一部が代位弁済者に移転します。

　債務全額を弁済したときは、登記の目的の欄が、「○番抵当権移転」、一部を弁済した場合は、「○番抵当権一部移転」とします。原因の欄は、「代位弁済」または「一部代位弁済」です。なお、元本確定後の根抵当権についても、同様です。

ストーリー　中央銀行は、山川太郎の住宅ローンの滞納分を、保証契約をしている保証会社に代位弁済を求めた。

抵当権移転（全額代位弁済）

順位番号	登 記 の 目 的	受付年月日・受付番号	権 利 者 そ の 他 の 事 項
1	抵当権設定	令和X1年9月25日 第12345号	原因　令和X1年9月25日金銭消費貸借同 　　　日設定 債権額　金7,500万円 利息　年2・575% 損害金　年14% 債務者　甲市東町一丁目2番3号 　　山　川　太　郎 **抵当権者　丙市西町三丁目4番5号** **中　央　銀　行　株　式　会　社** 共同担保　目録㋬第123号
付記1号	1番抵当権移転	令和X6年2月3日 第3456号	原因　令和X6年2月3日代位弁済 抵当権者　甲市乙町一丁目5番6号 中　央　信　用　保　証　株　式　会　社

> **ストーリー**　　中央銀行は、山川商事株式会社が債務不履行を起こしたので、
> 乙県信用保証協会に債権の一部の代位弁済を求め、その額に応じて根抵当
> 権の一部を移転した。

根抵当権移転（一部代位弁済）

順位番号	登 記 の 目 的	受付年月日・受付番号	権 利 者 そ の 他 の 事 項
1	根抵当権設定	令和X1年9月25日 第12345号	原因　令和X1年9月25日設定 極度額　金7,500万円 債権の範囲　銀行取引、手形債権、小切 　　手債権 債務者　甲市東町一丁目2番3号 　　山　川　商　事　株　式　会　社 **根抵当権者　丙市西町三丁目4番5号** **中　央　銀　行　株　式　会　社** 共同担保　目録㋬第123号
付記1号	1番根抵当権元本確定	令和X5年6月25日 第8234号	原因　令和X5年6月25日確定
付記2号	1番根抵当権一部移転	令和X5年7月10日 第8765号	原因　令和X5年7月7日一部代位弁済 弁済額　1,500万円 根抵当権者　乙市南町四丁目2番3号 乙　県　信　用　保　証　協　会

Q 10-13
債務の引受は

A 免責的債務引受 債務の引受には、免責的債務引受と併存的債務引受（重畳的債務引受）の2種類があります。

免責的債務引受は、従来の債務者Aの債務を新たな人間Bが引き受け、従来の債務者Aは、まったく債権債務関係から抜けてしまいます。登記例のとおり、元の債務者は抹消されます。

ストーリー 山川太郎は、個人で和菓子の製造販売業を営んでいるが、店舗を担保に入れている。高齢になったので、事業を後継者の海野次郎に譲ることにし、店舗をはじめ一切の資産を譲渡した。それにともない、債務者の地位から抜けた。

免責的債務引受

順位番号	登記の目的	受付年月日・受付番号	権利者その他の事項
1	抵当権設定	令和X1年9月25日 第12345号	原因　令和X1年9月25日金銭消費貸借同日設定 債権額　金7,500万円 利息　年2・575% 損害金　年14% **債務者　甲市東町一丁目2番3号** **　　　　山　川　太　郎** 抵当権者　丙市西町三丁目4番5号 　　　　　中　央　銀　行　株　式　会　社 共同担保　目録（る）第123号
付記1号	1番抵当権変更	令和X3年1月10日 第3456号	原因　令和X3年1月10日免責的債務引受 債務者　乙市北町二丁目3番4号 　　　　海　野　次　郎

重畳的債務引受 重畳は、いくつも重なるという意味で、重畳的債務引受は、従来の債務者Aはそのまま残りながら、新たな債務者Bが連帯債務者として加わります。よって、元の債務者の表示はそのままです。

なお、令和2年4月1日施行の民法改正により、重畳的債務引受は、併存的

債務引受とわかりやすい言葉で明文化されました。

> **ストーリー** 山川太郎は、個人で医院を開いているが、高齢になったので、勤務医をしている息子の一郎に戻ってきてもらい、医院を継がせた。当面は一緒に診療を行うことにしたが、銀行から一郎も債務者になってもらうよう要請された。

併存的債務引受

順位番号	登記の目的	受付年月日・受付番号	権利者その他の事項
1	抵当権設定	令和X1年9月25日 第12345号	原因　令和X1年9月25日金銭消費貸借 　　　同日設定 債権額　金7,500万円 利息　年2.575% 損害金　年14% **債務者　甲市東町一丁目2番3号** 　　　　　**山　川　太　郎** 抵当権者　丙市西町三丁目4番5号 　　　　　中　央　銀　行　株　式　会　社 共同担保　目録(る)第123号
付記1号	1番抵当権変更	令和X3年1月10日 第3456号	原因　令和X3年1月10日併存的債務引受 連帯債務者　甲市東町一丁目2番3号 　　　　　　山　川　一　郎

10-14
抵当権の抹消登記は

概要　抵当権が消滅したときは、抹消登記を主登記（⇨Q2-12）でします。消滅の原因には、弁済・放棄・解除・主債務消滅などがあります。根抵当権にも該当するものは、その旨を表示します。

弁済　借入金をすべてを払い終わり、抵当権の被担保債権が消滅すると、抵当権も消滅します。なお、元本が確定した根抵当権は抵当権と同様なので、弁済により消滅し、抹消登記の原因は弁済となります。

抵当権抹消（弁済）

順位番号	登記の目的	受付年月日・受付番号	権利者その他の事項
1	抵当権設定	平成X1年9月25日 第12345号	原因　平成X1年9月25日金銭消費貸借 　　　同日設定 債権額　金7,500万円 利息　年2・575% 損害金　年14% 債務者　甲市東町一丁目2番3号 　　　山　川　太　郎 抵当権者　丙市西町三丁目4番5号 　　　中　央　銀　行　株　式　会　社 共同担保　目録⒃第123号
2	1番抵当権抹消	令和X3年1月25日 第3765号	原因　令和X3年1月10日弁済

放棄　　抵当権者または根抵当権者が、設定者の要請を受けて権利を放棄することです。例としては、共同担保の不動産の一部を売却する際に、その不動産に関して権利を放棄します（根抵当権も該当）。

　この場合の放棄は、抵当権の処分の一形態である「抵当権の放棄」と区別するため、抵当権の絶対的放棄ともいいます。

解除・解約　　解除とは、契約当事者の一方が、一方的に契約関係を解消することです。返済する残高が少なくなり、債権債務関係はあっても抵当権で担保するほどではないときなどに、抵当権設定契約を解除します。解約は、おおむね解除と同じと考えてよいでしょう（根抵当権も該当）。

　確定前の根抵当権は、将来発生する不特定の債権を担保するので、特定の債権を弁済したから消滅するということはなく、消滅の一般的原因は解除です。

主債務消滅　　保証委託契約による求償債権（⇨Q10-7）の抵当権について該当します。債務者が弁済して主債務が消滅すれば、保証債務も同時に消滅します。

混同　　混同は、混じり合ってひとつになるという意味です。抵当権者が担保不動産の所有権を取得すると、自分で自分に縄をかけるような状態になります。この場合、所有権と混じり合って抵当権は消滅するのが、一般原則です（根抵当権も該当）。

第2節　抵当権に関する事項　395

競売による売却　競売による売却により、配当の有無にかかわらず、抵当権はすべて消滅します（根抵当権も該当）。

抵当権抹消（競売による売却）

順位番号	登 記 の 目 的	受付年月日・受付番号	権 利 者 そ の 他 の 事 項
1	抵当権設定	平成X1年6月25日 第6789号	原因　平成X1年6月25日金銭消費貸借 　　　同日設定 債権額　金5,500万円 利息　年2・575% 損害金　年14% 債務者　甲市東町一丁目2番3号 　　　山　川　商　事　株　式　会　社 抵当権者　丙市西町三丁目4番5号 　　　中　央　銀　行　株　式　会　社 共同担保　目録(る)第123号
2	根抵当権設定	平成X1年9月25日 第12345号	原因　平成X1年9月25日設定 極度額　金7,500万円 債権の範囲　銀行取引、手形債権、小切 　　　手債権 債務者　甲市東町一丁目2番3号 　　　山　川　商　事　株　式　会　社 根抵当権者　乙市北町二丁目3番4号 　　　東　西　銀　行　株　式　会　社
3	1番抵当権、2番根抵当権抹消	令和X2年6月12日 第6543号	原因　令和X2年6月10日担保不動産競 　　　売による売却

完納　相続税を一度に納めることが困難な場合は、担保を提供して延納することができます。延納手続を取ると、担保のために財務省が抵当権を設定します。税金をすべて納め終わったときは、完納を原因として抵当権を抹消します。

抵当権抹消（完納）

順位番号	登 記 の 目 的	受付年月日・受付番号	権 利 者 そ の 他 の 事 項
1	抵当権設定	平成X2年7月5日 第18735号	原因　平成X1年11月2日相続による相 　　　続税および利子税の平成X2年7月3日 　　　設定 債権額　金4,910万4,000円 　　　内訳　相続税額金3,600万円および利 　　　　　子税の額金1,310万4,000円 延滞税の額　国税通則法所定の額 債務者　甲市東町一丁目2番3号 　　　山　川　太　郎 抵当権者　財　務　省 （取扱庁　乙山税務署） 共同担保　目録(あ)第123号
2	1番抵当権抹消	令和X3年9月2日 第11220号	原因　令和X3年8月24日完納

396　第10章　担保権の登記

Q 10-15 古い抵当権が残っているときは

問題点　登記上、明治・大正などの古い時代に設定された抵当権が残っていることがあります。売買等にあたって抵当権を抹消する必要がありますが、この場合は、関係者を探しあてることが困難なことが多く、問題となります（休眠抵当権抹消の問題という）。

　抵当権者が金融機関ならば、合併などの変更があるにしても、どうにか現在までたどり着くことができ、抹消手続に協力してもらえるでしょう。しかし、抵当権者が個人や会社の場合は、当人の生存や会社の存続は覚束ないし、その後の権利承継関係を明らかにすることも難しく、抹消手続への協力は事実上困難でしょう。

解決法　しかし実務的には、ほとんどの場合、不動産登記法第70条の規定にもとづき、供託手続を利用して抹消することが可能です。具体的内容は専門性が強く、司法書士に任せることが賢明なので、説明は省略します。なにしろ、このような抵当権があっても、解決の方法があることを覚えておいてください。

　なお、2021（令和3）年4月28日交付の「民法・不動産登記法の改正」により、不動産登記法第70条の2の条文が加わりました（2023（令和5）年4月1日施行）。この改正により、抵当権者が法人の場合、当該法人が解散し、調査を行ってもその法人の清算人の所在が判明しない場合において、被担保債権の弁済期から30年を経過し、かつ当該法人の解散から30年を経過したときは、登記権利者が単独で抵当権の抹消登記申請をすることができるようになりました。

（除権決定による登記の抹消等）
第70条　登記権利者は、共同して登記の抹消の申請をすべき者の所在が知れないため、その者と共同して権利に関する登記の抹消を申請することができないときは、非訟事件手続法第99条に規定する公示催告の申立てをすることができる。

（第2項省略）

3　前2項の場合において、非訟事件手続法第106条第1項に規定する除権決定があったときは、第60条の規定にかかわらず、当該登記権利者は、単独で第1項の登記の抹消を申請することができる。

4　第1項に規定する場合において、登記権利者が先取特権、質権または抵当権の被担保債権が消滅したことを証する情報として政令で定めるものを提供したときは、第60条の規定にかかわらず、当該登記権利者は、単独でそれらの権利に関する登記の抹消を申請することができる。同項に規定する場合において、被担保債権の弁済期から20年を経過し、かつ、その期間を経過した後に当該被担保債権、その利息および債務不履行により生じた損害の全額に相当する金銭が供託されたときも、同様とする。

（解散した法人の担保権に関する登記の抹消）

第70条の2　登記権利者は、共同して登記の抹消の申請をすべき法人が解散し、前条第2項に規定する方法により調査を行っても、なおその法人の清算人の所在が判明しないため、その法人と共同して先取特権、質権または抵当権に関する登記の抹消を申請することができない場合において、被担保債権の弁済期から30年を経過し、かつ、その法人の解散の日から30年を経過したときは、第60条の規定にかかわらず、単独で当該登記の抹消を申請することができる。

第3節 抵当権の処分

10-16
抵当権の処分は

抵当権の処分は、大きく、転抵当（⇨Q10-17）と優先関係の変更に分かれます。

優先関係の変更 抵当権は、設定の順位に従って、他の債権者に優先して弁済を受けられる権利です。この優先関係を、債権者間でやりとりして変更します。抵当権の優先関係の変更形態には、次の5つがあります。

① 抵当権の順位変更
② 抵当権（そのもの）の譲渡
③ 抵当権（そのもの）の放棄
④ 抵当権の順位の譲渡
⑤ 抵当権の順位の放棄

「抵当権そのものの譲渡・放棄」は、抵当権者が一般債権者（抵当権を持たない者）に対して行い、一方、「抵当権の順位の譲渡・放棄」は、抵当権者が他の抵当権者に対して行います。

実務上多く利用されるのは、抵当権の順位の変更で、譲渡・放棄は、あまり利用されません。

影響度 抵当権そのものおよび順位の譲渡・放棄は、譲渡・放棄する者の優先弁済の枠内で、当事者同士が配分を調整するもので、他の抵当権者に影響を与えません。

それに対して、抵当権の順位の変更は、優先弁済枠の順番を入れ替えてしまい、他の抵当権者にも影響するので、抵当権者全員の合意が必要です。

根抵当権への適用　抵当権の処分の多くは、次のとおり根抵当権にも適用されます。

- 転抵当

　根抵当権に同じように適用されます。

- 順位の変更

　根抵当権に同じように適用されます。

- 抵当権・抵当権の順位の譲渡・放棄

　元本の確定前は、譲渡・放棄および順位の譲渡・放棄を行うことはできません（民法398条の11）。ただし、元本確定後の根抵当権には適用可能です。

今までの説明では、抵当権と根抵当権の両者に共通する場合は、「(根)抵当権」という書き方をしてきました。しかし、この節では、そのような記載は煩瑣に過ぎるので、たんに「抵当権」とします。説明内容の根抵当権への適用の可否は、上記の記述をもって代えます。

Q 10-17 転抵当とは

概要　転抵当とは、賃貸に対して転貸があるのと同じように、抵当権者が、自分が権利者となっている抵当権を、担保として他の債権者に提供することです。下の図で説明しましょう。

　Aに対する抵当権を持っているBが、Cから融資を受けるために、Aに対する抵当権を担保として提供します。元の抵当権者Bを原抵当権者、Cを転抵当権者といいます。転抵当権者Cは、原抵当権者Bの優先弁済枠の範囲内で配当を受けます。

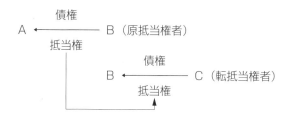

転抵当は、原抵当権について、抵当権および根抵当権への転抵当が可能で、根抵当権を原根抵当権にする場合も同様です。

登記例　実際には、転抵当はそれほど利用されず、利用される場合は、根抵当権が多いでしょう。よって、登記例として、根抵当権の例をあげます。転抵当の登記は、元の抵当権への付記登記で行い、登記すべき内容は、通常の抵当権と同じです。

ストーリー　二次卸である海野商事は、小売販売業者である山川太郎との取引にあたり根抵当権を設定しているが、一次卸である中央商事との取引拡大のために、山川太郎に対する根抵当権を担保に提供した。

転根抵当

順位番号	登記の目的	受付年月日・受付番号	権利者その他の事項
1	根抵当権設定	令和X1年9月25日第12345号	原因　令和X1年9月25日設定 極度額　金5,500万円 債権の範囲　売買取引 債務者　甲市青葉一丁目2番3号 　　　　山　川　太　郎 根抵当権者　丙市西町三丁目4番5号 　　　　海　野　商　事　株　式　会　社
付記1号	1番根抵当権転根抵当	令和X2年6月13日第6345号	原因　令和X2年6月13日設定 極度額　金3,000万円 債権の範囲　売買取引 債務者　丙市西町三丁目4番5号 　　　　海　野　商　事　株　式　会　社 根抵当権者　乙市中央二丁目3番4号 　　　　中　央　商　事　株　式　会　社

第3節　抵当権の処分　401

10-18 抵当権の順位の変更とは

概要 抵当権の順位の変更は、抵当権の順位を入れ替えることで、後順位だった抵当権が先順位になり、先順位だった抵当権が後順位になります。なお、根抵当権も順位変更が可能です。

設例 例をあげて説明しましょう。次のとおり4つの抵当権があり、債権額は、図に記載のとおりとします。

各抵当権者の合意により、D抵当権が第1順位、A抵当権が第4順位となる変更を行い、その後競売による配当を受けると、次のようになります。

変更前

	抵当権者	債権額	配当額
第1順位	A	2,000	2,000
第2順位	B	1,500	1,500
第3順位	C	1,000	500
第4順位	D	3,000	0

変更後

抵当権者	債権額	配当額
D	3,000	3,000
B	1,500	1,000
C	1,000	0
A	2,000	0

競売での売却による配当原資が4,000万円とし、便宜上、各抵当権は債権額全額が残っていて、利息・損害金等は考慮外とします。順位変更前は、AとBは満額の配当を受け(合計3,500万円)、Cは4,000万円からすでに配当済の3,500万円を引いた残額500万円の配当を受けます。

しかし順位変更後は、Dが3,000万円、Bは1,000万円(4,000万円-3,000万円)となり、CとAはまったく配当を受けられません。

このように順位変更は他の抵当権者にも影響するので、影響を受ける抵当権者全員の合意が必要です。

（抵当権の順位の変更）

民法第374条　抵当権の順位は、各抵当権者の合意によって変更することができ
る。ただし、利害関係を有する者があるときは、その承諾を得なければならな
い。

2　前項の規定による順位の変更は、その登記をしなければ、その効力を生じな
い。

登記例　　　抵当権の順位変更は、関係する抵当権すべてに影響を与えるので、
　　　　　　抵当権登記への付記登記でなく、主登記で行います。それと同時に、
それぞれの抵当権登記の順位番号にかっこ書きで、変更登記の順位番号を記載
します。登記原因は、「合意」で、合意がなされた日を記録します。

ストーリー　　　山川商事は、A銀行などの根抵当権および抵当権が設定されて
いる土地に、D銀行から融資を受けて建物を建てることにした。D銀行
は、融資の条件として、自己の根抵当権を第1順位にするよう求めた。山
川商事は、融資を受けているすべての者にお願いして順位変更を認めても
らい、A、B、C、Dは順位変更合意書を作成した。

第3節　抵当権の処分　403

(根)抵当権の順位の変更

順位番号	登記の目的	受付年月日・受付番号	権利者その他の事項
1 (5)	根抵当権設定	令和X1年8月10日 第12345号	（略） 根抵当権者　A銀行
2 (5)	根抵当権設定	令和X1年9月10日 第13456号	（略） 根抵当権者　B銀行
3 (5)	抵当権設定	令和X2年3月4日 第3457号	（略） 抵当権者　C商事
4 (5)	根抵当権設定	令和X3年9月10日 第14321号	（略） 根抵当権者　D銀行
5	1番、2番、3番、4番順位変更	令和X3年10月16日 第14586号	原因　令和X3年10月16日合意 第1　4番根抵当権 第2　2番根抵当権 第3　3番抵当権 第4　1番根抵当権

Q 10-19 抵当権の譲渡・放棄とは

A **抵当権の譲渡**　抵当権の譲渡・放棄を理解するには、「譲渡」と「放棄」という言葉の日常的意味は忘れて、法律用語として割り切ることが必要です。つまり、「譲渡」は、「どうぞお先に」と順番を譲ること、「放棄」は、同列に並ばせること（法律的にいえば、同順位）です。

　抵当権の譲渡は、抵当権者が、みずからの抵当権者としての地位（優先弁済枠といってもよい）を、同じ債務者に対して債権を持つ一般債権者（抵当権を持たない債権者）に譲り渡すことです。譲渡の結果、抵当権者の地位はすべて相手方に移り、譲渡者には何も残りません。

　例をあげて説明しましょう。次のとおり3つの抵当権があり、さらに一般債権者Dがいます。債権額は、図に記載のとおりとします。抵当権の譲渡では、抵当権者Aの優先弁済枠内で、譲渡を受けた一般債権者Xが優先して弁済を受けます。

競売による配当原資を4,000万円とし、便宜上、各抵当権は債権額全額が残っていて、利息・損害金等は考慮外とします。抵当権の譲渡前は、AおよびBは全額の配当を受け（合計3,500万円）、Cは4,000万円から3,500万円を引いた500万円のみの配当を受け、一般債権者Xはまったく配当を受けられません。

設例その1　まず、一般債権者Xの債権額が、Aの優先枠2,000万円をこえる3,000万円の場合を考えましょう。

　Aが抵当権をXに譲渡すると、3,000万円の債権を持つXは、Aの優先枠2,000万円を上限として配当を受けます（つまり、2,000万円）。抵当権を譲渡したAは、まったく配当を受けられません。BおよびCは影響を受けずに、以前と同額の配当を受けます。

変更前

	抵当権者	債権額	配当額
第1順位	A	2,000	2,000
第2順位	B	1,500	1,500
第3順位	C	1,000	500
一般債権者	X	3,000	0

変更後

抵当権者	債権額	配当額
X	3,000	2,000
A	2,000	0
B	1,500	1,500
C	1,000	500

設例その2　次に、一般債権者Xの債権額が、Aの優先枠より少ない1,000万円の場合を考えてみましょう。この場合、Xが1,000万円の配当を受けても、まだ1,000万円残っているので、Aは残りの1,000万円をもらえます。BとCは、影響を受けません。

変更前

	抵当権者	債権額	配当額
第1順位	A	2,000	2,000
第2順位	B	1,500	1,500
第3順位	C	1,000	500
一般債権者	X	1,000	0

変更後

抵当権者	債権額	配当額
X	1,000	1,000
A	2,000	1,000
B	1,500	1,500
C	1,000	500

抵当権の放棄　抵当権の放棄は、抵当権者が、同じ債務者に対して債権を持つ一般債権者と同じ地位になることです。つまり、抵当権者Aが持つ優先枠を、Aと一般債権者Xが同じ順位で分け合います。前のQと同じ例で見てみましょう。

変更前

	抵当権者	債権額	配当額
第1順位	A	2,000	2,000
第2順位	B	1,500	1,500
第3順位	C	1,000	500
一般債権者	X	3,000	0

変更後

抵当権者	債権額	配当額
A・X	2,000：3,000	800：1,200
B	1,500	1,500
C	1,000	500

　Aが抵当権を一般債権者X（債権額3,000万円）に放棄すると、AとXは、Aの優先弁済枠2,000万円を、債権額の比率（2000：3000）で按分して、Aは800万円、Xは1,200万円の配当を受けます。BとCは影響を受けずに、以前と同額の配当を受けます。

登記例　譲渡・放棄の登記は、譲渡・放棄した抵当権の付記登記で行い、譲渡・放棄を受ける者を、「受益者」と表示します。

　原因の欄には、Xの持つ債権（受益債権）の発生原因と年月日に加えて、AとX間で抵当権譲渡・放棄がなされた日付を記録します。債権額・利息等は、Xの債権の内容を記録します。

抵当権の譲渡・放棄

順位番号	登 記 の 目 的	受付年月日・受付番号	権 利 者 そ の 他 の 事 項
1	抵当権設定	令和X1年9月25日 第12345号	原因　令和X1年9月25日金銭消費貸借 　　　同日設定 債権額　金2,000万円 （略） 抵当権者　A
付記1号	1番抵当権譲渡（放棄）	令和X2年7月10日 第8765号	原因　令和X2年6月15日金銭消費貸借 　　　同年7月10日譲渡（放棄） 債権額　金3,000万円または1,000万円 （略） 受益者　X

（第2順位・第3順位の抵当権の記載は省略）

406　第10章　担保権の登記

Q 10-20 抵当権の順位の譲渡・放棄とは

概要 抵当権の順位の譲渡と放棄は、先順位の抵当権者が、後順位の抵当権者に対して行います。抵当権（そのもの）の譲渡・放棄は、一般債権者が相手方ですが、抵当権の順位の譲渡・放棄は、抵当権者が相手方であり、やり取りの対象となるのは、抵当権の順位です。

抵当権の順位の譲渡 順位の譲渡の場合、譲受者は、譲渡者より優先的地位を獲得し、譲渡者の優先枠内で、譲受者が先に配当を受けます。それでも優先枠が残っている場合は、譲渡者が配当を受けます。

例をあげて説明しましょう。次のとおり3つの抵当権があり、債権額は、図に記載のとおりとします。

競売による配当原資を4,000万円とし、便宜上、各抵当権は債権額全額が残っていて、利息・損害金等は考慮外とします。

順位の譲渡前は、AとBは全額の配当を受け（合計3,600万円）、Cは4,000万円から3,600万円を引いた残額400万円の配当を受けます。AとCが受けられる配当の合計額は2,400万円であり、この額がA・C間での配分の基準額となります。

設例その1 まず、譲受者Cの債権額が、A・Cの優先枠合計2,400万円をこえる3,000万円の場合を考えてみましょう。

AがCに順位を譲渡すると、Cは、合計優先枠2,400万円を上限として配当を受け（つまり2,400万円）、合計優先枠をすべてCに使い切られたAは、まったく配当を受けられません。Bは影響を受けることなく、以前と同額の配当を受けます。

	変更前				変更後		
	抵当権者	債権額	配当額		抵当権者	債権額	配当額
第1順位	A	2,000	2,000		C	3,000	2,400
					A	2,000	0
第2順位	B	1,600	1,600		B	1,600	1,600
第3順位	C	3,000	400				

設例その2 Cの債権額が、合計優先枠より少ない1,000万円の場合を考えてみましょう。この場合、合計優先枠2,400万円から、まずCが1,000万円の配当を受けても、まだ1,400万円残っています。よって、Aが残りの1,400万円の配当を受けます。Bは、影響を受けることなく、以前と同額の配当を受けます。

	変更前				変更後		
	抵当権者	債権額	配当額		抵当権者	債権額	配当額
第1順位	A	2,000	2,000		C	1,000	1,000
					A	2,000	1,400
第2順位	B	1,600	1,600		B	1,600	1,600
第3順位	C	1,000	400				

抵当権の順位の放棄 抵当権の順位の放棄では、放棄した抵当権者と放棄を受けた抵当権者は、同じ地位となり、放棄した者の優先弁済枠を、放棄者と放棄を受けた者で分け合います。Cの債権額が1,000万円の例で見てみましょう。

　順位の放棄前は、AとBは全額の配当を受け（合計3,600万円）、Cは4,000万円から3,600万円を引いた残額400万円の配当を受けます。

　AがCに順位の放棄をすると、AとCの合計優先枠2,400万円を、AとCが債権額の割合2,000：1,000で分け合い、Aが1,600万円、Cが800万円の配当を受けます。Bは影響を受けることなく、以前と同額の配当を受けます。

	変更前			変更後		
	抵当権者	債権額	配当額	抵当権者	債権額	配当額
第1順位	A	2,000	2,000	A・C	2,000：1,000	1,600：800
第2順位	B	1,600	1,600	B	1,600	1,600
第3順位	C	1,000	400			

登記例　　抵当権の順位の譲渡・放棄の登記は、譲渡・放棄した抵当権の付記登記で行います。原因の欄には、抵当権の順位譲渡・放棄がなされた日付を記録します。また、順位の譲渡・放棄を受けた抵当権登記の順位番号欄に、付記登記がなされたことをかっこ書きで表示します。

抵当権の順位の譲渡・放棄

順位番号	登 記 の 目 的	受付年月日・受付番号	権 利 者 そ の 他 の 事 項
1	抵当権設定	令和X1年8月10日 第12345号	原因（略） 債権額　金2,000万円 （略） 抵当権者　A
付記1号	1番抵当権の3番抵当権への順位譲渡（順位放棄）	令和X4年2月3日 第4567号	原因　令和X4年2月3日順位譲渡（順位放棄）
2	抵当権設定	令和X2年7月8日 第11678号	原因（略） 債権額　金1,600万円 （略） 抵当権者　B
3 （1 付1）	抵当権設定	令和X3年9月15日 第18678号	原因（略） 債権額　金3,000万円または1,000万円 （略） 抵当権者　C

第3節　抵当権の処分　409

第4節 根抵当権に関する事項

10-21
極度額の変更は

根抵当権は、利害関係を有する者の承諾を得れば、極度額を変更することができます。

ストーリー　山川商事は、今まで中央銀行と取引していたが、今回新たに北東銀行と取引することにした。所有不動産の担保評価額では、従来の中央銀行と今回の北東銀行両方の極度額をカバーできないので、中央銀行の極度額を減らしてもらった。

極度額の変更

順位番号	登記の目的	受付年月日・受付番号	権利者その他の事項
1	根抵当権設定	令和X1年9月25日 第12345号	原因　令和X1年9月25日設定 **極度額　金5,500万円** 債権の範囲　銀行取引　手形債権 　　　　　　小切手債権 債務者　甲市青葉一丁目2番3号 　　　　山　川　太　郎 根抵当権者　丙市西町三丁目4番5号 　　　　中　央　銀　行　株　式　会　社
付記1号	1番根抵当権変更	令和X3年6月25日 第8765号	原因　令和X3年6月25日変更 極度額　金3,500万円

10-22
債権の範囲の変更は

根抵当権は、元本確定の前であれば、被担保債権の範囲を変更できます。変更にあたって、後順位の抵当権者など第三者の承諾を得る必要

はありません。

ストーリー　山川商事は、海野物産から商品を卸してもらい、そのための根抵当権を設定している。今回、新しい店舗を建てるにあたり、海野物産ブランドの統一仕様にもとづく内装を行うために、工事代金の一部を海野物産から融資を受けた。そのため根抵当権の債権の範囲に、「金銭消費貸借取引」を加えた。

債権の範囲の変更

順位番号	登記の目的	受付年月日・受付番号	権利者その他の事項
1	根抵当権設定	令和X1年9月25日 第12345号	原因　令和X1年9月25日設定 極度額　金5,500万円 債権の範囲　売買取引、手形債権、小切手債権 債務者　甲市青葉一丁目2番3号 　　　　山川商事株式会社 根抵当権者　丙市西町三丁目4番5号 　　　　海野物産株式会社
付記1号	1番根抵当権変更	令和X3年6月25日 第8765号	原因　令和X3年6月25日変更 債権の範囲　金銭消費貸借取引、売買取引、手形債権、小切手債権

Q 10-23
根抵当権の元本確定とは

概要　根抵当権は変動する債権を担保しますが、元本確定は、確定期日をもって担保する債権を確定することで、それ以降の債権は担保されません。

　根抵当権は元本が確定すると、根抵当権の利点である融通性を失い、抵当権と同じ性質になります。ただし、確定した元本に対する利息や損害金は、元本確定後に発生するものでも、極度額までは優先弁済の対象となります。

根抵当権　＋　元本確定　＝　抵当権と同様のもの

第4節　根抵当権に関する事項　411

元本確定は、これ以上新たな取引をしないことを前提に債権額を確定させることで、債権を回収するための予備的手続きと位置づけられます。そのため、通常の取引状況ではあまり行わず、状況が良好でない場合が多いものです。たとえば、債務者が破綻したときに、根抵当権者が信用保証機関から代位弁済を受けるために元本確定を行うケースです。

確定事由　　　元本が確定する事由には、上記の場合を含めて次のようなものがあります。

①　確定期日の到来

　根抵当権設定にあたり、元本確定期日（たんに、確定期日ともいう）を定めることができますが、実際はあまり行われません。

②　根抵当権者または根抵当権設定者が、元本の確定を請求した場合

　確定期日の定めがないとき、根抵当権の設定時から、根抵当権設定者は3年が経過すると、根抵当権者はいつでも、確定請求できます。

③　担保不動産が、競売申立や滞納処分による差押を受けた場合

④　債務者または根抵当権設定者が、破産手続開始の決定を受けた場合

⑤　共同根抵当関係にある他の根抵当権の元本確定

⑥　会社の合併・分割にともなう物上保証人などの請求

登記例　　　元本の確定にあたり、登記は必要条件ではありませんが、通常は、元本確定の登記をします。それは、代位弁済（⇨Q10-12）などの前提として、元本確定の登記が必要だからです。

根抵当権の元本確定

順位番号	登 記 の 目 的	受付年月日・受付番号	権 利 者 そ の 他 の 事 項
1	根抵当権設定	平成X1年9月25日 第12345号	原因　平成X1年9月25日設定 極度額　金7,500万円 債権の範囲　銀行取引、手形債権、小切手債権 債務者　甲市東町一丁目2番3号 　山 川 太 郎 根抵当権者　丙市西町三丁目4番5号 　中 央 銀 行 株 式 会 社
付記1号	1番根抵当権元本確定	令和X3年10月10日 第15687号	原因　令和X3年10月10日確定

412　第10章　担保権の登記

10-24
根抵当権の処分は

区分 根抵当権の処分は、元本確定との時間的前後により、次の3つに分かれます。
① 元本確定の有無にかかわらず可能な処分
　転根抵当、根抵当権の順位の変更
② 元本確定の前にだけ可能な処分
　根抵当権の全部譲渡、分割譲渡、一部譲渡
③ 元本確定の後にだけ可能な処分
　根抵当権の譲渡・放棄、根抵当権の順位の譲渡・放棄

元本確定の有無にかかわらず可能な処分、および元本確定後にだけ可能な処分は、抵当権と同じなので説明を省略します。ここでは、元本確定の前にだけ可能な根抵当権の譲渡について説明します。

②と③でいう「譲渡」は、意味が違います。③の譲渡は、Q10－19で説明する順位に関する譲渡で、②の譲渡は、根抵当権そのものを被担保債権から切り離して移転することです。これについては、次のQで説明します。

10-25
根抵当権の譲渡とは

概要 根抵当権の譲渡には、根抵当権の全部譲渡・分割譲渡および一部譲渡の3種類があります。

元本確定前の根抵当権は、根抵当権設定者の承諾を得て、第三者に譲渡することができます。多くの場合、譲渡を受けた者は、自己の債権の内容に見合うように、債権の範囲などを変更、いわばカスタマイズします。

全部譲渡 全部譲渡とは、根抵当権そのものを被担保債権と切り離して、第三者に移転することです。譲渡の結果、譲渡した根抵当権者本人

の債権は担保されなくなり、代わりに譲渡を受けた者の債権が担保されます。

極度額が3,000万円の場合を例示すると、次のとおりです。

ストーリー 中央銀行は、山川商事からの返済が滞りがちなので、融資にあたり保証をとりつけてある甲県信用保証協会に肩代わりしてもらい、それにともない根抵当権の譲渡を行った。

根抵当権の全部譲渡

順位番号	登記の目的	受付年月日・受付番号	権利者その他の事項
1	根抵当権設定	令和X1年9月25日 第12345号	原因　令和X1年9月25日設定 極度額　金7,500万円 債権の範囲　銀行取引、手形債権、小切手債権 債務者　甲市東町一丁目2番3号 　　　　山　川　商　事　株　式　会　社 根抵当権者　乙市西町二丁目3番4号 　　　　中　央　銀　行　株　式　会　社
付記1号	1番根抵当権移転	令和X3年2月3日 第4567号	原因　令和X3年2月3日譲渡 根抵当権者　丙市南町四丁目5番6号 　　　　甲　県　信　用　保　証　協　会
付記2号	1番根抵当権変更	令和X3年2月3日 第4568号	原因　令和X3年2月3日変更 債権の範囲　保証委託取引、手形債権、小切手債権

原因は、たんに譲渡です。多くの場合は、根抵当権移転と同時に、被担保債権の範囲などの変更登記をします。

分割譲渡　分割譲渡は、根抵当権設定者の承諾を得て、根抵当権を分割して、ひとつを第三者に譲渡することです。

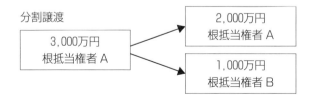

分割後、それぞれの根抵当権者は、独立した根抵当権者となります。もともとはひとつの順位なので、分割された根抵当権も同じ順位になります。

　分割譲渡の登記は、他の譲渡の登記が付記登記でなされるのと異なり、主登記で行います。分割の元となった根抵当権と分割譲渡された根抵当権は同順位なので、順位番号の数字に、特定のための平仮名が追加されます。また、分割の元となった根抵当権には、職権により、分割により減少した極度額を記録します。

　分割譲渡された根抵当権の表示のうち極度額・根抵当権者は、分割後の新たな内容を記録します。

> **ストーリー**　　中央商事は、従来から山川商事と取引しているが、山川商事との取引の一部を、子会社である中央リースに任せることにした。それに伴い、取引額に応じて根抵当権を分割譲渡した。

根抵当権の分割譲渡

順位番号	登 記 の 目 的	受付年月日・受付番号	権 利 者 そ の 他 の 事 項
1 (あ)	根抵当権設定	令和X1年9月25日 第12345号	原因　令和X1年9月25日設定 極度額　金7,500万円 債権の範囲　売買取引、手形債権、小切手債権 債務者　甲市東町一丁目2番3号 　山 川 商 事 株 式 会 社 根抵当権者　乙市西町二丁目3番4号 　中 央 商 事 株 式 会 社
付記1号	1番(あ)根抵当権変更	余白	極度額　金5,000万円 分割譲渡により平成X3年5月21日付記
1 (い)	1番根抵当権分割譲渡	令和X3年5月21日 第6558号	原因　令和X3年5月21日分割譲渡 （根抵当権の表示） 令和X1年9月25日受付 第12345号 原因　令和X1年9月25日設定 極度額　金2,500万円 債権の範囲　売買取引、手形債権、小切手債権 債務者　甲市東町一丁目2番3号 　山 川 商 事 株 式 会 社 根抵当権者　丙市南町四丁目5番6号 　中 央 リ ー ス 株 式 会 社

一部譲渡　　分割譲渡と紛らわしいものに、一部譲渡があります。ひとつの根抵当権が、分割譲渡のようにふたつに分かれるのではなく、根抵当権自体はひとつのままで、譲渡者と譲受者が共有（正確にいえば、準共有）します。原因は、一部移転とします。

　分割譲渡は、分割により根抵当権自体が変化するのに対し、一部譲渡は、根抵当権自体は元のままで変わらず、権利者の構成が変わります。

　一部譲渡の結果、競売の売却代金の配当は、債権額の割合で配分するのが原則です。ただし、原則と異なる割合で弁済を受けることや弁済の優先順位を取り決めることができ、これを優先の定めといいます。優先の定めは、「甲は乙に優先」または「甲3、乙7の割合」のように記録します。

　具体例としては、信用保証協会が、銀行の根抵当権の一部譲渡を受ける際に、銀行に優先して弁済を受けるように取り決める例があります。

> **ストーリー**　　中央銀行は、山川商事からの返済が滞りがちなので、融資にあたり保証をとりつけてある甲県信用保証協会に、債権の一部を肩代わりしてもらい、根抵当権の一部譲渡を行った。
> 　それとともに、中央銀行と甲県信用保証協会の間で3：7の割合で弁済を受けるという優先の定めをした。

根抵当権の一部譲渡と優先の定め

順位番号	登記の目的	受付年月日・受付番号	権利者その他の事項
1	根抵当権設定	令和X1年9月25日 第12345号	原因　令和X1年9月25日設定 極度額　金7,500万円 債権の範囲　銀行取引　手形債権 　　　　　小切手債権 債務者　甲市青葉一丁目2番3号 　山　川　商　事　株　式　会　社 **根抵当権者　丙市西町三丁目4番5号** **中　央　銀　行　株　式　会　社**
付記1号	1番根抵当権一部移転	令和X3年7月10日 第8765号	原因　令和X3年7月10日一部譲渡 根抵当権者　丙市西町三丁目4番5号 　甲　県　信　用　保　証　協　会
付記2号	1番根抵当権優先の定	令和X3年7月10日 第8766号	原因　令和X3年7月10日合意 優先の定　中央銀行株式会社3・甲県信用 保証協会7の割合

登記上の取扱い　　以上の根抵当権の処分の登記上の取扱いをまとめると、次のとおりです。

	登記の形態	登記の目的	登記の原因
全部譲渡	付記登記	移転	譲渡
分割譲渡	主登記	分割譲渡	分割譲渡
一部譲渡	付記登記	一部移転	一部譲渡

第5節 抵当証券

Q 10-26
抵当証券とは

A 概要　抵当証券は、不動産を担保とする貸付債権（抵当権）を小口化し、金融商品である多数の証券として投資家に販売するものです。

　抵当証券といわれるものは、ふたつあります。ひとつは、抵当証券の原券、もうひとつは、モーゲージ証書と呼ばれるものです。

　抵当証券の原券は、法律の規定により抵当証券保管機構に預けることが義務づけられており、抵当証券会社が、実際に投資家に発行・販売するものは、抵当証券にもとづく元利金の支払いを保証するモーゲージ証書です（モーゲージ mortgage は、抵当の意味）。

仕組み　抵当証券の仕組みは、抵当証券会社を中心に、債務者・法務局・抵当証券保管機構・投資家が関係します（次ページの図参照）。

① 債務者が抵当証券会社に融資を申し込み、抵当証券の発行を特約した融資を受け、抵当権を設定する。
② 抵当証券会社は、債務者の同意を得て、抵当証券の交付を法務局に申請する。
③ 法務局は、申請内容を審査して抵当証券を交付する。
④ 抵当証券会社は、抵当証券の原券を抵当証券保管機構に預ける。
⑤ 抵当証券保管機構は、抵当証券を預かり、保管証を交付する。
⑥ 抵当証券会社は、投資家に小口化して販売し、代金受取とともにモーゲージ証書を交付する。
⑦ 債務者は、元利返済金を抵当証券会社に支払う。

⑧ 抵当証券会社は、元利金から、投資家に配当支払と元本償還を行う。

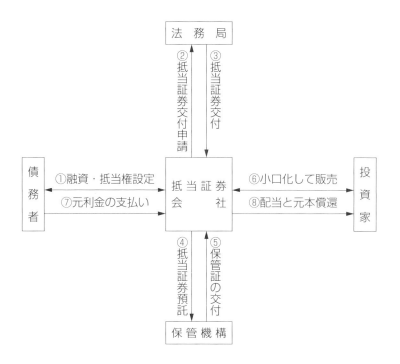

歴史　　抵当証券を律する抵当証券法は、1931（昭和6）年に制定された古い法律です。抵当証券は、長い間あまり利用されませんでしたが、1980年代のバブル期に利用が急増しました。しかし、バブル崩壊による抵当証券会社の破綻で、投資家に損害が及ぶなどの問題が起き、現在では新たな抵当証券の発行は、ほとんど行われません。

登記例　　以下に、抵当証券の例と登記例をあげます。抵当証券を発行するために、抵当権設定登記に、細分化した弁済期と弁済額、抵当証券発行の特約等を登記します。次いで、債権を弁済期ごとに分割する変更登記を行います。その後、分割された債権それぞれについて、抵当証券の交付を法務局に申請します。登記官は、抵当証券を交付したときは、その旨の付記登記をします。

図表10-1　抵当証券の例

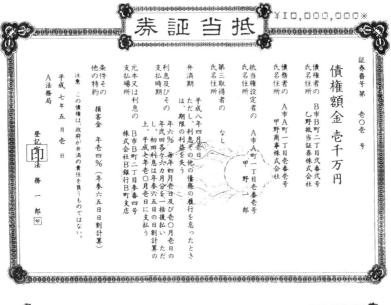

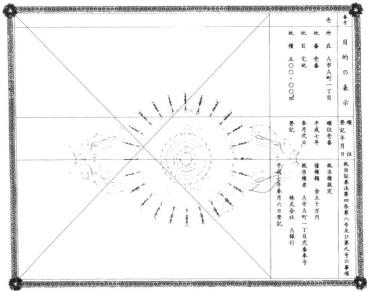

（出所）　大関和夫・関實著『一問一答 抵当証券と登記実務』日本加除出版

抵当証券に関する登記

順位番号	登 記 の 目 的	受付年月日・受付番号	権 利 者 そ の 他 の 事 項
3	抵当権設定	平成 8 年 9 月30日 第54320号	原因　平成 8 年 9 月30日金銭消費貸借同 　　日設定 債権額　金 4 億9,000万円 **弁済期　平成 9 年12月20日　金1,000万円** 　　平成10年12月20日　　金1,000万円 　　平成11年12月20日　　金1,050万円 　　平成12年12月20日　　金1,100万円 　　平成13年12月20日　　金1,100万円 　　平成14年12月20日　　金1,150万円 　　平成15年12月20日　　金1,200万円 　　平成16年12月20日　　金1,250万円 　　平成17年12月20日　　金1,250万円 　　平成18年12月20日　　金1,300万円 　　平成19年12月20日　　金1,350万円 　　平成20年12月20日　　金1,400万円 　　平成21年12月20日　　金1,450万円 　　平成22年12月20日　　金1,500万円 　　平成23年12月20日　　金1,550万円 　　平成24年12月20日　　金1,600万円 　　平成25年12月20日　　金1,650万円 　　平成26年12月20日　　金1,700万円 　　平成27年12月20日　　金1,750万円 　　平成28年12月20日　　金1,800万円 　　平成29年12月20日　　金1,900万円 　　平成30年12月20日　　金1,950万円 　　平成31年12月20日　　金2,000万円 　　平成32年12月20日　　金2,050万円 　　平成33年12月20日　　金2,150万円 　　平成34年12月20日　　金2,200万円 　　平成35年12月20日　　金2,300万円 　　平成36年12月20日　　金2,350万円 　　平成37年12月20日　　金2,450万円 　　平成38年12月20日　　金2,500万円 債務者が次の各号の一つに該当した場 合には全債務につき当然に期限の利益 を失う 壱　仮差押、差押もしくは競売の申立 てまたは破産、和議開始、会社更生手 続開始、会社整理開始もしくは特別清 算開始の申立てがあったとき、または 清算に入ったとき 弐　手形交換所の取引停止処分を受け たとき 参　元本または利息の支払を一回でも 怠ったとき 利息　年3・325%（ 2 分の 1 の半年計算。 　　ただし、半年未満の期間は、年365日 　　の日割計算） 利息支払期　毎年 6 月20日および12月20 　　日の年 2 回、各々六ヶ月分を一括後払 　　い、ただし初回は、年365日の日割計

第 5 節　抵当証券　421

			算のうえ平成8年12月20日に支払う 元本利息の支払場所　東京都甲区乙町一 丁目3番4号 株式会社中央銀行本店営業部 損害金　年14・0％（年365日日割計算） **特約　抵当証券を発行することができる** 債務者　甲市乙町二丁目3番4号 株式会社乙山商事 抵当権者　東京都乙区丙町4番5号 中央抵当証券株式会社 共同担保　目録る第123号
付記1号	3番抵当権変更	平成8年9月30日 第54321号	原因　平成8年9月30日債権分割 分割後の債権　弁済期平成9年12月20日 分　金1,000万円　一口 同平成10年12月20日分　金1,000万円 一口 同平成11年12月20日分　金1,050万円 一口 同平成12年12月20日分　金1,100万円 一口 同平成13年12月20日分　金1,100万円 一口 同平成14年12月20日分　金1,150万円 一口 同平成15年12月20日分　金1,200万円 一口 同平成16年12月20日分　金1,250万円 一口 同平成17年12月20日分　金1,250万円 一口 同平成18年12月20日分　金1,300万円 一口 同平成19年12月20日分　金1,350万円 一口 同平成20年12月20日分　金1,400万円 一口 同平成21年12月20日分　金1,450万円 一口 同平成22年12月20日分　金1,500万円 一口 同平成23年12月20日分　金1,550万円 一口 同平成24年12月20日分　金1,600万円 一口 同平成25年12月20日分　金1,650万円 一口 同平成26年12月20日分　金1,700万円 一口 同平成27年12月20日分　金1,750万円 一口 同平成28年12月20日分　金1,800万円 一口 同平成29年12月20日分　金1,900万円 一口

			同平成30年12月20日分　金1,950万円 　一口 同平成31年12月20日分　金2,000万円 　一口 同平成32年12月20日分　金2,050万円 　一口 同平成33年12月20日分　金2,150万円 　一口 同平成34年12月20日分　金2,200万円 　一口 同平成35年12月20日分　金2,300万円 　一口 同平成36年12月20日分　金2,350万円 　一口 同平成37年12月20日分　金2,450万円 　一口 同平成38年12月20日分　金2,500万円 　一口
付記2号	3番抵当権につき平成8年12月20日第2810号ないし第2839号抵当証券交付	余白	平成8年12月20日付記

第6節 非典型担保

Q 10-27 非典型担保とは

概要 融資の際に不動産を担保とする手法の代表例は抵当権ですが、それ以外に、所有権を利用した担保形態があります。これらは、抵当権のように法律で定める典型的な担保ではないので、非典型担保と総称されます。

不動産に関する非典型担保は、大きくふたつに分かれます。
① 担保不動産の所有権を、いったん債権者に移してしまう方法
② 債務が返済できないときは、担保不動産の所有権を債権者に移転する取り決めをしておく方法

担保権の登記は乙区に記録されますが、所有権を利用する非典型担保は、甲区に記録されることに注意してください。

所有権の移転 ①の所有権を移す方法には、譲渡担保、買戻特約付き売買、再売買の予約があります。

債務を完済したときは所有権を取り戻し、返済できないときは、担保として提供した不動産は確定的に債権者のものになります。

融資を受けるにあたり、不動産の所有権を債権者に渡してしまうと、債務者は新たに抵当権設定による融資を受けたり、不動産を売ったりすることが難しくなります。債務者にとって、所有権を移転する形で金銭を借りることは、抵当権設定に比べて不利になります。不利を承知で金を借りることには、なんらかの事情があると考えたほうがよいでしょう。

移転の取り決め ②の所有権移転を取り決めておく方法には、債務を返済できないときは、代わりに物（不動産）で払う代物弁済の予

約があります。通常は、予約の実行を確実にするために、代物弁済予約を原因とする所有権移転の仮登記をするので、一般に仮登記担保と呼びます。

抵当権による担保は、債権を回収するために競売を申し立て、換価代金から配当を受けますが、競売手続には時間がかかります。非典型担保契約は、それを避け、手っ取り早く直接に担保不動産を取得して債権回収を行います。

Q 10-28 売買の形式による担保とは

概要 不動産を担保とする際に、売買の形態をとり、融資金額で不動産を売買したことにする方法があります。売買という登記原因からは、真実の売買なのか担保目的の形式的売買なのか区別はつきません。しかし、担保目的の場合は、次のようなことが多いものです。

① 所有権移転登記が行われたあとでも、登記上の前所有者が不動産を占有し、居住や営業を続けている

② 通常の売買では、付着する権利を抹消して買主に引き渡すが、登記上の前所有者を債務者とする抵当権登記などが抹消されないで残っている。

債務者は、債務を返済したとき不動産を買い戻す形となりますが、買い戻す(取り戻す)権利を確保するために、再売買の予約を原因とする所有権移転仮登記、または買戻特約の登記をします。

これらの方法は、仮登記を利用する担保手法が、仮登記担保法の制定により法的に整備されてからは、あまり利用されなくなったといわれています。

買戻特約 買戻特約（⇒Q8-51）を利用する場合は、返済期限（これが買戻しの期間となる）までに、借りた金（これが売買代金となる）を返済すれば、担保として提供した(売却した形となっている)不動産を取り戻す(買い戻す)ことができます。

債権者にしてみれば、売買代金（融資金額）と契約費用だけで買い戻されてはメリットがないので、実際はあまり利用されません。

再売買の予約　再売買の予約は、売買の形式で担保提供した不動産について再売買の予約を行い、予約を実行して所有権を取り戻します。再売買の価格は、買戻特約と違って自由に設定でき、期間の制限もないので、買戻特約よりは使い勝手が良い方法です。

登記例　以下に、再売買予約の登記例を挙げます。買戻特約の登記例は、Q8–51を見てください。

> **ストーリー①**　太郎は、会社の資金繰りのため、短期的に個人の貸金業者である海野次郎から融資を受けた。融資の条件として、「いったん自宅の名義をこちらに移してほしい」と言われた。太郎は躊躇したが、すぐ返済するつもりだからいいだろうと思って、申し出に応じた。

再売買の予約

順位番号	登 記 の 目 的	受付年月日・受付番号	権 利 者 そ の 他 の 事 項
1	所有権移転	平成X1年2月13日 第2345号	原因　平成X1年2月13日売買 所有者　甲市東町一丁目2番3号 　　　山　川　太　郎
2	所有権移転	令和X1年12月25日 第12345号	原因　令和X1年12月25日売買 所有者　乙市北町二丁目3番4号 　　　海　野　次　郎
3	所有権移転請求権仮登記	令和X1年12月25日 第12346号	原因　令和X1年12月25日売買予約 権利者　甲市東町一丁目2番3号 　　　山　川　太　郎
	余白	余白	余白

> **ストーリー②**　その後、売掛金の入金も順調に進み、危機を乗り越えられたので、太郎は借りていた金を返済し、いったん移していた自宅の名義を、元通り自分のものに直した。

再売買による取戻し

順位番号	登記の目的	受付年月日・受付番号	権利者その他の事項
3	所有権移転請求権仮登記	令和X1年12月25日 第12346号	原因　令和X1年12月25日売買予約 権利者　甲市東町一丁目2番3号 　　　　山　川　太　郎
	所有権移転	令和X2年1月30日 第1345号	原因　令和X2年1月30日売買 所有者　甲市東町一丁目2番3号 　　　　山　川　太　郎

（順位1番、2番の登記は省略）

 10-29 譲渡担保とは

　譲渡担保は、金銭を借りた時点で、担保提供した不動産の所有権を、形式的に債権者に移転する方法のひとつです。

　売買の形をとる買戻特約や再売買の予約と異なり、所有権移転の原因を、ずばり譲渡担保とします。貸金を返済し、譲渡担保契約を解除して所有権を取り戻す場合は、解除を原因として、新たな所有権移転登記をします。

ストーリー①　太郎は、会社の資金繰りのため、短期的に個人の貸金業者である海野次郎から融資を受けた。融資の条件として、「いったん自宅の名義をこちらに移してほしい」と言われた。太郎は躊躇したが、すぐ返済するつもりだからいいだろうと思って、申し出に応じた。

譲渡担保

順位番号	登記の目的	受付年月日・受付番号	権利者その他の事項
1	所有権移転	平成X1年2月13日 第2345号	原因　平成X1年2月13日売買 所有者　甲市東町一丁目2番3号 　　　　山　川　太　郎
2	所有権移転	令和X1年12月25日 第12345号	原因　令和X1年12月25日譲渡担保 所有者　乙市北町二丁目3番4号 　　　　海　野　次　郎

第6節　非典型担保　427

ストーリー② その後、売掛金の入金も順調に進み、危機を乗り越えられたので、太郎は借りていた金を返済し、いったん移していた自宅の名義を、元通り自分のものに直した。

譲渡担保契約の解除による担保物返還

順位番号	登記の目的	受付年月日・受付番号	権利者その他の事項
2	所有権移転	令和X1年12月25日 第12345号	原因　令和X1年12月25日譲渡担保 所有者　乙市北町二丁目3番4号 　　　　海　野　次　郎
3	所有権移転	令和X2年1月30日 第1345号	原因　令和X2年1月30日譲渡担保契約解除 所有者　甲市東町一丁目2番3号 　　　　山　川　太　郎

（順位1番の登記は省略）

Q 10-30 仮登記担保とは

A 概要　仮登記担保は、担保のために仮登記を利用する方法です。融資の際に、債務が返済できない場合は、担保不動産を債権者が取得する取り決めをし、債権者は、その権利を保全するために、代物弁済を原因とする所有権移転仮登記をします。

代物弁済は、借りた金が返せないときに、金銭の代わりに物を渡す（物で支払う）ことです。つまり、債務者が返済できないときは、仮登記を本登記にして不動産を取得することにより、実質的に債権を回収します。

不動産の価額が債権額より高い場合、代物弁済では清算不要で不動産を丸取りできるのですが、仮登記担保法による仮登記を利用したときは、差額を清算して債務者に返す清算義務を負います。

担保仮登記は、一般の仮登記と違う扱いをします。たとえば、所有権移転の効力は、清算金の見積額を相手方に通知し、通知が到達した日から2か月が経過した日とされ、債務者は、清算金の支払いを受けるまでは、登記申請を拒む

ことができます。

ストーリー① 太郎は、資金繰りのため、短期的に個人の貸金業者から融資を受けることにした。融資条件として、「約束通り返済できないときは、代わりに自宅で返してもらう」といわれ、そのための仮登記の承諾書への押印を求められた。

代物弁済の仮登記

順位番号	登 記 の 目 的	受付年月日・受付番号	権 利 者 そ の 他 の 事 項
1	所有権移転	平成 X1年 2 月13日 第2345号	原因　平成 X1年 2 月13日売買 所有者　甲市東町一丁目 2 番 3 号 　　山 川 太 郎
2	条件付所有権移転仮登記	令和 X1年12月25日 第12345号	原因　令和 X1年12月25日代物弁済（条件　令和 X1年12月25日金銭消費貸借の債務不履行） 権利者　乙市北町二丁目 3 番 4 号 　　海 野 次 郎
	余白	余白	余白

ストーリー② その後、売掛金の入金も順調に進み、危機を乗り越えられたので、太郎は借りていた金を返済し、仮登記を抹消してもらった。

仮登記の抹消

順位番号	登 記 の 目 的	受付年月日・受付番号	権 利 者 そ の 他 の 事 項
2	条件付所有権移転仮登記	令和 X1年12月25日 第12345号	原因　令和 X1年12月25日代物弁済（条件　令和 X1年12月25日金銭消費貸借の債務不履行） 権利者　乙市北町二丁目 3 番 4 号 　　海 野 次 郎
	余白抹消	余白抹消	余白抹消
3	2 番仮登記抹消	令和 X2年 1 月30日 第1345号	原因　平成 X2年 1 月30日解除

（順位 1 番の登記は省略）

第7節 先取特権・質権

Q 10-31 先取特権とは

A 概要　先取特権は、民法および各種特別法に定める特別な債権を持つ者が、他の債権者に優先して先に取ることができる特別な権利です。

先取特権は、担保物権のひとつですが、当事者の契約によるものではなく、法律に定める要件を満たせば当然に発生するので、留置権とともに法定担保物権と呼ばれます。当事者の設定行為によらずに発生するため、登記原因は保存です。

先取特権は、一般債権者はもとより、権利の優劣は登記の先後によるという原則を破り、すでに設定されている抵当権などに優先して（だから先取特権という）弁済を受けます。優先弁済を受けるためには、競売を申し立て、換価代金からの配当を受けます。

給料債権　先取特権の典型例は給料債権です。会社が倒産した場合、債権回収は、債権者平等の原則にもとづき比例按分により行いますが、給料債権は大口債権の中に埋没してしまい、比例按分で回収できる額は、わずかでしかありません。

従業員の生活に直結する給料債権を、他の債権と同じ土俵で考えることは、悪平等となりかねません。そのため民法は、給料債権や葬式費用のように、社会的観点から特別に保護すべき債権に対して、優先的回収を担保するために、各種の先取特権を規定します（民法306条から328条）。

先取特権の登記はあまり利用されず、登記件数は非常に少ないのが実情です。たしかに、次に登記例をあげる給料債権の先取特権にもとづき不動産を競売に

かけて配当を受けることは、理論的には考えられるものの、実際にはあまりないでしょう。

一般の先取特権

順位番号	登 記 の 目 的	受付年月日・受付番号	権 利 者 そ の 他 の 事 項
1	一般の先取特権保存	令和X2年2月3日 第2345号	原因　令和X1年9月から同年12月まで 　　の給料債権の先取特権発生 債権額　金120万円 債務者　甲市青葉一丁目2番3号 　　海 野 商 事 株 式 会 社 先取特権者　丙市西町三丁目4番5号 　　山 川 太 郎

不動産の先取特権　民法が定める不動産が関係する先取特権には、次のものがあります。

①　不動産の保存（民法326条）

　この場合の「保存」は、雨漏りの修理など不動産の価値を維持する修繕等の保存行為をいい、その費用を対象とします。

②　不動産の工事（同327条）

　不動産工事の設計・施工費用を対象とします。

③　不動産の売買（同328条）

　不動産の売買代金とその利息を対象とします。

登記の時期　不動産保存の先取特権は、保存行為のあと直ちに、不動産工事の先取特権は、工事を始める前に登記をしなければ、効力が生じません。その理由は、先取特権は効力が強いため、抵当権者等に予期せぬ損害を与えかねないので、早めの公示手段（登記）を求めるからです。

　しかし、工事開始前に先取特権の登記を行うことは、最初から工事発注者を信用していないことであり、あえて先取特権の登記（それも、発注者との共同申請で）をしてまで工事を行うことはあまり考えられません。

　また、不動産の売買契約で、代金を受け取らずに物件を引き渡し、所有権移転登記を行うことは、実際にはほとんどないでしょう。このような理由により、不動産に関する先取特権は、ほとんど利用されていません。

第7節　先取特権・質権　431

10-32
不動産工事の先取特権とは

表題登記 不動産工事の先取特権はあまり利用されませんが、その登記はかなり異色なので、紹介する価値があります。

　不動産工事の先取特権は、工事を始める前に（つまり、建物が建っていない段階で）登記します。先取特権の保存登記を行うには、表題登記と所有権保存登記が必要ですが（⇨Q1-14）、建物は存在しないので、完成が予想される建物について表題登記を行います。ですから、「表題登記のようなもの」というのが正しいかもしれません。建物の種類・構造・床面積は、設計書記載のものを利用し、家屋番号および表題部所有者は記録しません。

権利の登記 　そのあとに行う甲区の登記は、まだ建物が存在せず、その所有権を観念することができないので、所有権保存登記ではなく、将来、建物の所有者となるべき者を、登記義務者として表示するにとどまります（法86条1項・2項）。

　以上の表題登記および甲区の登記を行ったあとで、乙区に先取特権の保存登記を行います。

（不動産工事の先取特権の保存の登記）
第85条　不動産工事の先取特権の保存の登記においては、第83条第1項第1号の債権額として、工事費用の予算額を登記事項とする。

（建物を新築する場合の不動産工事の先取特権の保存の登記）
第86条　建物を新築する場合における不動産工事の先取特権の保存の登記については、当該建物の所有者となるべき者を登記義務者とみなす。この場合においては、第22条本文の規定は、適用しない。
2　前項の登記の登記事項は、第59条各号および第83条第1項各号（第3号を除く）に掲げるもののほか、次のとおりとする。
　①　新築する建物ならびに当該建物の種類、構造および床面積は、設計書によ

る旨

②　登記義務者の氏名または名称および住所

（第3項省略）

不動産工事の先取特権の表題部

表　題　部（主である建物の表示）		調製	余白	不動産番号	1234567890123
所在図番号	余白				
所　　　　在	甲市青葉二丁目　115番地1			余白	
①　種　類	②　構　　造	③　床面積　m²		原因及びその日付〔登記の日付〕	
居宅	木造かわらぶき2階建	1階　140 23 2階　112 45		種類、構造及び床面積は設計書による 　　〔令和X1年9月25日〕	

不動産工事の先取特権の権利部

甲区

順位番号	登　記　の　目　的	受付年月日・受付番号	権　利　者　そ　の　他　の　事　項
1	登記義務者表示	余白	甲市東町一丁目2番3号 　山　川　太　郎 不動産工事の先取特権保存の登記により登記

乙区

順位番号	登　記　の　目　的	受付年月日・受付番号	権　利　者　そ　の　他　の　事　項
1	不動産工事先取特権保存	令和X1年9月25日 第12345号	原因　令和X1年9月25日新築請負の先取特権発生 工事費用予算額　金6,000万円 債務者　甲市東町一丁目2番3号 　山　川　太　郎 先取特権者　乙市北町二丁目3番4号 　丙　川　建　設　株　式　会　社

建物完成後の登記　　上記の表題登記および甲区の登記は暫定的なものなので、建物の建築工事完了後、建物所有者は、通常通り表題登記を申請します。改めて通常の登記手続に則り、完成した建物の状況に応じた表題登記を行い、さらに所有権保存登記を行います。

（建物の建築が完了した場合の登記）

第87条　前条第1項の登記をした場合において、建物の建築が完了したときは、当

第7節　先取特権・質権　433

該建物の所有者は、遅滞なく、所有権の保存の登記を申請しなければならない。
（第2項省略）

10-33 マンション管理費の先取特権とは

概要 実際に、不動産に関する先取特権が利用される例が多いのは、マンションの管理費に関して、区分所有者や管理組合が有する先取特権です。まず、それを規定する建物区分所有法の条文を見ましょう。

> （先取特権）
> 建物の区分所有等に関する法律第7条　区分所有者は、共用部分、建物の敷地もしくは共用部分以外の建物の附属施設につき、他の区分所有者に対して有する債権、または規約もしくは集会の決議に基づき他の区分所有者に対して有する債権について、債務者の区分所有権（共用部分に関する権利および敷地利用権を含む）および建物に備え付けた動産の上に、先取特権を有する。管理者または管理組合法人が、その職務または業務を行うにつき、区分所有者に対して有する債権についても、同様とする。
> 2　前項の先取特権は、優先権の順位および効力については、共益費用の先取特権とみなす。
> （第3項省略）

登記例 マンション管理組合が、滞納された管理費について、先取特権にもとづいて競売を申し立てた場合の登記例を、以下に掲げます。

順位2番の差押登記がそれで、原因は担保不動産競売開始決定（先取特権も担保権）、申立債権者はマンション管理組合法人です。この例では、申立てをしたマンション管理組合法人が、競売不動産を買い受けています。

先取特権による競売

順位番号	登記の目的	受付年月日・受付番号	権利者その他の事項
1	所有権保存	平成X1年1月10日 第256号	原因　平成X1年1月10日売買 所有者　甲市青葉一丁目2番3号 　　　　山　川　太　郎
2	差押	令和X2年7月22日 第5678号	原因　令和X2年7月20日甲地方裁判所 　　　担保不動産競売開始決定 債権者　甲市青葉一丁目2番3号 　　　　青葉マンション管理組合法人
3	所有権移転	令和X3年6月12日 第6543号	原因　令和X3年6月12日担保不動産競 　　　売による売却 所有者　甲市青葉一丁目2番3号 　　　　青葉マンション管理組合法人
4	2番差押登記抹消	令和X3年6月12日 第6543号	原因　令和X3年6月12日担保不動産競 　　　売による売却

10-34
質権とは

A　概要　「質」とは、「(約束の)保証として相手に預けておくもの」(新明解国語辞典) です。質権は、債権者が、貸金担保のために債務者の所有物を預かり、債務が弁済されないときは、質物を換価して、その代金から優先的に弁済を受ける権利です。

質屋という言葉のとおり、主として動産が対象ですが、不動産を対象とすることもできます。しかし、実際にはあまり利用されません。

不動産質権は、質権設定者から担保不動産の引渡しを受けることを原則とします。しかし、持ち運ぶことのできない不動産は、質権者が出向いて管理しなければなりません。銀行が質権の対象とした不動産を管理することを考えてみれば、不動産質権の使い勝手の悪さがわかるでしょう。銀行が望むのは、利息収入と元金の返済であり、不動産という物自体がほしいわけではありません。

使用収益　質権者は、不動産を使用収益でき、それによる利益が得られるので、利息は請求できないのが原則です。しかし、質権者が不動産を使用収益しないことに合意すれば、利息を取ることができます。下記の登記

第7節　先取特権・質権　435

例は、これに該当するものです。

　このような合意のある質権は、事実上、抵当権と同じ機能を果たしますが、それならば、あえて使い勝手の悪い質権を設定する必要はありません。不動産質権が利用されないのは、このような事情が原因のひとつでしょう。

（質権の登記等の登記事項）

第95条　質権または転質の登記の登記事項は、第59条各号および第83条第1項各号に掲げるもののほか、次のとおりとする。

① 　存続期間の定めがあるときは、その定め

② 　利息に関する定めがあるときは、その定め

③ 　違約金または賠償額の定めがあるときは、その定め

④ 　債権に付した条件があるときは、その条件

⑤ 　民法346条（注：質権の被担保債権の範囲）ただし書の別段の定めがあるときは、その定め

⑥ 　民法第359条の規定（注：設定行為に別段の定めがある場合）により、その設定行為について別段の定め（かっこ内省略）があるときは、その定め

⑦ 　民法第361条において準用する同法第370条（注：抵当権の効力の及ぶ範囲）ただし書の別段の定めがあるときは、その定め

（第2項省略）

質権設定

順位番号	登 記 の 目 的	受付年月日・受付番号	権 利 者 そ の 他 の 事 項
1	質権設定	令和X1年9月25日 第12345号	原因　令和X1年9月25日金銭消費貸借 　　　同日設定 債権額　1,000万円 存続期間　平成X1年9月25日より5年間 利息　年4・75% 特約　質権者は質物を使用収益できない 債務者　甲市東町一丁目2番3号 　　　山　川　太　郎 質権者　乙市北町二丁目3番4号 　　　海　野　次　郎

第 11 章

特殊な抵当登記

第1節 財団の登記

Q 11-1
特殊な抵当登記にはどのようなものがあるか

A 種類 不動産その他に関して、法務局が取り扱っている特殊な登記には、以下のものがあります。右側は、その登記の根拠となる法律です。

- 工場財団……………………工場抵当法
- 工場抵当……………………工場抵当法
- 鉱業財団……………………鉱業抵当法
- 漁業財団……………………漁業財団抵当法
- 港湾運送事業財団………港湾運送事業法
- 道路交通事業財団………道路交通事業抵当法
- 観光施設財団……………観光施設財団抵当法
- 立木登記……………………立木に関する法律
- 船舶登記……………………商法第847条
- 農業用動産抵当登記……農業動産信用法
- 建設機械登記……………建設機械抵当法
- 企業担保権登記…………企業担保法
- 鉱害賠償登録……………鉱業法
- 夫婦財産契約登記………民法第755条以下

鉱害賠償登録と夫婦財産契約登記を除けば、いずれも不動産以外のものを担保にするための特殊な抵当登記です。ただし、船舶と立木は、担保目的だけでなく、ほかの要請に応えるために立法化されたもので、他の抵当登記と同列に論じられません。

Q 11-2 特殊抵当の歴史は

特殊抵当を制度化した法律を年代順に並べると、次のとおりです。鉄道財団・軌道財団・運河財団・自動車・航空機は、法務局の取扱いの範囲外です。

	対　　象	根　拠　法	制　　定
1	船舶	商法第847条	明治32年3月
2	鉄道財団	鉄道抵当法	明治38年3月法律53号
3	工場財団	工場抵当法	明治38年3月法律54号
4	鉱業財団	鉱業抵当法	明治38年3月法律55号
5	立木	立木に関する法律	明治42年4月
6	軌道財団	軌道の抵当に関する法律	明治42年4月
7	運河財団	運河法	大正2年4月
8	漁業財団	漁業財団抵当法	大正14年3月
9	農業用動産	農業動産信用法	昭和8年3月
10	港湾運送事業財団	港湾運送事業法	昭和26年5月
11	自動車	自動車抵当法	昭和26年6月
12	道路交通事業財団	道路交通事業抵当法	昭和27年6月
13	航空機	航空機抵当法	昭和28年7月
14	建設機械	建設機械抵当法	昭和29年5月
15	企業の総体	企業担保法	昭和33年4月
16	観光施設財団	観光施設財団抵当法	昭和43年6月

　これらの抵当制度は、日本の産業の発展と歩みをともにしています。1905（明治38）年3月に鉄道財団・工場財団・鉱業財団に関する法律が、連続して一挙に成立しましたが、これは日露戦争の真最中です（日本海海戦は、1905（明治38）年5月）。

対象物　抵当の対象となるものは、明治から戦前までは、工業、鉱業、漁業、農業と基幹産業に関するもので、戦後になって、自動車、航空機、

道路交通事業(改正後)、港湾運送事業、建設機械と、高度成長を支えたものが加わりました。高度成長の象徴であるオリンピック(1964(昭和39)年)のあとに、はじめてサービス産業である観光施設(1968(昭和43)年)が制度化されました。

登記簿 特殊抵当の登記簿は、従来の紙の登記簿のままであり、コンピュータ化される予定もないようです。

11-3
特殊な抵当登記の登記件数は

全国で1年間になされた特殊な抵当登記および鉱害賠償登録・夫婦財産契約登記の件数は、最近8年間では、次のとおりです。

カウントした件数は、統計のうち、所有権保存・移転、抵当権・根抵当権の設定に関する件数(農業用動産抵当登記は抵当権・根抵当権の設定に関する件数)であり、登記事項の変更など「その他」の項目の数字を除いたものです。

なお、鉱害賠償登録は支払いの登録、夫婦財産契約登記は登記の件数です。

図表11-1 各種登記の件数

	2015年	2016年	2017年	2018年	2019年	2020年	2021年	2022年
工場財団登記	418	448	507	504	448	400	300	327
その他の財団登記	79	59	111	35	93	67	77	35
立木登記	125	36	38	81	25	15	15	69
船舶登記	1,004	953	1,019	1,028	1,018	966	861	845
農業用動産抵当登記	417	396	329	292	282	253	216	247
建設機械登記	185	144	103	92	63	67	87	56
企業担保権登記	0	0	0	0	0	0	0	—
鉱害賠償登録	46	38	54	40	22	20	18	12
夫婦財産契約登記	6	23	15	18	16	22	21	39

(出所)政府統計の総合窓口
(注)企業担保権登記は2021(令和3)年までの公表となっており、2022(令和4)年の公表がない。

Q 11-4
財団とは

A 概要　各種財団登記の説明の前に、財団の概念を説明しましょう。財団とは、財産の集団です。工場を考えてみましょう。工場を構成するものは、工場の土地・建物のほかに、備えつけられている機械器具等があり、それらが一体となって工場の機能を発揮します。

工場によっては、機械器具のほうが土地・建物より高価なこともありますが、不動産担保の範疇では、動産である機械器具を取り込むことができず、本来の工場全体の価値を反映できません。

この難点を解決するために、不動産のほかに機械器具や工業所有権等を含めた一切を、登記上でひとつの財産の集団（財団）として扱い、担保の目的とする手法が財団抵当です。

通常の抵当権では、工場を構成する多数の土地・建物ひとつひとつに抵当権を設定するため手間がかかり、また、工業所有権などは対象にできません。それに対し工場財団抵当は、工場を構成する多種多様な物件（権利）を、ひとつの大きな箱にまとめて入れて、箱全体を担保にする方法といえます。

財団は、所有権保存登記をすることによって成立し、土地・建物、機械器具などの全体を1個の不動産とみなします。工場財団の所有権保存登記について、登記後6か月以内に抵当権設定登記をしないと効力を失うという規定（工場抵当法10条）は、財団という手法が担保目的であることを物語っています。

組成物件　工場財団を例にすれば、工場財団を構成する物件（組成物件という）は、土地、建物その他の工作物、機械器具など、地上権、賃借権（賃貸人の承諾があるとき）、工業所有権（特許権・商標権等）、ダム使用権と法定され、限定列挙します。

機械器具は、必ずしも工場の土地・建物に備え付けられている必要はなく、製品を運搬する自動車などでもかまいません。この点が、Q11-6で説明する工場抵当と異なります。

第1節　財団の登記　441

> 工場抵当法第11条　工場財団は、左に掲げるものの全部または一部をもって、これを組成することを得
> ① 　工場に属する土地および工作物
> ② 　機械、器具、電柱、電線、配置諸管、軌条その他の附属物
> ③ 　地上権
> ④ 　賃貸人の承諾あるときは、物の賃借権
> ⑤ 　工業所有権
> ⑥ 　ダム使用権

　条文に「全部または一部」とあるように、工場財団の組成物件とすることができるものでも、そのすべてを財団に組み入れる必要はなく、任意に選択できます。

　ひとつの工場で１個の財団を組成する必要はなく、複数の工場を１個の財団にできます。

各種財団　工場財団以外に、鉱業財団・漁業財団・道路交通事業財団・港湾運送事業財団・観光施設財団があり、各種規定は工場財団のものを準用します。各種財団の財団目録の様式は工場財団と同じなので、目録の記載例は工場財団で代表させます。

11-5
工場財団の登記は

登記例　工場財団の所有権保存登記は、通常の不動産と同じです。工場財団登記簿はコンピュータ化されてなく、従来の紙の登記簿にタテ書きで記載します。

工場財団の登記例

表題部（財団表示）	数枚
令和×壱年壱月弐八日受付	印
工場の名称及び位置 株式会社山川電子甲工場 甲市南四丁目参番四号 主たる営業所 甲市南四丁目参番四号 営業の種類　コンパクトディスク製造	印 印 印 印 印 印 印 印

甲区（所有権）		
順位番号	壱	
	事項欄	
	所有権保存 令和×壱年壱月弐八日受付 第四七〇四号 所有者　甲市南四丁目参番四号 　　　　株式会社山川電子 令和×弐年壱月八日登記	

財団目録　　工場財団の組成物件は、土地・建物、機械器具、その他の権利など多種多様で数も多く、すべてを表題部に表示することは困難です。よって表題部には、たんに工場の概要（名称・位置、主たる営業所、営業の種類）だけを表示し、その詳細は、保存登記申請の際に作成する財団目録に委ねます。工場財団目録の例は、445ページ以下のとおりです。

　工場財団目録は登記簿の一部とみなされ、財団に属している組成物件を明らかにし、場合によっては、数百ページに及ぶ膨大なものとなります。数個の工場をひとつの財団とするとき、目録は工場ごとに作成します。

組成物件　　組成物件のうち土地は、所在・地番を表示し、地目・地積は記載しません。建物は、所在・家屋番号を表示し、構造・床面積・種類は記載しません。建物以外の工作物は、所在する土地の地番・種類・構造・面積または延長（長さ）を記載します。

　機械器具については、それが存在する建物の所在と家屋番号、種類・構造・個数・製造メーカー名・製造年月・特定のための記号番号（通常は、銘板に記

載されている）、工場図面配置図の番号を記載します。その他の組成物件の表示
は、記載例のように行います。

工場図面　各組成物件の所在位置を特定するために、工場内での組成物件の
配置を示す工場図面を作成し、機械器具について番号で表示します。

447ページに例示した工場図面は、実際はA4判4枚分の大きさで、図面の
下部に、機械器具の名称がびっしり書かれています。

土地登記簿　不動産が財団の組成物件となったときは、登記簿の甲区に、財
団に属した旨の記録をします（工場抵当法34条1項）。

財団の組成物件となったときの登記

順位番号	登 記 の 目 的	受付年月日・受付番号	権 利 者 そ の 他 の 事 項
2	所有権移転	令和X1年3月8日 第1234号	原因　令和X1年3月8日売買 所有者　甲市南町四丁目3番4号 　　株 式 会 社 山 川 電 子
3	本物件は工場財団に属すべきものとしてその財団の所有権保存登記の申請があった	令和X1年11月28日 第4704号	余白
4	本物件は工場財団に属した	余白	令和X1年12月15日登記

抹消登記　工場を閉鎖して土地を売却するなど、工場財団が消滅したときは、
財団登記を抹消します。

工場財団登記の抹消

順位番号	登 記 の 目 的	受付年月日・受付番号	権 利 者 そ の 他 の 事 項
<u>3</u>	本物件は工場財団に属すべきものとしてその財団の所有権保存登記の申請があった	令和X1年11月28日 第4704号	余白
<u>4</u>	本物件は工場財団に属した	余白	<u>令和X1年12月15日登記</u>
5	3番、4番登記抹消	令和X9年7月20日 第92345号	原因　令和X9年7月10日工場財団消滅

444　第11章　特殊な抵当登記

工場財団目録の例（その１）

(1) 表紙

受	令和×壱年壱月弐八日
付	第四七〇四号

工場財団目録

工場の名称　株式会社山川電子甲工場

甲市南四丁目参番四号
株式会社山川電子
代表取締役　山川太郎㊞

(2) 土地の記載

一　土地の部

所　在	予　備
甲市南四丁目参番四	
同所　　参番五	

(3) 建物の記載（一部省略）

二　建物の部

所　在	家屋番号	予　備
甲市南四丁目参番地四	参番四の壱	
同所　　参番地四	参番四の弐	
同所　　参番地四	参番四の参	
同所　　参番地四	参番四の四	

(4) 工作物（建物を除く）の記載（一部省略）

工作物（建物を除く）の部

所在の土地	種類	構造	面積延長	予備
甲市南四丁目参番四	給水タンク	鉄製	高さ八メートル	
同所参番四	塀	コンクリート造	長さ九拾メートル	

第1節　財団の登記　445

工場財団目録の例（その２）

(5) 機械、器具等の記載（一部省略）

機械器具の部								
所在	種類	構造	個数	製作者の氏名又は名称	製造年	月	記号番号	配置図番号
甲市南四丁目参番地四　家屋番号参番四	射出成形機	鉄製	一台	乙山製作所	六弐	壱	CCD壱六―壱壱弐	壱
	射出成形機	鉄製	一台	乙山製作所	六弐	壱	CCD壱六―壱壱壱	弐
	ディスクチェンジャー	鉄製	一台	丙川工業	六壱	弐	八六〇七八	参
	真空蒸着装置	鉄製	一台	丙川工業	六壱	壱弐		四
	洗浄装置	鉄製	一台	甲田化学	六壱	壱弐	EB壱壱V〇六	五
	スタンパー洗浄装置	鉄製	一台	乙山製作所	六弐	壱	六壱〇B―〇参	六
	超音波洗浄装置	鉄製	一台	海野電子工業	六弐	壱		七

(6) 工業所有権の記載（一部省略）

工業所有権の部					
種類	名称	番号	原簿登録年月日	その他	予備
特許権	山川式	第六号	平成×壱年五月六日		

工場図面の例

イ	甲市南４丁目３番４	22,345.67m^2	ニ	木造亜鉛メッキ鋼板葺平家建	123.45m^2	ト	軽量鉄骨造亜鉛メッキ剛板葺平家建34.56m^2
ロ	甲市南４丁目３番５	1,456.78m^2	ホ	木造亜鉛メッキ鋼板葺平家建	45.67m^2		
ハ	鉄骨造亜鉛メッキ鋼板葺平家建	1,009.47m^2	ヘ	鉄骨造亜鉛メッキ鋼板葺弐階建	壱階6,789.01m^2 弐階1,234.50m^2		

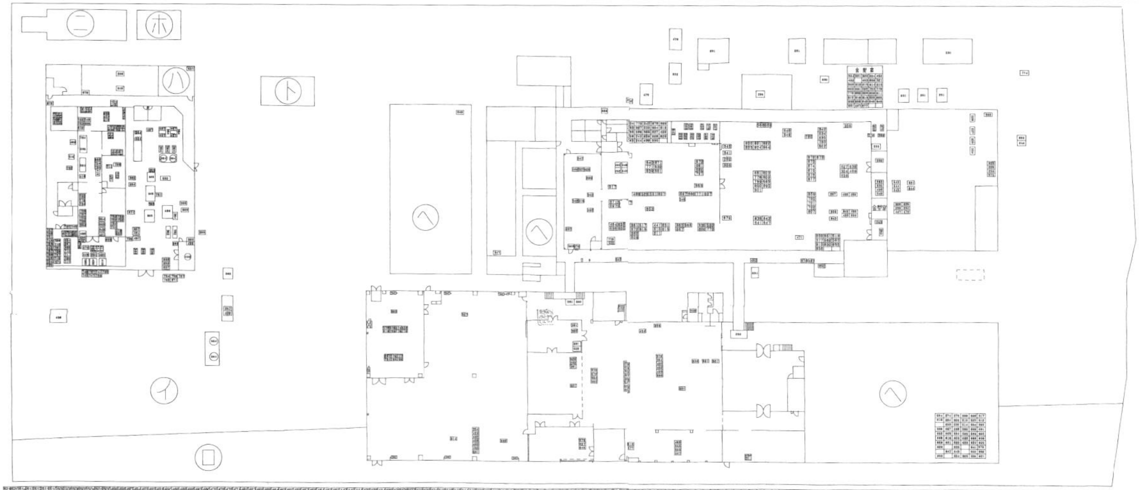

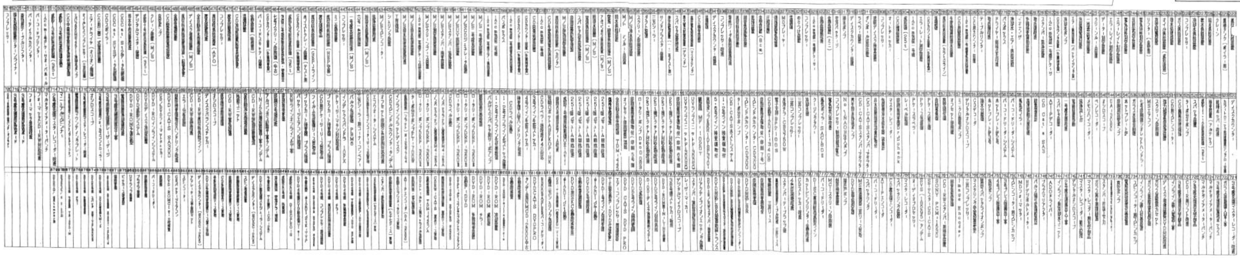

工場平面図

株式会社　山川電子
甲工場

株式会社山川電子
代表取締役　山川太郎

Q 11-6 工場抵当とは

A **概要** 　工場を担保にする方法には、工場財団抵当のほかに、より簡便な方法があります。それは工場に備えつけられている機械器具を、工場の土地・建物に附属するものとして、抵当権の及ぶ範囲の中に取り込む手法です（工場抵当法2条・3条）。この手法を、（狭義の）工場抵当（以下、たんに工場抵当）といいます。

　工場抵当は、機械器具を、あくまでも土地・建物の付属物として取り扱います。それに対して工場財団は、機械器具を土地・建物に従属させることなく、財団の組成物件として同列に扱います。

登記例 　工場抵当では、土地・建物の登記簿に、抵当権が及ぶ機械器具の目録を添付します。この目録を、それを定める工場抵当法の条文から、3条目録または機械器具目録といいます。

　工場抵当の登記は、通常の抵当権設定登記の登記事項の末尾に、「工場抵当法第3条第2項目録作成」と記録します。機械器具目録の様式は、工場財団組成物件の機械器具の部と同じです。

　前記の工場財団抵当と狭義の工場抵当をあわせて、広義の工場抵当といいます。工場財団が比較的大きな工場を対象とするのに対し、工場抵当は中小の工場を対象にします。

工場抵当の登記

順位番号	登 記 の 目 的	受付年月日・受付番号	権 利 者 そ の 他 の 事 項
1	抵当権設定	令和X1年9月25日 第12345号	原因　令和X1年9月25日金銭消費貸借 　　　同日設定 債権額　金7,500万円 利息　年2・575% 損害金　年14% 債務者　甲市東町一丁目2番3号 　　　山 川 工 業 株 式 会 社 抵当権者　丙市西町三丁目4番5号 　　　中 央 銀 行 株 式 会 社 共同担保　目録(あ)123号 **工場抵当法第3条第2項目録作成**

448　第11章　特殊な抵当登記

機械器具目録の例

(1枚目)

　　　　　　　工場抵当法第三条による機械器具目録

　　　　　　　　　　　　　抵当権者　　　丙市西町三丁目4番5号
　　　　　　　　　　　　　　　　　　　　中央銀行株式会社

　　　　　　　　　　　　　抵当権設定者　甲市東町一丁目2番3号
　　　　　　　　　　　　　　　　　　　　山川工業株式会社
　　　　　　　　　　　　　　　　　　　　代表取締役　山川太郎

　　　　　　　　　　　　　　　　　　　　令和X1年9月25日受付
　　　　　　　　　　　　　　　　　　　　　　　　　　第12345号

(2枚目)
所　　在　　丙市西町三丁目123番地4
　　　　　　家屋番号　123番4　工場　鉄骨造亜鉛メッキ鋼板ぶき2階建
　　　　　　1階　330.40m²　2階　325.00m²に備付け

種類	構造	個数・延長	製作者氏名・名称	製造年月	記号・番号
マシニングセンタ	鉄製	1台	㈱乙山工業	200X年5月	ABC　123D
マシニングセンタ	鉄製	1台	㈱乙山工業	200X年5月	ABC　456E

および以上に付属する物件一式
以上の諸機械および器具は、運転ならびに使用状態における有形のまま

　　　　　　　　　　　　　　　　　　　　　　　　　　　　以下余白

11-7
鉱業財団とは

A　概要

　鉱業財団は、1905（明治38）年制定の鉱業抵当法によるもので、鉱業事業者が資金調達のために、鉱業設備を一体として担保化する手法です。同時に制度化された工場財団・鉄道財団とともに、日本における財団抵当の最初のものです。

　鉱業とは、「鉱物の試掘、採掘およびこれに附属する選鉱、製錬その他の事

業」(鉱業法4条)であり、鉱物とは、金、銀、銅、鉛、すず、水銀、亜鉛、鉄、石炭、石油、可燃性天然ガス、硫黄、石灰石などです（鉱業法3条1項）。

　鉱業は、鉱物の採掘を中心として、予備段階である試掘、さらに採掘した鉱物の運搬、選鉱、製錬まで一連の工程を行う事業です。鉱業財団の組成物件は、下記の鉱業抵当法第2条のとおりです。

　事業を行う土地は、自己所有地のほかに、借地（地上権、賃借権および土地使用権）を含みます。

鉱業抵当法第2条　鉱業財団は、左に掲げるものにして、鉱業に関し同一採掘権者に属するものの全部または一部をもって、これを組成することを得

①　鉱業権

②　土地および工作物

③　地上権および土地の使用権

④　賃貸人の承諾あるときは、物の賃借権

⑤　機械、器具、車輌、船舶、牛馬その他の附属物

⑥　工業所有権

（鉱業権）

鉱業法第5条　この法律において「鉱業権」とは、登録を受けた一定の土地の区域（以下、「鉱区」という）において、登録を受けた鉱物、およびこれと同種の鉱床中に存する他の鉱物を掘採し、および取得する権利をいう。

登記　　鉱業財団は、所有権保存登記を行うことにより成立し、一個の不動産とみなされます。保存登記の申請には、鉱業財団目録および工作物の配置を記載した図面を提出します。

　財団登記簿の表題部の登記事項は、鉱区の位置、鉱物の名称、鉱区の面積、鉱業権の登録番号および鉱業事務所の所在地です（鉱業抵当登記規則2条）。財団目録の様式は、工場財団と同じです。

450　第11章　特殊な抵当登記

Q 11-8 漁業財団とは

A 概要 漁業財団は、1925（大正14）年に制定された漁業財団抵当法によるもので、漁業事業者が、漁業設備を一体として担保化する手法です。

漁業とは、魚、貝、藻などの水産動植物の採捕または養殖の事業をいい、漁業権とは、公共の用に供する水面（簡単にいえば、海・川・湖）の一定の範囲で、排他独占的に漁業を行う権利です。

漁業財団を組成できる事業者は、漁業権、船舶および養殖場を持つ者です。

> 漁業財団抵当法第1条　個別漁業権（かっこ内省略）を有する者、漁業の用に供する登記したる船舶を有する者、または水産物の養殖場を有する者は、これにつき抵当権の目的となすため、漁業財団を設けることを得
>
> 第2条　漁業財団は、左に掲げるものにして、同一人に属するものの全部または一部をもって、これを組成することを得
> ①　個別漁業権
> ②　船舶ならびにその属具および附属設備
> ③　土地および工作物
> ④　地上権および土地、もしくは水面の使用または引水もしくは排水に関する権利
> ⑤　漁具および副漁具
> ⑥　機械、器具その他の附属物
> ⑦　物の賃借権
> ⑧　工業所有権
> （第2項ないし第4項省略）

登記 漁業財団は、所有権保存登記を行うことにより成立し、一個の不動産とみなされます。保存登記の申請には、財団目録および工作物の配置

を記載した図面を提出します。

　財団登記簿の表題部の登記事項は、漁業権をもって組成するときは、漁業の種類・名称、漁業権の免許番号、漁場の位置および主たる営業所、船舶をもって組成するときは、船名、船舶の種類、船籍港、漁業の種類および主たる営業所、養殖場をもって組成するときは、養殖場の名称・位置、漁獲物の種類および主たる営業所です（漁業財団抵当登記規則2条）。財団目録の様式は、工場財団と同じです。

Q 11-9 港湾運送事業財団とは

概要 　港湾運送事業財団は、1951（昭和26）年に制定された港湾運送事業法によるもので、港湾運送事業者が、港湾事業設備を一体として担保化する手法です。この法律でいう「港湾」は、政令で指定する港湾で、全国で約90あまりです（港湾運送事業法施行令2条に定める別表第一）。

　港湾運送については、港湾運送事業法第2条第1項で定義します。本来ならば条文を載せるべきですが、あまりにも煩瑣で容易に理解できるものではありません。条文は第1号から第8号までで、その大意は次のとおりです。

① 荷主または船舶運航事業者の委託を受けて、船舶からの貨物の受け取りおよび荷主への引渡し、逆に、貨物の荷主からの受け取りおよび船舶への引渡し、およびこれらに前後する次号から第5号までの行為を一貫して行うこと

② 貨物の船舶への積込み、船舶からの取り降し（第4号に掲げる行為を除く）

③ 貨物の船舶・艀(はしけ)による運送、引き船による艀・筏(いかだ)の曳航

④ 船舶・艀により運送された貨物の荷捌き場への搬入、同じく荷捌き場からの搬出、貨物の荷捌き・保管、貨物の船舶・艀からの取り降し・積込み

⑤ 木材の筏に組んでの運送、筏に組んで運送された木材や船舶・艀により運送された木材の貯木場への搬入および搬出、木材の貯木場での荷捌き・

保管

⑥ 貨物の積込みまたは陸揚げに際しての、貨物の箇数計算や受渡しの証明

⑦ 貨物の積付けに関する証明、調査および鑑定

⑧ 貨物の積込みや陸揚げに際しての、貨物の容積・重量の計算や証明

事業者　以上の港湾運送を行う事業は、次の種類に分かれ、このうち第1号から第4号までの事業を、「一般港湾運送事業等」といいます。

(事業の種類)

港湾運送事業法第3条　港湾運送事業の種類は、次に掲げるものとする。

① 一般港湾運送事業(前条第1項第1号に掲げる行為を行う事業)

② 港湾荷役事業(前条第1項第2号および第4号に掲げる行為を行う事業)

③ はしけ運送事業(前条第1項第3号に掲げる行為を行う事業)

④ いかだ運送事業(前条第1項第5号に掲げる行為を行う事業)

⑤ 検数事業(前条第1項第6号に掲げる行為を行う事業)

⑥ 鑑定事業(前条第1項第7号に掲げる行為を行う事業)

⑦ 検量事業(前条第1項第8号に掲げる行為を行う事業)

財団の組成　一般港湾運送事業等を行う者は、港湾運送事業財団を組成できます。

(港湾運送事業財団の設定)

港湾運送事業法第23条　一般港湾運送事業等の許可を受けた者(以下、この章において、「一般港湾運送事業者等」という)は、抵当権の目的とするため、港湾運送事業財団を設けることができる。

(財団の組成)

第24条　港湾運送事業財団は、次に掲げるものであって、同一の一般港湾運送事業者等に属し、かつ、一般港湾運送事業等に関するものの全部または一部をもって組成することができる。

第1節　財団の登記　453

① 上屋、荷役機械その他の荷捌き施設およびその敷地
② 艀および引船その他の船舶
③ 事務所その他一般港湾運送事業等のため必要な建物およびその敷地
④ 第1号または前号に掲げる工作物を所有し、または使用するため他人の不動産の上に存する地上権、登記した賃借権、および第1号または前号に掲げる土地のために存する地役権
⑤ 一般港湾運送事業等の経営のため必要な器具および機械

登記 港湾運送事業財団は、所有権保存登記を行うことにより成立し、一個の不動産とみなされます。保存登記の申請には、財団目録および工作物の配置を記載した図面を提出します。

港湾運送事業財団登記簿の表題部の登記事項は、港湾運送を行う場所、主たる営業所、港湾運送事業の種類です（港湾運送事業抵当登記規則4条）。財団目録の様式は、工場財団と同じです。

Q 11-10 道路交通事業財団とは

概要 道路交通事業財団は、1931（昭和6）年に制定された自動車交通事業法にはじまり、それを改正発展させた昭和27年の道路交通事業抵当法によるもので、道路交通事業者が、事業設備を一体として担保化する手法です。

道路交通事業財団を組成できる事業者は、次の5種類に分かれます。

（定義）
道路交通事業抵当法第2条　この法律で「事業単位」とは、道路運送法による一般旅客自動車運送事業、貨物自動車運送事業法による一般貨物自動車運送事業、道路運送法による自動車道事業、自動車ターミナル法による自動車ターミナル事業（かっこ内省略）または貨物利用運送事業法による第二種貨物利用運送事

業に係る業務が独立して運営され、かつ、適当な事業規模を有すると、国土交通大臣が認定したものをいい、「事業者」とは、これらの事業を営む者をいう。

事業形態　一般旅客自動車運送事業は、不特定多数の旅客を自動車で運ぶ事業、簡単にいえば、乗合バス・貸切（観光）バス・タクシーなどです。「一般」とは、「特定」でない、つまり、自校の学生という特定の旅客を運ぶスクールバスのようなものではないことを意味します。

　一般貨物自動車運送事業は、同様に不特定多数の者から預った荷物をトラック等で運ぶ事業です。

　自動車道事業は、自動車道を建設管理して有料で通行させる事業、つまり有料道路事業です。

　自動車ターミナル事業は、バス・ターミナルやトラック・ターミナルなどを運営する事業です。

　第二種貨物利用運送事業は、ちょっと複雑です。利用運送事業とは、物を自分で運ぶのではなく、運送業者を手配して運ぶ事業で、「第二種」とは、荷物を運送する途中で鉄道や船・飛行機に載せ換え、その前後でトラックによる集配を行います。

（財団の組成）

道路交通事業抵当法第4条　事業財団は、左に掲げるもので、同一の事業者に属し、かつ、当該事業単位に関するものをもって組成する。

① 土地および工作物

② 自動車およびその附属品

③ 地上権、賃貸人の承諾があるときは物の賃借権、および第1号に掲げる土地のために存する地役権

④ 機械および器具

⑤ 軽車両、艀（はしけ）、牛馬その他の運搬具

第1節　財団の登記　455

登記　道路交通事業財団は、所有権保存登記を行うことにより成立し、一個の不動産とみなされます。保存登記の申請には、財団目録を提出します。財団目録の様式は、工場財団と同じです。

11-11 観光施設財団とは

概要　観光施設財団は、1968（昭和43）年に制定された観光施設財団抵当法によるもので、観光事業者が、その事業設備を一体として担保化する手法で、各種財団抵当の中で最も新しいものです。

観光施設には多種多様なものがありますが、財団を組成できる観光施設は、法律により限られています。

（定義）

観光施設財団抵当法第2条　この法律で「観光施設」とは、観光旅行者の利用に供される施設のうち、遊園地、動物園、スキー場その他の遊戯、観賞または運動のための施設であって、政令で定めるもの（その施設が、観光旅行者の利用に供される宿泊施設に附帯して設けられている場合にあっては、当該施設および宿泊施設）をいう。

観光施設財団抵当法第二条の観光施設を定める政令
　観光施設財団抵当法第2条の政令で定める施設は、次に掲げるものとする。
① 遊園地
② 動物園
③ 水族館
④ 植物園その他の園地
⑤ 展望施設（索道が設けられているものに限る）
⑥ スキー場（索道が設けられているものに限る）
⑦ アイススケート場（冷凍設備が設けられているものに限る）

---

⑧　水泳場（水質浄化設備が設けられているものに限る）

（注）索道とは、ケーブルやリフトのこと

　宿泊施設は、たとえばスキー場に併設されたホテルのように、観光施設に付帯する場合は、組成物件とすることができます。

組成物件　　観光施設財団の組成物件で特徴的なものは、動物・植物・展示物と温泉利用権です。展示物には、絵画・彫刻・剥製などがあります。温泉利用権は、遊園地・スキー場に併設された宿泊施設などで利用するものです。

（財団の組成）

観光施設財団抵当法第4条　財団は、次に掲げるもので、同一の事業者に属し、かつ、観光施設に属するものの全部または一部をもって組成することができる。

①　土地および工作物

②　機械、器具および備品

③　動物、植物および展示物

④　地上権および賃貸人の承諾あるときは、物の賃借権

⑤　船舶、車両および航空機ならびにこれらの附属品

⑥　温泉を利用する権利

登記　　観光施設財団は、所有権保存登記を行うことにより成立し、一個の不動産とみなされます。保存登記の申請には、財団目録および組成物件の配置を記載した図面を提出します。財団目録の様式は、工場財団と同じです。

第1節　財団の登記　457

第2節 その他の抵当登記

Q 11-12 立木登記とは

A

立木と土地 法律でいう「立木」とは、土地に生育する樹木の集団です。通常の法的扱いでは、樹木は生育する土地につくものとして、土地と一体的に扱います。

しかし樹木は、それが生育する土地とは別に、独立して取引されることがあり、そのために、土地から切り離して、独立のものとする仕組みが必要となります。

樹木の売買では、土地から独立して扱うことを表明し、かつ売却範囲を明示するために、樹木にテープを巻いたり、ペンキを塗るなどの方法（明認方法という）を施す慣行があります。

特別法 地上の樹木を土地から切り離し、その事実を確実かつ安定的に公示するための立法措置がとられ、1909（明治42）年に「立木に関する法律」が制定されました。

樹木の集団は、立木の所有権保存登記（立木登記）をすると、1個の不動産とみなされます。その結果、土地とは別個の不動産となり、立木だけを売買したり、抵当権の目的とすることができます。

立木の担保 立木だけが単独で売買や担保の目的となるのは、その価値が、生育する土地より高い場合があるからです。民法でいう土地の定着物は、建物以外は、土地のおまけのような印象がありますが、山林では立木の価値が大きく、主客が逆転することもあります。

実際には、立木の売買のために立木登記することは少なく、山林を担保に入れる際に、土地より価値が高い立木の価値を顕在化し、担保対象として明確化

するために、立木登記を利用することが多いようです。

立木ニ関スル法律第1条 本法において立木と称するは、一筆の土地または一筆の土地の一部分に生立する樹木の集団にして、その所有者が本法により所有権保存の登記を受けたるものをいう

（第2項省略）

第2条 立木は、これを不動産とみなす

2 立木の所有者は、土地と分離して立木を譲渡し、またはこれをもって抵当権の目的となすことを得

3 土地所有権または地上権の処分の効力は、立木に及ばず

土地登記簿 山林の調査では、地上の立木が別個に立木登記されているかどうかを確認する必要があります。地上に立木登記された立木がある土地は、その表題部に立木登記がある旨を記録します。

立木登記がある土地の表題部

表 題 部 （土地の表示）		調製	平成X3年10月15日	不動産番号	1234567890123
地図番号	(A5) 25	筆界特定	余 白		
所 在	甲郡乙町丙山字向山			余 白	
① 地 番	② 地 目	③ 地 積 m²		原因及びその日付〔登記の日付〕	
37番	山林		16373	余 白	
37番1	余 白		19790	①③年月日不詳一部地目変更 37番1、37番2に分筆 国土調査による成果 〔昭和63年12月5日〕	
余 白	余 白	余 白		管轄転属により登記 平成X3年10月15日	
余 白	余 白	余 白		**立木登記第1号** 〔令和X3年12月27日〕	

立木登記簿 立木登記簿の表題部には、立木が存在する土地の表示（所在・地番・地目・地積）を最初に記載し、次に、立木に関する事項を記載します（次ページ参照）。

立木登記の例

表題部	登記番号		
	1		字向山37—1
	枚数		（示表木立）　部　題　表
	(印)		令和×参年壱弐月弐七日受付 所在　甲郡乙町丙山字向山 地番　参七番壱 地目　山林 地積　壱九七九〇平方メートル 樹種　ひのき 数量　六弐壱本 樹齢　壱四年生 樹種　すぎ 樹齢　壱六年生 弐〇六六本 数量　○・壱壱七立方メートル 数量　○・弐七壱立方メートル 壱六六五本 樹齢　四参年生 調査年度　平成×参年 図面綴込帳第弐冊第参丁
	(印)		
	3		
	4		
	5		
	6		
	7		

甲区	順位番号	事項欄
（所有権）区甲		
	壱	所有権保存 令和×参年壱弐月弐七日受付 第壱五七八八号 所有者　甲郡乙町丙山字山中参壱番地 山　川　太　郎

- 樹種……ひらがなで表示します。
- 数量……材積および本数　材積の単位は、立方メートル（m³）です。
- 樹齢……天然林の場合、樹齢が正確にわからないので、「○○年生以上○○年生以下」とします。植林されたものは樹齢がわかるので、正確な年数を記載します。

　立木登記簿は、コンピュータ化されてなく、従来の紙の登記簿にタテ書きで記載します。

11-13
立木図面とは

立地図面は、立木登記の対象となる立木が存在する範囲を明らかにする図面です。立木図面は、立木に関する表題登記を申請する際に提出します。

立木図面の例

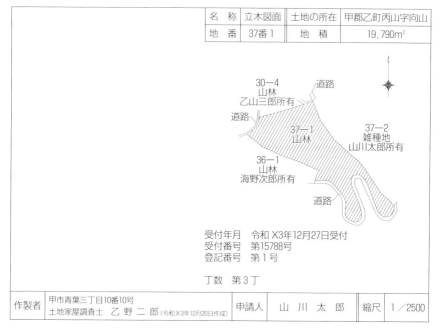

第2節　その他の抵当登記　461

11-14 船舶登記とは

概要 財産価値が大きい船は、抵当権の目的とすることができ、そのための登記制度があります。

船舶登記は、20トン以上の船について、船籍港を管轄する法務局で行います。櫓や櫂により人力で運航するものは登記の対象外であり、また、テレビで見る沖合いのマグロ釣り漁船などは5トンから10トン程度で、20トン以上という船舶の定義に入りません。

20トン未満の1人乗りの漁船などは、船舶登記ではなく、農業用動産抵当登記（⇨Q11-15）の対象となります。

（定義）

船舶登記令第2条 この政令において、次の各号に掲げる用語の意義は、それぞれ当該各号に定めるところによる。（1号のみ記載）

① 船舶　総トン数20トン以上の船舶（端舟その他櫓・櫂のみをもって運転し、または主として櫓・櫂をもって運転する舟を除く）であって、航海の用に供するものをいう。

登記 実際に船舶を航行するには、船舶原簿へ登録して船舶国籍証書の交付を受ける必要があり、その前提として船舶登記が必要です。

船舶登記は、表題登記を行い、次いで所有権保存登記を行います。登記した船舶は、抵当権の対象とすることができます。

（船舶抵当権）

商法第847条 登記した船舶は、抵当権の目的とすることができる。

（第2項、第3項省略）

（船舶の表題部の登記事項）

船舶登記令第11条　船舶の表題部の登記事項は、次のとおりとする。

① 船名

② 船舶の種類（帆船（主として帆をもって運航する装置を有する船舶をいう）または汽船（機械力をもって運航する装置を有する船舶であって、帆船でないものをいう）の別をいう）

③ 船籍港

④ 船質（船舶を構成する材料による分類をいう）

⑤ 総トン数

⑥ 推進機関があるときは、その種類および数

⑦ 推進器があるときは、その種類および数

⑧ 帆船にあっては、帆装（帆の装着の形式をいう）

⑨ 進水の年月

⑩ 日本において船舶を製造した場合を除き、国籍取得の年月日

（一部、かっこ内の記載を省略）

　船舶登記簿は、コンピュータ化されてなく、従来の紙の登記簿にタテ書きで記載します。

船舶登記の例

表題部	表題部（船舶表示）	汽船第五十大漁丸	数枚
	船舶の種類及び名称	汽船第五十大漁丸	㊞
	船籍港	甲県乙市	㊞
	船質	鋼	㊞
	総トン数	六六トン	4
	機関の種類及び数	発動機壱個	5
	推進器の種類及び数	ら旋推進器壱個	6
	進水の年月	令和×壱年壱壱月	7
			8
			9
			10

甲区	甲区（所有権）	汽船第五十大漁丸
	順位番号	壱
	事項欄	所有権保存 令和×壱年壱弐月弐五日受付 第壱七〇号 所有者　乙市北町四丁目五番 壱弐号 株式会社大漁漁業部

Q 11-15 農業用動産抵当登記とは

A 概要　農業用動産と、次のQで説明する建設機械の抵当制度は、各種組成物件の集合体を一個の不動産とみなす財団抵当と違い、ひとつひとつの動産を抵当の対象とします。

農業用動産抵当は、1933（昭和8）年に制定された農業動産信用法により、農漁業従事者が農業・漁業等に用いる動産を担保化する制度です。

ここでいう農業は、日常より広い意味で使われ、耕作・養畜・養蚕、魚・貝などの採捕・養殖および薪炭生産です。

農業動産信用法第1条　本法において農業とは、耕作、養畜または養蚕の業務お
　よびこれに附随する業務をいう。
2　水産動植物（注：魚、貝、藻など）の採捕もしくは養殖、または薪炭生産の
　業務およびこれに附随する業務は、本法の適用に関しては、これを農業とみな
　す。

当事者　　抵当権設定の当事者となれる者は限定されており、抵当権者は、銀
　　　　　　行、農協、漁協、農林中央金庫、農業信用基金協会、漁業信用基金
協会など、また、抵当権設定者は、農業・漁業を営む個人、農協、漁協、農事
組合法人だけです。

対象動産　　一般に、動産には抵当権が設定できませんが、この制度により、
　　　　　　例外的に抵当権の対象とすることができ、適用可能な動産は、農
業動産信用法施行令第1条に定められています。少し長いですが、農業用動産
抵当のイメージをつかむため、以下に記載します。なお、小型の漁船は船舶登
記ではなく、農業用動産抵当登記の対象となります。

農業動産信用法施行令第1条　農業動産信用法の農業用動産の範囲、左の如し。
　（ただし書き省略）
　①　石油発動機（揮発油発動機、灯油発動機、軽油発動機および重油発動機に
　　限る）、電動機、トラクターおよびボイラー
　②　プラウ、ロータリー、ハロー、マニュア・ローダー、堆肥散布機、尿散布
　　機、ブロードキャスター、石灰散布機、しろかき機、耕土均平機、耕土鎮圧
　　機、畝立て機、種蒔き機（施肥を併せ行うものを含む）、移植機（田植機を
　　含む）、カルチヴェーター、スピードスプレヤー、噴霧機、散粉機、土壌消
　　毒機、心土破砕機、抜根機、揚水機および不時栽培用暖房機
　③　稲麦刈取機、脱穀機（脱粒機を含む）、コンバイン、堀取機、甘薯つるき
　　り機、馬鈴薯収穫機、てんさい収穫機、茶摘機および条桑刈取機
　④　穀物乾燥機、精選機、籾摺り機、精米機、藁切り機、製縄機、縄仕上げ機、
　　むしろ織機、野菜洗浄機（水切機および乾燥機を含む）および製茶機械（かっ

第2節　その他の抵当登記　465

こ内省略）

⑤　モーアー、ヘイ・コンディショナー、ヘイ・テッダー、ヘイ・レーキ、ヘイ・ベーラー、ヘイ・プレス、牧草乾燥機、ヘイ・エレヴェーター、飼料切断機、フォーレジ・ハーヴェスター、フォーレジ・ブローアー、サイロ・アンローダー、飼料粉砕機、飼料配合機、飼料貯蔵タンク、給餌機、搾乳機、牛乳冷却機、貯乳タンク、牛乳分離機、バーン・クリーナー、孵卵機、育雛機、集卵機、選卵機、鶏卵洗浄機および鶏ふん乾燥機

⑥　桑刻み機、給桑機、蚕室用温湿度調整機、熟蚕条払機、収繭機および繭毛羽取機

⑦　トレーラー、貨物自動車、スチーム・クリーナーおよび台秤

⑧　牛、馬および種豚

⑨　総トン数20トン未満の漁船（ただし書き省略）

⑩　羊、豚（種豚を除く）、鶏およびあひる

登記　　農業用動産抵当の登記例を次に掲げます。農業用動産登記簿はコンピュータ化されてなく、従来の紙の登記簿にタテ書きで記載します。

農業用動産抵当登記の例

表題部		甲区（所有者表示）	
部題表（示表産動）		**壱**	**表示番号**
		表　示　欄	
令和×壱年五月壱四日受付	所在　甲市南町弐参番地	令和×壱年五月壱四日受付	
種類　揮発油発動機		所有者	
型式　ＡＢＣ壱五型		甲市南町弐参番地	
製作者　株式会社乙山製作所		山川太郎	
製造年月　令和×壱年参月			
記号番号　セ第壱参号			

466　第11章　特殊な抵当登記

11-16 建設機械抵当登記とは

 概要 建設機械抵当は、1954（昭和29）年に制定された建設機械抵当法により、建設業者が建設機械を担保化する制度です。

利用できる者は、建設業法に定める建設業者です。「建設」とは、建物を建てる「建築」と、道路やダムなどをつくる「土木」を総称した言葉です。大型の建設機械は、数千万円から億に至るものがあり、資金調達にあたって建設機械を担保にします。

手続 担保化には、建設機械に特定のための記号を打ち込む打刻や打刻された記号を確認する検認を受けます。これらの手続は、実際は都道府県知事が行います。

打刻・検認を受けた翌日から2週間以内に所有権保存登記をする必要があり、期間を過ぎた場合は登記できません（建設機械登記令9条）。

（打刻）

建設機械抵当法第4条　前条第1項の規定により、建設機械の所有権保存の登記を申請しようとする者は、あらかじめ、当該建設機械につき、国土交通大臣の行う記号の打刻、またはすでに打刻された記号の検認を受けなければならない。

（第2項、第3項省略）

4　第1項に規定する国土交通大臣の権限に属する打刻または検認に関する事務の全部または一部は、政令で定めるところにより、都道府県知事が行うこととすることができる。

5　何人も、第1項の規定により打刻した記号を毀損してはならない。

対象 対象となる建設機械は、建設機械抵当法施行令の別表に定められています。建設機械抵当のイメージをつかむため、少し長いですが、以下に記載します。建築より土木機械が多いことがわかります。

建設機械抵当法施行令別表（表の体裁を変えて、種類と名称のみを掲げる）

1　掘削機械　ショベル系掘削機、連続式バケット掘削機
2　基礎工事用機械　杭打ち機および杭抜き機、グラウト・ポンプ、ペーパー・ドレーン・マシーン、大口径掘削機、アース・オーガー、地下連続壁施工用機械
3　トラクター類　トラクター、ブルドーザー、トラクター・ショベル
4　運搬機械　スクレーパー、機関車、運搬車
5　起重機類　ジブ・クレーン、タワー・クレーン、デリック・クレーン、ケーブル・クレーン、ウィンチ、エレベーター
6　ボーリング機械　ボーリング・マシーン、ドリル・ジャンボ、クローラー・ドリル
7　トンネル機械　竪杭掘進機、トンネル掘進機、シールド掘進機、ずり積み機
8　整地・締め固め機械　モーター・グレーダー、スタビライザー、アグリゲート・スプレッダー、ロード・ローラー、タイヤ・ローラー、振動ローラー
9　砕石・選別機械　フィーダー、クラッシャー、選別機、ウォッシャー
10　コンクリート機械　セメント空気輸送機、コンクリート・プラント、コンクリート・ミキサー、コンクリート・ポンプ、コンクリート・プレーサー、アジテーター・カー
11　舗装機械　アスファルト・フィニッシャー、アスファルト・プラント、アスファルト・クッカー、コンクリート・フィニッシャー、コンクリート・スプレッダー、コンクリート・ペーパー
12　船舶　浚渫船、砕岩船、起重機船、杭打ち船、コンクリート・ミキサー船、サンド・ドレーン船、土運船、作業台船
13　その他　空気圧縮機、サンド・ポンプ、発動発電機

登記例　　次ページに、建設機械抵当の登記例を載せます。登記簿はコンピュータ化されてなく、従来の紙の登記簿にタテ書きで記載します。

468　第11章　特殊な抵当登記

建設機械抵当登記の例

名称	モーターグレーダー	ヘ10エエ0003

表題部

（示表機械設建）部題表		枚数
壱	**表示番号**	印

表示番号	表示欄	枚数
壱	一　令和×弐年九月弐六日受付 名称、型式及び仕様 名称　モーターグレーダー 型式　ＡＢ五五Ｃ 仕様 壱　自重　弐八弐○○ｋｇ 参弐　ブレード無し 　　　ホイールベース 　　　六○○○ｍｍ 四　伝動方式 　　ハイドロスタティックトランスミッション 五　スカリファイヤーの有無 　　無し 一　製造者名、製造年月及び製造番号 製造者名 山川重工業株式会社 製造年月　令和×弐年七月 製造番号 甲○参○さ壱○壱 ＤＥＲ壱○一壱弐六 一　自動車登録番号 一　打刻記号 ヘ壱○エエ○○○参	印 印 4 5 6

（一部省略）

甲区

名称	モーターグレーダー	ヘ10エエ0003

順位番号	事項欄
壱	（甲区（所有権）） 所有権保存 令和×弐年九月弐六日受付 第五号 所有者　甲県乙市東町一丁目 壱七番壱号 株式会社甲山建設

Q 11-17 企業担保権登記とは

A **概要** 　企業担保権は、株式会社の総財産を一体化して担保の目的とする担保権で、社債を担保するために設定されます。昭和33年に制定された企業担保法により創設された制度です。

（企業担保権）
企業担保法第1条　株式会社（以下、「会社」という）の総財産は、その会社の発行する社債を担保するため、一体として、企業担保権の目的とすることができる。
2　企業担保権は、物権とする。

　対象となる企業は、株式会社に限定されます。会社の総財産は、企業活動にともなってつねに変動しますが、変動している状態のままで担保の対象とします。そのため、財団抵当のように目録はつくりません。

　財団として組成できる不動産・機械設備・各種権利などだけでは、会社の持つ全体価値をカバーできません。企業担保権は、製品・商品、原材料などもすべて一体化できる利点があります。

難点　企業担保権は、抵当権・先取特権等に劣後する弱い権利である難点があります。

　第2条第1項には、「他の債権者に先だって」とありますが、第2項で「強制執行または担保権の実行としての競売には適用しない」と後退し、さらに第6条および7条で、会社の財産の上に存する権利や抵当権等が優先すると規定して、企業担保権はほとんど出る幕がありません。そのため実際にあまり利用されていないことは、登記件数に関する統計（⇨Q11-3）からもわかります。

（効力）
企業担保法第2条　企業担保権者は、現に会社に属する総財産につき、他の債権

者に先だって、債権の弁済を受けることができる。

2　前項の規定は、会社の財産に対する強制執行または担保権の実行としての競売の場合には、適用しない。

（他の権利との関係）

第6条　会社の財産の上に存する権利は、企業担保権の登記の後に対抗要件を備えたものでも、企業担保権者に対抗することができる。

第7条　一般の先取特権は、企業担保権に優先する。

2　特別の先取特権、質権または抵当権は、その権利の目的となっている財産につき、企業担保権に優先する。

登記例　企業担保権の権利の得喪および変更は、登記が成立要件です。担保の対象は企業の総体なので、企業担保権を公示する登記は、株式会社登記簿の企業担保権区に記載します。

企業担保権登記の例

企業担保権	順位番号	登　記　事　項	
	1	登記の目的	企業担保権設定
		受付年月日 受付番号	令和X1年2月3日受付 第1234号
		原因	令和X1年2月1日企業担保権付社債信託
		権利者その他の事項	社債の総額　金100億円 社債の利率　年1.7% 企業担保権者　甲市東町一丁目2番3号 　　　　　　　株式会社中央銀行

第2節　その他の抵当登記　471

第12章

仮登記

第1節 仮登記の概要

12-1
仮登記とは

概要 　仮登記は、あとでなされる本登記のために、あらかじめ登記上の順位（⇨Q8-3）を確保しておくための登記です。

　登記するためには、ふたつの条件が必要です。ひとつは、登記する権利変動が実際に起きていること、もうひとつは、登記申請に必要な情報（登記識別情報など）が揃っていることです。これらの条件が満たされていないとき、ひとまず仮登記をして登記上の順位を確保します。不動産の売買を例に説明しましょう。

　不動産売買では、多くの場合、契約時には手付金だけを授受し、物件の引渡しおよび所有権移転登記は、後日の代金決済と同時に行います。そのため、契約締結から代金決済および物件の引渡しまでの間は、買主の地位が不安定です。たとえば、売主Aが買主Bと売買契約を結んだあと、別のCに二重に売却し、Cが先に所有権移転登記をすると、最初の買主Bは不動産を取得できません。なぜなら、権利変動の優劣は登記の先後で決まるからです（⇨Q8-6）。

仮登記の効力　このような事態を防ぐために、仮登記を利用します。例で説明しましょう。

① 　Bの所有権移転の仮登記 ◄─┐
② 　Cの所有権移転登記　　　　├ 順位保全
③ 　Bの仮登記の本登記 ────┘

　契約のときに、Bが所有権移転の仮登記をしておけば、代金決済前にCに所有権移転登記されても、それより早い仮登記にもとづく本登記を行えば、登

記の順位は C に優先して、B は所有権取得を主張できます。

（仮登記に基づく本登記の順位）

第106条　仮登記に基づいて本登記（かっこ内省略）をした場合は、当該本登記の
　　　順位は、当該仮登記の順位による。

農地の売買　　仮登記は、農地の売買のように、一定の条件を満たしたときに
　　　　　　　はじめて有効となる契約にも利用します。農地の売買は、農地
法によって制限され、農業委員会（場合によっては都道府県知事）の許可を受け
なければ所有権移転ができません。

　この場合、許可を受けたときに売買の効力が生ずる条件付の契約を結んで、
停止条件付所有権移転仮登記をします。停止条件とは、ある事柄が起きるまで
は契約の効力を停止させておく条件で、ここでは、農地法の許可がそれにあた
ります。

その他の利用例　　抵当権や根抵当権の設定にあたっても、仮登記を利用する
　　　　　　　　ことがあります（⇨Q12-9）。また、仮登記担保（⇨Q10-
30）という担保手法があります。

注意点　　不動産を取得しても、その不動産に所有権移転仮登記がついている
　　　　　場合は、仮登記が本登記されると対抗できずに所有権を失います。
ですから、所有権移転仮登記がある不動産を取得するのは危険です。仮登記が
ついていることは、第三者にその不動産の取得をためらわせる結果となり、い
わば抑止力の効果を発揮します。

　仮登記は、あくまでも「仮」の登記なので、順位を保全する効力しかなく、
本登記することではじめて完全なものとなります。しかし、仮登記という、い
わば爆弾を抱えているわけで、実際的な影響力は、通常の登記とあまり変わり
ません。「仮」という字に惑わされて、仮登記を軽く考えてはいけません。

第1節　仮登記の概要　475

12-2
仮登記の種類は

種類　仮登記には2種類あり、不動産登記法第105条の第1号と第2号に定められているので、1号仮登記・2号仮登記と呼びます。

（仮登記）
第105条　仮登記は、次に掲げる場合にすることができる。
① 第3条各号に掲げる権利について保存等があった場合において、当該保存等に係る登記の申請をするために、登記所に対し提供しなければならない情報であって、第25条第9号の申請情報と併せて提供しなければならないものとされているもののうち、法務省令で定めるものを提供することができないとき。
② 第3条各号に掲げる権利の設定、移転、変更または消滅に関して請求権（始期付きまたは停止条件付きのものその他将来確定することが見込まれるものを含む）を保全しようとするとき。

仮登記が「仮」であるのは、本登記をするための条件が満たされていない場合に、仮に行うからです。つまり、登記の条件のうち、何かが欠けています。

1号仮登記は、登記申請の手続上の条件が欠けているのに対して、2号仮登記は、権利変動そのものという実体上の条件が欠けています。

	登記すべき権利変動	申請手続上の条件
1号仮登記	すでに生じている	満たされていない
2号仮登記	現在はまだ生じていない（将来生じる可能性がある）	

1号仮登記　登記すべき実体上の権利変動はすでに生じているのに、申請手続上の条件が満たされていない場合に行う仮登記です。

法105条1号の「法務省令で定める情報」とは、「登記識別情報（⇨Q15-4）または第三者の許可、同意もしくは承諾を証する情報」（不動産登記規則178条）です。すでに第三者の許可などは得られているものの、それを証する書類（情報）が作成されていないことです。

なお、1号仮登記として、抵当権設定仮登記がよく見受けられるのは、登録免許税節約のために仮登記にとどめておく、便宜的な使い方と思われます。

2号仮登記　現時点では、登記の実体的要件である権利変動が生じていないものの、将来生じる権利変動の請求権を有する場合に、それを保全するために行うもので、請求権保全の仮登記といいます。

登記すべき権利変動が、一定の条件が実現したときにはじめて発生する場合に、条件が実現するまでの権利保全を図ります。請求権には、始期付または停止条件付のものを含みます。

1号仮登記の「登記の目的」欄が、たんに「所有権移転」の仮登記であるのに対して、2号仮登記では、「所有権移転請求権」、「条件付所有権移転」のように、「所有権移転」に対して、いわば形容詞がつくのは、まだ所有権移転そのものが起きていないことを示します。

不動産の売買で、契約時には手付金を払うだけで、あとで代金決済・引渡しを行う場合は、契約時に権利保全のために所有権移転仮登記をすることがあります。この仮登記は、2号仮登記に該当します。

その他の例としては、金を貸すにあたり、返済されないときは不動産の所有権を移転する取り決めをするケースがあります。これは、金銭債務の債務不履行を停止条件とする所有権移転請求権の仮登記です。また、農地法の許可を条件として売買契約をする場合も、2号仮登記を利用します。

登記の仕方　仮登記を登記簿に記録するには、いずれ本登記がなされることを予定して、仮登記の次に本登記を記入するスペースを確保しておき、「余白」とします。あとで本登記するときは、この空いているところに行いますが、本登記は仮登記と同じ順位番号なので、順位番号の欄を線で区切りません。

第1節　仮登記の概要　477

登記名義人の肩書は、まだ所有者ではないので、権利者とします。

1号仮登記

順位番号	登記の目的	受付年月日・受付番号	権利者その他の事項
1	所有権移転	令和X1年5月10日 第11256号	原因　令和X1年5月10日売買 所有者　甲市東町一丁目2番3号 　　　　山　川　太　郎
2	所有権移転仮登記	令和X3年9月25日 第12345号	原因　令和X3年9月25日売買 権利者　乙市北町二丁目3番4号 　　　　海　野　次　郎
	余白	余白	余白

2号仮登記

順位番号	登記の目的	受付年月日・受付番号	権利者その他の事項
1	所有権移転	令和X1年5月10日 第11256号	原因　令和X1年1月10日売買 所有者　甲市東町一丁目2番3号 　　　　山　川　太　郎
2	条件付所有権移転仮登記	令和X3年9月25日 第12345号	原因　令和X3年9月25日売買（条件　農地法第3条の許可） 権利者　乙市北町二丁目3番4号 　　　　海　野　次　郎
	余白	余白	余白

12-3 仮登記の申請方法は

2つの方法　仮登記の申請は、通常の登記申請より簡略化されており、ふたつの方法があります。

① 原則通り、共同で申請する。

ただし、登記識別情報の提供は必要ありません（法107条2項）。

② 仮登記申請に関する登記義務者の承諾がある場合は、登記権利者が単独で申請できる（法107条1項）

この場合、義務者による仮登記申請の承諾に関する情報（一般に、仮登記承諾書などという）を提供します。

> （仮登記の申請方法）
> 第107条　仮登記は、仮登記の登記義務者の承諾があるとき、および次条に規定する仮登記を命ずる処分があるときは、第60条の規定（注：共同申請）にかかわらず、当該仮登記の登記権利者が単独で申請することができる。
> 2　仮登記の登記権利者および登記義務者が共同して仮登記を申請する場合については、第22条本文の規定（注：登記識別情報の提供）は、適用しない。

注意点　②のケースには、落とし穴があります。義務者は、登記申請にあたり、仮登記承諾書を作成して実印で押印し、印鑑証明書を添付しますが、この場合の印鑑証明書は、作成後3か月以内のものでなくてもかまいません（理由の詳細は省きます）。ですから権利者は、古い日付の印鑑証明書によって、いつでも申請できます。

登録免許税　仮登記の登録免許税（⇒Q15-12）は、所有権移転・賃借権設定等の仮登記は本登記の税率の2分の1、抵当権設定仮登記は不動産1個につき1,000円と、本登記に比べて割安です。

Q 12-4 仮登記を本登記するには

第三者の承諾　仮登記の本登記申請に必要な情報は、基本的に、通常の本登記と同じです。ただし、所有権に関する仮登記の本登記では、登記上の利害関係を持つ第三者がいるとき（たとえば、所有権移転登記のあとの抵当権設定登記）は、その者の承諾が必要です。次ページに承諾書の例をあげます。

（仮登記に基づく本登記）

第109条　所有権に関する仮登記に基づく本登記は、登記上の利害関係を有する
　　第三者（かっこ内省略）がある場合には、当該第三者の承諾があるときに限り、
　　申請することができる。

2　登記官は、前項の規定による申請に基づいて登記をするときは、職権で、同
　　項の第三者の権利に関する登記を抹消しなければならない。

図表12−1　本登記承諾書の例

承　諾　書

令和 X2年10月 1 日

海 野 次 郎 殿

丙市北町四丁目 5 番 6 号

乙 山 三 郎

　私は、令和 X2年 8 月17日売買契約により下記不動産につき所有権を取
得し、令和 X2年 8 月17日受付第12568号で、その所有権移転の登記を受け
ていますが、今般、貴殿が同一不動産上に有する令和 X2年 5 月25日受付
第6345号の所有権移転の仮登記に基づく本登記をすることについて、異議
なくこれを承諾します。

　　不動産の表示　（省略）

判決による登記　利害関係を持つ第三者の典型例は、仮登記のあとに所有権
移転登記を受けた者ですが、自分の権利がなくなってしま
うので、本登記を承諾することはあまり考えられません。この場合は、「所有

権移転の本登記を承諾せよ」という裁判を起こし、確定判決を得て承諾に代えることができます。

　仮登記の本登記にあたり、裁判によるケースがもうひとつあります。それは、所有者が本登記に協力しない場合です。この場合は、裁判所に本登記請求の裁判を起こし、確定判決を得て、仮登記権利者が単独で本登記申請を行うことができます（⇨Q2-5）。

登記例　　　仮登記を本登記すると、仮登記に後れる所有権移転登記や抵当権設定登記は、本登記と両立しないので、職権で抹消されます。本登記の前後の状況は、以下のとおりです。

本登記前の状況（甲区）

順位番号	登 記 の 目 的	受付年月日・受付番号	権 利 者 そ の 他 の 事 項
1	所有権移転	令和X1年5月10日 第11256号	原因　令和X1年5月10日売買 所有者　甲市東町一丁目2番3号 　山　川　太　郎
2	所有権移転請求権仮登記	令和X2年5月25日 第6345号	原因　令和X2年5月25日売買予約 権利者　乙市南町二丁目3番4号 　海　野　次　郎
	余白	余白	余白
3	所有権移転	令和X2年8月17日 第12568号	原因　令和X2年8月17日売買 所有者　丙市北町四丁目5番6号 　乙　山　三　郎

（乙区）

順位番号	登 記 の 目 的	受付年月日・受付番号	権 利 者 そ の 他 の 事 項
1	抵当権設定	令和X2年8月17日 第12569号	原因　令和X2年8月17日金銭消費貸借 　　　同日設定 債権額　金3,500万円 利息　年2·575% 損害金　年14% 債務者　丙市北町四丁目5番6号 　乙　山　三　郎 抵当権者　丙市南町二丁目3番4号 　東　西　銀　行　株　式　会　社 共同担保　目録(る)第234号

第1節　仮登記の概要　481

本登記後の状況（甲区）

順位番号	登記の目的	受付年月日・受付番号	権利者その他の事項
1	所有権移転	令和X1年5月10日 第11256号	原因　令和X1年5月10日売買 所有者　甲市東町一丁目2番3号 　　山　川　太　郎
2	所有権移転請求権仮登記	令和X2年5月25日 第6345号	原因　令和X2年5月25日売買予約 権利者　乙市南町二丁目3番4号 　　海　野　次　郎
	所有権移転	令和X2年10月7日 第18688号	原因　令和X2年10月7日売買 所有者　乙市南町二丁目3番4号 　　海　野　次　郎
3	所有権移転	令和X2年8月17日 第12568号	原因　令和X2年8月17日売買 所有者　丙市北町四丁目5番6号 　　乙　山　三　郎
4	3番所有権抹消	余白	2番仮登記の本登記により令和X2年10月7日登記

（乙区）

順位番号	登記の目的	受付年月日・受付番号	権利者その他の事項
1	抵当権設定	令和X2年8月17日 第12569号	原因　令和X2年8月17日金銭消費貸借 　同日設定 債権額　金3,500万円 利息　年2・575% 損害金　年14% 債務者　丙市北町四丁目5番6号 　　乙　山　三　郎 抵当権者　丙市南町二丁目3番4号 　　東　西　銀　行　株　式　会　社 共同担保　目録(る)第234号
2	1番抵当権抹消	余白	甲区2番仮登記の本登記により令和X2年10月7日登記

原因の違い　　上記登記例で、仮登記の原因日付は、「令和X2年5月25日売買予約」、本登記の原因日付は、「令和X2年10月7日売買」と、ふたつは異なります。これは2号仮登記だからで、売買予約時点で仮登記をして、後日、予約完結権を行使して売買が成立し、その時点ではじめて権利変動が生じたからです。

　1号仮登記は、仮登記の原因日付が、「令和X2年5月25日売買」であれば、本登記の原因日付も同じです。仮登記の時点で権利変動はすでに生じており、登記手続き上の条件が満たされていないため、仮登記をしたからです。

Q 12-5 仮登記の抹消は

A　売買契約締結時に所有権移転仮登記をし、そのあとに売買契約を解除したときは、仮登記を抹消します。抹消登記は、本登記で行います。
　仮登記を本登記するために確保しておいたスペースは、その欄自体をなくすのではなく、「余白抹消」と記録して、その欄が抹消されたことを示します。

仮登記の抹消

順位番号	登記の目的	受付年月日・受付番号	権利者その他の事項
1	所有権移転	令和X1年9月25日 第12345号	原因　令和X1年9月25日売買 所有者　甲市東町一丁目2番3号 　　　山　川　太　郎
2	所有権移転請求権仮登記	令和X2年10月10日 第16543号	原因　令和X2年10月10日売買予約 権利者　乙市北町二丁目3番4号 　　　海　野　次　郎
	余白抹消	余白抹消	余白抹消
3	2番仮登記抹消	令和X3年8月10日 第9965号	原因　令和X3年8月8日解除

Q 12-6 古い仮登記が残っているときは

A　**残存仮登記**　ときどき古い仮登記が残ったままの登記簿を見かけます。その時点でなんらかの契約を結んで仮登記したものの、そのままずっと中途半端になっているものです。中には、仮登記の抹消を忘れてしまったものもあるかもしれません。
　仮登記が本登記になれば、あとから所有権を取得した者の地位は覆されてしまうので、仮登記が残っている限りは、いつまでも不安定な状態に置かれます（⇨Q12−1）。このような事態を打開するためには、仮登記を抹消するしかないのですが、その手続は、実際はなかなか面倒です。

困難な抹消　理論的には、仮登記権利者から抹消の承諾書と印鑑証明書を入手して、抹消登記を申請できます。しかし、仮登記権利者（個人・会社）が、現在も登記された住所に住んでいる（所在する）とは限らないし、その生死（存続）すらはっきりしないこともあり、書類の入手は簡単ではありません。

　現実的対応としては、長期間放置されたままの仮登記があるときは、早めに手を引くことが賢明でしょう。

第2節 仮登記の使われ方

Q 12-7 売買における仮登記の使われ方は

設例

売買における仮登記の使われ方を、契約締結から代金決済・引渡しまでの登記の推移で見てみましょう。まず、契約の骨子を掲げます。

- 売　　　　主……山田一夫
- 買　　　　主……木村太郎
- 売 買 物 件……中古住宅
- 代　　　　金……4,500万円（手付金450万円）
- 契　　約　日……令和X1年5月6日
- 代金決済日……令和X1年10月31日
- 特　　　　約……売買代金完済のときに所有権が移動する

これを登記簿（次ページ以下）で追ってみましょう。

契約時　次ページは、契約がなされた令和X1年5月6日時点の甲区の状況です。順位2番で、所有者山田一夫が前所有者小林二郎から買ったことを示します。

次に、順位3番の所有権移転請求権仮登記の欄を見ると、この欄は前のふたつとは様子が違います。記載された左側に空白のスペースがあり、それを区切る線が順位番号の欄の上まで突き抜けていません。通常の登記は欄の上まで線が伸びて、はっきり区切られますが、ここでは一応区切られてはいるけれど、上まで突き抜けていません。なぜなら、仮登記はいずれ本登記されることを予定したものなので、本登記のためのスペースを空けておくからです。

契約時（甲区）

順位番号	登 記 の 目 的	受付年月日・受付番号	権 利 者 そ の 他 の 事 項
1	所有権移転	昭和43年10月29日 第57733号	原因　昭和43年10月28日売買 所有者　甲市城山一丁目12番3号 　　　　小　林　二　郎
2	所有権移転	昭和54年12月26日 第68397号	原因　昭和54年12月26日売買 所有者　甲市扇橋二丁目28番3号 　　　　山　田　一　夫
3	条件付所有権移転仮登記	令和X1年5月6日 第67654号	原因　令和X1年5月6日売買（条件 　売買代金完済） 権利者　甲市松並三丁目6番2号 　　　　木　村　太　郎
	余 白	余 白	余 白

　仮登記がなされた令和X1年5月6日は、契約が行われた日です。買主の木村太郎は売主の山田一夫に手付金を支払い、その代わりに所有権移転の仮登記をしました。

代金決済時　　さて、これが、代金決済と引渡しが行われた令和X1年10月31日にはどう変わるでしょうか。それを示したのが次ページの登記例です。

　仮登記の空白部分に、令和X1年10月31日受付の所有権移転登記が記入されています。この日に代金決済と引渡しがなされ、仮登記を本登記にしました。

　次に、売買による乙区の動きを確認しましょう。代金決済が行われたあとの乙区（次ページ参照）には、売主、買主および抵当権者の間で金銭をやり取りした経過が表れています。

　順位1番の登記を見てください。売主の山田一夫は、千代田銀行から借入れをし、そのための抵当権設定登記がなされていました。これに対して2番に、令和X1年10月31日受付の1番抵当権抹消登記があります。この日、買主の木村太郎は残金4,050万円を支払い、山田一夫は残金を受け取ると同時に全額返済して、抵当権をはずしました。同時に、山田一夫から木村太郎に売買物件の引渡しがなされ、所有権移転登記に必要な書類が渡されます。今度は、買主の木村太郎に残代金の一部3,500万円を融資した新宿銀行が、新たに抵当権を設

定しました。

　これらの登記が連続していることが、各登記の受付番号が95484号（抵当権抹消）、95485号（所有権移転）および95486号（抵当権設定）と続いていることからわかります。

代金決済終了後（甲区）

順位番号	登記の目的	受付年月日・受付番号	権利者その他の事項
1	所有権移転	昭和43年10月29日 第57733号	原因　昭和43年10月28日売買 所有者　甲市城山一丁目12番3号 　　小　林　二　郎
2	所有権移転	昭和54年12月26日 第68397号	原因　昭和54年12月26日売買 所有者　甲市扇橋二丁目28番3号 　　山　田　一　夫
3	条件付所有権移転仮登記	令和X1年5月6日 第67654号	原因　令和X1年5月6日売買（条件 　売買代金完済） 権利者　甲市松並三丁目6番2号 　　木　村　太　郎
	所有権移転	令和X1年10月31日 第95485号	原因　令和X1年10月31日売買 所有者　甲市松並三丁目6番2号 　　木　村　太　郎

代金決済終了後（乙区）

順位番号	登記の目的	受付年月日・受付番号	権利者その他の事項
<u>1</u>	抵当権設定	平成X3年12月28日 第68398号	原因　平成X3年12月28日金銭消費貸借 　同日設定 債権額　金3,500万円 利息　年2・5% 損害金　年14% 債務者　甲市扇橋二丁目18番3号 　　山　田　一　夫 抵当権者　甲市中町二丁目5番8号 　　株　式　会　社　千　代　田　銀　行 共同担保　目録(せ)第8282号
2	1番抵当権抹消	令和X1年10月31日 第95484号	原因　令和X1年10月31日弁済
3	抵当権設定	令和X1年10月31日 第95486号	原因　令和X1年10月31日金銭消費貸借 　同日設定 債権額　金3,500万円 利息　年2・5% 損害金　年14% 債務者　甲市松並三丁目6番2号 　　木　村　太　郎 抵当権者　甲市三番町三丁目8番6号 　　株　式　会　社　新　宿　銀　行 共同担保　目録(あ)第287号

Q 12-8 賃借権仮登記の使われ方は

特徴 以前ほど多くありませんが、債務不履行を条件とする停止条件付賃借権設定仮登記を見かけることがあります。

この登記は、抵当権設定登記と併用されることが多く、場合によっては、同時に代物弁済予約を原因とする所有権移転仮登記がなされます。賃料が安く、かつ、通常の賃貸借契約では禁止されることが多い、賃借権の譲渡・転貸が認められていることも、この賃借権仮登記の特徴です。

性格 このような賃借権仮登記は、本当に不動産を借りて利用するのではなく、多くは担保目的のものです。貸金が返済されない場合に、物件を借り受けた形で占有し、貸金回収を有利に図るための手段として使うもので、いわゆる濫用的短期賃貸借（詐害的短期賃貸借ともいう）にあたる場合がほとんどです。

短期賃貸借制度が2004（平成16）年4月に廃止されてからは、このような賃借権仮登記は見られなくなりました。

このような本来的ではない賃借権仮登記があり、その権利者が不審な場合には、所有者の信用状態を検討してみる必要があります。

賃借権仮登記

順位番号	登記の目的	受付年月日・受付番号	権利者その他の事項
1	条件付賃借権設定仮登記	平成X1年9月25日 第12345号	原因　平成X1年9月25日設定（条件　平成X1年9月25日金銭消費貸借の債務不履行） 賃料　1月5,000円 支払時期　毎月末日 存続期間　3年 特約　譲渡、転貸ができる 権利者　甲市東町一丁目2番3号 　　　　山　川　太　郎
	余白	余白	余白

Q 12-9 抵当権・根抵当権の仮登記は

A 登録免許税 本来は抵当権・根抵当権の本登記すべきものを、登録免許税を節約するために、仮登記で済ませることがあります。抵当権設定登記の登録免許税は、債権額の1,000分の4で、債権額が1億円とすると40万円と、決して安くありません。これを仮登記にすると、不動産1個につき1,000円で済みます。

教科書的に分類すれば、申請書類が揃わない場合の1号仮登記に該当しますが、「揃わない」より、「揃えようとしない」というほうが正しいでしょう。

登記件数の統計（⇨Q1-17）で、所有権に関する仮登記より、それ以外の仮登記の件数が多いのは、このような事情を反映しているのかもしれません。

貸金業者 実際よく目にするのは、貸金業者を権利者とする根抵当権設定仮登記です。登録免許税が1,000円で済むことと、設定者の承諾書と印鑑証明書さえあれば（登記識別情報・権利証がなくても）、権利者が単独で申請できる仮登記の特性を利用するものです（⇨Q12-3）。

また、競売の売却代金からの配当を受けられる利息および損害金は、抵当権は最後の2年分だけですが、根抵当権は、極度額の範囲内であればいくらでも構わないことも、根抵当権が利用される一因です。

根抵当権仮登記

順位番号	登 記 の 目 的	受付年月日・受付番号	権 利 者 そ の 他 の 事 項
1	根抵当権設定仮登記	平成X1年9月25日 第12347号	原因　平成X1年9月25日設定 極度額　金500万円 債権の範囲　金銭消費貸借取引 債務者　甲市青葉一丁目2番3号 　　　山　川　太　郎 権利者　丙市西町三丁目4番5号 　　　乙　山　商　事　株　式　会　社
	余白	余白	余白

Q 12-10 なぜ仮登記は簡単にできるのか

A 心理的要因 前のQで貸金業者の根抵当権設定仮登記を取り上げましたが、なぜ仮登記は簡単にできるのでしょうか。「簡単に」と書いたのは、手続的に簡単というよりも、心理的に簡単という意味です。

その理由は、貸金業者の根抵当権設定仮登記は単独申請（⇨Q12−3）のケースが多いのですが、単独申請で行う仮登記について設定者（お金を借りた者）が用意する書類は、仮登記承諾書と印鑑証明書であり、登記識別情報（権利証）は必要ないことです。

設定者は、融資を受ける書類にハンコを押すときに、よくわからないまま仮登記承諾書にもハンコを押し、本人の自覚がないまま仮登記が行われることがあります。

仮登記の承諾書は、通常、A4判1枚の何の変哲もない書面で、ハンコを押すことにあまり抵抗を感じません。印鑑証明書の提出には抵抗がありますが、契約書に実印を押し、その確認のために必要だからといわれれば、そういうものかと思うでしょう。こうして、仮登記申請に必要な書類が揃います。

通常の登記申請の場合は、印鑑証明書は作成後3か月以内であることが必要ですが、この場合の印鑑証明書には期限の制限がないことも、仮登記を容易にする一因でしょう。

仮登記は、仮登記権利者が、いつでも必要なタイミングで登記申請を行うことができます。たとえば、貸金業者からお金を借りている者が返済を滞らせたときに、貸金業者が単独で根抵当権の設定仮登記を行うことがあります。

第 **13** 章

倒産処理手続に
関する登記

第1節 倒産処理手続の基本事項

Q 13-1 倒産処理手続の概要は

A **法制度** 破産、民事再生、会社更生などの法的諸手続は、経済的に破綻した会社および個人を対象に行われ、それらを総称して倒産処理手続といいます。

通常の登記は、所有権移転・抵当権設定など、法的行為を直接表す用語によるので、その登記のイメージをつかむことができます。しかし、倒産処理手続に関する登記は、手続上の専門用語によるため抽象度が高く、わかりづらいものです。ですから、登記の説明だけでは足りず、その背景の説明が必要です。

倒産処理手続に関する登記を理解するために、まず、倒産処理手続の概要を説明しましょう。

倒産処理手続に関係する法律は、2000年頃から大きく変貌を遂げ、民事再生法などの新法の施行、会社更生法の改正などが行われています。

2000（平成12）年4月　民事再生法施行
2001（平成13）年4月　改正民事再生法施行（個人再生手続の導入）
　　　　　同　　　　　外国倒産処理手続の承認援助に関する法律施行
2003（平成15）年4月　改正会社更生法施行
2005（平成17）年1月　新破産法施行
2006（平成18）年5月　新会社法施行（会社整理手続の廃止、特別清算手続の改正）

区分 倒産処理手続は、倒産処理に関する法律に従い裁判所の関与のもとで行う法的整理と、裁判所の関与なしに関係当事者の協議により行う私的整理に区分されます。

実際の件数では、法的整理が圧倒的多数を占めます。

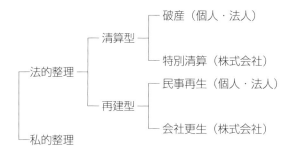

法的整理　法的整理は、裁判所が関与し、法的強制力を持ちながら手続を進めます。裁判所の保全命令により、勝手に債務の弁済や財産の売却ができなくなり、財産の散逸を防ぐことができます。法的強制力を持つ反面、法律をゆるがせにできないので、硬直的な性格を持ち、また、手続の厳密さを求めるために、時間がかかるきらいがあります。

私的整理　それに対して私的整理（任意整理）は、債権者と債務者の協議により処理を行うため、実情に即した柔軟な解決策を模索でき、比較的短期間での解決が可能です。

その反面、整理屋という言葉があるように、不適切な処理が行われたり、必ずしも債権者の平等が守られないなどの難点があります。

清算と再建　法的手続の選択は、清算するのか、再建するのかにより異なります。清算型は、所有財産を売却し、換価代金を債務の弁済にあて、会社を清算・消滅させます。再建型は、会社の事業を継続して利益をあげ、債務を弁済しながら再建をめざします。そのため、事業継続に必要な不動産は、売却換価せずに使用し続ける点が、清算型との大きな違いです。

各種倒産処理手続の内容は、優に一冊の本になるものですが、本書は、あくまでも不動産登記に関する事柄のみ説明を行います。

13-2
倒産処理手続の利用状況は

倒産処理手続の説明に入る前に、各手続の実際の利用状況を見てみましょう。

図表13-1　倒産処理手続事件の新規受付件数

年	破産 法人	破産 個人	破産 総計	民事再生 通常再生	民事再生 個人再生	民事再生 総計	会社更生	特別清算
2015	7,452	64,081	71,533	158	8,477	8,635	42	286
2016	6,968	64,872	71,840	151	9,602	9,753	1	292
2017	7,020	68,995	76,015	140	11,284	11,424	10	335
2018	6,744	73,268	80,012	114	13,211	13,325	4	312
2019	6,910	73,292	80,202	145	13,594	13,739	1	304
2020	6,266	71,839	78,105	109	12,841	12,950	3	338
2021	5,045	68,412	73,457	110	11,249	11,359	3	302
2022	5,620	64,982	70,602	92	9,764	9,856	6	281

(出所)　最高裁判所ホームページ

破産は件数がもっとも多く、内訳を見ると、個人の破産手続が多数を占めます。民事再生も、個人の再生手続が多数を占めます。会社更生の件数が少ないのは、適用対象が株式会社に限られ、上場企業のような大会社が利用するためです。特別清算は、適用対象が清算中の株式会社に限られるので、件数はあまり多くありません。

13-3
倒産処理手続に関する登記は

本書の方針　破産、民事再生、会社更生、特別清算の各倒産処理手続に関する登記は、おおむね同じであり、ひとつわかれば他の手続も理解できます。本書では、主に破産手続について説明し、他の

手続は概要を示すにとどめます。

商業登記簿　　倒産処理手続に関する登記は、会社登記簿が主役で、不動産登記簿は脇役にすぎないことを、まず理解する必要があります。

破産、民事再生、会社更生、特別清算のいずれの場合も、手続が開始されると、その旨を会社登記簿に記録します。下に、破産手続開始の記録がある会社登記簿の例をあげます。

手続開始の登記　　倒産処理手続開始の登記には、差押の効力が生じる競売手続開始のように、第三者との対抗関係を決する機能はありません。たんに会社が倒産処理手続を開始し、経営権が、従来の代表者から破産管財人や更生管財人に代わった（民事再生を除く）ことを、警告的に公示するにすぎません。

会社登記簿に、代表者の行為制限や管財人等の選任の記録があるので、個々の不動産に手続開始の登記をする実益は、あまりありません。また、大規模な更生会社の場合、所有不動産が多数に及び、登記手続の負担軽減という実務的要請もあります。

手続きに関する事実の公示は会社登記簿で足りるとし、個々の不動産に直接に影響を及ぼす登記のみを、不動産登記簿に記載します。

ただし、会社登記簿による公示ができない個人の破産手続については、不動産登記簿により公示します。

破産手続開始（個人の場合のみ）

順位番号	登 記 の 目 的	受付年月日・受付番号	権 利 者 そ の 他 の 事 項
2	破産手続開始	令和X1年10月14日 第13456号	原因　令和X1年10月12日午後1時甲地 方裁判所破産手続開始決定

破産手続開始の登記がある会社登記簿（注：記載を一部省略してある）

商　　号	山川建設株式会社
本　　店	甲市南町一丁目2番3号
公告をする方法	（省略）
会社成立の年月日	平成X3年5月12日

第1節　倒産処理手続の基本事項　495

目　的	1．建築工事業 2．土木工事業 3．宅地建物取引業 4．損害保険代理業 5．上記各号に附帯する一切の業務
発行可能株式総数	24万株
発行済株式の総数 並びに種類及び数	発行済株式の総数 　9万株
株券を発行する旨 の定め	当会社の株式については、株券を発行する
資本金の額	金4,500万円
株式の譲渡制限に 関する想定	当会社の株式を譲渡するには、取締役会の承認を受けなければならない。

役員に関する事項	取締役　山　川　太　郎	令和X1年5月30日重任
		令和X1年6月4日登記
	取締役　海　野　次　郎	令和X1年5月30日重任
		令和X1年6月4日登記
	取締役　山　川　花　子	令和X1年5月30日重任
		令和X1年6月4日登記
	甲市東町二丁目3番4号 代表取締役　山　川　太　郎	令和X1年5月30日重任
		令和X1年6月4日登記
	監査役　丙　山　三　郎	令和X1年5月30日重任
		令和X1年6月4日登記
	甲市北町一丁目6番22号弁護士法人甲山法律事務所 破産管財人　甲　山　乙　郎	
		令和X2年4月17日登記

取締役会設置会社 に関する事項	取締役会設置会社
監査役設置会社に 関する事項	監査役設置会社
破産	令和X2年4月15日午後1時甲地方裁判所の破産手続開始 令和X2年4月17日登記

Q 13-4
手続開始決定前の保全措置は

A **必要性** 債務者の状況は、手続申立時にはかなり悪化しており、債権者の抜け駆け的な債権回収や、債務者の財産隠しなどが行われる可能性があります。

　手続開始決定後は、破産管財人（破産）・監督委員（民事再生）・更生管財人（会社更生）等の選任により、このような事態を防げますが、手続申立から開始決定に至るまでの間は、債務者等の財産を保全する措置が別途必要になります。とくに再建型手続では、事業を継続するために必要な不動産がなくなることは致命的なので、保全措置が重要です。

具体的措置 保全措置の内容は手続により異なりますが、一般債権者に対しては、すでに開始されている強制執行手続等の個別的中止命令、および強制執行をすべて禁止する包括的禁止命令、担保権者に対しては担保権実行中止命令、債務者に対しては弁済禁止の仮処分などがあります。

　不動産に関連深いのは、債務者の財産を保全するための処分禁止の仮処分命令です。また、再生・更生会社の役員等に対する損害賠償請求を予定して行う、役員の財産に対する保全処分があります。

　保全処分というと、民事保全法による仮差押・仮処分が頭に浮かびますが、これは特定の債権者が個別に申し立てるのに対し、倒産処理手続開始前の保全処分は、債権者全体の利益のためなので、利害関係者の申立てがなくても、裁判所が職権で行うことができます。

実務の取扱い 再建型の民事再生や会社更生手続では、実務上、手続申立以前から裁判所と協議を重ね、申立受理の見通しが立った段階で、申立日を決めます。保全措置が遅れると財産の流出を招くおそれがあるので、申立てを受けて、すぐに保全処分命令を出せるように準備します。

第1節　倒産処理手続の基本事項　497

Q 13-5 保全処分とは

A 種類　手続開始前の財産減少を防止するために、裁判所は、保全処分を行います。保全処分には、次の3つがあります。保全処分の登記は、裁判所書記官の嘱託により行います。

① 債務者財産に対する保全処分

債務者の財産の流出を防ぎます。

② 否認のための保全処分

否認権（⇨Q13-6）の対象となる財産を保全します。

③ 役員の財産に対する保全処分

倒産会社の役員に対し、経営破綻の責任を追及する準備として、役員の財産を保全します。基本的には手続開始決定後に行いますが、必要な場合は、手続開始前でも行うことができます。

手続開始前の保全処分（破産）

順位番号	登記の目的	受付年月日・受付番号	権利者その他の事項
2	保全処分	令和X1年9月26日 第12345号	原因　令和X1年9月25日甲地方裁判所破産財団保全の仮処分命令 禁止事項　譲渡、質権、抵当権、賃借権の設定その他一切の処分

原因　破産手続に関する上記登記例の「原因」は「破産財団保全の仮処分命令」ですが、民事再生のときは「再生債務者財産保全の仮処分命令」、会社更生のときは「開始前会社財産保全の仮処分命令」と記録されます。

抹消　手続開始により、破産管財人等による管理が始まり、暫定的に行った保全処分は役割を終えるので、その登記は抹消されるのが本来です。しかし実務上は、その時点では抹消されず、手続が終結して終結登記を行うときに、抹消登記を一緒に嘱託することが多いようです。

手続申立が取り下げられたり棄却されて、手続開始に至らなかった場合は、手続開始を前提に行った保全処分の登記を抹消します。

保全処分の抹消

順位番号	登 記 の 目 的	受付年月日・受付番号	権 利 者 そ の 他 の 事 項
2	保全処分	令和X1年9月26日 第12345号	原因　令和X1年9月25日甲地方裁判所破産財団保全の仮処分命令 禁止事項　譲渡、質権、抵当権、賃借権の設定その他一切の処分
3	2番保全処分抹消	令和X1年10月14日 第13456号	原因　令和X1年10月12日破産手続開始申立取下（棄却）

また、手続が開始されたあと、手続開始決定の取消、手続廃止、権利放棄、手続終結などにより、保全処分の登記は抹消されます。

保全処分の抹消

順位番号	登 記 の 目 的	受付年月日・受付番号	権 利 者 そ の 他 の 事 項
2	保全処分	令和X1年9月26日 第12345号	原因　令和X1年9月25日甲地方裁判所破産財団保全の仮処分命令 禁止事項　譲渡、質権、抵当権、賃借権の設定その他一切の処分
3	2番保全処分抹消	令和X1年11月25日 第14123号	原因　令和X1年11月22日破産手続廃止

破産手続に関する上記登記例の「原因」は「破産手続廃止」ですが、民事再生のときは「再生手続廃止」、会社更生のときは「更生手続廃止」です。

Q 13-6 否認権とは

A　否認権

　債務者は、経済状態が悪化したとき、いずれ破綻することを見越して、不動産の所有権を関係者に移して財産を守ろうとしたり、一部の債権者だけに弁済を行ったりすることがあります。このような行為は、債権者全体に対して、多額かつ公平な弁済を行うことを妨げます。

　否認権は、このような妨害行為を認めない（否認する）権利です。管財人等が否認権を行使して、流失した財産を取り戻します。

　手続開始前の保全処分は、財産の減少を予防するものですが、否認権の行使は、他人の手に渡ってしまった財産を取り戻すためのものです。

第1節　倒産処理手続の基本事項　499

相手方　　　否認権行使の相手方は、通常は、債務者から所有権移転登記を受けた者です。しかし当人が、さらに別の者に所有権を移転した場合は、その者（転得者という）を相手方とします。不動産に抵当権を設定した場合は、抵当権者を相手方とします。

種類　　　否認に関する登記は、2種類あります。「登記の原因である行為の否認」とは、妨害行為となる売買や抵当権設定などの権利変動自体を否認することで、いわば本来の否認のあり方です。登記の目的は、「○番所有権移転登記原因の破産法による否認」とします。

登記の原因である行為の否認

順位番号	登記の目的	受付年月日・受付番号	権利者その他の事項
1	所有権移転	平成X1年1月10日 第1234号	原因　平成X1年1月10日売買 所有者　乙市中央二丁目3番4号 　　　　丙　山　一　夫
2	所有権移転	令和X1年9月25日 第12345号	原因　令和X1年9月25日売買 所有者　甲市青葉一丁目2番3号 　　　　山　川　太　郎
3	2番所有権移転登記原因の破産法による否認	令和X1年12月10日 第14567号	原因　令和X1年12月8日判決（決定）

　それに対して「登記の否認」は、権利変動にともない対抗要件具備のために行われる登記を、原因行為とは別途に、否認の対象とするものです。具体的には、登記の原因行為から15日が経過した後、かつ支払停止または破産手続開始の申立を知ったうえで行った登記が対象となります。登記の目的は、「○番所有権移転登記の破産法による否認」とします。

登記の否認

順位番号	登記の目的	受付年月日・受付番号	権利者その他の事項
1	所有権移転	平成X1年1月10日 第1234号	原因　平成X1年1月10日売買 所有者　乙市中央二丁目3番4号 　　　　丙　山　一　夫
2	所有権移転	令和X1年9月25日 第12345号	原因　令和X1年9月25日売買 所有者　甲市青葉一丁目2番3号 　　　　山　川　太　郎
3	2番所有権移転登記の破産法による否認	令和X1年12月10日 第14567号	原因　令和X1年12月8日判決（決定）

破産手続に関する上記登記例の「登記の目的」は「破産法による否認」ですが、民事再生のときは「民事再生法による否認」、会社更生のときは「会社更生法による否認」です。

Q 13-7 担保権消滅請求制度とは

機能 担保権消滅請求制度は、それぞれの倒産処理手続によって異なる機能を果たします。清算型手続は、財産売却の換価代金による清算が目的なので、担保権消滅請求は、売却の阻害要因となる担保権を消滅させる機能を果たします。それに対して再建型手続では、事業の中核をなす財産が売却されることを防いだり、事業譲渡にあたっての障害を排除する機能を果たします。

破産手続 担保権を持つ債権者は、倒産処理手続に関係なく、担保権を行使して優先的に弁済を受けることができます。このような権利を、別除権（別のものとして除く）といいます。破産手続の担保権消滅請求は、売却を促進するためのものですが、Q13-10で詳しく説明します。

民事再生手続 担保権を持つ債権者は、別除権として手続に関係なく、担保権を行使して優先的に弁済を受けることができます。

事業継続に不可欠の財産が、担保権実行により売却されてしまうと、会社再建が困難となります。このような事態を防止するために、担保権消滅請求を行います（民事再生法148条1項）。

会社更生手続 担保権を持つ債権者も、一般債権者と同じく手続の中に取り込まれ、担保権の実行による債権回収が制限されます。よって、通常の場合は、担保権消滅請求を認める必要はありません。

しかし、「更生会社の事業の更正のために必要である」とき、たとえば不採算部門の事業譲渡や不要資産の売却を行う際に、付着する担保権が障害となる場合に利用します（会社更生法104条1項）。

特別清算手続	担保権を持つ債権者は、別除権として手続に関係なく担保権を行使でき、消滅請求を認める余地はありません。

第2節 破産手続に関する登記

Q 13-8
破産手続の概要は

A **概要** 破産手続は、債務者が全財産を提供しても債務の弁済ができないときに、すべての債権者が公平な弁済を受けられるように、裁判所の監督のもとで、破産管財人が債務者の財産を管理し、それを換価して配当を行う法的手続です。

破産管財人は、手続の公平性を確保するために選任され、破産者の持つ債権の回収、流出した財産の取り戻し、破産者の財産の管理および換価、売却代金による弁済等を行います。

破産手続では、担保権を持たない一般債権者は、個別に強制執行等による回収はできず、債権者平等の原則に則り、債権額の按分による配当を受けます。一方、担保権を持つ債権者は、別除権者（別のものとして除く）として、担保権を実行して債権回収を行うことができます。

開始 破産手続は、債務者または債権者の申立てで始まり、裁判所が破産手続開始決定をすると、債務者（破産者）のすべての財産は、破産財団（破産者の所有する財産の集団）を構成します。破産手続開始の登記は、不動産が破産財団に属したことを示し、同時に債務者自身による処分を制限するために行います。

破産手続開始決定には、破産に関係する行為と手続開始の先後優劣をはっきりさせるために、年月日に加えて時刻を記載します。

破産手続開始決定とともに破産管財人が選任されて、破産財団の管理・処分権は破産管財人に移り、債務者はみずから財産を売却したり、債権者に弁済することができなくなります。

2005（平成17）年1月の新破産法施行により、破産者が会社の場合は、所有不動産に破産手続開始の登記をしなくなりました。その理由は、会社登記簿に破産開始の登記がされるので、それにより破産の事実を知ることができるからです。

Q 13-9 破産手続の終了事由は

概要　申し立てられたすべての破産手続が、本来の進行過程を経て終了するわけではありません。手続を申し立てても門前払いとなったり、手続の途中で挫折することもあります。

　手続開始要件を満たさないとき、申立ては棄却されます。また、申立てが法律に適合しないときは、却下されます。さらに、手続を申し立てた当事者が、申立てを取り下げることもあります。

　教科書的には、申立て→手続開始→終結という原則的進行が関心の対象となりますが、実務で登記を読む立場からすれば、むしろ途中で挫折してしまったケースこそ注意し、慎重に対応しなければなりません。

　ここでは原則的進行以外のケースを含めて、破産手続の終了事由を説明します。前に説明したとおり、不動産への登記は個人所有の不動産に限ります。

開始決定の取消　破産手続開始決定に対して、利害関係人は、手続開始要件を満たさないことなどを理由に、即時抗告できます。その結果、開始決定が取り消され、それが確定すると手続は終了します。

破産手続開始決定の取消

順位番号	登記の目的	受付年月日・受付番号	権利者その他の事項
2	破産手続開始	令和X1年10月15日 第13456号	原因　令和X1年10月14日午後1時甲地方裁判所破産手続開始決定
3	破産手続開始決定取消	令和X1年10月25日 第14567号	原因　令和X1年10月23日破産手続開始決定取消

手続の廃止　破産手続の廃止は、手続を進めても配当できる見込みがないときに、手続を終了させることです。廃止には、同時廃止と異時廃止があります。

　同時廃止は、手続開始時点で、債権者への配当が困難なことがわかっている場合に、手続開始と同時に廃止決定を行うものです。

　一方、異時廃止は、手続を進めていくうちに、債権者への配当が困難なことがわかった場合に、その時点で手続を廃止するものです。手続開始決定と異なる時点で廃止するので、異時廃止といいます。

破産手続の廃止（異時廃止）

順位番号	登 記 の 目 的	受付年月日・受付番号	権 利 者 そ の 他 の 事 項
2	破産手続開始	令和X1年10月15日 第13456号	原因　令和X1年10月14日午後1時甲地 方裁判所破産手続開始決定
3	破産手続廃止	令和X2年2月12日 第3456号	原因　令和X2年2月9日破産手続廃止

破産財団除外　不動産が破産財団に属さないこととなった場合、その不動産は破産手続からはずれます。それにともない、破産財団除外を登記原因として、手続開始登記を抹消します。

破産財団除外

順位番号	登 記 の 目 的	受付年月日・受付番号	権 利 者 そ の 他 の 事 項
2	破産手続開始	令和X1年10月15日 第13456号	原因　令和X1年10月14日午後1時甲地 方裁判所破産手続開始決定
3	2番破産手続開始登記 抹消	令和X2年2月12日 第3456号	原因　令和X2年2月9日破産財団除外

権利放棄　山奥の山林のように、売却が見込めなかったり、換価しても担保権者への弁済や一般債権者への配当が十分に望めない場合、破産管財人は権利放棄することができます。

　また、固定資産税が多額だったり、工事途中で放置され維持コストが大きい場合などにも、権利放棄を行います。

権利放棄

順位番号	登記の目的	受付年月日・受付番号	権利者その他の事項
<u>2</u>	破産手続開始	令和X1年10月15日 第13456号	原因　令和X1年10月14日午後1時甲地 方裁判所破産手続開始決定
3	2番破産手続開始登記 抹消	令和X2年2月12日 第3456号	原因　令和X2年2月9日権利放棄

手続の失効　　すでに開始していた破産手続が、あとから開始した民事再生・会社更生手続により中止され、民事再生・会社更生計画の認可決定がなされると、破産手続は失効します。

破産手続の失効

順位番号	登記の目的	受付年月日・受付番号	権利者その他の事項
<u>2</u>	破産手続開始	令和X1年10月15日 第13456号	原因　令和X1年10月14日午後1時甲地 方裁判所破産手続開始決定
3	2番破産手続開始登記 抹消	令和X2年7月10日 第9897号	原因　令和X2年7月8日再生計画認可

任意売却　　破産手続の換価は、競売による方法もありますが、実際の多くは、任意売却です。破産財団に属する不動産が任意売却されたとき、所有権移転登記に続いて、破産手続開始の登記を抹消します。

　任意売却は、あくまでも任意の処分で、それ自体は破産手続と関係ありません。ですから、任意売却による所有権移転登記がなされたからといって、破産手続開始の登記が、自動的に抹消されるわけではありません。破産管財人が、手続開始登記の抹消を裁判所に申し立て、それを受けて裁判所からの嘱託により抹消登記を行います。

任意売却

順位番号	登記の目的	受付年月日・受付番号	権利者その他の事項
<u>2</u>	破産手続開始	令和X1年10月15日 第13456号	原因　令和X1年10月14日午後1時甲地 方裁判所破産手続開始決定
3	所有権移転	令和X2年2月12日 第3456号	原因　令和X2年2月12日売買 所有者　乙市東二丁目3番4号 　　　　海　野　次　郎
4	2番破産手続開始登記 抹消	令和X2年2月20日 第3567号	原因　令和X2年2月12日売却

手続の終結　破産手続は、すべての財産を換価して、売却代金の配当を終えることで終結します。

　破産とは、債務者の全財産をもってしても債務の弁済ができないときにとられる手続ですから、債務の弁済を済ませてさらに不動産が残ることは、破産の趣旨と矛盾します。ですから、よくよく考えてみると、手続終結の登記ができる不動産が残っていることは、奇妙です。

　ただし、なんらかの事情で思わぬ高値で不動産が売れた場合などは、配当のあとでも不動産が残る可能性があります。このような場合に、破産手続終結の登記をします。

破産手続の終結

順位番号	登 記 の 目 的	受付年月日・受付番号	権 利 者 そ の 他 の 事 項
2	破産手続開始	令和X1年10月15日 第13456号	原因　令和X1年10月14日午後1時甲地方裁判所破産手続開始決定
3	破産手続終結	令和X2年5月8日 第5678号	原因　令和X2年5月6日破産手続終結

13-10
破産手続における担保権消滅請求は

売却の実情　破産手続における担保権消滅請求の意味を理解するには、破産財団に属する不動産処分の実情を知る必要があります。

　破産法による不動産の処分は、競売による売却と任意売却の2通りがありますが、実際の多くは任意売却です。

　売却にあたって、付着する抵当権の抹消が不可欠ですが、競売による売却では、抵当権は強制的に抹消されます（⇨Q8-59）。一方、任意売却の場合は、あくまでも破産管財人と抵当権者の交渉により抵当権を抹消します。

　この場合、売却代金から満額の回収ができる先順位抵当権者は、すすんでハンコを押すでしょうが、回収が十分できない、または全くできない後順位抵当

第2節　破産手続に関する登記　507

権者は、なかなか抹消に応じてくれません。

制度の機能　　　この事態を打開するための制度が、担保権消滅請求制度です。
破産管財人は、売却代金の破産財団への組み入れ額を示して、
裁判所へ担保権消滅許可を申し立てます（破産法186条１項）。このように破産
手続における担保権消滅請求は、売却を促進する機能を果たします。

　消滅請求に異議のある担保権者には、みずから担保権実行を申し立てるか、
当担保権者または他の者による買受けを申し出るという対抗策があります。

破産手続での担保権消滅

順位番号	登 記 の 目 的	受付年月日・受付番号	権 利 者 そ の 他 の 事 項
<u>1</u>	抵当権設定	平成 X1年 1 月 8 日 第987号	原因　平成 X1年 1 月 8 日金銭消費貸借 　　　同日設定 債権額　金7,500万円 利息　年2·575% 損害金　年14% 債務者　甲市青葉一丁目 2 番 3 号 　　　山 川 太 郎 抵当権者　丙市南町二丁目 3 番 4 号 　　　東 西 商 事 株 式 会 社 共同担保　目録(る)第234号
2	1 番抵当権抹消	令和 X2年 2 月15日 第2345号	原因　令和 X2年 2 月12日破産法による 　　　担保権消滅

第3節 民事再生・会社更生・特別清算手続

Q 13-11 民事再生手続とは

A 概要

民事再生法は、主に中小企業や個人事業者向けの再建手続として、従来の和議法を廃止し、新たに制定されたものです。会社更生手続が大企業を対象とするのに対し、民事再生手続は、適用対象に限定はなく、会社、各種法人（医療法人など）、個人など幅広い利用が可能です。

破産や会社更生手続では、財産の管理・処分および事業の運営権限が、債務者から管財人に移りますが、民事再生手続では、債務者が従来通り権限を持ちながら再建を図ります。

民事再生手続の概要

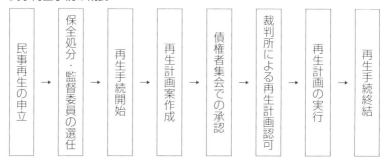

民事再生の申立 → 保全処分・監督委員の選任 → 再生手続開始 → 再生計画案作成 → 債権者集会での承認 → 裁判所による再生計画認可 → 再生計画の実行 → 再生手続終結

手続開始後、債務者は、監督委員の監督を受けながら再生計画を作成し、自助努力により会社再建をめざします。再生計画は債権者集会で承認され、裁判所の計画認可決定により効力を生じ、再生および債務弁済が始まります。

なお、再生手続の開始により中止されていた破産手続は、再生計画の認可決定により効力を失い、破産手続開始の登記は抹消されます（⇨Q13-9）。

保全処分　手続申立から開始決定までの間の財産流出を防ぐために、通常、裁判所は、申立受理と同時に保全処分を行い、監督委員を選任します。

再生債務者の財産に対する保全処分

順位番号	登記の目的	受付年月日・受付番号	権利者その他の事項
2	保全処分	令和X1年9月26日 第12345号	原因　令和X1年9月25日甲地方裁判所再生債務者財産保全の仮処分命令 禁止事項　譲渡、質権、抵当権、賃借権の設定その他一切の処分

　再生計画作成の見込みがない場合などには、再生手続の申立ては棄却されます。再生手続申立が取り下げられたり棄却されて、手続開始に至らなかった場合、手続開始を前提に行った保全処分の登記は抹消されます。

保全処分抹消（申立ての取下・棄却）

順位番号	登記の目的	受付年月日・受付番号	権利者その他の事項
<u>2</u>	<u>保全処分</u>	<u>令和X1年9月26日</u> <u>第12345号</u>	<u>原因　令和X1年9月25日甲地方裁判所再生債務者財産保全の仮処分命令</u> <u>禁止事項　譲渡、質権、抵当権、賃借権の設定その他一切の処分</u>
3	2番保全処分抹消	令和X1年10月20日 第13456号	原因　令和X1年10月18日再生手続開始取下（棄却）

Q 13-12
会社更生手続とは

A　概要　会社更生手続は、大規模会社を対象とする再建型の手続です。更生手続の申立てと同時に保全処分がなされ、裁判所は保全管理人を選任します。会社財産の管理・処分や経営権限は保全管理人に移り、保全管理人は、事業を継続しながら再建可能性の調査を行います。

開始前会社の財産に対する保全処分

順位番号	登記の目的	受付年月日・受付番号	権利者その他の事項
2	保全処分	令和X1年9月26日 第12345号	原因　令和X1年9月25日甲地方裁判所開始前会社財産保全の仮処分命令 禁止事項　譲渡、質権、抵当権、賃借権の設定その他一切の処分

会社更生手続の概要

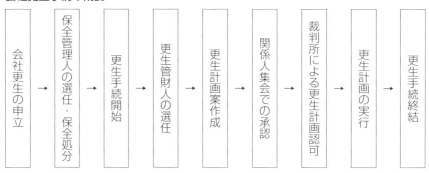

会社更生の申立 → 保全管理人の選任・保全処分 → 更生手続開始 → 更生管財人の選任 → 更生計画案作成 → 関係人集会での承認 → 裁判所による更生計画認可 → 更生計画の実行 → 更生手続終結

　裁判所は、保全管理人の調査を参考にして、更生手続開始の可否を判断しますが、会社の事業規模が大きいため再建可能性の検討は簡単ではなく、手続申立から開始決定が出るまで時間がかかります。

　更生手続は、他の手続と違い、一般債権者のほかに担保権者や租税債権者、株主等すべての利害関係人を手続に取り込み（そのため債権者集会ではなく、関係人集会という）、一挙に解決を図る強力な手続です。

　更生手続開始決定と同時に更生管財人が選任され、更生計画を作成します。更生計画案は、関係人集会で承認され、裁判所の更生計画認可の決定により効力を生じ、会社再建が始まります。

清算手続　会社再建が困難な場合は、清算型の法的手続を別途改めて申し立てることなく、更生手続の中で清算を行います。その場合は、清算を前提とした更生計画を作成します。また、認可された更生計画の実現が困難な場合は、更生計画の変更を行います。更生計画が遂行された場合、裁判所は更生手続終結の決定を行い、手続は終了します。

13-13 特別清算手続とは

概要 特別清算手続は、すでに清算手続に入っている株式会社について、裁判所の監督下で行う手続で、株式会社にのみ認められる手続です。

会社の法人格は、解散により自動的に消滅するわけではなく、清算手続結了により消滅します。清算とは、会社を解散したあと、業務を終了し、債権の回収、財産の換価、債務の弁済等を行い、残った財産を株主に分配することです。通常は、清算人が選任され、裁判所の関与なしに任意に清算を行います。

しかし特別清算は、裁判所の監督下で清算手続を行うもので、清算の遂行に支障をきたす特別な事情がある場合や、債務超過のために債権者の保護が必要な場合等に行われます。

特別清算の申立ては清算人等が行い、必要に応じて開始決定前に財産の保全処分を行います。

保全処分

順位番号	登記の目的	受付年月日・受付番号	権利者その他の事項
2	保全処分	令和X1年9月26日 第12345号	原因　令和X1年9月25日甲地方裁判所会社特別清算の保全処分 禁止事項　譲渡、質権、抵当権、賃借権の設定その他一切の処分

特別清算手続の概要

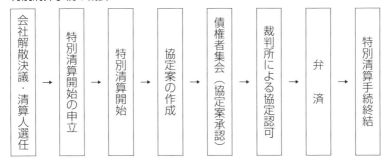

会社解散決議・清算人選任 → 特別清算開始の申立 → 特別清算開始 → 協定案の作成 → 債権者集会（協定案承認） → 裁判所による協定認可 → 弁済 → 特別清算手続終結

手続きの開始要件を満たすときは、清算株式会社に対して、特別清算開始決定がなされます。手続開始決定により、清算人は特別清算人となり、弁済方法を定めた協定案を作成し、債権者集会で承認します。破産手続での配当は、債権額による按分ですが、特別清算では、実情に即した協定にもとづき換価や配当を行う柔軟な対応が可能です。

　債権者集会で承認された協定案は、裁判所の認可により効力を生じます。清算株式会社は協定内容を実行し、清算業務が終了したとき、裁判所は特別清算手続終結の決定をし、特別清算手続は終了します。

第14章

鉱害賠償登録・
夫婦財産契約の
登記

第1節 鉱害賠償登録

Q 14-1 鉱害賠償登録とは

A **概要** 鉱業事業者は、鉱害に対して損害賠償責任を負います。鉱害とは、鉱物の採掘により生ずる害で、有毒な水やガスの排出および地盤沈下などです。鉱害による損害額を算定することはなかなか困難なため、損害賠償額をあらかじめ取り決めておき、それを支払うことで解決を図ります。賠償額の取り決めを登録することを、鉱害賠償登録といいます。

（損害賠償の予定）
鉱業法第114条
　（第1項省略）
　2　土地または建物に関する損害について予定された賠償額の支払は、賠償の目的となる損害の原因および内容、ならびに賠償の範囲および金額について、政令で定めるところにより、登録をしたときは、その後その土地または建物について権利を取得した者に対しても、その効力を生ずる。

登録 鉱害賠償登録は、法務局に備えつけられている鉱害賠償登録簿に行います。登録は、登録簿に登録申請書そのものを綴じ込んで行い、不動産登記のように、登記簿を新たに起こして登記をしません。

（登録簿および登録用紙）
鉱害賠償登録令第6条　登記所に鉱害賠償登録簿（以下、「登録簿」という）を備える。
　2　登録簿は、登録の申請書を綴って調製し、綴った申請書を登録用紙とする。

申請書の記載事項は次のとおりで、申請書の例を次ページにあげます。

（登録の申請）

鉱害賠償登録令第15条　登録を申請するには、申請書およびその副本その他法務
　省令で定める書類を提出しなければならない。

2　申請書には、次に掲げる事項を記載し、申請人が記名押印しなければならな
　い。

① 予定された賠償額の支払に係る不動産に関する権利の表示

② 鉱業権または租鉱権の表示

③ 申請人の氏名または名称および住所

④ 代理人によって申請するときは、その氏名または名称および住所ならびに
　代理人が法人であるときは、その代表者の氏名

⑤ 登録原因およびその日付

⑥ 登録の目的

⑦ 登記所の表示

⑧ 申請の年月日

不動産登記への措置　　鉱害賠償登録の有無は、不動産取引にあたり影響を与えるので、登記簿に記録して公示します。登録と同時に、該当する不動産登記簿の甲区に、登録が行われたことを記録します。

鉱害賠償登録のある土地登記簿の甲区

順位番号	登 記 の 目 的	受付年月日・受付番号	権 利 者 そ の 他 の 事 項
1	所有権移転	昭和30年3月10日 第1256号	原因　昭和30年3月10日売買 所有者　甲市西町二丁目1番4号 　　　　乙山産業株式会社
2	所有権の鉱害賠償支払登録	余 白	登録第267号 昭和45年9月22日登記

第1節　鉱害賠償登録　517

図表14−1　鉱害賠償登録申請書の例

鉱害賠償登録申請書

登録番号	267

不動産の表示	後記の通り
権利の表示	所有権
鉱業権租鉱権の表示	甲通商産業局乙県採掘権登録第壱弐参号
登録の目的	支払の登録
登録原因及びその日附	昭和四拾五年八月五日予定賠償額の支払
損害の原因	鉱業法第百九条に記載された一切の原因
損害の内容	土地の陥没浸水その他その土地内の工作物の被害等鉱業稼業に係る一切の損害
賠償の範囲	既往の損害及び将来発生を予想される一切の損害
賠償の金額	金九百八拾万円也

鉱業権者又は租鉱権者	甲市中央四丁目五番六号　山川鉱業株式会社　甲市東町参丁目四番五号　代表取締役　山川　太郎
申請人代理人の表示　代理人	甲市南町壱丁目弐番参号　海野次郎
申請人代理人の表示　登記名義人	甲市南町壱丁目壱番四号　乙山産業株式会社　甲市北町壱丁目壱番地　代表取締役　丙野三郎
申請人代理人の表示　代理人	甲市西町弐丁目弐番四号　海野次郎
登録税額	金九千八百円也
添附書類	申請書副本　壱通　印鑑証明書　壱通　登記簿謄本　弐通　鉱業原簿謄本　壱通　委任状　壱通
申請年月日	昭和四五年九月弐弐日
登記所の表示	甲法務局

昭和四五年九月弐弐日　受付第壱参九五号　登記官吏印 ㊞

（不動産目録省略）

第2節 夫婦財産契約の登記

Q 14-2
夫婦財産契約登記とは

A 概要 夫婦財産契約は、結婚する際に、夫婦の間で財産の帰属に関して結ぶ契約です。夫婦財産契約を定める民法の条文は、次のとおりです。

（夫婦の財産関係）
民法第755条　夫婦が、婚姻の届出前に、その財産について別段の契約をしなかったときは、その財産関係は、次款に定めるところによる。

（夫婦財産契約の対抗要件）
第756条　夫婦が法定財産制と異なる契約をしたときは、婚姻の届出までにその登記をしなければ、これを、夫婦の承継人および第三者に対抗することができない。

まず、民法第755条が「次款に定める」とする法定財産制による夫婦の財産関係を見てみましょう。

結婚前から各自が持っていた財産や結婚後に相続などで取得した財産は、それぞれが所有します。その一方で、結婚後に夫婦が共同で取得した財産は、共有となります。通常、夫婦の財産関係は、この法定財産制によります。

法定財産制とは異なって、結婚前の所有財産および結婚後の取得財産の所有関係を、契約により決めることができます。そのための契約が夫婦財産契約で、契約にもとづき行う登記を、夫婦財産契約登記といいます。

利用状況　夫婦財産契約の登記件数は440ページのとおりで、実際はほとんど利用されていません。夫婦財産契約制度自体が知られていないこと、契約は婚姻届出前に締結し登記しなければならないこと（民法756条）、いったん契約した財産関係は変更できないこと（民法758条1項）も敬遠される理由でしょう。バラ色ムードの結婚前に、契約という法的な固苦しいことを行うことに抵抗があるのも一因でしょう。

登記例　登記は、戸籍筆頭者となる者の住所地を管轄する法務局に行います。登記事項は、不動産登記のように法律で定式化されてなく、申請者の自由に任せます。そのため登記内容は、本来の夫婦財産契約の趣旨からはずれて、たんに法定財産制を確認するだけのものだったり、法的有効性に疑問のある内容も見受けられます。

図表14-2　夫婦財産契約登記の例

登記番号	契約者ノ氏名住所	第　壱　号
	甲市西町参拾四番地 山川太郎 甲市西町参拾四番地 海野洋子	夫婦財産契約 （一）妻となる者の左記特有財産は、婚姻後もその使用収益及び管理は妻がする。 甲市南町五拾番地 家屋番号　五拾番 木造瓦葺二階建居宅 　一階　八五・六四平方メートル 　二階　三四・五六平方メートル （二）妻の左記特有財産は婚姻後も妻において使用、管理及び収益をなす権利を有する 一・洋服タンス木製二重ネ　　　　　　壱点 一・ベビータンス木製　　　　　　　　壱点 一・洋茶タンス木製　　　　　　　　　壱点 一・電蓄木製六球マチック付　　　　　壱点 一・スピーカーボックス木製二スピーカー付　壱点 一・テレビ受像機一四吋乙山電機製　　壱点 一・和室用テーブル木製デコラ板張　　壱点 一・和用一面鏡々台　　　　　　　　　壱点 右昭和参拾五年拾月弐拾五日登記

第 15 章

登記の申請

第1節　登記申請に関する書類

15-1
登記の申請方法は

概要　従来、登記の申請は、申請書（書面）を作成して、管轄法務局に出向いて行うものとされていました（出頭主義という）。

それが2005（平成17）年3月に施行された改正不動産登記法のもとでは、書面申請の他にオンライン申請が認められ、かつ書面申請の出頭主義が廃止され、郵送による申請も可能になりました。

提供情報　申請にあたり登記すべき権利変動の確認のために、登記原因証明情報を提供し、登記申請を司法書士等に頼むときは、代理権限証書（委任状）を提出します。

売買による所有権移転登記を例にすると、登記義務者（⇨Q2-3）である売主は、本当に本人が申請していることを立証するために、登記識別情報（権利証）と印鑑証明書を提供します。一方、登記権利者（⇨Q2-3）である買主は、たんに住所・氏名が確認できればよいので、住所を証明する書類（個人の場合は住民票、法人の場合は資格証明書）を提供します。

15-2
登記原因証明情報とは

概要　登記の前提として、登記すべき権利変動の原因となる法律行為が存在しなければならず、登記申請にあたって、それを証明するために、登記原因証明情報を提供します。

登記原因証明情報を作成する者は、原則として登記義務者ですが、登記権利

者と連名で作成しても差し支えありません。

　なお、表示に関する登記では、登記原因情報の提供は必要ありません。

（登記原因証明情報の提供）
第61条　権利に関する登記を申請する場合には、申請人は、法令に別段の定めが
　　ある場合を除き、その申請情報とあわせて、登記原因を証する情報を提供しな
　　ければならない。

　次ページに、登記原因証明情報の例をあげます。

図表15-1　登記原因証明情報の例

登記原因証明情報

1　登記申請情報の要項
　　　　登記の目的　　所有権移転
　　　　原　　　因　　令和X1年8月31日売買
　　　　権　利　者　　甲：甲市南二丁目3番4号
　　　　　　　　　　　　　　山　川　太　郎
　　　　義　務　者　　乙：甲市山手一丁目13番1号
　　　　　　　　　　　　　　海　野　次　郎
　　　　不動産の表示
　　　　　⑴　所　　　在　　甲市東町
　　　　　　　地　　　番　　52番1
　　　　　　　地　　　目　　宅地
　　　　　　　地　　　積　　235.67㎡
　　　　　⑵　所　　　在　　甲市東町52番地1
　　　　　　　家屋番号　　　52番1
　　　　　　　種　　　類　　居宅
　　　　　　　構　　　造　　木造亜鉛メッキ鋼板ぶき2階建
　　　　　　　床面積　　　　1階　100.00㎡
　　　　　　　　　　　　　　2階　 50.00㎡

2　登記原因となる事実または法律行為
　　⑴　買主甲、売主乙間において令和X1年5月10日、上記不動産について
　　　売買契約が成立した。
　　⑵　前記売買契約において、甲が乙に対し売買代金を完済したときに、上
　　　記不動産の所有権が、乙から甲に移転する旨の特約がある。
　　⑶　甲は、乙に対し、上記不動産の売買代金を、令和X1年8月31日に支
　　　払った。
　　⑷　よって、令和X1年8月31日上記不動産の所有権は、甲に移転した。

　　上記登記原因のとおり相違ありません。

　　令和X1年8月31日　甲法務局　御中

　　　　乙：売主　　住　　　所　　甲市山手一丁目13番1号
　　　　　　　　　　氏　　　名　　　海　野　次　郎　　　　㊞

15-3 代理権限証書とは

 概要 代理権限証書は、登記申請を代理人に頼むときに、代理人が申請人を代理する権限を持っていることを証明する書類です。司法書士・土地家屋調査士あてに出す委任状が、これにあたります。

図表15-2 代理権限証書の例

委 任 状

甲市中央一丁目2番3号
司法書士　青　葉　一　郎

　私は、上記の者を代理人と定め、下記の登記の申請に関する一切の権限を委任します。

1．令和X1年8月31日付登記原因証明情報記載のとおりの所有権移転登記

2．登記識別情報受領の件

3．登記識別情報の暗号化に関する件

4．復代理人選任、原本還付、取下げの件

5．登記識別情報通知書受領に関し復代理人を選任する件

　　令和X1年8月31日

　　　　住　　所　　甲市南二丁目3番4号
　　　　氏　　名　　山　川　太　郎　　　　　㊞

第1節　登記申請に関する書類　525

Q 15-4 登記識別情報とは

概要 登記識別情報は、2005（平成17）年3月に施行された改正不動産登記法により登記済証に代わるものとして導入されたもので、それに伴い登記済証の交付は廃止されました（⇨Q15−9）。

登記識別情報とは、登記申請手続に関する法務局の審査において、申請人が真の登記名義人（登記義務者）であることを識別（判定）するための情報です（法2条14号）。この登記識別情報は、登記完了後、新たに登記名義人となった者に対して、法務局が通知します。

通知の方法は、「登記識別情報通知」という書面を交付する方法と、オンラインでデータとして受け取る方法がありますが、ほとんど前者の方法で交付を受けます。

登記識別情報は、12桁の英数字の組合せからなる符号です（例：123−A45−BCD−67E）。

（登記識別情報の通知）
第21条 登記官は、その登記をすることによって申請人自らが登記名義人となる場合において、当該登記を完了したときは、法務省令で定めるところにより、速やかに、当該申請人に対し、当該登記に係る登記識別情報を通知しなければならない。ただし、当該申請人があらかじめ登記識別情報の通知を希望しない旨の申出をした場合その他の法務省令で定める場合は、この限りでない。

通知 すべての登記に対して登記識別情報が通知されるわけではなく、「その登記をすることによって、申請人自らが所有権や抵当権などの登記名義人になる」登記です。ですから、表示に関する登記（合筆（⇨Q4−21）を除く）では通知されません。

登記識別情報は、所有権移転や抵当権設定などの登記の際、不動産ごと、登記名義人ごとに通知されます。つまり、マイホーム（土地・建物）を夫婦で取

得した場合は、夫と妻それぞれに、また土地・建物それぞれについて通知されますので、合計4つの登記識別情報通知が交付されます。

　将来、自分が登記義務者（⇨Q2−3）となる登記申請にあたり、間違いなく本人であることを証明するために、登記識別情報を提供します。

　次ページに、登記識別情報通知書の例を挙げます（原本をコピーしたときの「COPY」の字が浮き出たもの）。通知書の下に登記識別情報が記載されていますが、実際はその登記識別情報部分に被覆処理が施されています。この被覆処理は、簡単にあけられるようになっています。

（登記識別情報の提供）

第22条　登記権利者および登記義務者が共同して権利に関する登記の申請をする場合、その他登記名義人が政令で定める登記の申請をする場合には、申請人は、その申請情報とあわせて、登記義務者（かっこ内省略）の登記識別情報を提供しなければならない。ただし、前条ただし書の規定により登記識別情報が通知されなかった場合その他の、申請人が登記識別情報を提供することができないことにつき正当な理由がある場合は、この限りでない。

　ただし、次の場合は、登記識別情報の提供の必要はありません。

- 表示に関する登記（土地の合筆（⇨Q4−21）、建物の合併（⇨Q5−8）を除く）
- 嘱託登記（⇨Q2−6）
- 単独申請の登記（相続登記、登記名義人の表示変更など）
- 判決による登記（⇨Q2−5）
- 仮登記（⇨Q12−1）

保管　登記識別情報の提供が必要となるまでは、登記識別情報を他人に知られないように、被覆処理をあけないようにします。

　登記識別情報は、被覆処理をあけない限りわかりません。識別情報通知を受けた段階では、本人もわからないし、わかる必要もありません。登記識別情報は、将来の登記申請のときだけに使うものであり、それまでは知る必要もないからです。

第1節　登記申請に関する書類　527

図表15-3 登記識別情報通知書の例

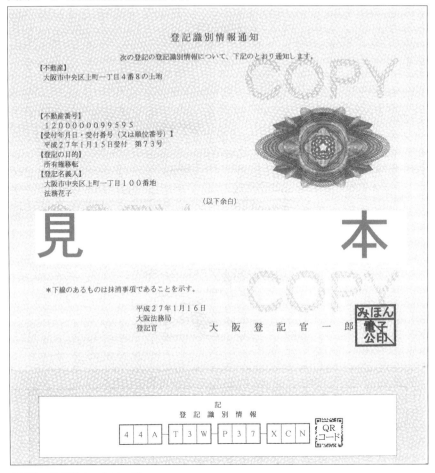

(出所) 法務省ホームページ

　以上が、登記識別情報の取扱いに関する一般的な受け止め方ですが、実際には、登記識別情報を他人が不正な手段で取得しても、登記識別情報を提供する所有権移転の登記の申請では、登記義務者の印鑑証明書と実印が必要になるので、ほとんど問題は起こりません。

また、パソコンで各種情報を管理する場合は、登記識別情報通知書の被覆処理をあけて確認することになります。

　極端なことをいえば、登記識別情報の管理が適切になされれば、登記識別情報通知書そのものは、破棄してもかまいません。

　なお、登記識別情報を忘れてしまっても再通知されません。登記識別情報を忘れてしまって、登記申請にあたり情報の提供ができないときは、事前通知（⇨Q15-5）または司法書士または弁護士による本人確認を行った上で作成した本人確認証明情報を提供します。

　情報が漏れ出た可能性がある場合は、本人の申出により、通知された情報を失効させることができます。また、はじめから通知を受けないこともできます。

Q 15-5 事前通知制度とは

概要 　登記申請にあたって、登記義務者が登記識別情報（⇨Q15-4）、または権利証を提出できない場合は、原則的な取扱いとして事前通知制度が、また、その代替的措置として、資格者代理人による本人確認証明情報提供制度があります。

　事前通知とは、登記義務者（⇨Q2-3）が、登記申請にあたり登記識別情報を提供できないときに、登記申請に関する本人の意思を確認するために、法務局から登記申請人宛てに、登記申請がなされたこと、および自分が確かに登記申請した旨を申し出ることを通知する書面を郵送します。

（事前通知等）

第23条 登記官は、申請人が前条に規定する申請をする場合において、同条ただし書の規定により、登記識別情報を提供することができないときは、法務省令で定める方法により、同条に規定する登記義務者に対し、当該申請があった旨および当該申請の内容が真実であると思料するときは、法務省令で定める期間内に法務省令で定めるところにより、その旨の申出をすべき旨を通知しなければならない。この場合において、登記官は、当該期間内にあっては、当該申出がない限り、当該申請に係る登記をすることができない。

（第2項ないし第4項省略）

　通知に対して、一定期間内に登記申請人から間違いない旨の申し出があったとき、はじめて登記をします。次ページに、事前通知書の例を挙げます。

難点　　　事前通知制度の難点は、本人からの回答を待つための時間が必要で、手続に時間がかかることです。また、なんらかの理由で、本人の回答が期間内に法務局に届かなかったときは、登記申請が却下されてしまいます。

　したがって、売買による所有権移転登記や抵当権設定登記など、権利保全が確実に要求される場合は、事前通知制度を利用することは少なく、本人確認証明情報提供制度（⇨Q15-6）による手続をとります。

前住所通知　　　所有権に関する登記については、上記の事前通知に加えて、登記申請前の一定期間（3か月程度）に住所の変更登記があるときは、念のため登記上の前の住所にも通知します（前住所通知という）。

　この手続は、他人の住所を無断で変更して、虚偽の登記をすることを防止するためのものです。

（事前通知等）

第23条第2項 登記官は、前項の登記の申請が所有権に関するものである場合において、同項の登記義務者の住所について変更の登記がされているときは、法務省令で定める場合を除き、同項の申請に基づいて登記をする前に、法務省令で定める方法により、同項の規定による通知のほか、当該登記義務者の登記記録上の前の住所にあてて、当該申請があった旨を通知しなければならない。

図表15-4　事前通知書の例

第　　1234号
令和　X3年1月16日

海　野　次　郎　殿

甲市北町四丁目2番3号
甲法務局

登　記　官　法　務　太　郎　
担当　㊞

　下記のとおり登記申請がありましたので、不動産登記法第23条第1項の規定に基づき、この申請の内容が真実かどうかお尋ねします。
　申請の内容が真実である場合には、この書面「回答欄」に氏名を記載し、申請書又は委任状に押印したものと同一の印を押印して、1月31日までに、登記所に持参し、又は返送してください。

記

登記申請の内容
（1）　不動産所在事項及び不動産番号
　　　　甲市東町52番1の土地外
（2）　登記の目的　所有権移転
（3）　受付番号　　第　1249　　号
（4）　登記原因　　令和X3年1月10日売買
（5）　申請人　　　権利者　甲市南二丁目3番4号
　　　　　　　　　　　　　山　川　太　郎
　　　　　　　　　義務者　甲市山手一丁目13番1号
　　　　　　　　　　　　　海　野　次　郎

（6）　通知番号　　676

事前通知に基づく申出書

回答欄	この登記の申請の内容は真実です。 氏　名　　　　　　　　　海　野　次　郎

＊（注意）なお、この書面の内容に不明な点がありましたら、直ちに、上記の登記所に連絡してください。
　　連絡先電話番号　012-345-6789

15-6 本人確認証明情報提供制度とは

A 概要 登記申請にあたり登記識別情報を提供できない場合で、司法書士、土地家屋調査士または弁護士の資格者代理人が代理申請する場合は、資格者代理人が、申請者が間違いなく本人であることを確認する書面（本人確認証明情報提供書）による情報提供を行えば、事前通知手続を行わずに、登記手続を早く確実に進められます。そのため実務的には、この制度が広く利用されています。

本人確認は、本人との面談により、運転免許証や健康保険証などの本人確認資料の提示を受けて行います。次ページに、本人確認証明情報提供書の例をあげます。

（事前通知等）

第23条第4項

第1項の規定は、同項に規定する場合において、次の各号のいずれかに掲げるときは、適用しない。

① 当該申請が、登記の申請の代理を業とすることができる代理人によってされた場合であって、登記官が、当該代理人から法務省令で定めるところにより、当該申請人が第1項の登記義務者であることを確認するために必要な情報の提供を受け、かつ、その内容を相当と認めるとき。

（第2号省略）

15-7 印鑑証明書とは

概要 印鑑証明書は、法務局あるいは市町村役場に登録している印鑑（実印）の印影を証明するものです。登記申請の際の印鑑証明書は、原則的に発行日から3か月以内のものを提出します。

図表15−5　本人確認証明情報提供書の例

本 人 確 認 証 明 情 報

甲法務局　御中

令和X3年1月14日

　当職は、本件登記申請の代理人として、以下のとおり、申請人が申請の権限を有する登記名義人であることを確認するために必要な情報を提供する。

甲市中央一丁目2番3号

司法書士　青　葉　一　郎　職印

1　登記の目的　　　所　有　権　移　転
2　不動産　甲市東町52番1の土地　不動産番号234567890123　外
3　登記識別情報を提供できない事由　　失　念
4　申請人　■登記義務者
　　住　　　所　　　甲市山手一丁目13番1号
　　氏　　　名　　　海　野　次　郎
　　生年月日　　　昭和X2年3月4日生
5　面談の日時・場所・状況
　　日　　　時　　　令和X3年1月10日午前10時00分
　　場　　　所　　　当職事務所
　　状　　　況
　　　登記義務者が、本件不動産を売却するにあたり、登記識別情報を失念しているため、本人確認情報を作成するにあたって来所し、当職が面談した。
6　申請人との面識の有無　　面識がない
7　面識がない場合における確認資料
　　　当職は、申請人の氏名を知らず、又は面識がないため、申請人から下記確認資料の提示を受け確認した。
　　　確認資料の特定事項及び有効期限
　　■第一号書類　□第二号書類　□第三号書類
　　　■名称　乙県公安委員会発行の運転免許証　写真付き
　　　■写し添付の有無　■あり
　　　特定事項　■「別添写しのとおり」
8　登記名義人であることを確認した理由
（省略）

第1節　登記申請に関する書類　533

会社の印鑑は法務局に届け出るため、会社の印鑑証明書は法務局が発行します。個人の印鑑証明書は、市町村役場が発行します。

　重要な書類に実印を押すのは、本当に本人の意思で行っていることを証明するためです。登記官は登記にあたって、印鑑証明書記載の印影と、登記申請書類に押された印影が同じであることを確認します。

15-8 登記完了証とは

概要　登記が完了したときに、権利者・義務者双方に登記完了証を交付します。登記完了証には、受付年月日・受付番号、登記の目的、不動産の表示が記載されています。

　登記完了証は、あくまでも登記が完了したことを通知する書類であり、登記識別情報のような重要な効力を持つものではありません。次ページに、登記完了証の例をあげます。

15-9 権利証とは

改正法で廃止　権利証は、不動産登記法上の用語ではありません。所有権保存登記と所有権移転登記（⇨Q8-9）および土地の合筆登記（⇨Q4-21）の際、法務局から交付される登記済証を、特別に権利証と俗称するもので、登記済権利証ともいいます。

　2005（平成17）年3月に施行された改正不動産登記法で登記済証（権利証）を交付する制度は廃止され、登記完了後に新たに登記名義人になった者に対して、登記識別情報が提供されるようになりました。すでに発行されている権利証は、改正法施行後も効力を失うわけではなく、その権利証に対応する不動産の登記申請にあたり、法務局に提出します。

図表15-6　登記完了証の例（書面申請の場合）

登記完了証

次の登記申請が完了したことを下記のとおり通知します。

記

申請受付番号	第1249号	
受付年月日	令和X3年1月14日	
登記の目的	所有権の移転	
不動産の表示	土地	甲市東町52番1 不動産番号　2345678901234
	建物	甲市東町52番地1 家屋番号　52番1 不動産番号　1234567890123

以上

令和X3年1月20日
甲法務局
登記官　　　　　　　　　　法　務　太　郎

権利証の例　権利証の例を説明しましょう。所有権移転登記に関する権利証には、次の2種類があります。

① 法務局に提出した所有権移転登記の申請書副本に、登記済印を押してもらったもの

② 売渡証書という、売主がたしかに売り渡したということを記載した書面をつくり、これを添付して登記申請し、登記済印を押してもらったもの

以下に、売渡証書による権利証の例をあげておきます。

権利証は紛失しても再発行されません。しかし、権利証がなくなっても、不動産の権利がなくなったり、登記申請ができないわけではありません。

図表15-7　権利証の例

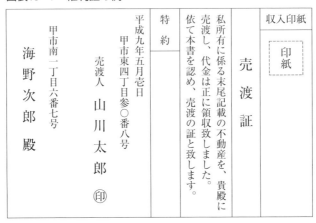

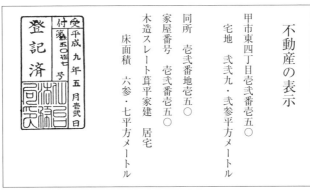

Q 15-10 登記済印の見方は

A 登記済証

前のQで、一部の登記済証を特別に権利証と呼ぶといいましたが、そもそも登記済証とは、どのようなものなのでしょうか。

登記済証は、登記が完了したことを証明する書類です。登記済証は、平成17年3月に施行された改正不動産登記法により廃止されましたが、改正法施行前や施行後でもオンライン化される前の法務局では、登記済証を交付しました。

現在では新たに登記済証が交付されることはありませんが、以前に交付された登記済証が残っており、その見方を知っておく必要があります。

 2種類の印　登記済証には、登記が済んだことを示す、「登記済」という印が押されています。その印には、受付番号と受付年月日が入っている大きな印①と、ただ「登記済」と書いてある小さな印②の2種類があります。

改正法施行前の取扱いでは、売買による所有権移転登記の申請にあたり、原因証書や申請書副本および売主の権利証を添付しました。登記すると、原因証

①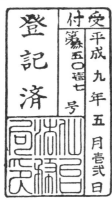　②

書や申請書副本に、①の印を押して、所有権移転登記の受付番号と受付年月日を記載します。これが、買主の権利証となります。

一方、売主が提出した権利証には、②のたんなる「登記済」の印と「所有者移転」というゴム印が押されて戻ってきます。

次に、買主が融資を受けるために、買主に交付された新しい権利証を提出して抵当権設定の登記申請をしたときは、それに②の印と「抵当権設定」というゴム印が押され、抵当権者に渡される抵当権設定の登記済証には、①の印が押されて戻ってきました。

①の印により、権利証の特定ができます。この印に記載された受付番号・受付年月日と、登記簿に記載されている登記の受付番号・受付年月日を照合して一致すれば、その登記に関する権利証（抵当権の場合、その抵当権の登記済証）であることがわかります。

15-11
申請書・添付資料および登記資料の保存期間は

不動産の登記申請書やその添付書類（住民票、印鑑証明書、委任状などの代理権限証書など）は、不動産に関する紛争などが発生した際に重要な資料になります。

たとえば、所有者に無断で所有権移転登記が行われ、さらに転売などがされた場合には、登記がどのように行われたのか調査することになります。つまり、どのような登記原因証明情報や委任状が作成されたのか、その筆跡はどうなのか、代理申請した司法書士は誰なのかなどです。これらの調査項目に関するすべての資料が法務局に保管され、当事者または利害関係人であれば閲覧することが可能です。

表示に関する登記および権利に関する登記の申請情報および添付情報の保存期間は、2008（平成20）年7月22日以降の受付分については、30年です（不動産登記規則28条、以下も同じ）。

なお、主要な登記資料の保存期間は、次のとおりです。

① 永久保存

登記記録、地図・地図に準ずる図面、土地所在図および地積測量図、建物図面および各階平面図

② 50年間保存

閉鎖した土地の登記記録（閉鎖した日から）

③ 30年間保存

閉鎖した建物の登記記録（閉鎖した日から）

第2節　登録免許税

15-12
登録免許税とは

概要　登録免許税は、不動産の登記や特許権の登録などを行うとき、国に納める税金です。

不動産の権利に関する登記申請、および表示に関する登記のうち、土地の分筆・合筆および建物の分割・合併の登記申請をするときに、登録免許税を納めます。それ以外の表示に関する登記申請には、登録免許税はかかりません。

課税方法　課税方法には定額課税と定率課税の2種類があり、定額課税は、不動産の個数を単位として課税するもので、抵当権抹消登記申請等に用います。定率課税は、不動産の価額（抵当権設定のときは債権額）に、登記の種類に応じた税率を掛けるもので、一般的にはこの方法を用います。

$$登録免許税額 \; = \; 課税標準 \; \times \; 税率$$

たとえば所有権移転登記の場合、課税の基礎となる不動産価額（課税標準）は、市町村役場（東京都の場合は都税事務所）の固定資産課税台帳に登録された価格を用います。登記申請にあたっては、登録免許税算定のために、固定資産税課税証明書（⇨Q4-10）または固定資産価格決定通知書を添付します（添付しなくてもよい法務局もあります）。固定資産価格決定通知書は、登記に係る不動産の固定資産税評価額を、市町村が証明するものです。

新築したばかりの建物のように、固定資産課税台帳に登録された価格がない場合の不動産の価額は、管轄法務局が定める「新築建物課税標準価格認定基準表」のm^2単価をもとに計算した値を用います。

15-13
登録免許税の税額は

通常の登記 登録免許税の税額の主要なものを紹介します。不動産価額は、固定資産課税台帳に登録された価格です。

- 所有権保存の登記…………不動産価額の1,000分の4
- 所有権移転の登記

    相続・遺贈（受遺者が相続人であるとき）・合併による場合
    ……不動産価額の1,000分の4（相続登記につき下記の特例あり）

    遺贈（受遺者が相続人でないとき）・贈与による場合
    ……不動産価額の1,000分の20

    建物の売買の場合…………不動産価額の1,000分の20

    土地の売買の場合…………不動産価額の1,000分の15（令和6年度の税制改正で、2026（令和8）年3月31日まで延長された）

- 抵当権（根抵当権）設定の登記…債権額（極度額）の1,000分の4
- 配偶者居住権の設定の登記…不動産価額の1,000分の2
- 抵当権抹消の登記……………不動産1個につき1,000円（同一の申請により20個を超える場合は、2万円）
- 権利に関する各種変更登記…不動産1個につき1,000円
- 土地・建物の分割・合併の登記…登記の結果たる不動産1個につき1,000円
- その他の表示に関する登記…登録免許税不要

相続登記に関する特例

（1）その1

相続により土地を取得した者が、相続登記をしないまま死亡した場合、その死亡した者を所有権の登記名義人とする登記を申請する際の特例です。要件は次のとおりで、登録免許税が免税になります。

- 登記申請の対象が、土地であること（建物は該当しない）
- 2018（平成30）年4月1日から2025（令和7）年3月31日までに申請すること

- 相続（遺贈を含む）による所有権取得者が、その登記をする前に死亡したこと
- 現在の登記名義人から、その死亡した者を所有権の登記名義人とする相続の登記を申請する場合であること
- 登記申請書に、免税の根拠となる法令の条項を次のように記載すること
  「租税特別措置法第84条の2の3第1項により非課税」

例で説明しましょう。

Aの土地を相続したBが、相続登記をしないまま死亡し、その相続人Cが相続登記を申請する場合に、AからBへの相続登記に関する登録免許税が免税になります（全部の相続登記が免税になるわけではありません）。

(2) その2

　土地について相続（相続人に対する遺贈も含む）による所有権の移転の登記または表題部所有者の相続人が所有権の保存の登記を受ける場合において、不動産の価額（注）が100万円以下の土地であるときは、2018（平成30）年11月15日から2025（令和7）年3月31日までの間に受ける当該土地の相続による所有権の移転の登記または2021（令和3）年4月1日から2025（令和7）年3月31日までの間に当該土地の表題部所有者の相続人が受ける所有権の保存の登記については、登録免許税は免税となります。

　（注）不動産の所有権の持分の取得に係るものである場合は、当該不動産全体の価額に持分の割合を乗じて計算した額が不動産の価額となります。

要件は次のとおりです。

- 登記申請書に、免税の根拠となる法令の条項を次のように記載すること
  「租税特別措置法第84条の2の3第2項により非課税」

仮登記
- 所有権移転仮登記…………不動産価額の1,000分の10
- その他の仮登記……………本登記の税率の2分の1
- 抵当権（根抵当権）設定仮登記…不動産1個につき1,000円

仮登記は、本登記に比べて割安なので、本来は本登記すべきところを、仮登記で済ませることがあります。

仮登記を本登記にする際の登録免許税は、本登記の税率より仮登記の税率を引いたものです。なお、抵当権設定仮登記を本登記にするときは、仮登記の登録免許税を引かずに、債権額の1,000分の4そのままです。

マイホームの特例　マイホームを取得した場合の登録免許税に関しては、次の特例があります（令和6年度の税制改正で、2027（令和9）年3月31日まで延長された）。

- ●所有権保存登記（新築建物のみ）………………………1,000分の1.5（注）
- ●所有権移転登記（売買が原因で建物のみ）………………1,000分の3（注）
- ●抵当権設定登記 ……………………………………………1,000分の1

（注）なお、特定認定長期優良住宅や認定低炭素住宅等については、さらに軽減措置が設けられています。

あとがき

　本書は、2008（平成20）年5月に登記を読むための本として杉本幸雄不動産鑑定士を中心として企画・発刊されました。弁護士である私は、5訂版から登記を読むユーザー側の執筆者として加わりました。

　2019（令和元）年9月発刊の5訂版では、2017（平成29）年5月に成立し施行が2020（令和2）年4月1日に迫っていた民法債権法の明治以来の大改正、2018（平成30）年7月に成立し2019年1月から2020年7月にかけて段階的に施行された相続法の改正を折り込むことが中心でした。

　2022（令和4）年発刊の6訂版では、所有者不明土地の解消・予防、所有者不明土地の利用の円滑化のための一連の法改正等が行われてきており、2023（令和5）年4月から段階的に施行されることになった2021（令和3）年4月成立の民法、不動産登記法等の改正について、どのような登記になるか未確定の部分もあったものの、可能な限りそれらの内容を折り込みました。

　本7訂版では、前記改正のうち2023年4月1日と2024（令和6）年4月1日から施行された部分については具体的登記例を折り込み、2026（令和8）年2月2日と同年4月1日から施行予定の部分についても6訂版の記載内容をバージョンアップしました。

　このように振り返ってみると、この5～6年、そしてこれから2年位で不動産登記は大きく変わるんだな～と感じます。

　本7訂版の改訂作業については、前記の杉本幸雄不動産鑑定士が勇退し、佐藤光洋司法書士が正式に執筆者として加わり、定期的にオンラインで協議や進行状況確認の会議を行いながら進めました。

　このようにして発刊された本書が、皆様が登記を読むのにお役に立てれば幸いです。

2024年8月

弁護士　官　澤　里　美

545

索　引

【あ】

青線　127
赤線　127
赤道　127
悪意　311
字　122
字限図　232
字持地　117

【い】

移記　87
遺産分割　287
　　——の仕方　283
遺産分割協議書　285
異時廃止　505
遺贈　298
委託者　333
1号仮登記　476
一時使用目的の借地権　355
一部譲渡　416
一物一権主義　379
一棟の建物の表示　208
一般債権者　376
一般承継　8
一般定期借地権　360
委任の終了　310
遺留分　300
遺留分減殺　300
遺漏　62
印鑑証明書　532

【う】

受付　266
受付年月日　260
受付番号　260
内法計算法　213
売渡証書　536
運河用地　132

【え】

永小作権　368
枝番　122
閲覧　77
　　——の請求方法　97
　　——の手数料　96
閲覧用図面　88
塩田　134

【お】

大字　122
乙区　25
　　——に登記される権利　350
及び　7
オンライン請求　95

【か】

外気分断性　4
会社更生手続　510
会社分割　315
解除　395
回復登記　70
買戻し　329
買戻特約の登記　329
解約　395
家屋番号　175
各階平面図　251
各種図面の閲覧・写し　88
確定期日　412
河川区域　134
　　——内の土地　134
学校用地　132
合筆　148
　　——できないケース　149
　　——による登記　150
合併　312
　　——による所有権登記　151
家督相続　290

仮換地　155
仮差押の登記　337
仮処分の登記　339
仮登記　474
　　──の種類　476
　　──の申請方法　478
　　──の本登記　479
仮登記担保　428
管轄の転属　92
管轄法務局　92
観光施設財団　456
換地　155
換地処分　156
　　──による登記　158
完納　396
元本確定　411

【き】

機械器具目録　448
企業担保権登記　470
記入登記　60
寄附　306
寄附行為　313
義務者　46
規約共用部分　212
旧氏の併記　262
求償債権　382
旧土地台帳　103
旧土地台帳附属地図　233
旧法上の借地権　355
境界　163
境界確認測量図　249
強制競売　342
共担目録　384
共同申請　44
共同担保目録　384
共同抵当　384
共有　272
　　──の法律関係　273
共有物不分割特約　280
共有物分割　278
共有物分割禁止の定め　280

共有持分移転に関する登記　276
共有持分の放棄　277
共用部分　204
漁業財団　451
極度額　383

【く】

区画整理　155
区分所有権　204
区分所有者　204
区分建物　204
　　──の敷地の登記簿　211
　　──の建物図面　214
　　──の表題登記　212
　　──の床面積　213
区分建物登記簿の表題部　207
区分地上権　357

【け】

形式的確定力　13
境内地　131
原因　260
原因及びその日付　115
現況測量図　249
現在事項証明書　80
建設機械抵当登記　467
現地確認不能　244
原抵当権者　400
現物出資　312
原野　131
権利者　46
権利者その他の事項　260
権利床　216
権利証　534
権利推定力　13
権利に関する登記　23
権利能力なき社団　310
権利部　25
　　──の様式　257
権利変換処分　216
権利変換手続開始の登記　221
権利変換に関する登記　221

権利変換の方式　218
権利変動の先後優劣　263
権利放棄　505

【こ】

公園　131
鉱害賠償登録　516
交換　305
鉱業財団　449
甲区　25
公衆用道路　131
後順位　259
工場財団の登記　442
工場図面　444
工場抵当　448
公信力　13
公図　232
　──の閲覧・写し　88
　──の信頼性　234
更正登記　62
鉱泉地　133
合同申請　46
合筆　148
　──できないケース　149
　──による登記　150
公簿面積　139
港湾運送事業財団　452
国調　153
国土調査　153，246
国内連絡先　261
固定資産価格決定通知書　540
固定資産税課税証明書　126
混同　395
コンピュータ出力図面の見方　237
コンピュータ様式への移記　85

【さ】

債権　351
再建型　493
債権者代位権　53
債権者平等の原則　376
債権譲渡　390

財産分与　307
採石権　369
最先順位　259
財団　441
財団抵当　441
再売買の予約　426
債務の引受　393
詐害的短期賃貸借　488
先取特権　430
　不動産工事の──　432
　マンション管理費の──　434
錯誤　62
差押　341
　──の登記　342
雑種地　134
参加組合員　230
参加差押　343
三斜法　246
３条目録　448
山林　130

【し】

G空間情報センター　105
死因贈与　299
市街地再開発事業　216
敷地権　206
　──の表示　210
　──の目的である土地の表示　210
事業譲渡　314
事業用定期借地権　362
時効　310
時効取得　310
事故簿　76
自作農創設特別措置法による売渡　322
施設建築物　217
　──に関する登記　225
事前通知制度　529
質権　435
実測図　249
私的整理　492
司法書士　56
借地権　354

索　引　549

受遺者　*298*

終局登記　*72*

住居表示　*124*

住所等変更登記の義務化　*262*

従前地　*155*

従前の紙の登記簿　*19*

収用　*316*

14条地図　*233*

受益者　*333*

主債務消滅　*395*

受託者　*333*

出頭主義　*522*

主である建物　*177*

主登記　*58*

受理　*266*

種類　*176*

順位番号　*258*

順位保全力　*14*

準共有　*272*

承役地　*365*

譲渡担保　*427*

証明書　*80*

　──の請求方法　*97*

　──の認証文　*82*

証明書下部の記載　*84*

証明書請求の手数料　*96*

譲与　*317*

省令　*5*

嘱託　*43*

嘱託登記　*49*

職権登記　*51*

職権による分筆・合筆登記　*152*

所在　*122，174*

所在等不明共有者　*275*

処分の制限に関する登記　*337*

所有権移転登記　*270*

所有権界　*163*

所有権登記　*327*

所有権保存登記　*267*

所有者事項証明書　*81*

所有者不明土地　*37*

所有者不明土地管理命令　*294*

所有不動産記録証明制度　*303*

申請　*43*

真正な登記名義の回復　*326*

信託　*333*

　──の登記　*333*

信託目録　*334*

人的担保　*374*

【す】

水道用地　*133*

水平投影面積　*136*

水路　*127*

数次相続　*288*

図面証明書　*89*

【せ】

井溝　*134*

清算型　*493*

清算金　*155*

生前贈与　*298*

政令　*5*

接続不一致　*240*

善意　*311*

全員同意型　*219*

前住所通知　*530*

先順位　*259*

前提登記　*54*

船舶登記　*462*

全部事項証明書　*80*

全部譲渡　*413*

専有部分　*204*

　──の建物の表示　*209*

専用部分　*205*

先例　*5*

【そ】

相続　*282*

相続財産清算人　*291*

相続登記申請の義務化　*302*

相続土地国庫帰属制度　*38，324*

相続人　*282*

相続人申告登記　*85，303*

相続人不存在　292
送電線路敷設地役権　367
贈与　297
組成物件　441
その他　8
その他の　8

【た】

田　129
代位　53
第1順位　259
代位登記　53
代位弁済　391
対抗要件　13
対抗力　10
第三者　11
　　──のためにする契約　271
代襲相続　283
滞納処分　342
代物弁済　428
代理権限証書　525
代理申請　56
宅地　129
脱落地　128
建物　4
　　──の表題登記　172
　　──の名称　209
　　──の滅失登記　180
建物合体の登記　190
建物合併の登記　187
建物区分の登記　200
建物譲渡特約付借地権　361
建物所在図　245
建物図面　251
建物登記簿の表題部　173
建物分割の登記　195
建物分棟の登記　197
建物分棟・分割の登記　198
ため池　133
団地共用部分　213
単独申請　44
担保　374

担保権者　376
担保権消滅請求制度　501
担保権の実行　342
担保物権　350
単有　272

【ち】

地役権　365
地役権図面　253
遅延損害金　381
池沼　133
地上権　356
地上権設定型　218
地上権非設定型　219
地図　233
　　──に準ずる図面　234
地図XML　105
地図作成作業　248
地図証明書　89
地図番号　120
地積測量図　245
地籍調査　153，246
地積の更正登記　141
地積の変更登記　141
地番　122
　　──と住所の違い　123
　　──の調べ方　126
　　──のない土地　127
　　──の由来　123
地番区域　122
地番脱落地　128
地目　129
中間省略登記　270
重畳的債務引受　393
調製　115
賃借権　352
　　──の対抗力　353
賃借権仮登記　488

【つ】

通達　5
付替え　319

索　引　551

堤　*134*

【て】

DV被害者等保護のための代替措置　*109*
堤外地　*135*
定額課税　*540*
定期借地権　*359*
定期借家制度　*363*
定期建物賃貸借　*363*
停止条件　*475*
停止条件付賃権設定登記　*488*
定着性　*4*
抵当権　*374*
　——の順位の譲渡　*407*
　——の順位の変更　*402*
　——の順位の放棄　*408*
　——の譲渡　*404*
　——の処分　*399*
　——の随伴性　*390*
　——の登記事項　*380*
　——の附従性　*381*
　——の放棄　*406*
抵当権者　*375*
抵当権設定者　*375*
抵当証券　*418*
堤内地　*135*
定率課税　*540*
鉄道用地　*132*
転写　*87*
転抵当　*400*
転抵当権者　*400*

【と】

登記完了証　*534*
登記義務者　*46*
登記記録　*18*
登記原因証明情報　*522*
登記権利者　*46*
登記識別情報　*526*
登記事項　*18*
登記事項証明書　*19，80*
登記事項要約書　*78*

登記事務のコンピュータ化　*76*
登記所　*42*
登記情報提供サービス　*94*
登記済印の見方　*537*
登記する　*43*
登記できる権利　*28*
登記の原因である行為の否認　*500*
登記の申請　*43*
登記の対抗力　*10*
登記の日付　*116*
登記の否認　*500*
登記の目的　*259*
登記簿　*3，18*
　——の写し　*79*
　——の構成　*25*
　——の様式　*19*
登記簿作成の単位　*21*
登記名義人　*260*
倒産処理手続　*492*
当事者　*11*
同時廃止　*505*
同順位抵当権　*386*
謄本　*80*
登録免許税　*540*
　——の税額　*541*
道路交通事業財団　*454*
特殊な抵当登記　*438*
特定承継　*8*
特定登記未了土地　*37*
特別縁故者　*294*
特別清算手続　*512*
都市計画法第40条の規定による帰属　*318*
土地　*3*
　——の表題登記　*114*
　——の滅失登記　*119*
土地家屋調査士　*56*
土地区画整理　*155，248*
土地所在図　*248*
土地台帳　*103*
土地登記簿の表題部　*120*

【な】

並びに　*7*
縄縮み　*139*
縄延び　*139*

【に】

２号仮登記　*477*
二重登記　*22*
任意整理　*493*
任意売却　*506*

【ね】

根抵当権　*378*
　　——の元本確定　*411*
　　——の譲渡　*413*
　　——の登記事項　*382*

【の】

農業用動産抵当登記　*464*
農地法による所有権移転　*321*

【は】

配偶者　*282*
配偶者居住権　*370*
売買　*305*
　　——の形式による担保　*425*
破産財団　*503*
破産財団除外　*505*
破産手続の廃止　*505*
畑　*129*
判決による登記　*48*

【ひ】

被相続人　*282*
被担保債権　*390*
筆　*21*
筆界　*163*
筆界特定　*120*
筆界特定書　*168*
筆界特定制度　*164*
筆界未定　*243*

【ひ】（非）

非典型担保　*424*
否認権　*499*
表示に関する登記　*23*
　　——の役割　*112*
表題登記　*113*
表題部　*25*
　　——の共通記載事項　*115*
表題部所有者　*116*
表題部所有者不明土地　*38*

【ふ】

夫婦財産契約　*519*
不換地　*161*
付記登記　*58*
　　——の付記登記　*59*
附属建物　*177*
負担付贈与　*299*
普通借地権　*355*
物権　*351*
物上保証人　*375*
物的担保　*374*
物納　*316*
不動産　*3*
不動産登記制度　*2*
不動産番号　*115*
ブルーマップ　*126*
分割譲渡　*414*
分筆　*142*
　　——による権利部の登記　*145*
　　——による表題部の登記　*143*
分筆残地　*144*

【へ】

閉鎖事項証明書　*101*
閉鎖登記簿　*101*
併存的債務引受　*393*
ヘイベイ　*136*
壁芯計算法　*213*
別除権　*501*
変更登記　*61*
弁済　*394*

索　引　553

【ほ】

保安林　130
包括承継　8
放棄　395
法人識別事項　260
法定外公共物　127
法定相続人　282
法定相続分　283
法定担保物権　430
法定地上権　357
法的整理　492
法務局　42
法律　5
法令　5
牧場　131
保証委託　382
保証人　374
保全処分　337，498
保存登記　267
墓地　132
保留床　216
保留地　156
本件中　106
本登記承諾書　480
本人確認証明情報提供制度　532
本人申請　56

【ま】

マイラー図面　240
又は　7
抹消回復登記　70
抹消登記　68
○区○番事項証明書　82
マンション建替え円滑化法　228
マンション建替組合　230

【み】

未登記建物　182
　——の差押登記　344
耳登記　324
民事再生手続　509

民法第958条の2の審判　295
民法第287条による放棄　308
民法第646条第2項による移転　309

【め】

メガネ地　242
メゾネット　209
滅失回復登記　71
滅失登記　118
免責的債務引受　393

【も】

モーゲージ証書　418
若しくは　7
持分　272

【ゆ】

優先の定め　416
優先弁済　376
床面積の測り方　176

【よ】

用悪水路　133
要役地　365
用益物権　350
用途性　4
要約書　78
予告登記　72
予備登記　72

【ら】

濫用的短期賃貸借　488

【り】

里道　127
立木　458
立木図面　461
立木登記　458

【ろ】

ローマ字氏名　261

554

■著者紹介

飯川 洋一（いいかわ　よういち）

1957（昭和32）年生まれ。司法書士・行政書士。飯川洋一司法書士・行政書士事務所所長

〈執筆担当〉第1章（Q1-21〜24を除く）、第2章、第10章Q10-15、第12章、第15章

官澤 里美（かんざわ　さとみ）

1957（昭和32）年生まれ。弁護士。官澤綜合法律事務所所長

【主著】『第2版／弁護士業務の勘所』第一法規

『弁護士倫理の勘所』第一法規

『依頼者対応の勘所』第一法規

『JA債権回収の実務』金融財政事情研究会

『JAバンク法務対策200講』（共著）金融財政事情研究会

『3訂版／徹底解説 不動産契約書Q&A』（共著）清文社

〈執筆担当〉第1章Q1-21〜24、第8章Q8-48、第11章、第13章、第14章

高橋 一秀（たかはし　かずひで）

1974（昭和49）年生まれ。土地家屋調査士。高橋一秀土地家屋調査士事務所所長

〈執筆担当〉第3章〜第7章

佐藤 光洋（さとう　みつひろ）

1979（昭和54）年生まれ。司法書士・社会保険労務士

【主著】『3訂版／徹底解説 不動産契約書Q&A』（共著）清文社

〈執筆担当〉第8章（Q8-48を除く）〜第10章（Q10-15を除く）

7訂版 読解 不動産登記 Q&A
実務に役立つ 登記簿・公図から権利証までの読み方

2008年 5 月 7 日　　初版発行	2019年 9 月25日　　5 訂版発行
2010年 3 月25日　　改訂増補版発行	2022年 3 月15日　　6 訂版発行
2012年 6 月11日　　3 訂版発行	2024年 9 月20日　　7 訂版発行
2014年 6 月16日　　4 訂版発行	

著　者　　飯川 洋一／官澤 里美／高橋 一秀／佐藤 光洋 ©

発行者　　小泉 定裕

発行所　　株式会社 清文社

東京都文京区小石川 1 丁目 3 -25（小石川大国ビル）
〒112-0002　電話 03（4332）1375　FAX 03（4332）1376
大阪市北区天神橋 2 丁目北 2 - 6（大和南森町ビル）
〒530-0041　電話 06（6135）4050　FAX 06（6135）4059
URL https://www.skattsei.co.jp/

印刷：亜細亜印刷㈱

■著作権法により無断複写複製は禁止されています。落丁本・乱丁本はお取り替えします。
■本書の内容に関するお問い合わせは編集部まで FAX（03-4332-1378）又はメール（edit-e@skattsei.co.jp）
　でお願いします。
■本書の追録情報等は、当社ホームページ（https://www.skattsei.co.jp/）をご覧ください。

ISBN978-4-433-77534-6